汽车电脑、传感器与执行器结构与原理

瑞佩尔　主编

化学工业出版社

·北京·

内容简介

本书按系统与功能分上、中、下三篇十六章进行编写。上篇介绍汽车电脑，共四章，分别介绍了汽车电控系统与汽车电脑类别与原理；发动机、底盘、车身电气部分分类介绍了常见的各种电控系统的组成、功能与工作原理。中篇介绍汽车传感器，共九章，首先概要介绍了常见传感器的功能特性、分类及安装位置，然后按传感器的作用分类讲述了常用传感器结构、功能、原理。下篇讲述汽车执行器，共三章，主要将执行器按阀体、电机与触发器等分类挑选了典型应用进行讲解。本书最后附录为汽车电控系统中常见英文缩略语及短语的中文含义。

本书言简意赅，图例清晰，既有实物图示便于识别，又有内部结构图示方便了解构造原理，更搭配有部件的特性图和性能参数，方便研究参考。本书不仅可以供各汽车院校的相关专业作为教辅资料使用，也可供广大汽车领域从业人员了解学习汽车电控系统的结构原理使用。

图书在版编目（CIP）数据

汽车电脑、传感器与执行器结构与原理/瑞佩尔主编. —北京：化学工业出版社，2021.9

ISBN 978-7-122-39442-2

Ⅰ.①汽…　Ⅱ.①瑞…　Ⅲ.①汽车-计算机控制系统②汽车-控制器③汽车-执行器　Ⅳ.①U463.6

中国版本图书馆CIP数据核字（2021）第130756号

责任编辑：周　红　　文字编辑：陈小滔　张　宇

责任校对：宋　玮　　装帧设计：尹琳琳

出版发行：化学工业出版社（北京市东城区青年湖南街13号　邮政编码100011）

印　　装：北京缤索印刷有限公司

787mm×1092mm　1/16　印张17　字数395千字　　2022年1月北京第1版第1次印刷

购书咨询：010-64518888　　售后服务：010-64518899

网　　址：http://www.cip.com.cn

凡购买本书，如有缺损质量问题，本社销售中心负责调换。

定　　价：108.00元

前言

汽车电脑、传感器与执行器是汽车电子控制系统的三大组成部件。

汽车电脑也称控制器，英文名为ECU（电子控制单元），归类到不同的系统，有发动机电脑、变速器电脑、ABS电脑、（安全）气囊电脑等，是电控系统的核心部件。其重要性相当于人类的大脑，所以说它是汽车电控系统的大脑，简称“汽车电脑”。

车用传感器是汽车计算机系统的输入装置，这些传感器在电控系统中的作用就相当于人类的眼睛、耳朵、鼻子等器官，用来接收外界的信息。它把汽车运行中各种工况信息，如车速、各种介质的温度、总成运转工况等，转化成电信号输送给汽车电脑，以便各系统总成处于最佳工作状态。

电控系统的执行器相当于人类的手足，根据汽车电脑输出的指令执行各种操作，完成各项任务。像汽车电路中的继电器，各种阀体、开关以及作动器（多为微型电机）等部件，就属于执行器。

汽车技术发展特征之一就是越来越多的部件采用电子控制技术。特别是近年来汽车智能化、电动化与自动驾驶的发展趋势越发突出，各种电控功能越来越丰富，随之而来的汽车电脑、传感器与执行器车载使用的数量也与日俱增。

为了便于大家了解和学习汽车中所应用的各种电控系统，各类控制器（汽车电脑）、传感器与执行器的功能、原理及结构，我们特地编写了本书。

本书按系统与功能分上、中、下三篇十六章进行编写。上篇介绍汽车电脑，共四章。第一章概述汽车电控系统与汽车电脑类别与原理，后三章按发动机、底盘、车身电气分类介绍常见的各种电控系统的组成、功能与工作原理。中篇介绍汽车传感器，共九章。首章概要介绍了常见传感器的功能特性、分类及安装位置，后面八章则按传感器的作用分类讲述了一些常用传感器的结构、功能和原理。下篇讲述汽车执行器，共三章。这部分主要将执行器分阀体、电机与触发器等类型挑选了一些典型应用进行讲解。本书最后附录为汽车电控系统中常见英文缩略语及短语的中文含义。

本书在编写中以应用于奔驰、宝马、大众、奥迪、丰田、本田等汽车上的电控系统及部件技术为参照，借用三维透视图解、部件分解、图文对照的方式，简洁明了地讲述了汽车电控系统中常见控制器、传感器与执行器的结构及原理。

本书言简意赅，图例清晰，既有实物图示便于识别，又有内部结构图示方便了解构造原理，更搭配有部件的特性图和性能参数，方便研究参考。本书不仅可以供各汽车院校的相关专业作为教辅资料使用，也可供广大汽车领域从业人员了解学习汽车电控系统的结构原理使用。

本书由瑞佩尔主编，此外参加编写的人员还有朱如盛、周金洪、刘滨、陈棋、孙丽佳、周方、彭斌、王坤、章军旗、满亚林、彭启凤、李丽娟、徐银泉。在编写过程中，参考了大量国内外相关文献和网络信息资料，在此，谨向这些资料信息的原创者们表示由衷的感谢！

由于涉及资料诸多，技术新颖，加上笔者水平有限，疏漏之处在所难免，敬请广大读者批评指正。

编者

目录

CONTENTS

上篇　汽车电脑

第三章　汽车底盘电控系统　/ 013

第四章　汽车车身电控系统　/ 033

中篇　汽车传感器

第八章　位置传感器　/ 105

第九章　气雾传感器　/ 140

第十章　速度与加速度传感器　/ 158

第十一章　力与角度传感器　/ 170

第十二章　新能源系统传感器　/ 185

第十三章　其他类型传感器　/ 193

下篇　汽车执行器

第十四章　电磁阀　/ 212

第十五章　电机　/ 230

上篇
汽车电脑

Automobile controller sensor and actuator structure and principle

第一章　汽车电脑概述

1.1　汽车电子控制系统

1.1.1　汽车电控系统构成

扫一扫
看视频

汽车电子控制系统由传感器、执行器和电子控制单元组成。传感器将采集的各类状态信息、运行数据输送给ECU，ECU通过处理计算，输出控制指令给执行器，由此控制整个系统的有序运作。其组成与关系如图1-1所示。

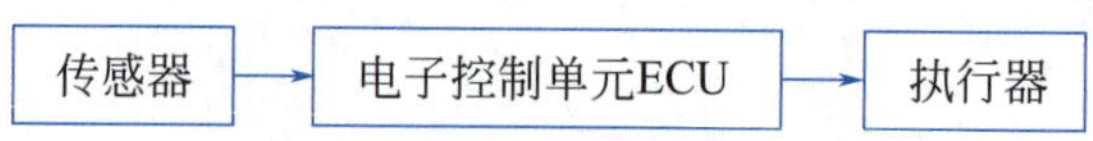

图1-1　汽车电控系统组成与关系

传感器和执行器是控制系统的重要组成部分，它们性能的好坏会直接影响到发动机或汽车的性能。电子控制单元（ECU）根据传感器采集的信息，按照一定的控制策略输出信号，控制执行器工作。在汽车电控系统中，电子控制单元（ECU）俗称为“汽车电脑”。

（1）输入处理电路

ECU的输入信号主要有三种形式，模拟信号、数字信号（包括开关信号）、脉冲信号。

模拟信号通过A/D转换为数字信号提供给微处理器。控制系统要求模拟信号转换具有较高的分辨率和精度（>10位）。为了保证测控系统的实时性，采样间隔一般要求小于4ms。

数字信号需要通过电平转换，得到计算机可接收的信号。对超过电源电压，电压在正负之间变化，带有较高的振荡和噪声，带有波动电压等的输入信号，输入电路也对其进行转换处理。

（2）微处理器

微处理器首先完成传感器信号的A/D转换、周期脉冲信号的测量和其他有关汽车行驶状态信号的输入处理，然后计算并控制所需的输出值，按要求适时地向执行机构发送控制信号。过去微处理器多数是8位和16位的，也有少数采用32位的，现在多用16位和32位机。

（3）输出处理电路

微处理器输出的信号往往用作控制电磁阀、指示灯、步进电机等。

微处理器输出信号功率小，使用+5V的电压。汽车上执行机构的电源大多数是蓄电池，需要将微处理器的控制信号通过输出处理电路处理后再驱动执行机构。

输入电路接收传感器和其他装置输入的信号，对信号进行过滤处理和放大，然后转换成一定大小的输入电平。从传感器送到ECU输入电路的信号既有模拟信号也有数字信号，输入电路中的模/数转换器可以将模拟信号转换为数字信号，然后传递给微机。微机将上述已经预处理过的信号进行运算处理，并将处理数据送至输出电路。输出电路将数字信息的功率放大，有些还要还原为模拟信号，使其驱动被控的调节伺服元件工作。ECU结构与工作原理如图1-2所示。

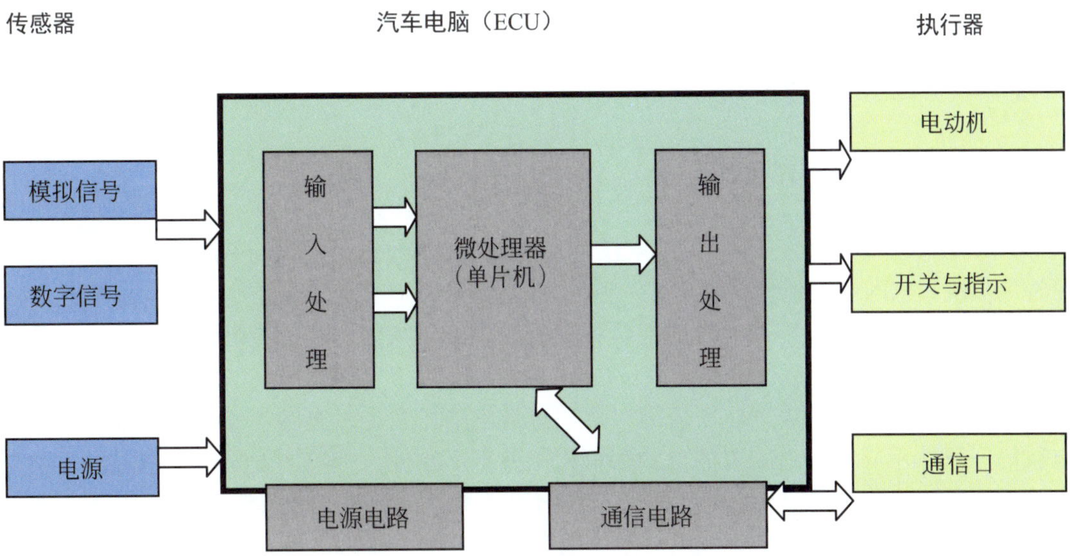

图1-2 ECU的结构和工作原理图

1.1.2 汽车电控系统分类

从应用层面来看，汽车电子可以分为电子控制系统（Electronic Control Systems）和车载电子装置（Electronic Devices）两大类。汽车电子控制系统一般与机械装置配合使用，直接影响汽车的整车性能、安全性和舒适性。车载电子装置一般不直接影响汽车的运行性能，而是通过提高智能化、信息化和娱乐化程度来增加汽车附加值。按不同系统功能取向的不同，汽车中常见的电控系统分类如表1-1所示。

表 1-1　汽车电控系统分类

汽车电子控制系统			车载电子装置
动力传动总成控制系统	底盘电子控制系统	车身电子控制系统	
发动机管理系统 自动变速器控制系统 动力总成控制系统 自动巡航控制系统	电控悬架系统 电控动力转向系统 四轮转向系统 防抱死制动系统 牵引力控制系统 驱动防滑控制系统 电子稳定程序 轮胎压力监测系统 碰撞警示与预防系统	电控安全带 安全气囊 电动门窗 电动座椅 电动后视镜 自动照明系统 自动空调系统 自动雨刮系统 智能防盗系统 倒车雷达 疲劳监视报警系统 红外夜视系统	全球卫星定位系统 汽车导航系统 汽车音响 车载收音机 电子组合仪表 抬头显示器 车载TV/DVD/VCD 车载通信系统 车载计算机 后座娱乐系统 智能交通系统设备

1.2　汽车电脑

1.2.1　汽车电脑内部结构

汽车电脑在汽车上有多种称呼，如ECU（电子控制单元或发动机控制单元）、ECM（电子控制模块）、CN（控制器）等。

汽车电脑是按照预定程序自动地对各种传感器的输入信号进行处理，然后输出信号给执行器，从而控制汽车运行的电子设备。

目前汽车电脑已经得到广泛应用，例如车身电脑、发动机电脑、变速器电脑以及ABS电脑等。虽然不同车型上配置的电脑数量和类型不尽相同，但总的发展趋势是用一台主电脑处理大多数传感器的输入信号，用一些较小的电子控制单元控制其他系统。

汽车电脑的主要部分是单片机，单片机是一块集成了微处理器（CPU）、存储器以及输入和输出接口的电路板。微处理器是单片机的核心部件，微处理器将输入的模拟信号转化为数字信号，并根据存储的参考数据进行对比处理，计算出输出值，输出信号经过功率放大后控制执行器，例如喷油器和继电器等。随着单片机计算能力和内存容量越来越大，汽车电脑的功能也越来越多。如图1-3所示为三菱4G64发动机电脑电路板元件分布图。

1.2.2　汽车电脑工作原理

汽车电脑的工作过程如下。

① 信号过滤和放大：输入电路接收传感器和其他装置的输入信号，并对信号进行过滤和放大。输入信号放大的目的是使信号增加到汽车电脑可以识别的程度，例如氧传感器，

图1-3　汽车电脑内部元件分布（三菱4G64发动机电脑）

产生一个小于1V的低电压信号，只能产生极小的电流，这样的信号送入电脑内的微处理器之前必须放大，这个放大作用由电脑中输入芯片中的放大电路来完成。

② 模数（A/D）转换：由于很多传感器产生的是模拟信号，而微处理器处理的是数字信号，所以必须把模拟信号转换为数字信号，这项工作由电脑输入芯片中的模数转换器完成。模数转换器以固定的时间间隔不断对传感器的模拟输入信号进行扫描，并对模拟信号赋予固定的数值，然后将这个固定值转换成二进制码。在一些汽车电脑中，输入处理芯片和微处理器制成一体。

③ 微处理器将已经预处理过的信号进行运算，并将处理后的数据送至输出电路。输出电路将数字信号放大，有些还要还原为模拟信号，以驱动执行元件工作。

随着汽车电子化和自动化程度的提高，汽车电脑将越来越多，这样必将导致车身线束日益复杂。为了实现多个汽车电脑之间的信息快速传递、简化电路以及降低成本，汽车电脑之间要采用通信网络技术连成一个网络系统。例如变速器需要与发动机协调配合，根据车速、发动机转速以及动力负荷等因素自动进行换挡，因此变速器电脑需要得到节气门位置传感器、车速传感器、水温传感器以及发动机转速传感器等信号，这就要实现变速器电脑与发动机电脑之间的信息传递，这个工作通常是由CAN总线来完成的。

1.2.3　汽车电脑的特点

汽车需要在不同的道路和气候条件下行驶，汽车电脑的工作环境较差，经常需要承受振动以及温度和湿度的变化。汽车电脑的电源电压变化较大，而且还受到车内外电磁波的干扰，因此汽车电脑需要很高的可靠性和对环境的耐久性。

汽车电脑必须具有足够的智能化，具有自诊断和检测能力，能及时发现系统中存在的故障，并存储故障码，告知维修人员故障可能存在的部位，以便于维修。例如安全气囊在关键时刻必须要及时、正确、迅速地打开，但在大多数时候气囊是处于待命状态，因此安全气囊电脑必须具有自检能力，不断确认气囊系统是否能正常工作。

除少数例外，所有汽车电脑都使用5V电源驱动其传感器。在电子工业中，5V电压几乎普遍作为传送信息的标准。这个电压对传送可靠性来说已经足够高，而对电脑芯片的安全性来说足够低，而且使用计算机工业标准电压，对于汽车制造商来说会使电子零部件制造规范而且成本低。

第二章　汽车发动机电控系统

2.1　汽油发动机电控系统

2.1.1　系统线束与电脑连接器分布

以宝马N55发动机为例，发动机上的数字式发动机电子系统（DME）通过法兰安装在进气装置上，由进气进行冷却，如图2-1所示。

图2-1　发动机线束铺设

DME靠近发动机有以下优点：发动机导线束按六个模块划分；发动机上的所有电气组件直接通过DME供电；取消了电控箱；有211个引脚可供使用，插接接口采用防水设计。

N55发动机使用Bosch公司的发动机管理系统MEVD17.2。MEVD17.2集成在进气装置内，由进气进行冷却。MEVD17.2可利用flexray总线工作且直接为传感器和执行机构供电。DME壳体上侧也是进气装置的下部部件。进气管范围内的壳体上有一个凸起轮廓，从而确保进气装置内空气以最佳方式通过。处于插接状态时，导线束与DME之间的插接连接件可防水。电控模块线束连接端子分布如图2-2所示。

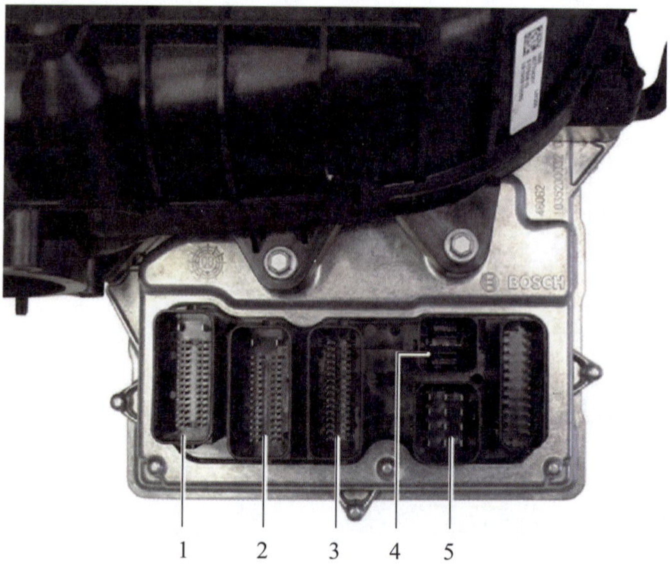

图2-2 MEVD17.2发动机管理系统

1—传感器接口2；2—传感器接口1；3—车辆导线束接口；4—Valvetronic控制接口；5—供电模块接口

2.1.2 发动机控制单元功能

燃油压力传感器根据燃油泵与高压泵之间的系统压力将一个电压信号输出给发动机控制单元（DME控制单元）。燃油压力传感器测量高压泵前的系统压力（燃油压力）。DME控制单元不断比较规定压力与实际压力。

规定压力与实际压力出现偏差时，发动机控制单元提高或降低电动燃油泵的电压，该电压以总线信息形式通过PT-CAN发送给EKP控制单元。

EKP控制单元将该信息转换为用于电动燃油泵的输出电压，借此调节发动机（或高压泵）所需的供给压力。信号失灵时（燃油压力传感器），在总线端15接通的情况下预先控制电动燃油泵运行。CAN总线失灵时，EKP控制单元以车载网络电压驱动电动燃油泵。高压泵将燃油压力提高到50～200bar[1]。燃油通过高压管路到达共轨处。燃油暂时存储在共轨内并分布在喷射器上。

[1] 1bar＝0.1MPa

共轨压力传感器测量共轨内的当前燃油压力。高压泵内的燃油量控制阀开启时，所输送的剩余燃油再次进入高压泵内的供给通道。高压泵失灵时车辆行驶可能受到限制。

燃油量控制阀控制共轨内的燃油压力。发动机管理系统利用脉冲宽度调制信号控制燃油量控制阀。节流口开度取决于脉冲宽度，从而针对发动机当前运行状态调节所需燃油量，此外还能降低共轨内的压力。

发动机管理系统通过废气涡轮增压器上的废气旁通阀调节增压压力。在此使用电控气动压力转换器以无级方式为废气旁通阀提供真空，转换器根据发动机管理系统信号和规定压力信号执行。

循环空气减压阀通过法兰固定在废气涡轮增压器上。发动机管理系统可以直接控制这个循环空气减压阀，因此可以使进气侧与压力侧之间短路连接。循环空气减压阀可以消除节气门快速关闭时可能出现的增压压力峰值，因此循环空气减压阀对发动机噪声影响很大且有助于保护废气涡轮增压器部件。节气门关闭时，会产生从节气门至废气涡轮增压器的压力波。这个压力波作用在废气涡轮增压器的涡轮叶片上，从而作用在叶片轴承上。通过循环空气减压阀可以显著降低这个压力波，因此可降低废气涡轮增压器负荷。

带有电动冷却液泵的冷却系统具有传统冷却系统的优点。热量管理系统确定当前冷却需求并相应调节冷却系统，在某些情况下甚至可以完全关闭冷却液泵，例如在暖机阶段让冷却液迅速加热时。发动机很热且处于关闭状态时冷却液泵继续工作，因此可能需要冷却功率（与转速无关）。除了通过特性曲线节温器外，热量管理系统还可通过不同特性曲线控制冷却液泵。因此发动机控制单元可以根据行驶情况调整发动机温度。

发动机控制单元按以下温度范围进行控制：108℃＝经济运行模式；104℃＝正常运行模式；95℃＝高功率运行模式；90℃＝高功率运行模式且通过特性曲线节温器调节。

发动机控制单元根据行驶情况识别到节省能量的“经济”运行范围时，发动机管理系统就会调节到较高温度（108℃）。在这个温度范围内发动机以相对较低的燃油需求量运行。温度较高时发动机内部摩擦减小。温度升高还有助于降低负荷较低情况下的耗油量。处于“高功率且通过特性曲线节温器调节”运行模式时，驾驶员希望发动机功率利用率达到最佳，为此需将气缸盖内的温度降至90℃。温度降低可以提高容积效率，从而提高发动机扭矩。发动机控制单元现在可根据相应行驶状况调节到特定运行范围，从而能够通过冷却系统影响耗油量和功率。

如果发动机运行期间冷却液或发动机机油温度过高，车辆会采取某些措施，以便为发动机冷却系统提供更多能量。这些措施分为下面两种运行模式。

（1）部件保护

- 冷却液温度在117～124℃之间；
- 发动机温度在150～157℃之间；
- 措施：例如降低空调（直至100%）和发动机功率

（2）紧急情况

- 冷却液温度在125～129℃之间；
- 发动机温度在158～163℃之间；
- 措施：例如降低发动机功率（直至约90%）。

2.2 柴油发动机电控系统

2.2.1 博世EDC17系统

大众T5车型所搭载的2.0L TDI发动机的发动机管理系统的核心是由博世公司制造的柴油机电子控制系统EDC17 CP20。

T5 2010款的发动机管理系统中装备的通信装置包括各种独立车辆系统的控制单元，例如变速箱控制单元和ABS/ESP控制单元。如果需要通过动力传动系统CAN数据总线与其他CAN数据总线系统交换数据，例如舒适CAN数据总线，则数据将通过数据总线的诊断接口携带。总线连接网络如图2-3所示。

诊断接口是各总线系统之间的接口用于车辆诊断。

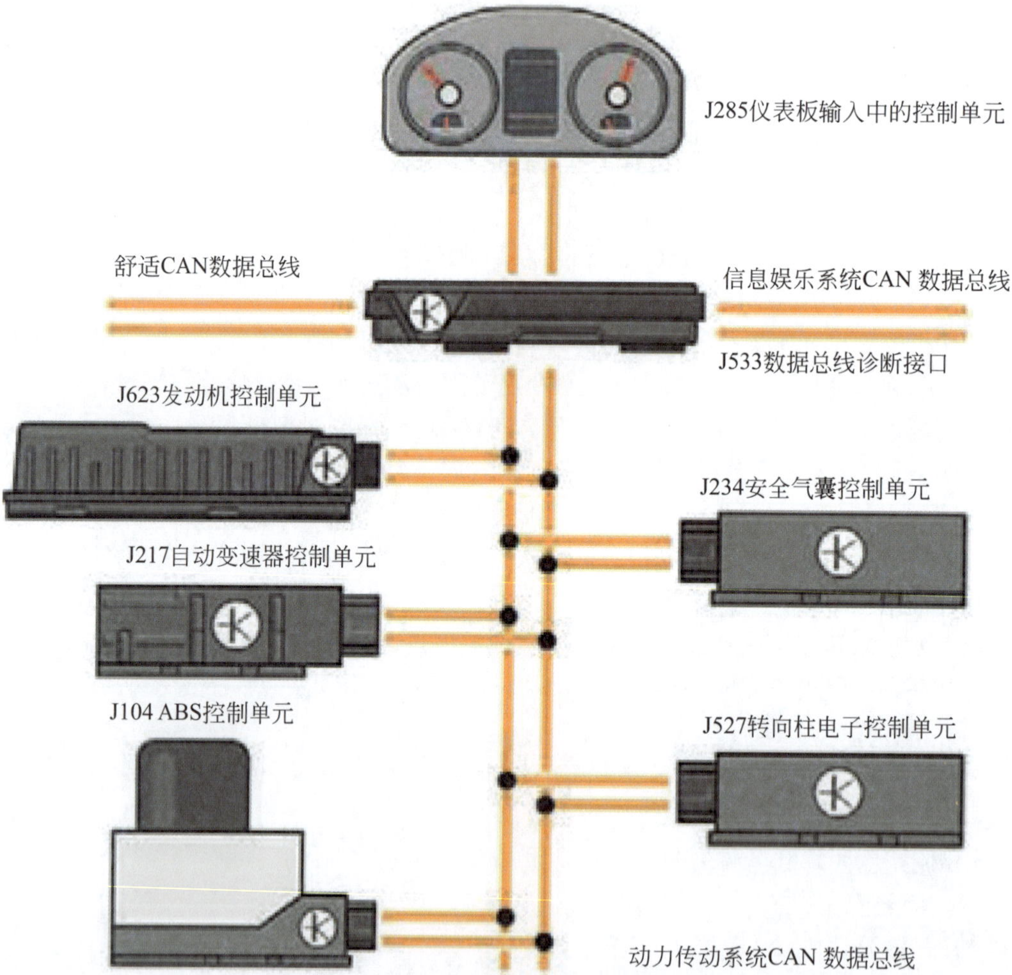

图2-3　发动机控制系统与其他控制器的联系

2.2.2　预热塞系统

为了能够实现与汽油发动机在所有气候条件下相似的发动机启动，而无需过长的预热时间，配备共轨喷射系统的2.0L TDI发动机拥有一套快速柴油预热系统。系统组成如图2-4所示。

该预热系统的优点有：

- 在最低–24℃的条件下迅速启动发动机；
- 预热塞加热时间极短（2s内最高可达1000℃）；
- 预热前和预热后的时间与温度范围可控；
- 具有自我诊断能力。

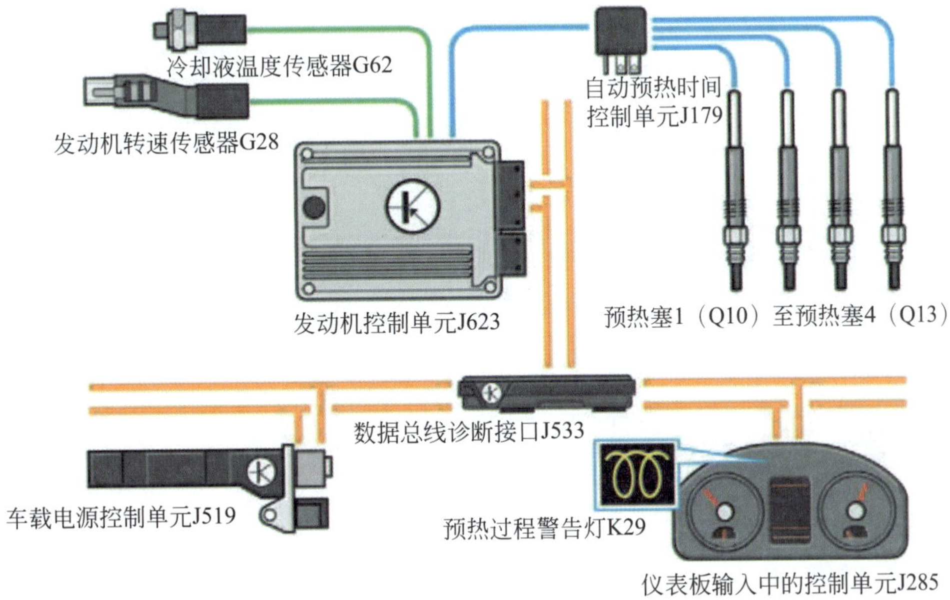

图2–4　预热塞系统组成

2.2.3　共轨喷射系统

借助共轨系统，压力的产生和燃油喷射在空间上彼此独立。其核心是由凸轮轴驱动的高压燃油泵。它可以为喷油器提供最高1800bar的最佳喷射压力。系统组成部件如图2-5所示。

燃油轨起到压力蓄能器的作用。不需要的燃油将通过压力保持阀返回带有预热阀的燃油滤清器中。

该喷射系统的优点：

- 喷射压力几乎可以无级变化，并且可以适应发动机具体的运转状态；
- 最高可达1800bar的高喷射压力，确保混合气形成良好；
- 多个喷射前和喷射后阶段使喷射断面更灵活。

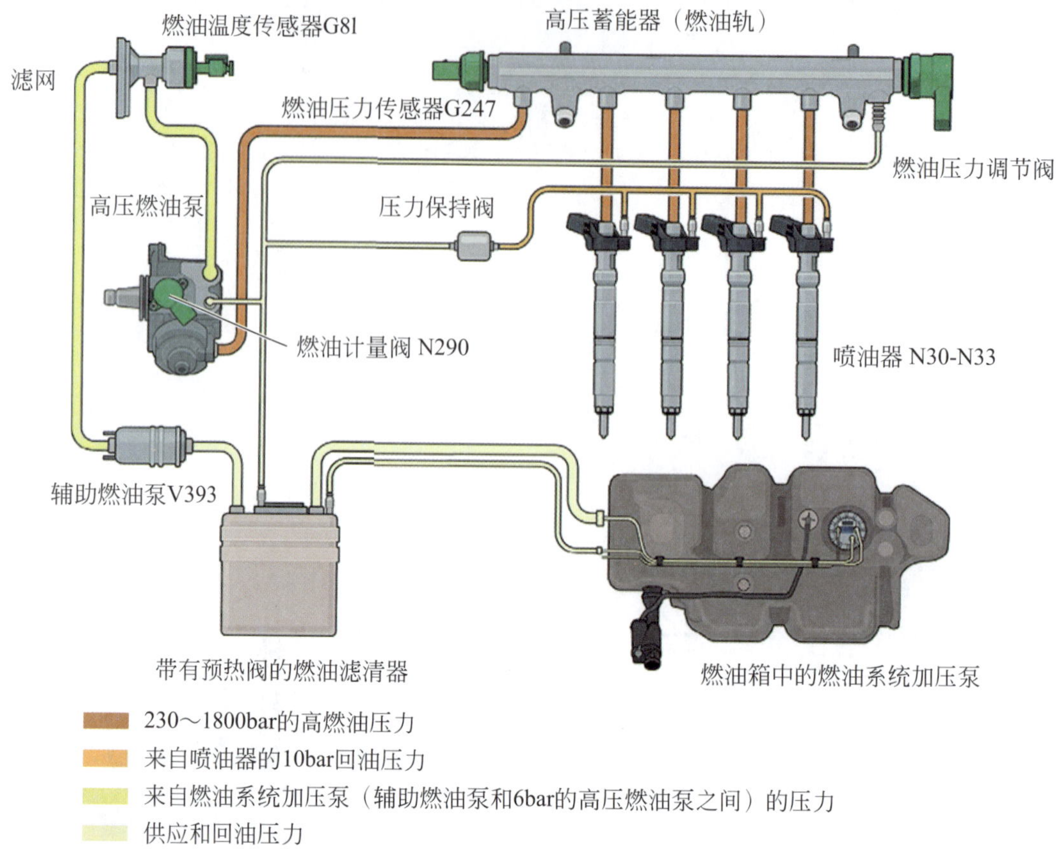

图2-5 柴油共轨喷射系统组成

扫一扫
看视频

第三章 汽车底盘电控系统

3.1 自动变速器电控系统

3.1.1 系统组成

以宝马自动变速器为例，EGS控制单元位于车内转向柱下方。该控制单元通过PT-CAN与下列控制单元进行数据交换：DME、DSC（包括ABS/ASC）、组合仪表。自动变速器控制系统组成部件见图3-1。

更换EGS控制单元后必须利用BMW诊断系统将适配值复位。

3.1.2 系统功能

节气门信号是负荷要求信号，选挡时电子系统需要该信号。

喷射信号是发动机的负荷状态信号。换挡时需要该信号以及节气门信号和输出信号。

在换挡过程中，变速箱电子系统通过使发动机点火角度延迟大约200ms的方式影响发动机电子系统。这样可以短时间降低发动机扭矩、提高换挡质量、减小变速器负荷并缩短换挡时间。

如果驾驶员将加速踏板完全踩到底（强制降挡），加速踏板模块就会超过其满负荷电压值。当达到发动机控制单元内规定的电压值时（4300mV），DME将其识别为强制降挡并通过PT-CAN将该信号传输至EGS控制单元。

在变速器的输入轴上有一个用于测量变速器输入转速的转速传感器。该转速传感器依据霍尔原理工作。变速箱电子控制系统需要准确的变速器输入转速，以便执行下列功能：

图3-1 六挡自动变速箱GA6F21WA

1—连接EGS控制单元的多引脚插头1；2—连接EGS控制单元的多引脚插头2；3—选挡杆位置开关；4—变速箱油冷却器；5—拉线；6—EGS控制单元；7—选挡杆单元

控制、适配和监控换挡过程；控制和监控液力变矩器锁止离合器；诊断换挡元件并检查发动机转速和变速器输出转速的可信度。

在驻车锁止轮上有一个用于测量变速器输出转速的转速传感器。该转速传感器依据霍尔原理工作。变速箱电子控制系统需要准确的变速器输出转速，以便执行下列功能：选择换挡时机；诊断换挡元件并检查发动机转速和涡轮转速的可信度。

DSC干预期间，转速不超过4500r/min时保持所挂入的挡位。此时换挡对行驶稳定性产生不利影响。超过4500r/min时会强制换入高挡，以便减小车轮上的扭矩。

由于采用前驱方式且具有DSC控制功能，因此在变速器电子控制系统内无需安装特殊的冬季程序。

变速箱油温度传感器位于电液换挡机构内，浸于变速箱油中。执行以下功能时需要变速箱油温度信号：调节换挡压力（系统压力）并在换挡过程中增大和减小压力；启用或停用取决于温度的功能（例如接通液力变矩器锁止离合器）。

制动信号灯开关信号通过PT-CAN传输，选挡杆锁功能和变速箱控制功能（例如坡路识别功能）需要该信号。EGS控制单元内的安全功能需要发动机转速信号，以免换入低挡而导致发动机可能超速运转。自动变速器电控系统原理框图如图3-2所示。

EGS控制单元根据以下因素决定换入高挡和低挡的时机：驾驶员负载要求（加速踏板和节气门位置）；变速器输出转速；选挡杆位置；强制降挡信号。换挡时机取决于温度情况（电液换挡机构内的温度传感器）。

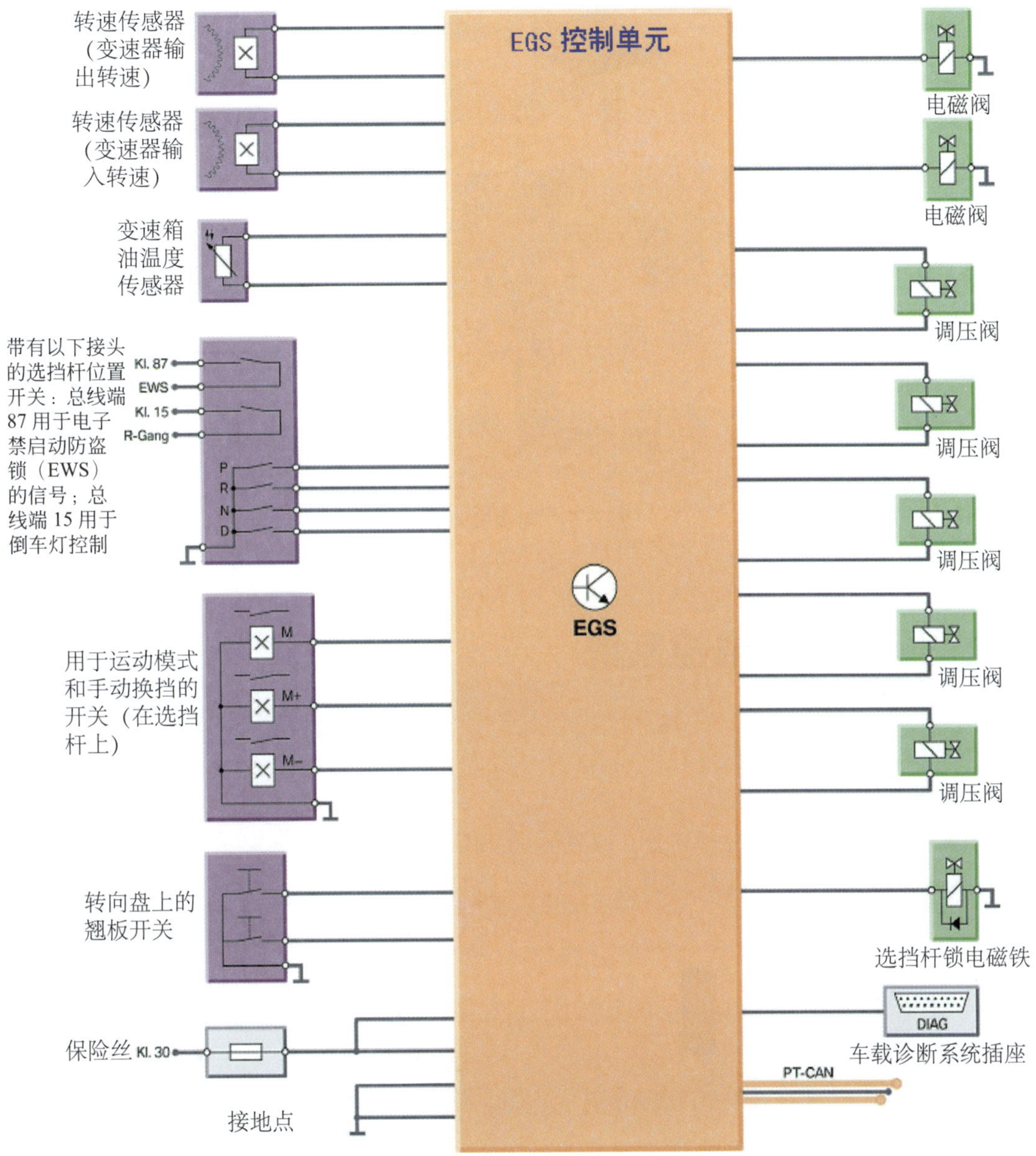

图3-2　自动变速器电控系统的电路图

3.1.3　换挡机构

电液换挡机构安装在自动变速箱内。它被变速箱油底壳盖住。电液换挡机构以正确的液压压力控制传动和制动离合器，通过选挡杆上的拉线操纵电液换挡机构内的选挡滑阀。选挡滑阀根据选挡杆相对变速箱内相应电磁阀的位置控制变速箱油（主压力）。此外，在电液换挡机构内还装有以下用于变速箱控制的部件：机油温度传感器；电磁阀（2个）；调压阀（6个）。换挡机构部件如图3-3所示。

电液换挡机构通过两个多引脚插头（在变速箱壳体上）与EGS控制单元连接。

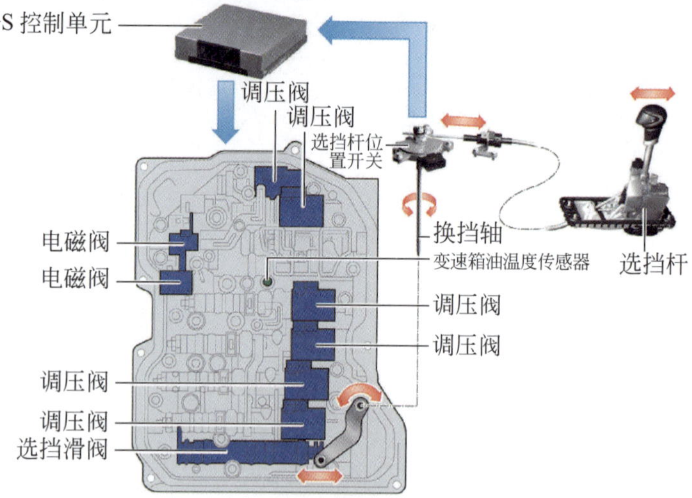

图3-3 电液换挡机构

3.2 全轮驱动电控系统

3.2.1 四轮驱动类型

根据不同的驱动平台进行划分，四轮驱动系统分为以前轮驱动为基础的车辆和以后轮驱动为基础的车辆，结构如图3-4所示。

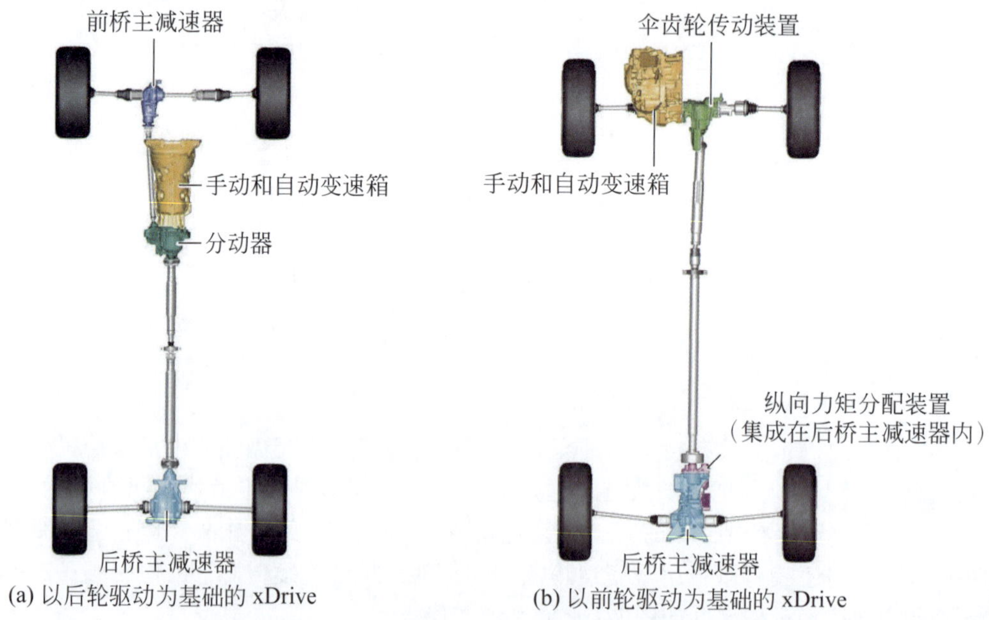

图3-4 不同车型系列的四轮驱动系统概览

3.2.2　四轮驱动耦合器

四轮驱动耦合器集成在后桥驱动装置上，如图3-5所示。

传递至后桥的驱动扭矩是通过在前桥驱动和后桥驱动之间的四轮驱动耦合器来控制的。根据耦合器的开口度，它将所需的驱动扭矩传递至后桥。四轮驱动耦合器由如图3-6所示部件组成。

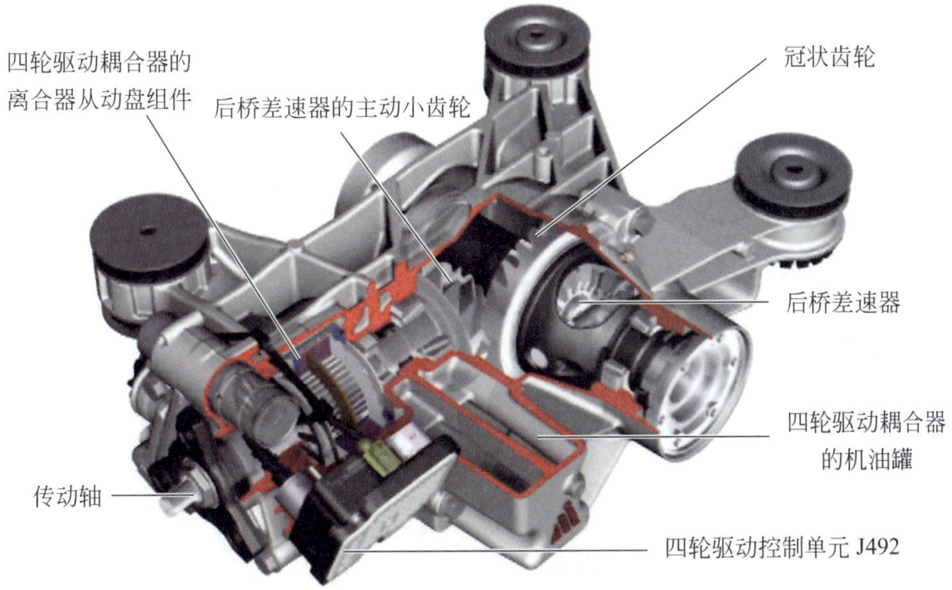

图3-5　四轮驱动耦合器安装位置

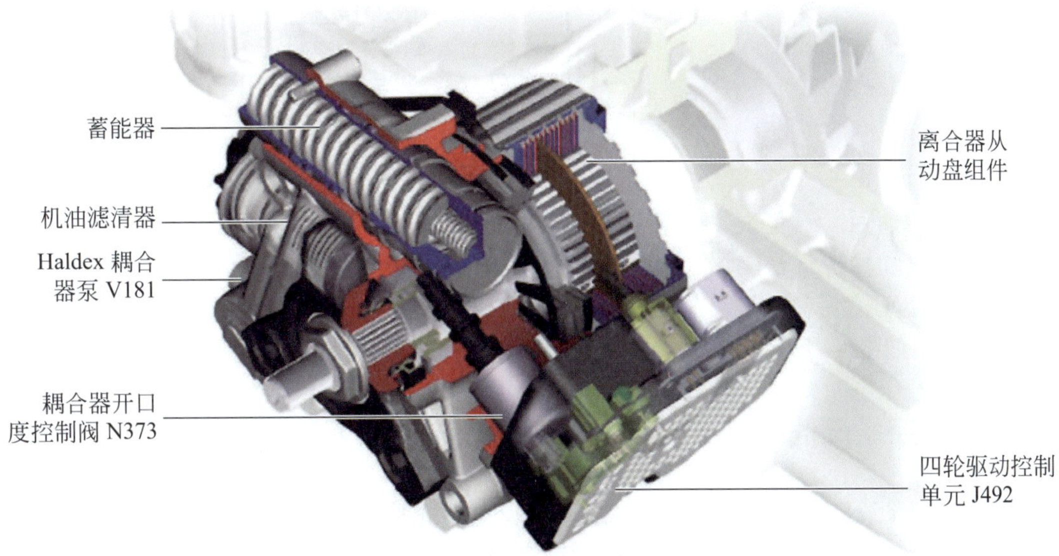

图3-6　四轮驱动耦合器组成部件

控制单元可以控制泵的运行次数以及耦合器开口度控制阀N373。压力的大小仅由阀门的位置决定。控制单元的电路板上有一个温度传感器，其显示的测量值表示机油温度。

四轮驱动控制单元J492合成在驱动系统CAN数据总线中。这使得它能够仅靠一个传感器精准地控制系统。控制单元利用行驶工况的数据确定所需的电流大小，如此便能理想地根据实际情况来调节四轮驱动耦合器的开口度和动力传递。

如果有ESP或ABS进行干预，ABS控制单元J104利用四轮驱动控制单元J492确定四轮驱动耦合器开口的大小。

电控液压组件建立起油压，并对离合器从动盘上的夹紧压力进行控制。图3-7中显示的是系统无压力时的状态。一旦发动机被关闭且仅点火开关开启时，则四轮驱动控制单元J492处于激活状态，但无法建立起压力。不通电时，耦合器开口度控制阀N373处于打开状态。

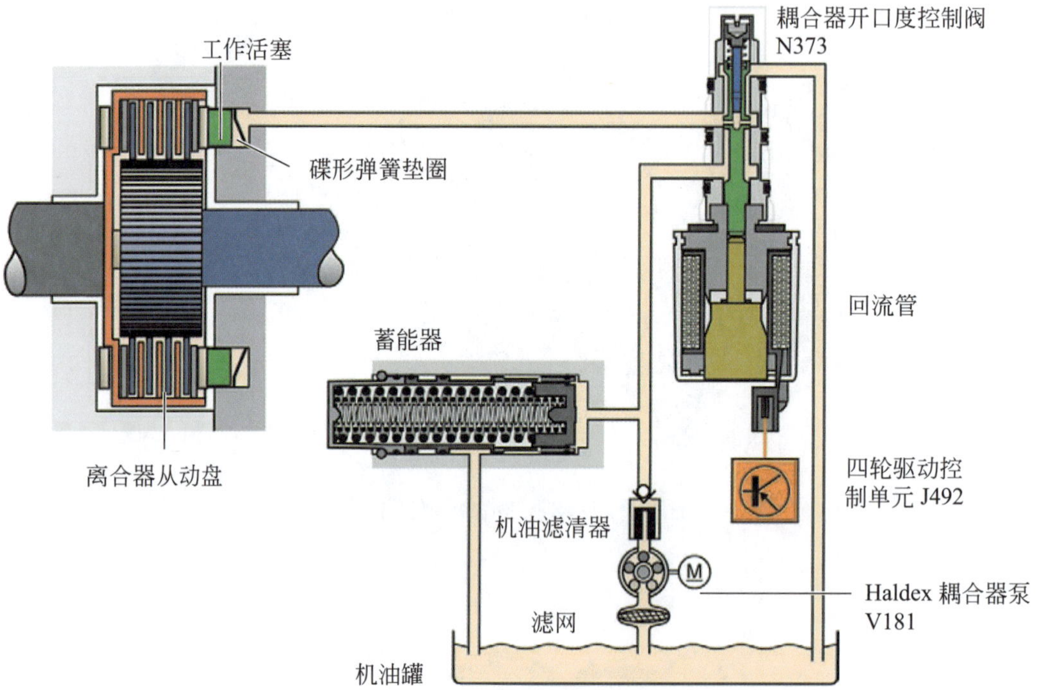

图3-7 系统无压力状态

发动机启动后，一旦发动机转速达到400r/min，Haldex耦合器泵V181被启动。它通过滤清器将机油输送到蓄能器，直到机油系统内的压力达到30bar。耦合器开口度控制阀N373被四轮驱动控制单元J492关闭，这样工作压力传送至工作活塞，离合器从动盘组件被按压在一起，如图3-8所示。

3.2.3 电控系统信号

四轮驱动系统控制单元接收发动机、ABS、电动驻车制动等控制单元及数据诊断接口与转向角传感器的信号，根据行驶工况对耦合器泵和开口阀进行控制。电气原理如图3-9所示。

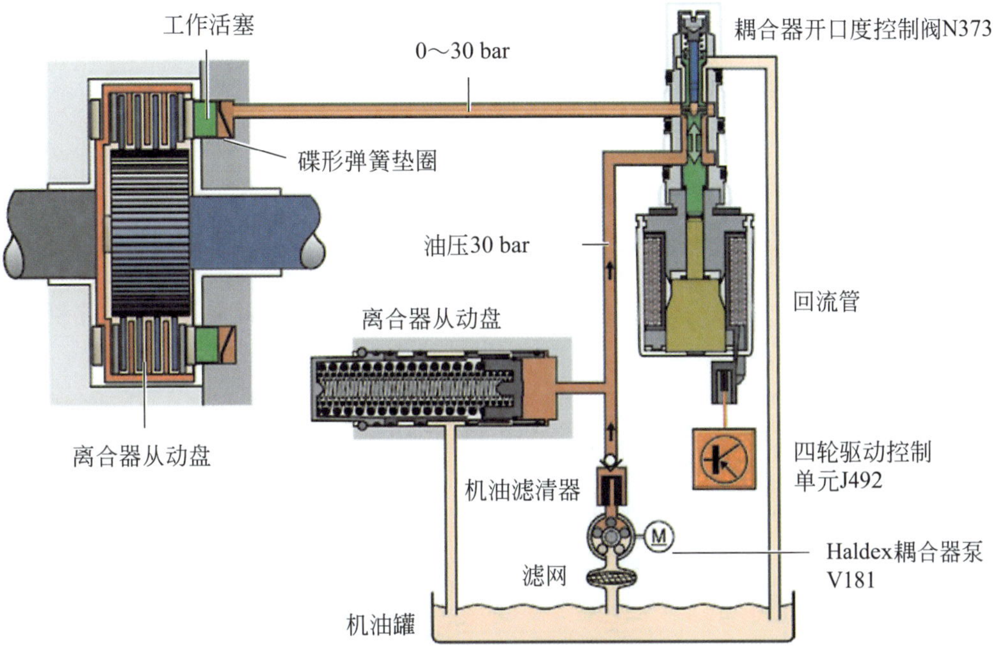

图3-8　发动机启动后压力建立

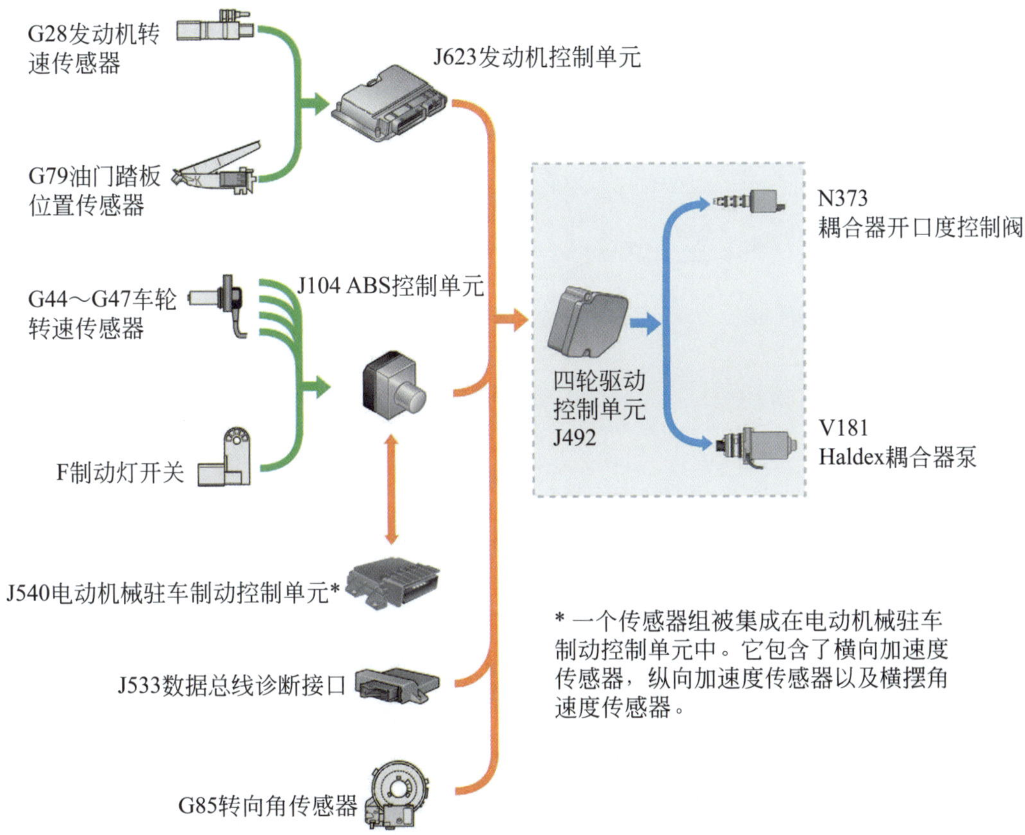

图3-9　四轮驱动电控系统原理

3.3 电子悬架电控系统

3.3.1 悬架功能

当车辆运动时，外部作用力与冲击会使车辆沿三维空间轴的方向（横轴、纵轴和垂直轴）产生运动与振动。减振的目标是，在悬架系统与减振系统之间获得良好的平衡，从而将这些力对驾驶舒适性、驾驶安全性和操纵安全性的影响降到最低。

在车辆行驶中，除了车辆的向上与向下运动外，还会发生围绕或沿车辆三维空间轴方向（横轴、纵轴和垂直轴）的振动，振动方式如图3-10所示。

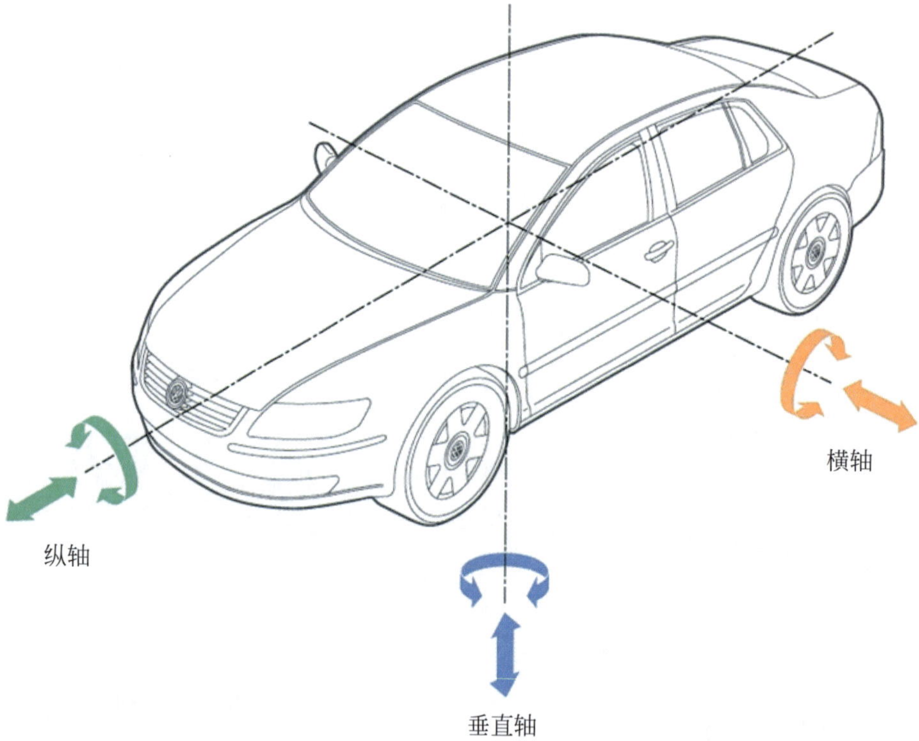

振动方式		说明
纵轴	抽动	沿纵轴方向的振动（震颤）
	侧倾	纵轴扭振（横摆、起伏、倾斜）
横轴	横向滑移	沿横轴方向的振动
	纵倾	横轴扭振（俯仰）
垂直轴	垂直振动	沿垂直轴方向的振动（冲击、垂直振动）
	横摆	垂直轴扭振

图3-10 车辆行驶振动方式

3.3.2 电子空气悬架

以大众辉腾为例，带有连续减振控制（CDC）的完全承载式4角空气悬架（4CL）可以使车辆保持恒定的离地高度，而不管有效载荷为多少。换句话说，在路面和车辆底盘之间保持着恒定的静态离地间隙，该间隙由驾驶员的输入或车速决定。

整个系统包括：一个4CL/CDC的控制单元；每个角有一个空气弹簧和一个车辆高度传感器；每个角有一个集成在空气弹簧支柱中的可调减振器；一个带有空气干燥器和温度传感器的压缩机；一个带有1个集成式压力传感器的电磁阀体（连接有4个减振器控制阀、1个排放阀与1个储压阀）储压器；压缩机到各个空气弹簧支柱与储压器的空气管路；各个空气弹簧支柱上各有一个车轮加速度传感器（测量范围±1.3g）以及三个车身加速度传感器（测量范围±1.3g）。电子空气悬架系统组成部件如图3-11所示。

车辆可实现三个高度的调节（NN和HN由驾驶员选择）：

- 正常悬架位置（NN）；
- 高悬架位置（HN），比NN高25mm，用于路况较差时；
- 低悬架位置（TN），比NN低15mm。

行驶高度根据车速自动选择（在高速公路上高速行驶时），取消选择也是自动进行的。

使用特殊控制策略，该系统也可根据行驶状况自动转换到其他高度。行驶高度调整是在后台进行的，通常驾驶员不会注意到。

在高速行驶时，离地间隙被自动降低，从高悬架位置降到动态性能更稳定的正常悬架位置。在速度更高的情况下，驾驶员不需选择，离地间隙就自动调整到低悬架位置上。当车速降到预定车速以下时，则自动取消低悬架位置的选择。

处于“舒适”模式的减振器在高速驾驶时会自动向“运动/硬”模式调整，以确保操纵安全性与行驶稳定性。

3.3.3 电子悬架功能

位于桥壳与下部叉形杆之间的四个车辆高度传感器测量车身相对车轮的位置，然后与存储在控制单元中的各个车轮的默认值进行比较。车辆控制单元必须“学习”这些默认值。在正常情况下，水平高度调节过程中所需的空气是由压缩机提供的（最大压力16bar），当车速大于35km/h时，由压缩机控制调节，储压器也会按照需要充满；当车速小于35km/h时，由储压器（5L容量）控制调节。进行调节时，储压器与空气弹簧之间需要有足够的压力差（大约3bar）。在装载或卸载过程中，若车身与地面的相对高度发生变化，该控制单元则重新调节车身高度到标准高度。在此调节过程中，空气经过电磁阀送入空气弹簧或经排放阀排出。

减振器控制系统通过四个车轮加速度传感器和三个车身加速度传感器将路面状况和车辆的运动状况记录下来。各个减振器的特性按照减振要求的计算值来调节。在此情况下，减振器在下压与回弹的周期运动中起半主动部件的作用。连续减振控制是通过电动调整减振器特性来实现的。这些减振器都集成在空气弹簧支柱中。

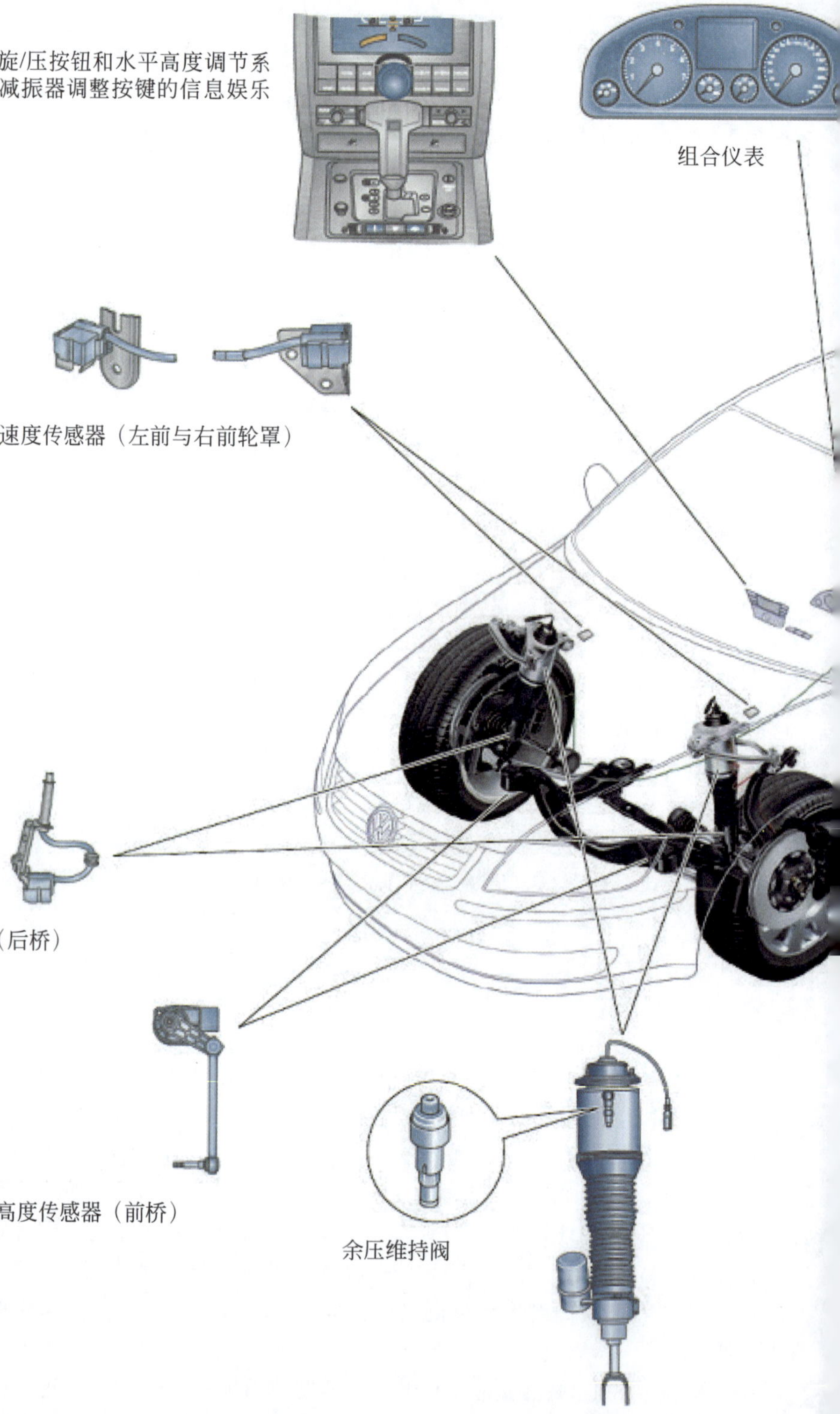
带有旋/压按钮和水平高度调节系统与减振器调整按键的信息娱乐系统
组合仪表
车身加速度传感器（左前与右前轮罩）
车轮加速度传感器（后桥）
车辆高度传感器（前桥）
余压维持阀
空气弹簧支柱（前桥）

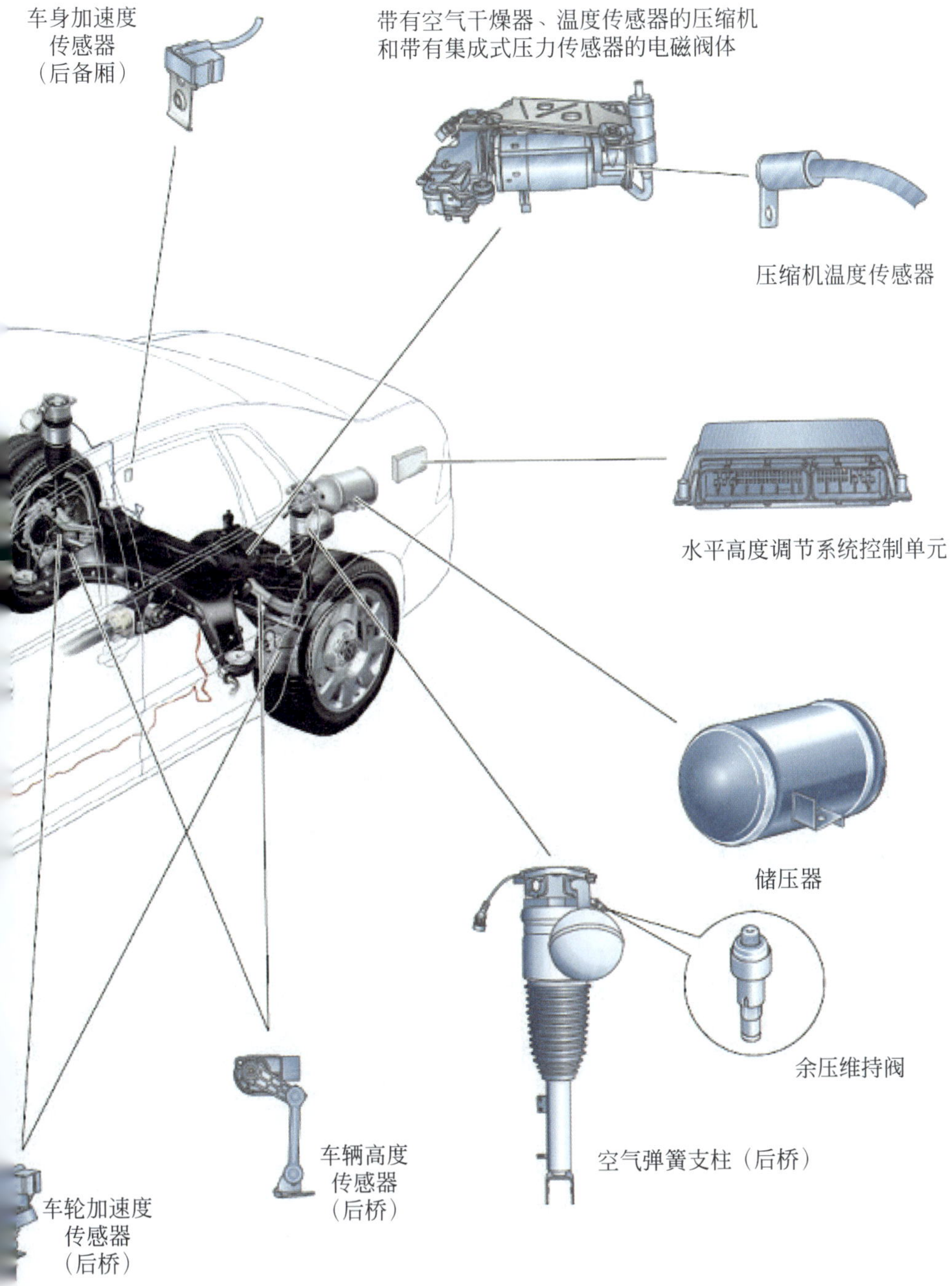

图3-11　电子空气悬架系统部件

减振力可根据特性图用内置在减振器中的比例阀来调整设定。这样，减振力与相应驾驶状态和路面状况的适应匹配过程只需要几毫秒。该减振器根据车轮与车身的垂直加速度大小来调节。在理想状态下，这种减振控制看上去就像车身被空中的一个钩子吊着漂浮在路面上且没有任何干扰运动。用这个办法可以获得最大的驾驶舒适性。

如图3-12所示系统示意图着重说明了该系统与车辆上其他系统的关系以及显示与操作元件。

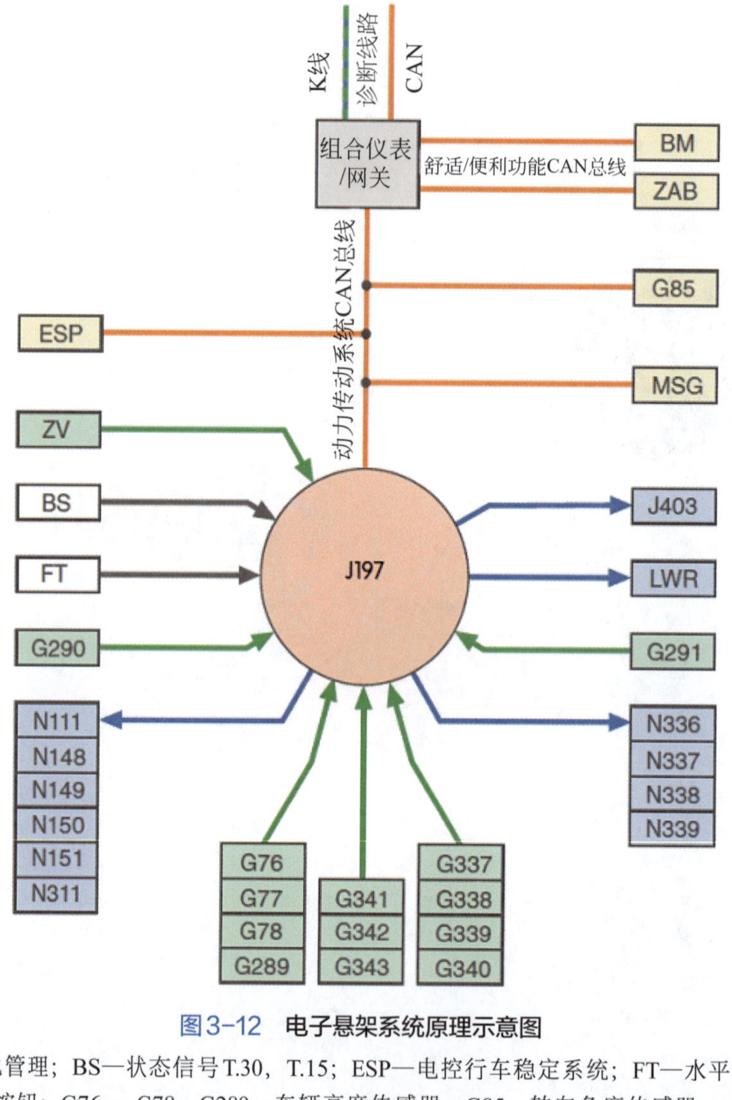

图3-12 电子悬架系统原理示意图

BM—蓄电池管理；BS—状态信号T.30，T.15；ESP—电控行车稳定系统；FT—水平高度调节系统按钮与减振器调节按钮；G76～G78，G289—车辆高度传感器；G85—转向角度传感器；G290—压缩机温度传感器，水平高度调节系统；G291—水平高度调节系统压力传感器；G337～G340—车轮加速度传感器；G341～G343—车身加速度传感器；J197—水平高度调节系统控制单元；J403—水平高度调节系统压缩机继电器；LWR—大灯照明距离调节系统；MSG—发动机控制单元；N111—排放阀；N148～N151—减振支柱阀；N311—水平高度调节系统储压器阀；N336～N339—减振器调节阀；ZAB—信息娱乐系统；ZV—车门/发动机罩/后备厢盖信号

3.3.4　电子悬架电脑

电子悬架控制单元位于后备厢中左侧的饰件后面，外观如图3-13所示。它用螺栓固定在继电器与保险丝盒的后面。作为中央控制单元，它具有以下作用：控制空气悬架和减振器，监控整个系统，诊断整个系统，并且通过CAN总线（动力传动系统CAN总线）进行通信。

水平高度调节系统控制单元具有一个附加的处理器（双处理器）；空气弹簧的运算主要在第一处理器上运行，减振控制主要在第二处理器上运行。

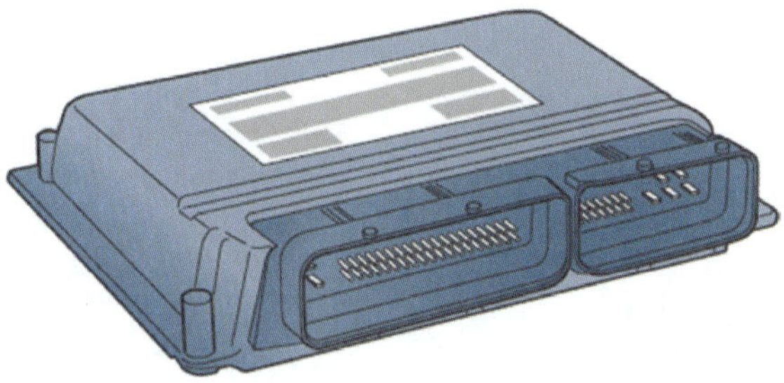

图3-13　电子悬架电脑

3.4　行驶稳定性电控系统

3.4.1　牵引力控制系统分类

由于大量控制系统的存在，很难从逻辑上清晰地给牵引力控制和辅助系统分类。在其他方面，这些系统会分等级地相互连接在一起，其中一些处于高级阶段，另外一些会建立在其他硬件或软件基础之上或成为已有功能的补充。

一种可供选择的分类方式是将牵引力控制和辅助系统按功能分配至“起步”“行驶”“刹车”的汽车运行状态。图3-14说明了在汽车运行状态中哪种系统可能进行干预。

如图3-15所示牵引力控制系统可以细分为两类。第一类为仅通过液压制动系统而进行制动的系统；第二类为通过发动机管理系统或变速箱管理系统影响汽车动态性能的系统。

第一类包括：

- 制动防抱死系统ABS；
- 电子制动力分配EBD；
- 转向制动控制CBC；
- 电子差速锁EDL；
- 制动防抱死系统扩充ABSplus；
- 横摆力矩控制YMC（横摆力矩消除GMA）。

第二类包括：

- 牵引力控制系统TCS；

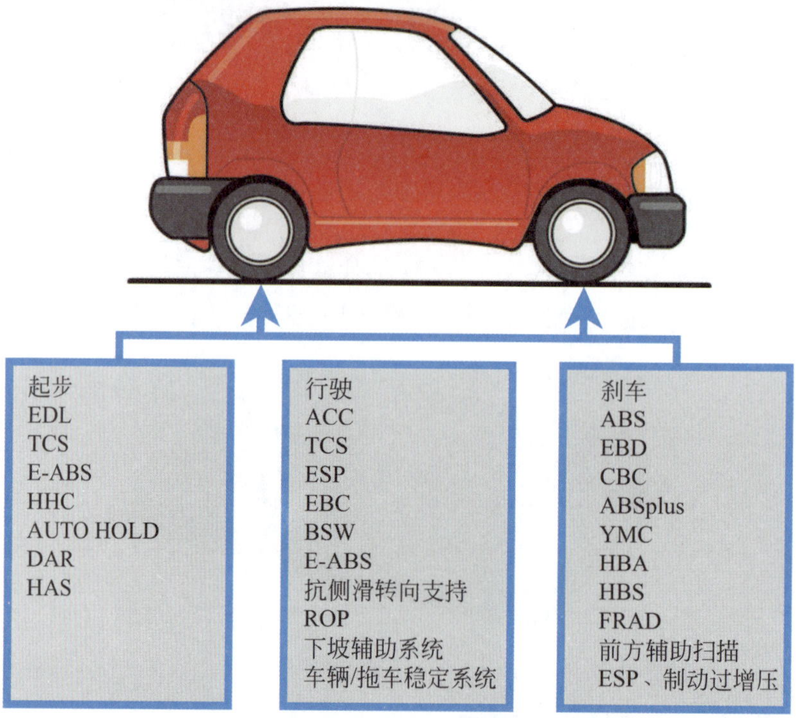

图3-14　汽车运行中起作用的稳定系统

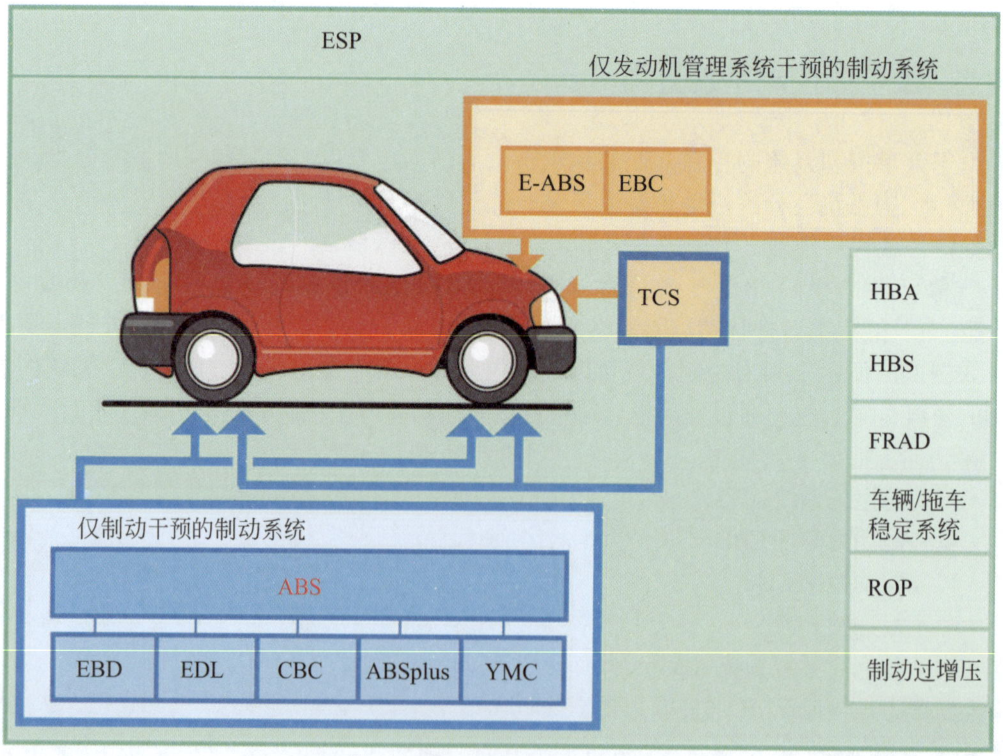

图3-15　牵引力控制系统的两大类型

- 发动机制动效能控制EBC；
- 带发动机干预的制动防抱死系统E-ABS（制动防抱死系统的延伸功能）。

以上列出的制动系统都不需要车辆配备ESP，但是当车辆配备ABS制动系统时，会自主运行。EDL功能需要一个扩充的液压单元。

ABS系统是所有牵引力控制系统的始点，它是仅制动干预的制动系统。软件扩充以及通过ABS的附加系统元件的扩充包括EBD，EDL，CBC，ABSplus和YMC。

TCS是ABS系统的一个扩充，除了启动制动干预，它也能启动发动机管理系统干预。带有发动机管理系统干预的制动系统只包括E-ABS和EBC。

当车中安装ESP时，所有牵引力控制系统都属于ESP系统。如果关闭ESP功能，某些牵引力控制系统功能会自主运行。

当电控单元探测到驾驶员指令和车辆实际行为之间有差异时，电控行车稳定程序ESP会独立干预车辆动态性能。这就意味着电控行车稳定系统ESP决定车辆动态情况，以及何时、何种牵引力控制系统被启用或关闭。因此可以说，ESP起着主导作用。

各种牵引力控制系统所实施的控制干预可防止在各种紧急情况下的车轮锁死。其目的在于随时稳定车辆，保持转向性。

3.4.2 ABS系统组成

ABS系统由以下部分组成（如图3-16所示）：

- 液压系统带有电子回流泵，两个缓冲室，两个蓄能器，四个ABS进油阀和回油阀，一些单向阀，确保制动液向所需方向流动；
- ABS控制单元；
- 四个速度传感器；
- 制动灯开关，以检测制动启动；
- ABS警示灯；
- 两个独立的制动线路，通过一个制动助力器给予制动液和制动力支持。

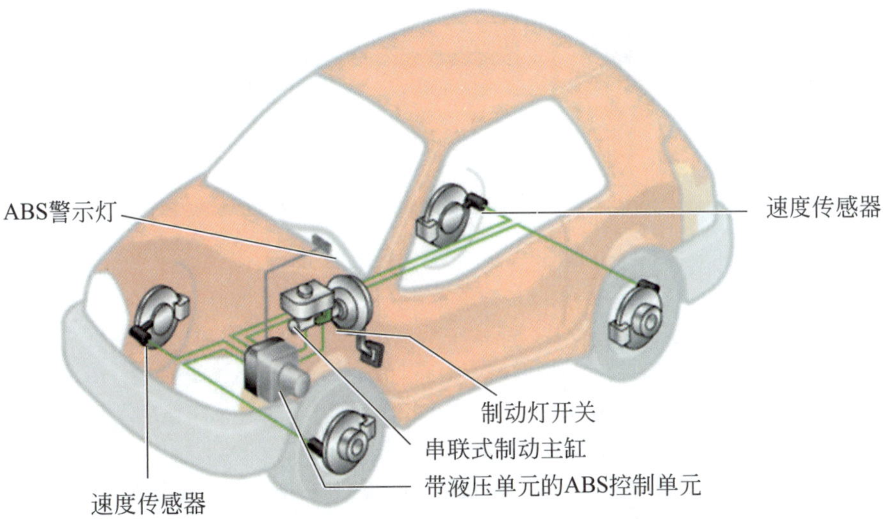

图3-16 ABS防抱死制动系统组成

将制动系统分为两条独立的制动线路提高了车辆的安全性。若一条线路出现故障，车辆还能通过第二条制动线路驻车。该系统可细分为前桥和后桥制动线路或者对角（左前轮—右后轮和右前轮—左后轮）制动线路，通常采用对角制动线路。

在一条制动线路中，每一个制动轮缸有一个ABS进油阀和一个ABS回油阀。因此，每个车轮的制动可独立进行。每个制动线路中的低压蓄能器可迅速降低制动轮缸中的压力，将低压蓄能器中的液压油输回储液罐则通过回流泵操作，两个制动线路被设计为单独的回流路程，由同一个电动机带动。ABS系统液压线路如图3-17所示。

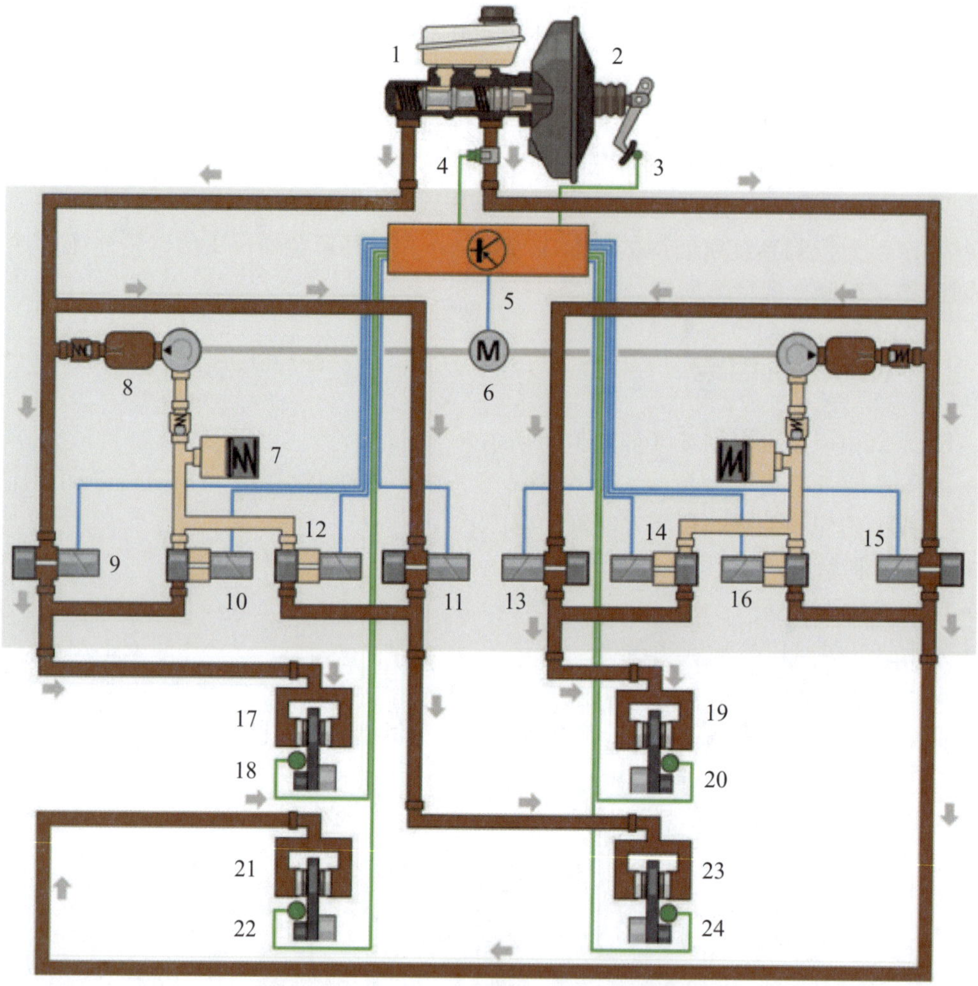

图3-17 ABS液压线路图

1—储液罐；2—制动助力器；3—制动踏板传感器；4—制动力传感器；5—ABS/ESP控制单元；6—回流泵；7—蓄能器；8—缓冲室；9—左前ABS进油阀；10—左前ABS回油阀；11—右后ABS进油阀；12—右后ABS回油阀；13—右前ABS进油阀；14—右前ABS回油阀；15—左后ABS进油阀；16左后ABS回油阀；17—左前轮制动缸；18—左前轮速度传感器；19—右前轮制动缸；20—右前轮速度传感器；21—左后轮制动缸；22—左后轮速度传感器；23—右后轮制动缸；24—右后轮速度传感器

进油阀：开启； 进油阀：关闭； 回油阀：开启； 回油阀：关闭

3.4.3 ABS工作原理

和ESP不同，ABS需要驾驶员执行制动。系统不能独立操作。驾驶员感觉到有轻微的制动踏板力间断，因此意识到ABS控制的干预。这是由ABS干预下制动力的变化引起的。ABS防止了独立车轮的锁死，得以保持车辆的转向性能。不能人工撤销ABS功能。制动时，ABS会比较四轮的速度，若ABS控制单元确认一车轮有锁死危险，控制系统关闭相应车轮的ABS进油阀，同时回油阀也应关闭着，因此制动缸内的压力得以保持，驾驶员踩下制动踏板时并不能进一步增加制动压力。控制原理如图3-18所示。

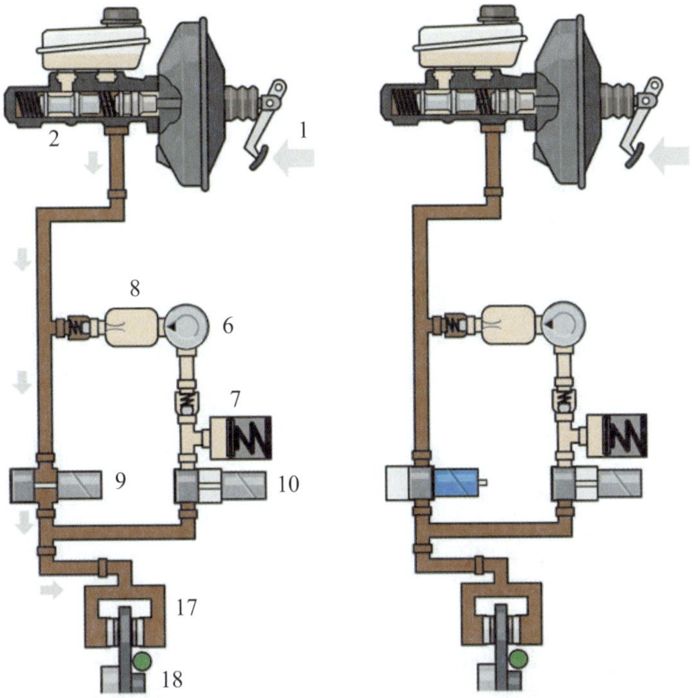

(a)驾驶员执行制动　　(b)ABS调节“压力保持”

图3-18　驾驶员制动与ABS压力保持

1—脚制动踩下；2—串联制动主缸；6—回流泵；7—蓄能器；8—缓冲室；9—ABS进油阀；10—ABS回油阀；17—车轮制动缸；18—轮速传感器

若仍有锁死倾向，控制系统开启ABS回油阀，此时ABS进油阀关闭。制动轮缸内压力此时可释放入蓄能器，因此，车轮可再次加速。

若蓄能器的容量不足以克服车轮的锁死倾向，ABS控制系统开启回流泵，将制动液泵回储液罐，来抵消驾驶员加载的制动力。这就引起了制动踏板力的脉冲振动。压力调节控制如图3-19所示。

若车速再次超过设定值，控制系统关闭ABS回油阀，开启ABS进油阀。回流泵继续按需运行。若再次到达锁死极限，“压力保持”“压力释放”“压力建立”循环重复，直至制动过程完成或者通过车轮速度的比较显示不再有车轮锁死的危险。

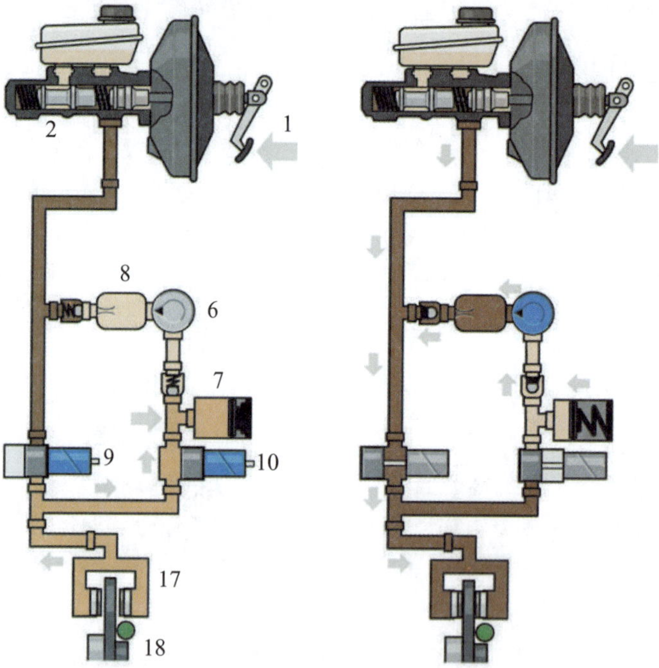

(a)ABS调节“压力释放”　　(b)ABS调节“压力建立”

图3-19　ABS压力调节

1—脚制动踩下；2—串联制动主缸；6—回流泵；7—蓄能器；8—缓冲室；9—ABS进油阀；10—ABS回油阀；17—车轮制动缸；18—轮速传感器

3.5　电控助力转向系统

3.5.1　电控助力转向系统组成

与液压转向系统相比，电控机械助力转向系统的最大的优点就是在使用电控机械助力转向系的情况下，无需再配备液压系统。由此可以产生下列更多的优点：

- 不再需要使用液压零件，例如助力机油泵、连接软管、油罐、机油滤清器；
- 无需再使用液压油；
- 节约了空间；
- 降低了噪声；
- 节省了能源；
- 不再需要进行复杂的软管连接和导线连接。

支持转向的零件固定在转向器上，并直接作用于转向器，这就大大节省了能源。此外，与需要持久的体积流量的液压转向系统相比，电控机械助力转向系统只在真正转向时才需要能量。由于电控机械助力转向系统根据需求才吸收能量进行工作，这就大大降低了燃油消耗。

转向系包括以下零件：转向盘、带转向角度传感器G85的转向柱开关、转向柱、转向扭矩传感器J269、转向器、电控机械助力转向电机V187、转向助力控制单元J500。系统组成如图3-20所示，转向器部件分解见图3-21。

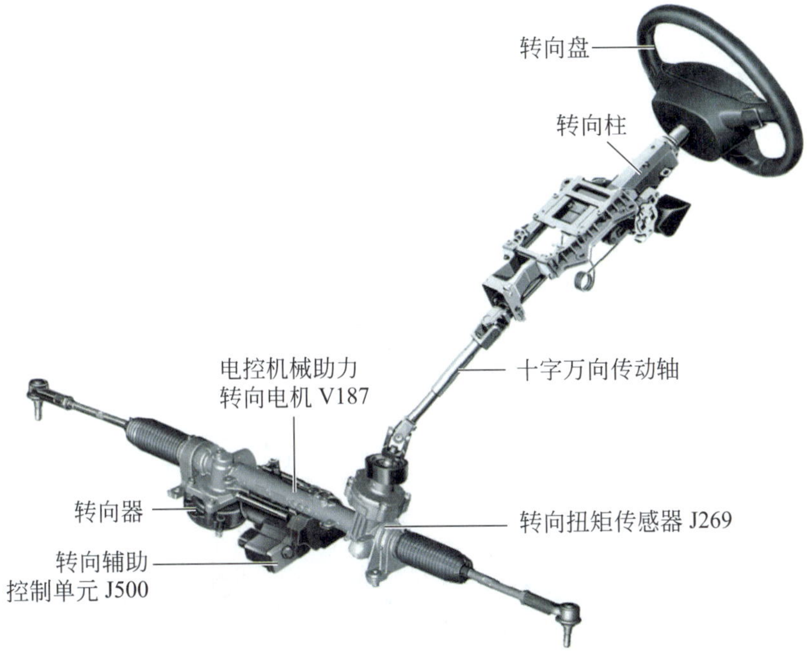

图3-20　电控助力转向系统组成

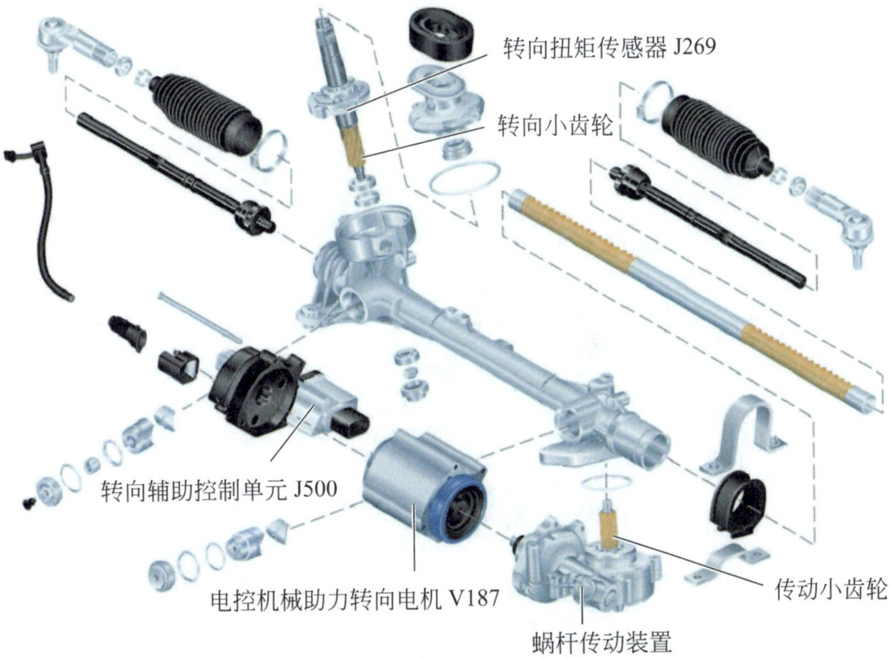

图3-21　电控助力转向机部件分解

3.5.2 电控助力转向系统电路

转向控制单元接收发动机、ABS、转向柱、蜗杆传动装置等的控制单元及转向角度传感器、转矩传感器等的输入信号，根据转向操纵的驾驶需求，控制转向电机的转向及速度以完成驾驶者的转向目标和任务。电动转向控制系统电路原理如图3-22所示。

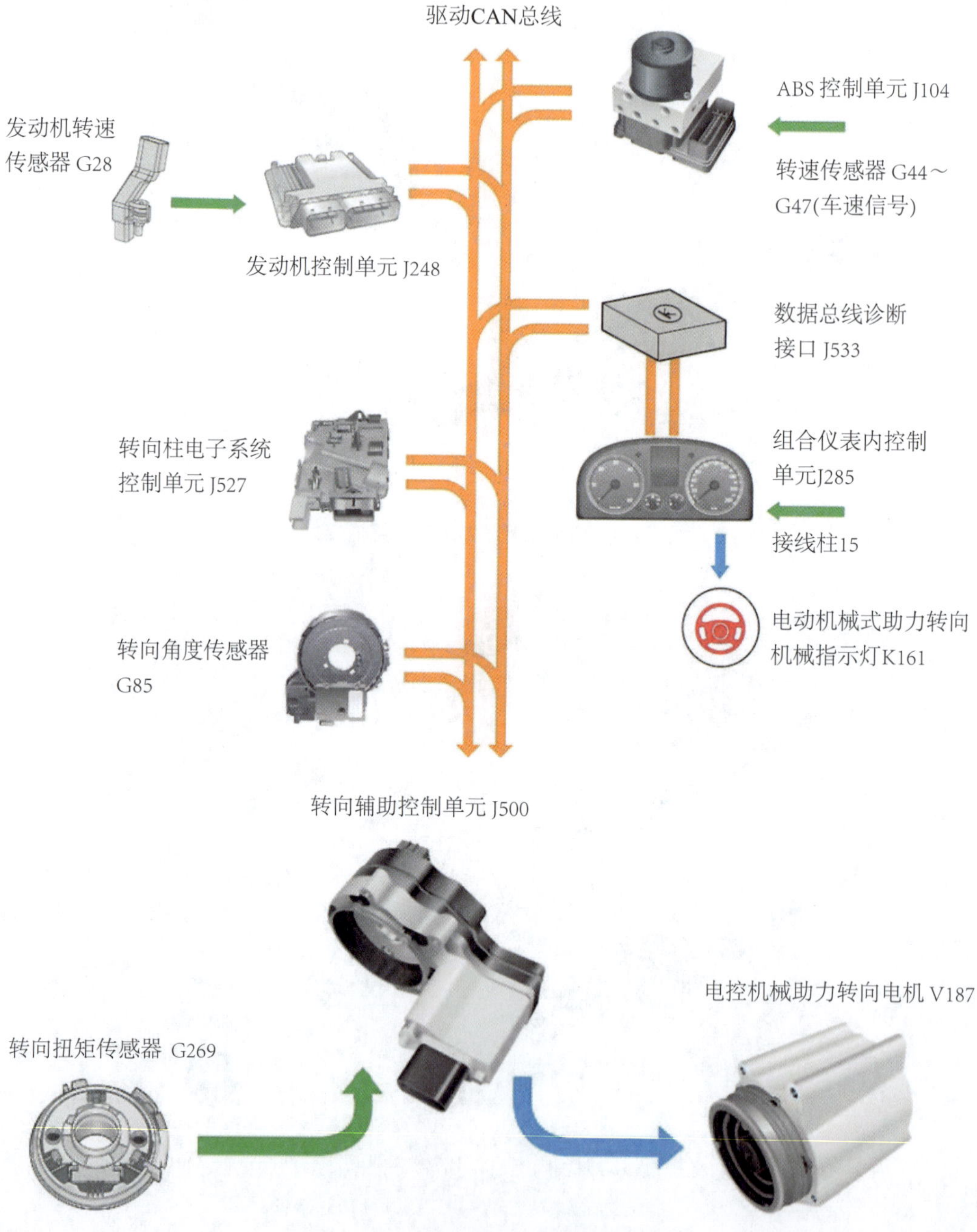

图3-22 电动转向控制系统电路原理

第四章　汽车车身电控系统

4.1 自动空调系统

4.1.1 系统组成

自动空调的优点：其调节系统内可以包含更多的参数，并可预先计算出所需要的制冷状态。电子调节式的空调有各种不同的名称：数字式温度调节系统；Climatronic；带有自动调节装置的空调。但其共同点是：都有一个控制单元、车外温度传感器（一个或两个）、车内温度传感器、附加传感器（并非每个系统都有，例如用于感知阳光入射强度的传感器）、暖风/空调的伺服电机。

图4-1表示的是自动空调系统传感器位置。自动空调系统的核心就是那个数字式控制单元。它处理来自传感器（信号传感器）的所有输入信号，排除干扰后将信号送给控制单元内的微处理器。

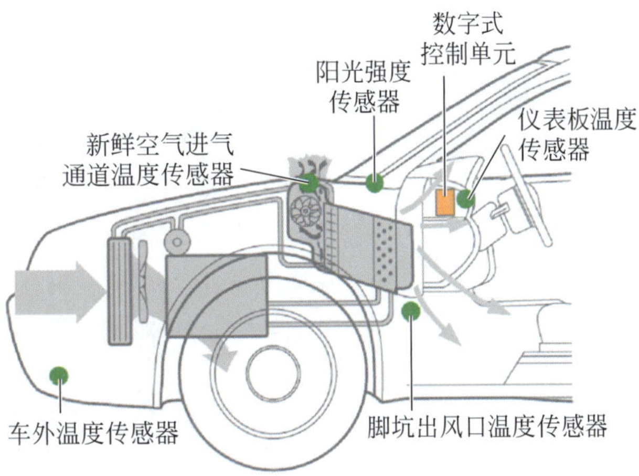

图4-1　自动空调系统传感器分布

4.1.2 系统功能

微处理器按照预设的规定值来计算出输出信号。输出信号经末级放大器传送给执行元件。执行元件就是暖风/空调的伺服电机。相应的伺服电机控制相应的翻板。

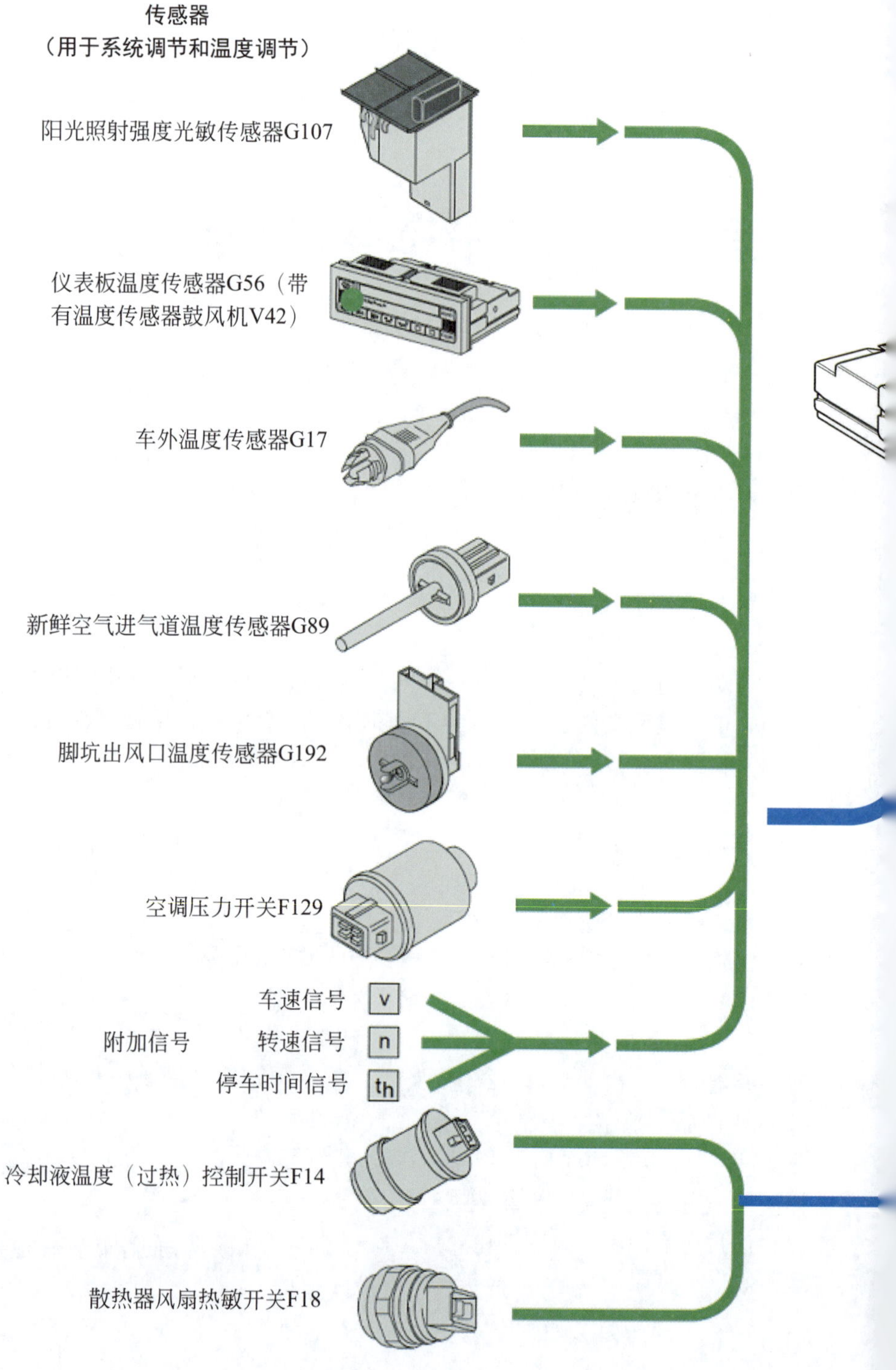

最新一代的空调装置与车上的其他控制单元是直接相连或者通过CAN总线相连的。车速信息、发动机转速信息和停车时间信息也由空调控制单元来评估。空调电控系统原理示意图如图4-2所示。

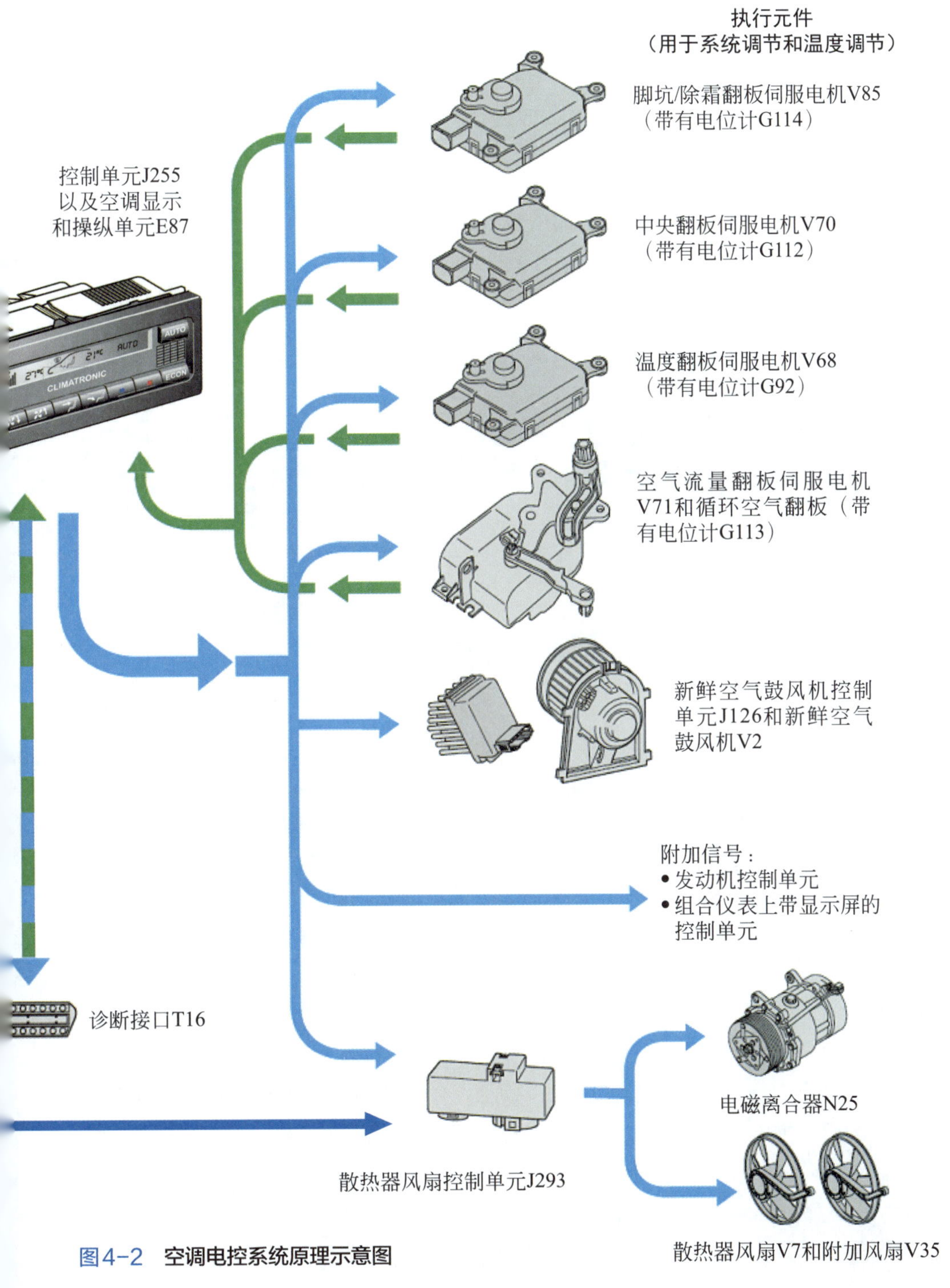

图4-2　**空调电控系统原理示意图**

4.1.3 空调电脑

自动空调控制单元与其操纵和显示单元结合在一起，如图4-3所示。这个操纵和显示单元是与相应的车辆相匹配的。另外在空调控制单元上还装有一个温度传感器，该温度传感器用于测量车内的温度。

空调控制单元配备了一个故障存储器。如果某个部件出故障或者导线断路，很快就可以通过自诊断来确定原因。无论出现什么故障，该控制单元都能在应急工况维持已设定的工作模式。

自动空调控制单元接收来自电气和电子部件（传感器）的信息。控制单元按照内部已存储的规定值来处理这些信息。控制单元的输出信号就用来操纵电气执行元件工作。

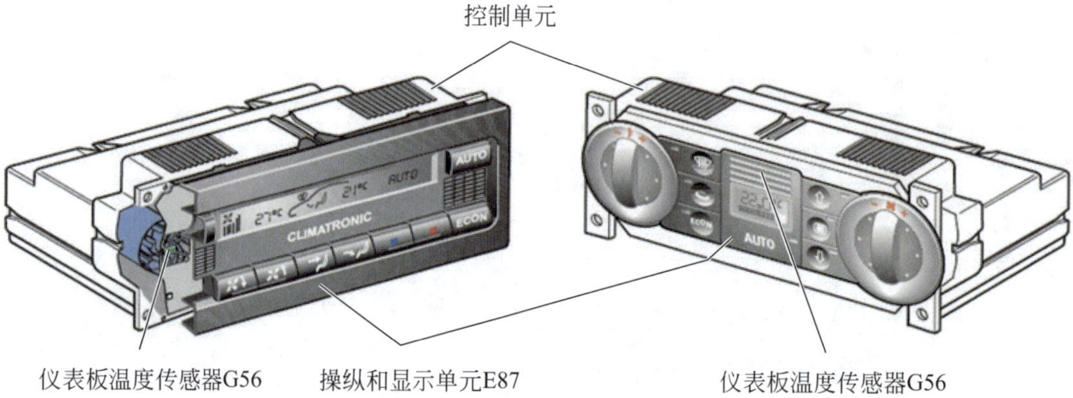

图4-3 自动空调控制器

4.1.4 系统执行器与附加信号

暖风/空调上的每个气流分配翻板都配备了一个伺服电机。空气流量翻板和循环空气翻板共同使用一个伺服电机来驱动。这两个翻板通过一个驱动带轮（有两个导轨）来实现分别调节。在别的系统中，也有通过真空力或电磁阀来调节循环空气翻板的。系统执行器分布如图4-4所示。

在本例中，新鲜空气鼓风机和新鲜空气鼓风机控制单元是单独的两个件。但这两个件也可以合成一个件。

在温度调节过程中，附加信息可提高舒适性并用于系统控制。这些附加信号来自车上的其他控制单元，并由空调控制单元进行处理。这样，空调传感器测量值的变化（例如因辐射热）不影响车内温度调节，可以很快调节到舒适温度，而避免温度过低的情况。一些重要的附加信号（图4-5）：

① 停车时间：停车时间=点火开关关闭到下一次启动发动机所经过的时间。这个信号用于调节温度翻板。发动机启动后，控制单元处理发动机关闭前所存储的车外温度值。

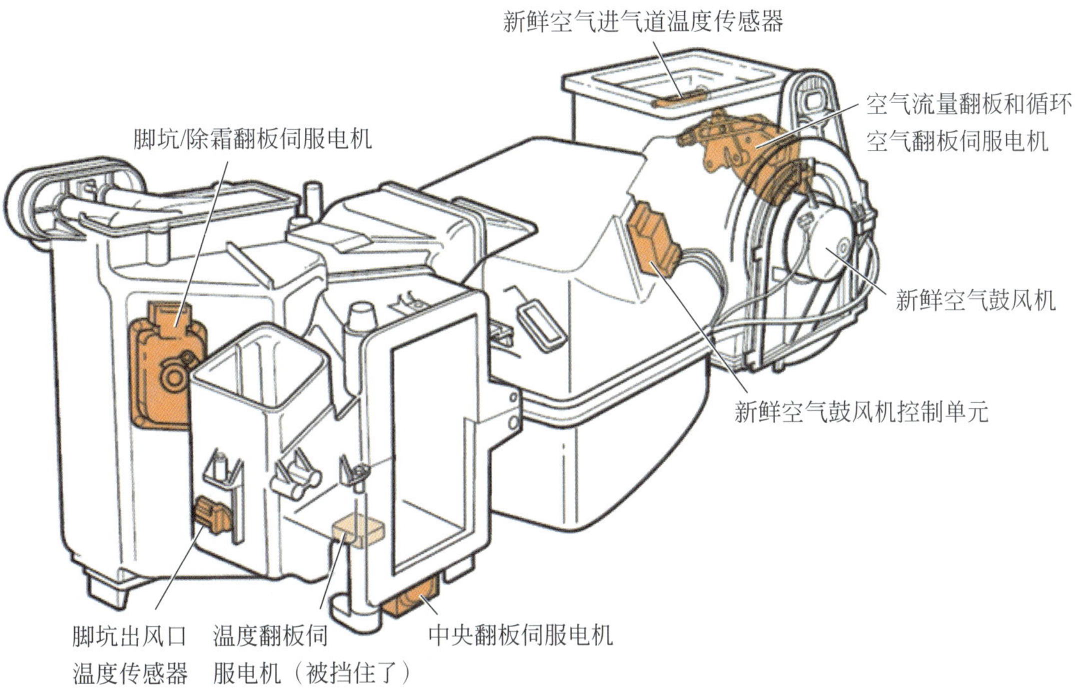

图4-4　空调控制执行器

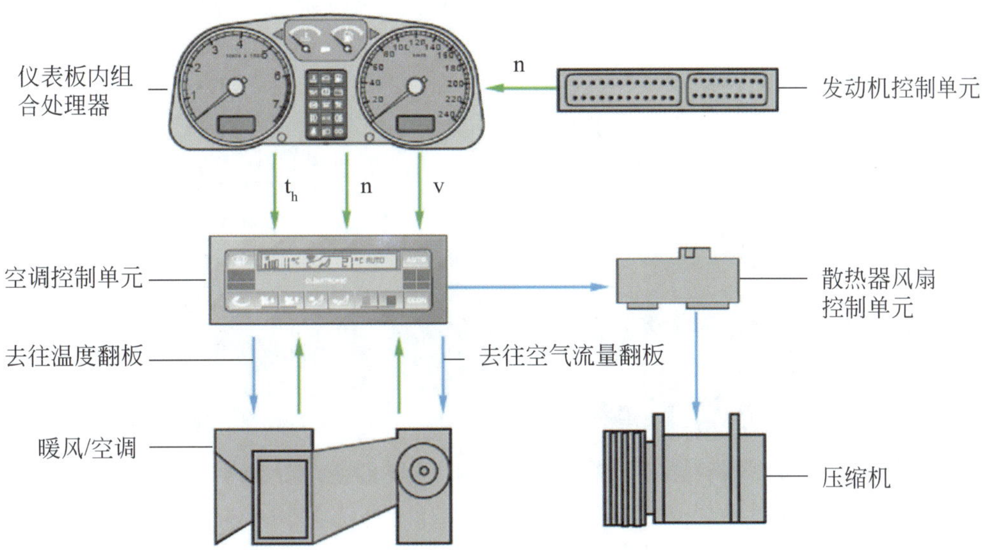

图4-5　空调系统附加输入信号

② 车速：该信号用于操纵空气流量翻板。该信号是车速表传感器产生的，并在控制单元内进行转化。当车速较高时，新鲜空气出口的横截面就会变小，这样就可使得进入车内的空气量基本保持不变。

③ 发动机转速：该信号将发动机的运转信息传给空调控制单元。这个信号用于系统控制（切断电磁离合器），例如在没有发动机转速信号时就关闭压缩机。

4.2 影音通信系统

4.2.1 影音控制单元

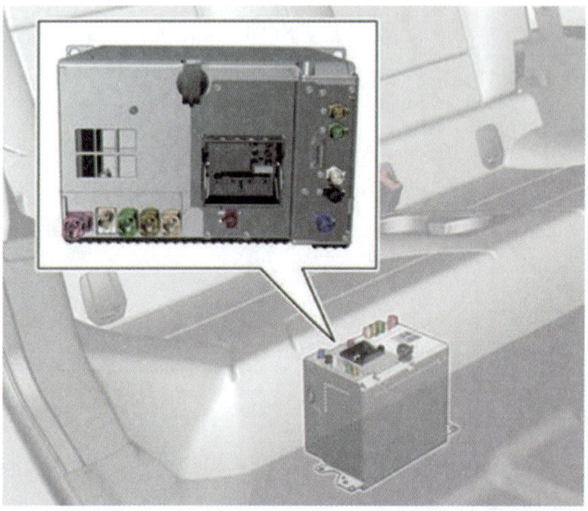

图4-6 高级主控单元安装位置

以宝马i3车型为例，电话和多媒体功能集成在高级主控单元内。高级主控单元不带DVD驱动器，因此可安装在后排座椅下方，如图4-6所示。高级主控单元与K-CAN4连接并通过以太网与车身域控制器连接。

高级主控单元采用模块化结构，最重要的通信系统以模块形式集成在高级主控单元内。其在一个壳体内包含以下部件：3个调谐器（FM）；频率多相择优模块；2个DAB调谐器（L波段和波段III）；IBOC解码器（仅限美规车辆）；SDARS卫星调谐器（仅限美规车辆）；音频系统控制器；网关；CID接口/供电（APIX）。高级主控单元后部连接端子分布如图4-7所示。

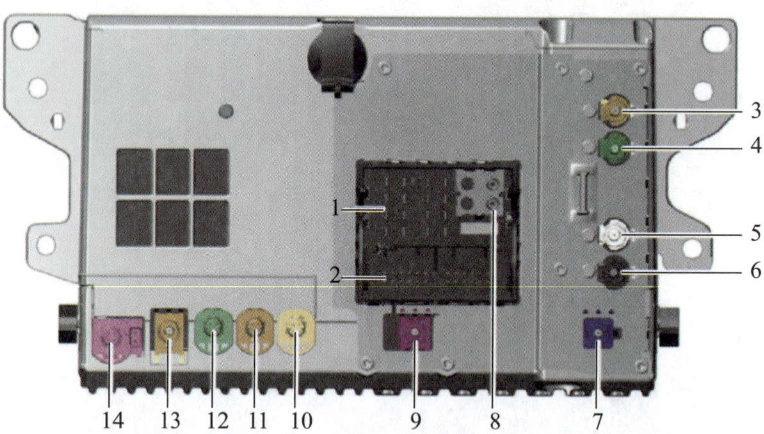

图4-7 高级主控单元后视图

1—用于扬声器、电话静音、K-CAN、供电的触点；2—话筒1和2，Aux-In，FBAS 1和2；3—DAB波段3天线，颜色代码：咖喱色；4—DAB L波段天线，颜色代码：绿色；5—FM2，颜色代码：白色；6—FM1，颜色代码：黑色；7—GPS天线，颜色代码：蓝色；8—MOST总线（在I01上不使用）；9—WLAN天线适配装置，颜色代码：波尔多红色；10—USB1接口，中控台AUX-InUSB插口（也用于数据输入/输出）客户接入点，颜色代码：米色；11—USB2接口，通过电话底板连接客户智能手机，颜色代码：咖喱色；12—USB3接口，远程通信系统盒TCB，颜色代码：浅绿色；13—蓝牙天线接口，颜色代码：棕黄色；14—中央信息显示屏的APIX连接和供电，颜色代码：紫色高级主控单元内装有一个200GB硬盘，其中用于联系人数据和娱乐收藏夹的存储空间保持不变，其他区域则显著增大。例如用于导航系统的存储空间增加40GB后变为106GB。交互式用户手册IBA从4GB增至6.1GB，Gracenote数据库从5.1GB增至10.2GB。

图4-8展示了用于各区域的存储空间如何分布。

为对“地址数据”和“设置”等敏感客户数据加以保护，高级主控单元内装有一个固定集成式快速擦写存储器。与硬盘相比，在此可更好地保护数据免受外部影响。集成式快速擦写存储器以固定方式安装，无法单独更换。

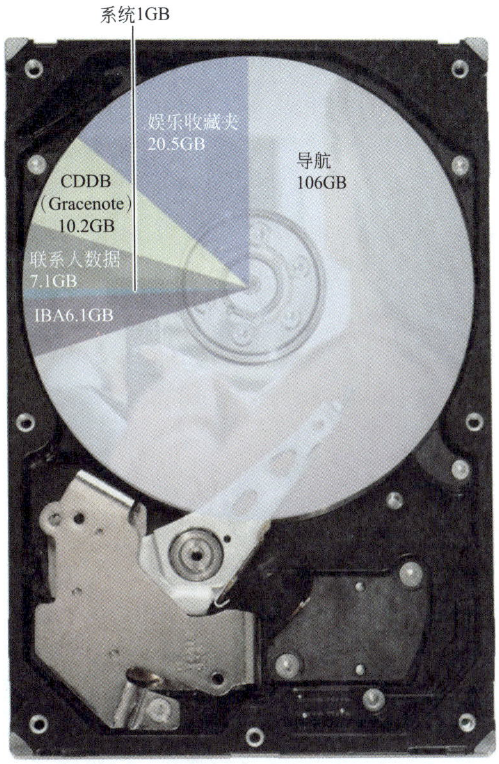

图4-8　高级主控单元的硬盘分区

4.2.2　远程通信系统

远程通信系统盒TCB是用于高级主控单元的固定安装式语音和数据调制解调器。由于车辆批量生产时自动配备TCB，因此在宝马i3标准配置中已包含远程通信系统盒TCB。TCB安装位置如图4-9所示。

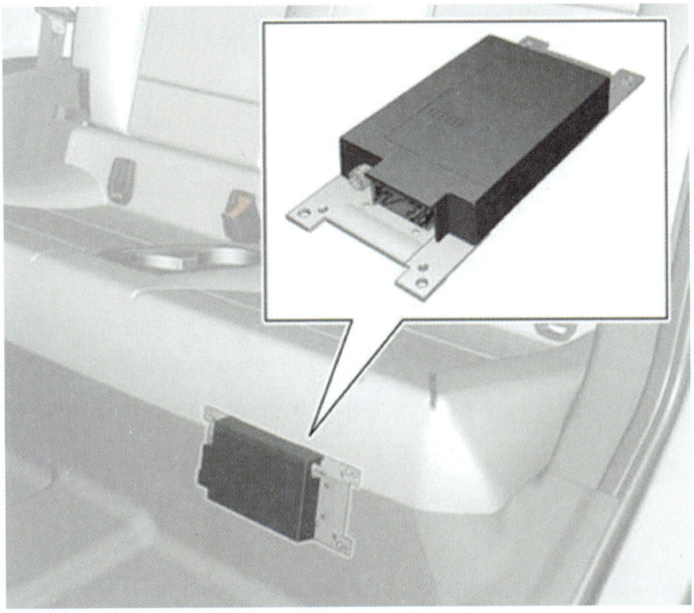

图4-9　远程通信系统盒TCB

HSPA标准内规定远程通信系统盒的传输标准为14.4Mbit/s。高速分组接入HSPA是对无线移动通信标准UMTS的进一步扩展，可实现更高的数据传输率。

由于大部分多媒体Combox接口和功能移至高级主控单元内（免提通话功能、USB接口、语音处理系统、蓝牙音频、办公、联系人等），因此使用远程通信系统盒TCB取代远程通信系统Combox的紧急呼叫电路板用于以下功能：带eCall（紧急呼叫功能）的BMW Assist；BMW Online；通过一个集成在车上的SIM卡（P-SIM）实现BMW Internet；远程功能（接收和控制器）；办公方面的“文本转语音”功能；通过P-SIM实现BMW远程售后服务；传输最后的车辆位置（GPS跟踪）；传输车辆数据。

通过远程通信系统盒TCB向BMW后端传输最后的车辆位置（GPS跟踪）和车辆数据，除最后的车辆位置外还传输车辆状态数据，例如高电压蓄电池的充电状态。该数据主要用于App应用。

远程通信系统盒TCB始终与两个无线移动通信天线相连，天线位置如图4-10所示。车顶天线用于车辆的远程通信功能，另一种天线（备用天线）在出现翻车情况时作为紧急呼叫天线使用。

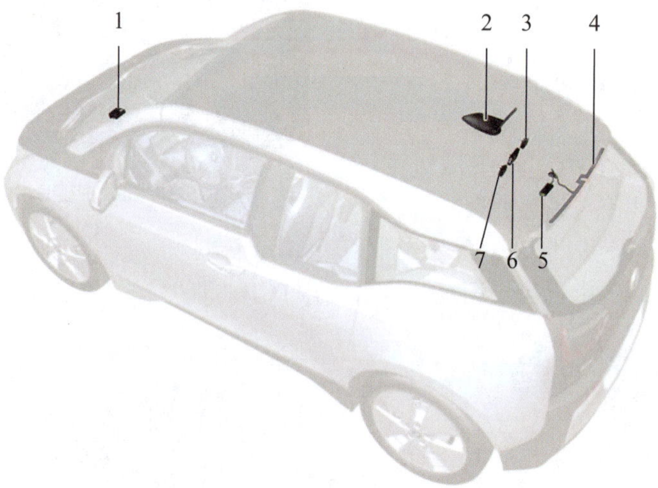

图4-10 天线安装位置

1—备用天线；2—FM1，电话天线，GPS和DAB-L波段（集成在车顶天线内）；3,7—带阻滤波器；4—用于FM2和DAB波段3的天线探针；5—用于FM和DAB波段3的天线放大器；6—抗干扰滤波器

紧急呼叫功能包括发送一个数据包以及使车辆与紧急呼叫中心建立通话联系。远程通信系统盒TCB带有一个附加电池单元，可独立于车载网络确保其功能运行。因此即使发生交通事故导致供电中断（蓄电池、配电盒或布线毁坏）也可自动触发紧急呼叫。远程通信系统盒TCB与K-CAN4连接并通过USB与主控单元连接。

4.2.3 音响系统

宝马i3提供两个质量等级的扬声器系统：立体声音响系统（标准配置）和Harman Kardon®高保真扬声器系统。

立体声音响系统不用附加放大器控制，而是使用主控单元的扬声器输出端。i3的立体声音响系统共使用四个扬声器。这些扬声器由主控单元通过四个声道进行控制。图4-11所示为立体声音响系统的扬声器。所有扬声器均由安装在主控单元内的放大器以4×25W的功率驱动。

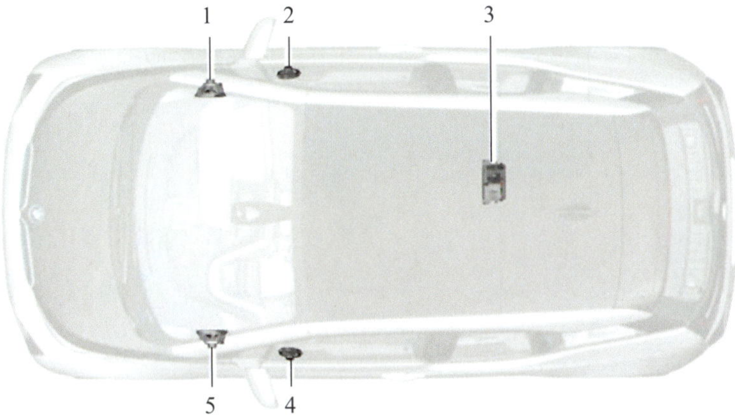

图4-11　立体声音响系统扬声器概览

1—右下A柱低音扬声器；2—右前车门中音扬声器；3—主控单元；4—左前车门中音扬声器；5—左下A柱低音扬声器

Harman Kardon®高保真扬声器系统由十二个扬声器组成。Harman Kardon®高保真扬声器系统分别针对高音和中音频率安装不同的扬声器。Harman Kardon®高保真扬声器系统装有带数字均衡器的七声道放大器，放大器安装位置见图4-12。

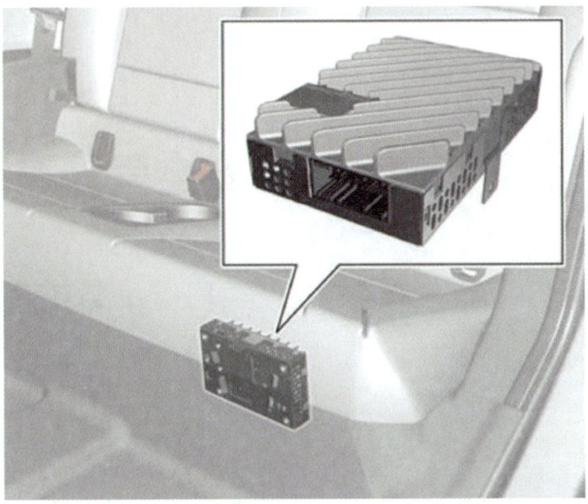

图4-12　Harman Kardon®高保真扬声器系统放大器

Harman Kardon®高保真扬声器系统的音响放大器是K-CAN4上的总线设备。Harman Kardon®高保真扬声器系统的中音和高音扬声器使用优质隔膜，可提供明显不同的声音模式。高音扬声器使用铝制隔膜，中音扬声器为Alumaprene®扬声器。

Alumaprene®扬声器内隔膜和磁系统的动力较大且效率更高，与传统扬声器有所不同。

因此Alumaprene®扬声器在不影响性能的同时向省电型扬声器迈出了重要的一步。此外Alumaprene®扬声器具有与编织芳纶纤维隔膜扬声器类似的出色特性，但由专门研发的最新一代聚合物制成。

超轻模块具有突出的减振特性，可将共振限至最小。这样可实现只有通过高级声音变换器才能确保的绝佳频率特性控制。图4-13所示为Harman Kardon®高保真扬声器系统的扬声器和放大器。中音和高音扬声器的驱动功率为5×40W，低音扬声器的驱动功率为2×80W。

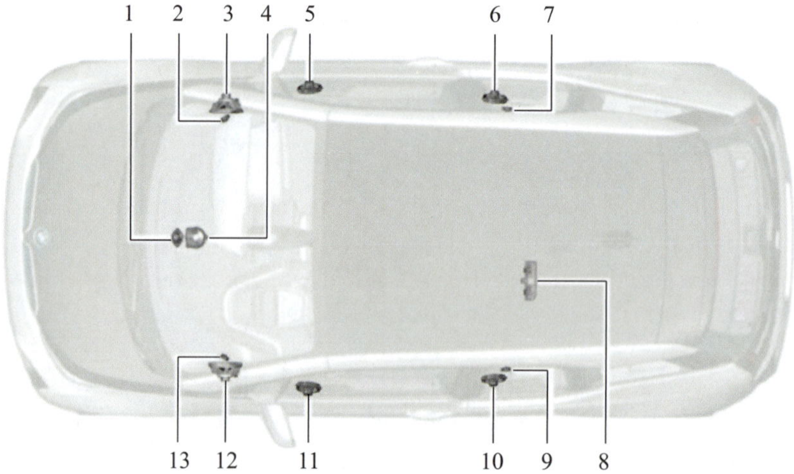

图4-13 高保真扬声器系统概览

1—仪表板中部高音扬声器；2—右上A柱高音扬声器；3—右下A柱低音扬声器；4—仪表板中部中音扬声器；5—右前车门中音扬声器；6—右后车门中音扬声器；7—右后车门高音扬声器；8—高保真音响放大器（Harman Kardon®）；9—左后车门高音扬声器；10—左后车门中音扬声器；11—左前车门中音扬声器；12—左下A柱低音扬声器；13—左上A柱高音扬声器

图4-14 乘员保护系统类型细分

4.3 安全气囊系统

4.3.1 乘员保护系统

乘员保护系统分成两种：主动安全系统和被动安全系统，如图4-14所示。具体来说，主动安全系统有下述这些系统：防抱死制动系统ABS；驱动防滑调节装置ASR；电子稳定程序ESP；电子制动力分配EBV；车距自动调节ACC；电子差速锁EDS。

所谓被动安全系统，指的是在车辆已经发生交通事故时，用于防止乘员受伤或者降低乘员受伤危险性的那些结构措施。

当今车辆针对被动安全性方面有如下这些措施：

带有张紧器的安全带（包括儿童安全系统）；安全气囊系统（包括正面、侧面和头部安全气囊）；坚固的乘员舱（配备相应的车顶刚度，且前部、后部和侧面都有吸收能量的变形区，即通过特定区的变形来吸收碰撞能量）；敞篷车（Cabriolet）有翻车保护装置；蓄电池断开装置。

4.3.2　被动安全系统

被动式乘员保护系统一般由下述部分组成：车身；安全气囊；安全带；安全带张紧器；安全带力限制器；座椅框架以及主动头枕；儿童限位系统；蓄电池切断装置；控制单元和传感器。系统部件如图4-15所示。

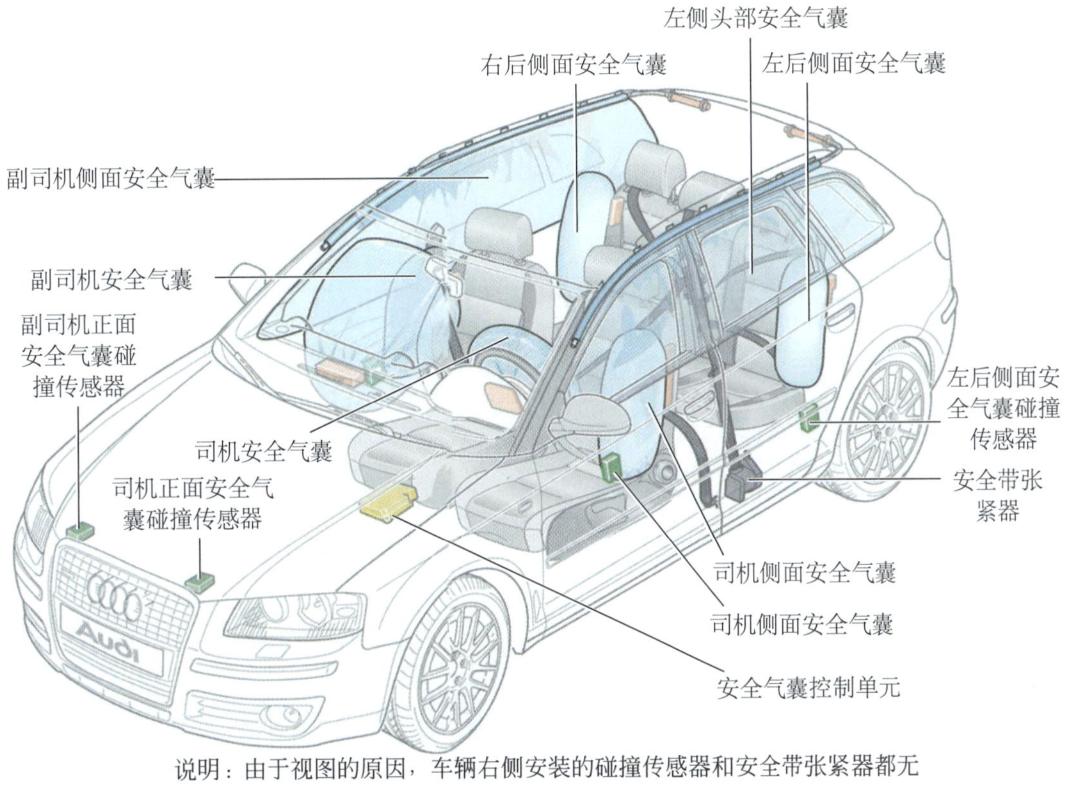

图4-15　被动式乘员保护系统组成部件

图4-16展示了被动式乘员保护系统上可能有的所有部件及其联网情况。车上并非一定有这里列出的所有部件。

4.3.3　安全气囊电脑

安全气囊控制单元J234内集成有电子装置，这些电子装置的任务就是获取车辆减速度和车辆加速度信息，并判定是否需要激活保护系统。

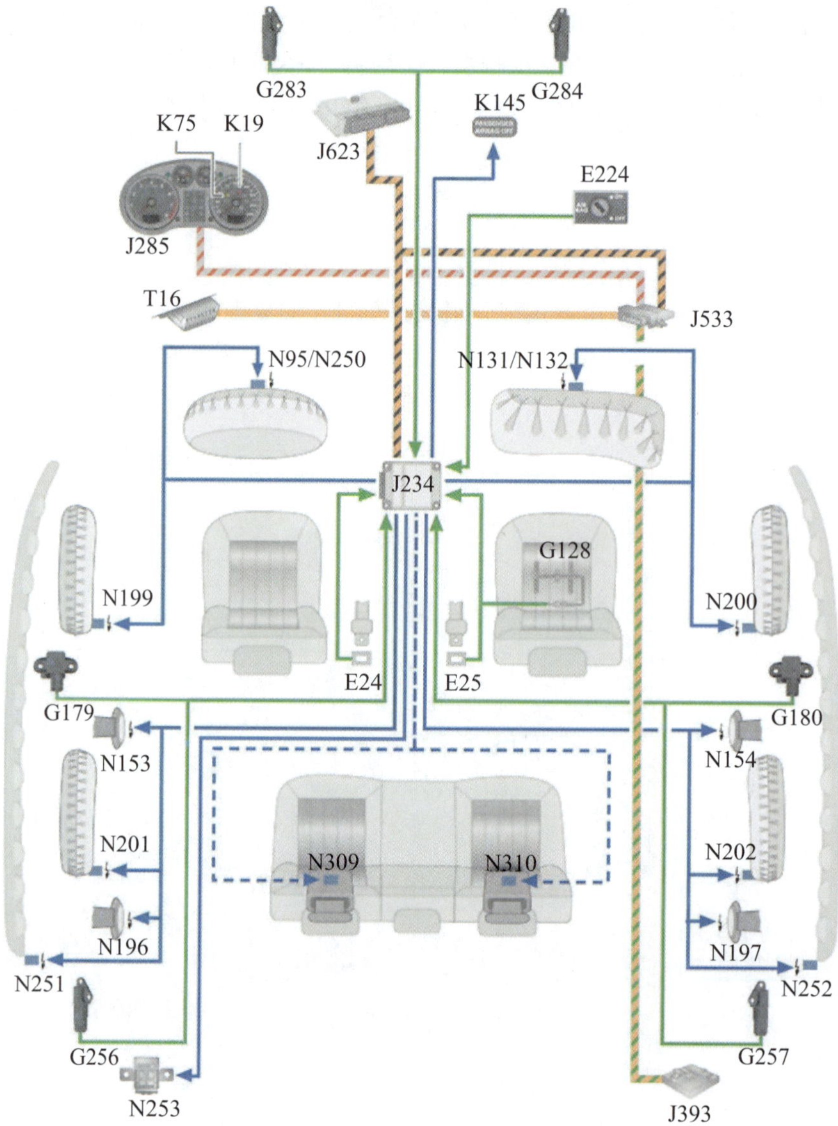

图4-16 部件连接网络

E24—司机安全带开关；E25—副司机安全带开关；E224—副司机安全气囊关闭钥匙开关；G128—副司机座椅占用识别触感器；G179—司机侧面安全气囊碰撞传感器；G180—副司机侧面安全气囊碰撞传感器；G256—左后侧面安全气囊碰撞传感器；G257—右后侧面安全气囊碰撞传感器；G283—司机正面安全气囊碰撞传感器；G284—副司机正面安全气囊碰撞传感器；J234—安全气囊控制单元；J285—组合仪表内控制单元；J393—舒适系统中央控制单元；J533—数据总线诊断接口（网关）；J623—发动机控制单元；K19—安全带警报指示灯；K75—安全气囊指示灯；K145—副司机安全气囊关闭指示灯；N95—司机安全气囊点火器；N131—副司机安全气囊点火器1；N132—副司机安全气囊点火器2；N153—司机安全带张紧器点火器1；N154—副司机安全带张紧器点火器1；N196—左后安全带张紧器点火器；N197—右后安全带张紧器点火器；N199—司机侧面安全气囊点火器；N200—副司机侧面安全气囊点火器；N201—左后侧面安全气囊点火器；N202—右后侧面安全气囊点火器；N250—司机安全气囊点火器2；N251—司机头部安全气囊点火器；N252—副司机头部安全气囊点火器；N253—蓄电池切断点火器；N309—司机侧翻车保护磁铁（仅指Cabriolet车）；N310—副司机侧翻车保护磁铁（仅指Cabriolet车）；T16—16针插头（诊断接口）

在车辆发生事故时，用于获取车辆减速度和车辆加速度信息的不只是安全气囊控制单元J234内集成的传感器，还有外部传感器。只有在分析了所有传感器的信息后，安全气囊控制单元J234内的电子装置才能判定是否要触发安全部件、什么时间触发以及触发哪些安全部件。根据事故的类型以及严重程度，可能只触发安全带张紧器，也可能让安全带张紧器与安全气囊一起触发。

安全气囊控制单元J234内的电子装置，有如下功用：碰撞识别（正面、侧面、后面、翻车*）；有针对性地触发相应的安全带张紧器、安全气囊、蓄电池切断装置和翻车保护机构*[1]；安全带警报（提醒乘员系安全带）；分析输入信息；对整个安全气囊系统持续监控；存储故障和保护系统的触发信息；通过警报灯警示故障；通过电容器来独立供电（供电时间要持续约150ms）；经由驱动CAN总线或个别的碰撞输出渠道（普通的电缆连接）将碰撞结果通知其他系统元件。

安全气囊控制单元J234连接在驱动CAN总线上。安全气囊控制单元将下述信息发送到驱动CAN总线上：指示灯K75亮起/熄灭；安全带警报工作/未工作；诊断数据；碰撞信号；执行元件检测用的碰撞信息；ESP数据；副司机正面安全气囊工作/未工作。

其他的控制单元用撞车信息还要去执行一些其他功能，比如将已经上锁的中央门锁开锁、切断燃油供给以及激活危险闪光警报装置。

4.4　车身防盗系统

4.4.1　中央门锁

通过上锁传感器（车门）可以让所有车门上锁，同时也仅指通过Softtouch（轻触按钮）进入后备厢。

如果装有Safe车门锁，那么在车门上锁时，车门锁就进入了“Safe”状态。中央门锁系统联网部件如图4-17所示。

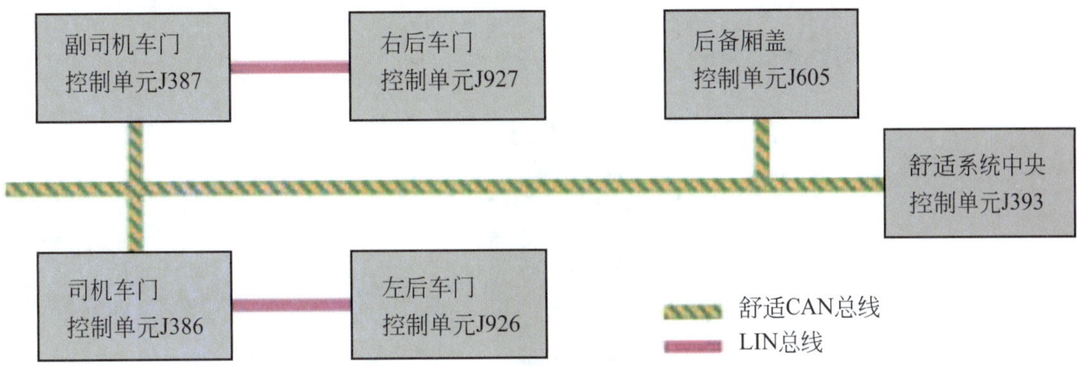

图4-17　系统连接网络

[1] * 指 Cabriolet

专门的“去安全”功能：在2s内按压遥控器上的“关闭”按键两次；在2s内按压车门把手传感器上的“关闭”按键两次；在2s内按压锁芯上的“关闭”按键两次；通过锁按键和Autolock只能使车门上锁，但是无Safe功能！

在Safe功能已激活的情况下，如果通过车门接触开关识别出车辆是打开着的（指车门/油箱盖），就会有一个警报循环。该警报循环由持续约30s的警报声和持续约270s的视觉警报组成。

如果警报声响起结束后又出发了警报，那么这个警报循环从头会再次重复进行。

4.4.2 遥控钥匙

遥控钥匙（也叫高级钥匙或舒适钥匙），可以确定ID发射器（车钥匙）与车辆的位置关系。所有的无钥匙功能，都必须要确定车辆的所有权和ID发射器的位置。这两个条件是借助于传输的数据（如图4-18、图4-19所示）和场强来确定的。

无钥匙功能的基本要求：车辆配备有相应的硬件（选装的无钥匙进入系统）；钥匙电池完好，遥控信号通道未受干扰，可能的干扰因素有移动电话、遥控装置、充电器、高压线、无线电天线杆等；钥匙处在车周围一定范围内。

缩写“LF”代表低频，“HF”代表高频，有不同的频带。

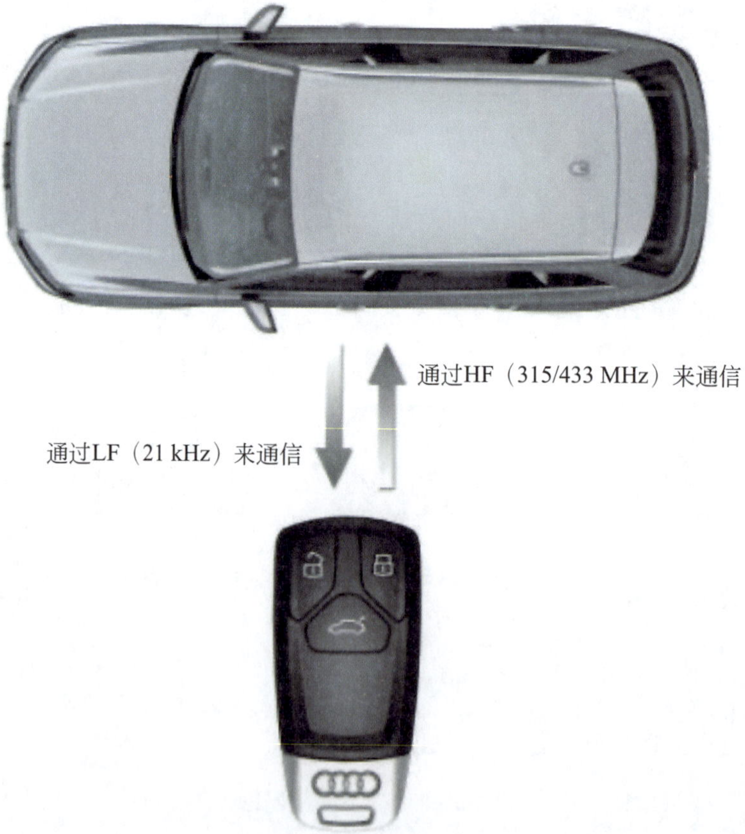

图4-18 遥控钥匙数据传递方式

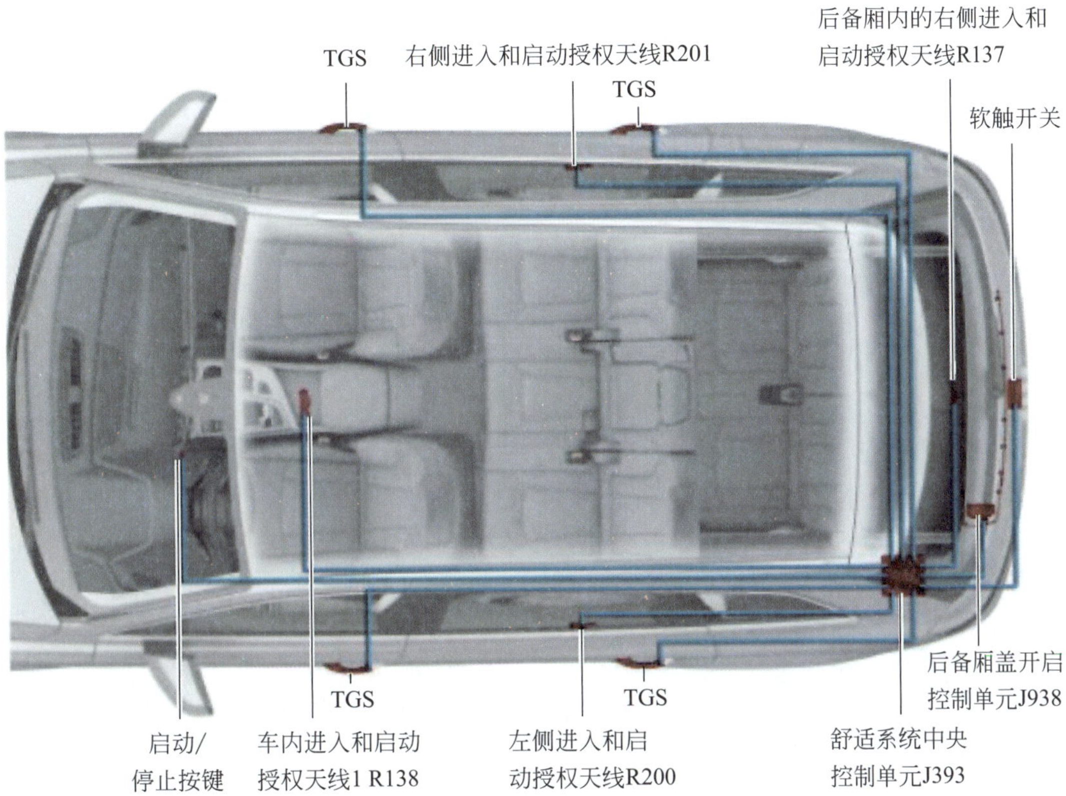

图4-19 无钥匙启动与进入系统相关部件

无钥匙进入系统工作范围最大为半径1.5m（从操作点量起），如图4-20所示。

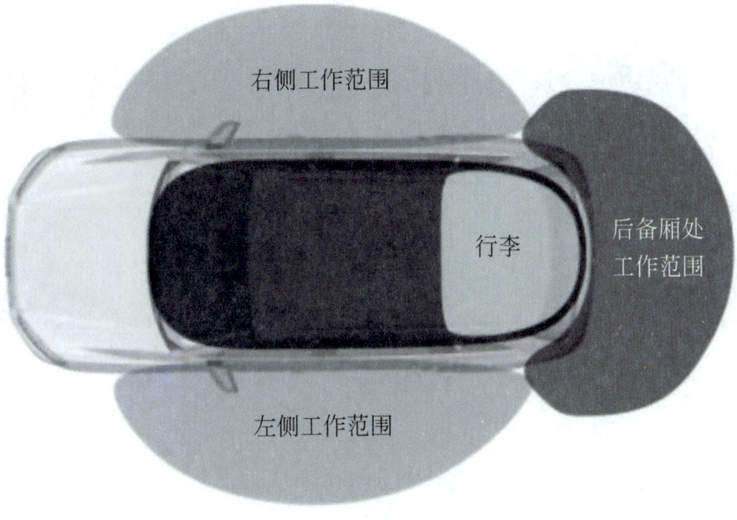

图4-20 无钥匙进入工作范围

4.5 驾驶辅助系统

4.5.1 驾驶辅助系统类型

以奥迪A8（车型4N）车型为例，该车使用下面原有的三种驾驶员辅助系统形成了两种新的驾驶员辅助系统。系统的分组是新的，但是各个系统的功能并无根本性变化。

（1）奥迪主动式车道保持辅助系统（AALA）

奥迪主动式车道保持辅助系统帮助司机对车辆实施横向控制，具体是通过系统的转向介入来提供帮助的。司机可随时接受或者撤销系统的这个转向介入。

司机可以在MMI（奥迪多媒体交互系统）上选择转向时刻“早”或“晚”。转向时刻“早”意味着通过持续不断的转向介入来试图让车辆保持在车道中间位置（保持车道中间位置功能也就是车道保持辅助功能）。

在转向时刻“晚”这个设置时，系统会试图防止本车无意中离开自己的车道。具体说就是当本车接近车道分界线时，系统会施加一个转向力矩而使得车辆向车道中间走。这个转向介入的前提条件是司机事前并未激活转向灯，因为激活了转向灯意味着司机是有意要离开自己的车道的。除了会有这个转向力矩介入外，当车辆跨越车道分界线时方向盘上会有振动，也可以在MMI上关闭这个功能。激活了转向灯的话，方向盘的振动警告也就没有了，因为系统认为司机有意要离开自己的车道。

在转向时刻“早”时所施加转向力矩的特征图（取决于车辆位置相对于车道中心情况）和在转向时刻“晚”时所施加转向力矩的特征图（取决于车辆位置相对于车道中心情况）如图4-21所示。

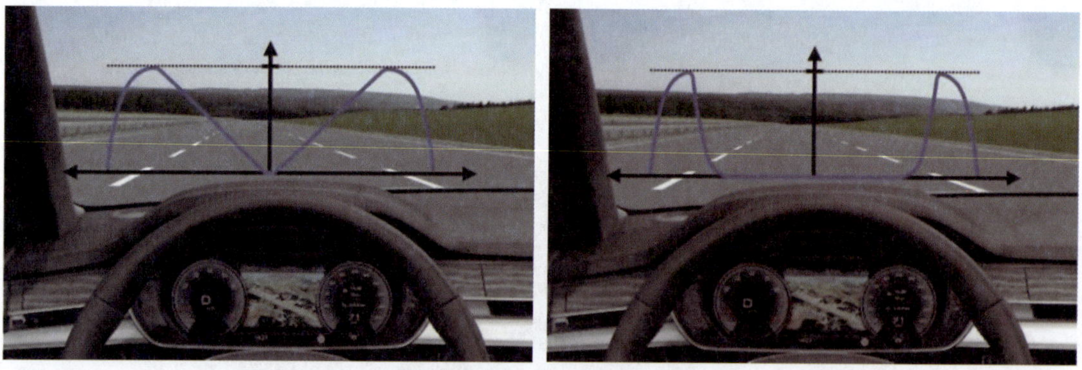

在转向时刻“早”时所施加转向力矩的特征图　　在转向时刻“晚”时所施加转向力矩的特征图

图4-21　系统特征

（2）自适应定速巡航（ACC）系统

自适应定速巡航系统是车速控制系统的进一步发展，除了能调节车速外，该系统还能调节本车与前车的车距。如果本车接近前行车辆，那么ACC会进行调节，使得本车与前行车辆保持设定的车距。如果本车前方并无车辆在行驶，那么ACC的工作与定速巡航相同。

使用ACC这种驾驶员辅助系统，仅要求司机在特殊情形时去操纵油门踏板和制动踏板。车速的调节也被称作纵向控制。只要当前交通情况允许，主动式自适应定速巡航系统就会接管车辆的纵向调节。但是注意：纵向调节的责任总是要有司机本人来承担的。

（3）堵车辅助系统

堵车辅助系统是在2015年用于奥迪Q7（车型4M）的。该系统在堵车时可为司机提供帮助，在车速不高于60km/h时可接管车辆的纵向控制和横向控制。但司机必须能在任何时候重新接管车辆，司机对整个车辆的控制始终负责。在进行车辆的横向控制时，司机必须将手放在方向盘上，司机可接受或者撤销系统施加的这个转向力矩。在堵车辅助系统工作时，司机可以让该系统来操纵油门踏板和制动踏板。

奥迪A8（车型4N）上增加了下述两种新的驾驶员辅助系统。

（4）车道偏离警报系统

车道偏离辅助系统警报与带有转向时刻“晚”的奥迪主动式车道保持辅助系统的工作情况一样。其作为独立功能首次用于Audi A8（车型4N）上。

（5）自适应驾驶辅助系统

自适应驾驶辅助系统将以前相互独立的自适应定速巡航系统、奥迪主动式车道保持辅助系统（带有转向时刻“早”）和堵车辅助系统合成为一个驾驶员辅助系统。这种新的驾驶员辅助系统在车速0～250km/h之间可连续进行车辆横向控制和纵向控制。由于自适应驾驶辅助也是一种驾驶员辅助系统，因此使用时也需要司机为车辆控制负责。其作为独立功能首次用于A8（车型4N）上。系统功能整合变化如图4-22所示。

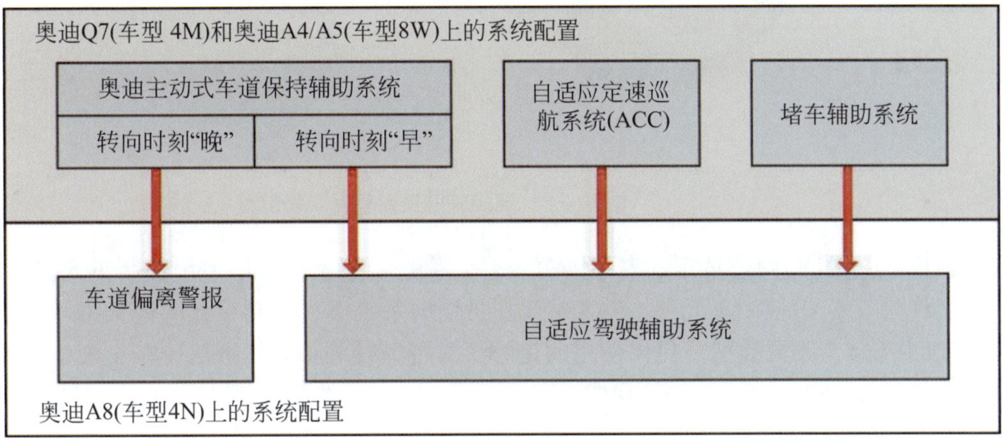

图4-22　三合二功能自动驾驶辅助系统

4.5.2　驾驶辅助系统电脑

A7（车型4K）是奥迪第二款装备有驾驶员辅助系统控制单元J1121的车型，该控制单元最早是用在A8（车型4N）上的。与之不同的是，控制单元J1121对于A7（车型4K）而言并非在全世界所有市场上都是标配的。在欧洲加入NCAP体系的国家、加拿大、美国以及中国，每辆A7（车型4K）上都装有控制单元J1121，原因是在这些国家的车上都有前部奥迪预防式安全系统，该系统需要控制单元J1121来执行功能。

具体说有下述这些驾驶员辅助系统：远光灯辅助系统；基于摄像头的交通标志识别系统；横向控制系统（自适应驾驶辅助的车道偏离警告系统和保持车道中间位置功能）；紧急情况辅助系统。

控制单元J1121是让驾驶员辅助系统控制单元集中的第一步。为了实现“自动驾驶”，奥迪公司正在摆脱使用多个单独的控制单元这种分散方式，转而使用一个大功率中央控制单元这种方式。

另外，控制单元还是驾驶员辅助系统周围环境摄像头的主控制单元，（因此也就取消了单独的周围环境摄像头控制单元J928）；横向辅助系统［首次是用在了A8（车型4N）上］在引入了控制单元J1121后，驾驶员辅助系统正面摄像头R242就不再是各种驾驶员辅助系统的主控制单元了。在A7（车型4K）上，这个正面摄像头仍是侦测本车前部区域，但是图像的处理却是由控制单元J1121来完成的。控制单元J1121是所有以前依靠正面摄像头R242来进行计算的驾驶员辅助系统的主控制单元。J1121控制单元安装位置如图4-23所示。

扫一扫
看视频

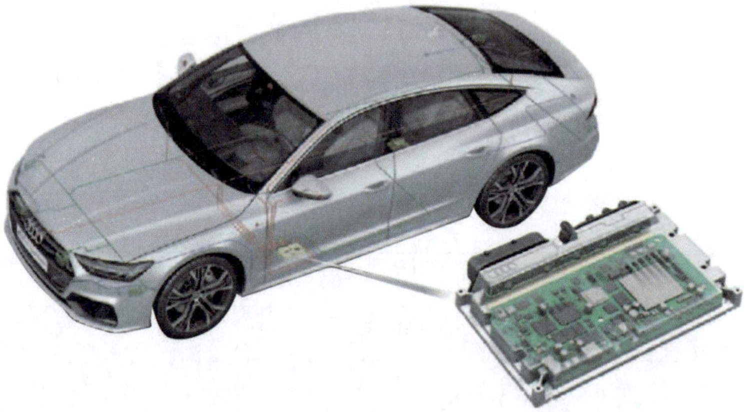

图4-23　驾驶辅助控制单元安装位置

控制单元J1121有两个常用的名称：第一个名称是“驾驶员辅助系统控制单元J1121”。第二个名称是“zFAS控制单元”，zFAS是驾驶员辅助系统中央控制单元的德文缩写。控制单元J1121共有4个不同类型，具体使用的是哪个类型的控制单元，取决于车上配备有哪些驾驶员辅助系统。控制单元硬件外观如图4-24所示。

控制单元类型 A / A0　　控制单元类型 C/D

图4-24　不同硬件版本控制器的外观

A7（车型4K）上的控制单元J1121的备件号与A8（车型4N）上的是一样的，都是4N0.907.107。控制单元类型是靠备件号后面的字母来区分。

表4-1列出了各种驾驶员辅助系统所需要的最低的控制单元类型。在A7（车型4K）上市时，最低档的控制单元是类型A0，最高档的是类型C。高一档的控制单元总是能向下兼容的，比如：类型C的控制单元也可用于下表中类型A0、类型A或者类型B列中打叉的情形。

此外，该表的下边还列出了4种泊车辅助系统，这些系统是泊车辅助系统的组件。表中还列出了第5种类型的控制单元J1121，就是类型D，这个类型的控制单元多出了交通堵塞导航（Traffic Jam Pilot）方面的软件。

表4-1 驾驶辅助控制单元不同版本系统功能

控制单元类型	不需要zFAS	类型A0	类型A	类型B	类型C	类型D
升级版驻车辅助系统	×					
倒车摄像头	×					
自动泊车辅助系统	×					
变道警报系统	×					
下车警报	×					
后部横向交通辅助系统	×					
夜视辅助系统	×					
车道偏离警报系统		×				
远光灯辅助系统		×				
紧急情况辅助系统		×				
基于摄像头的交通标志识别系统			×			
横向辅助系统				×		
自适应驾驶辅助系统				×		
周围环境摄像头					×	
路缘警报系统					×	
调车辅助系统					×	
泊车导航系统					×	
泊车入库导航系统					×	
交通堵塞导航系统						×

4.6 车身控制系统

车身域控制器（BDC）是车身电子系统中的中央控制单元。中央网关模块（ZGM）作为独立的虚拟控制单元集成在车身域控制器（BDC）中。

车身域控制器（BDC）是一个集成有众多功能的新开发的控制单元。其目的是减少控制单元以及优化组件的联网。通过优化电线束还降低了总线物理容量。

以宝马5系G38车型为例，下列功能由车身域控制器（BDC）控制：总线端控制；电子禁启动防盗装置和驾驶权限控制装置；具有登车权限和关闭权限控制功能的中控锁；无钥匙便捷上车及启动系统和非接触式后备厢门开启功能；带电动转向柱调整装置的转向柱开关中心；前、后外部照明和制动信号灯；车内照明灯；前、后电动车窗升降机；包括后视镜加热装置的外后视镜；车内后视镜；带喷嘴加热装置和后窗刮水器的刮水清洗装置；座椅加热装置（如果没有座椅模块）；自动车内空气循环控制系统；雨天/行车灯/雾气/光照传感器；燃油箱油位传感器。车身电脑接口分布如图4-25所示。

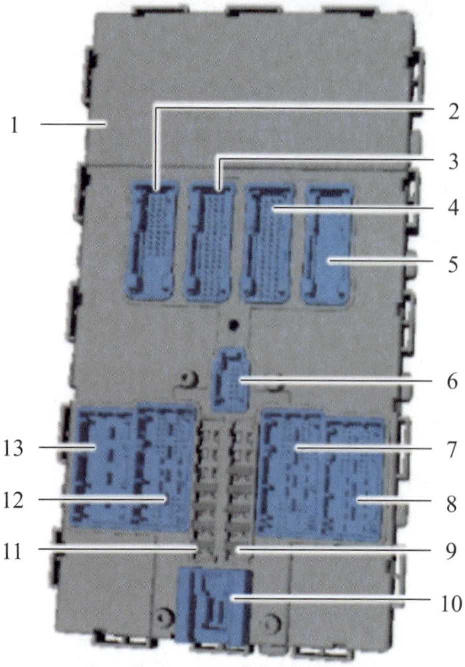

图4-25 车身电脑接口分布

1—车身域控制器（BDC）；2，3，4，5，7，12—54芯插头连接；6—12芯插头连接；8，13—42芯插头连接；9—右侧保险丝；10—1芯插头连接；11—左侧保险丝

车身域控制器（BDC）通过10个插头与车辆连接。为避免连接时发生混淆，颜色相同的插头外壳采用不同的设码，以此杜绝因疏忽而插错。一个1芯插头连接是车身域控制器（BDC）的供电输入端。

根据车型系列，在车身域控制器（BDC）的保险丝组内安装有下列用电器的保险丝：中控锁驱动装置、车外门把手电子装置、冷暖空调、DSC、OBD、电动车窗升降机驱动装置、车灯操作单元、驾驶员辅助系统操作单元、转向柱开关中心、左侧大灯驱动器模块和右侧大灯驱动器模块、雨天/行车灯/雾气/光照传感器、刮水器、喇叭。

4.7 车载网络系统

4.7.1 总线网络概览

以宝马G30车型为例，该车使用以下总线：K-CAN；K-CAN2；K-CAN3；K-CAN4；K-CAN5。所有K-CAN总线的数据传输率均为500kbit/s。

该车使用的MOST，数据传输率为22.5Mbit/s。用于MOST的网关位于HEADUNIT内。

FlexRay概览包含所有发动机型号和选装配置。4缸/6缸发动机采用DME/DDE。8缸/12缸发动机采用DME2和DME1。用于终止的终端电阻位于控制单元和车身域控制器内。FlexRay的数据传输率为10Mbit/s。

该车使用了双线OABR以太网（Open Alliance BroadR-Reach），带有五根导线（四根数据导线和一根启用导线）的以太网型号从OBD2接口连至车身域控制器。通过双线OABR以太网将以下控制单元连接在车载网络上：主动定速巡航控制系统ACC；基于摄像机的驾驶员辅助系统KAFAS；顶部后方侧视摄像机TRSVC；倒车摄像机RFK。此外还连接以下控制单元：HEADUNIT；后座区娱乐系统RSE；选装配置系统SAS；远程通信系统盒。总线网络概览如图4-26所示。

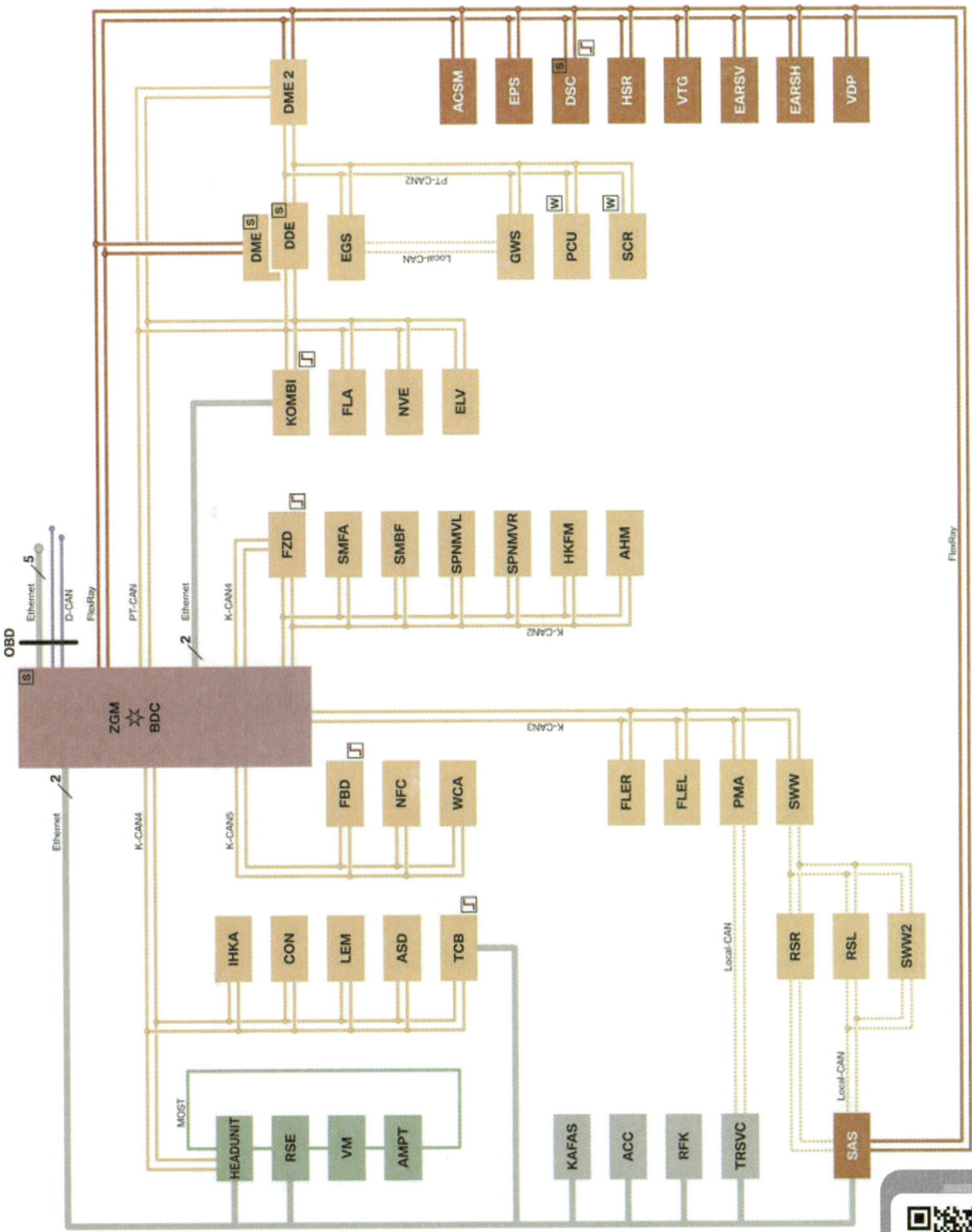

S—用于FlexRay总线系统启动和同步的启动节点控制单元；

⎍—有唤醒权限的控制单元；

W—还与总线端15WUP连接的控制单元

图4-26　总线网络概览

扫一扫
看视频

4.7.2 全车控制器位置

宝马G30车型全车控制器位置如图4-27所示。

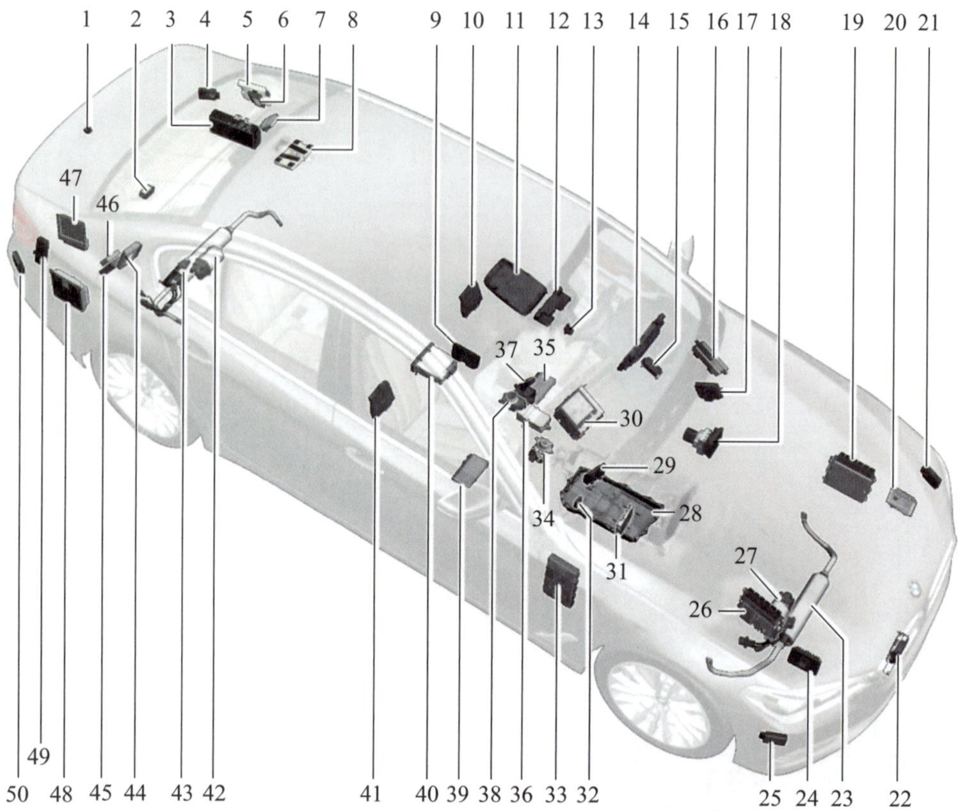

图4-27 宝马G30全车控制器安装位置

1—倒车摄像机RFK；2—遥控信号接收器FBD；3—顶级高保真音响放大器AMPT；4—车道变更警告系统（副控单元）SWW2；5—视频模块VM；6—灯光效果管理系统LEM；7—仿真声效设计ASD；8—远程通信系统盒TCB；9—无线充电盒WCA；10—左前座椅气动模块SPNMVL；11—车顶功能中心FZD；12—基于摄像机的驾驶员辅助系统KAFAS；13—远光灯辅助系统FLA；14—组合仪表KOMBI；15—电动转向锁ELV；16—倒车摄像机和侧视系统TRSVC控制单元；17—选装配置系统SAS；18—动态稳定控制系统DSC；19—数字式发动机电子系统DME；20—左侧前部车灯电子装置FLEL；21—左侧雷达传感器RSL；22—主动定速巡航控制系统ACC；23—前部电动主动式侧翻稳定装置EARSV；24—右侧前部车灯电子装置FLER；25—右侧雷达传感器RSR；26—数字式发动机电子系统2 DME2；27—电子助力转向系统EPS；28—变速箱电子控制系统EGS；29—自动恒温空调IHKA；30—HEADUNIT；31—夜视系统电子装置NVE；32—近距离通信系统NFC；33—车身域控制器BDC；34—分动器VTG；35—驾驶员侧座椅模块SMFA；36—碰撞和安全模块ACSM；37—选挡开关GWS；38—控制器CON；39—前乘客座椅模块SMBF；40—后座区娱乐系统RSE；41—右前座椅气动模块SPNMVR；42—后桥侧偏角控制系统HSR；43—后部主动式侧翻稳定装置EARSH；44—选择性催化剂还原SCR；45—挂车模块AHM；46—驻车操作辅助系统PMA；47—垂直动态管理平台；48—电源控制单元；49—后备厢盖功能模块HKFM；50—车道变更警告系统（主控单元）

4.7.3 网关电脑

中央网关模块（ZGM）集成在BDC内。它可以说是控制单元内的控制单元，因为BDC内ZGM的工作方式就像是一个独立的控制单元。ZGM的任务是将所有总线系统彼此连接起来，通过连接可综合利用各总线系统提供的信息。ZGM能够将不同协议和速度转换到其他总线系统上。通过ZGM可经过以太网将有关控制单元的编程数据传输至车内。

BDC是LIN总线上以下组件的网关：左侧和右侧车外后视镜，驾驶员车门、前乘客车门开关组件，转向柱开关中心，车灯开关，智能型安全按钮，音响系统操作单元，车内后视镜，晴雨/光照/水雾传感器，车顶功能中心（车内照明装置），左侧和右侧后座区舒适座椅，电动转向柱调节装置，刮水器，中控台操作单元，后部配电盒。

以下控制单元通过LIN与BDC连接，但BDC仅执行唤醒功能而不执行网关或主控功能：附加蓄电池充电单元，智能型蓄电池传感器，电子扇，主动风门控制，数字式发动机电子系统。

中篇
汽车传感器

Automobile controller sensor and actuator structure and principle

第五章　汽车传感器概述

5.1　汽车传感器功能与特性

车用传感器是汽车计算机系统的输入装置，它把汽车运行中各种工况信息，如车速、各种介质的温度、发动机运转工况等，转化成电信号输给计算机，以便发动机处于最佳工作状态。车用传感器很多，判断传感器出现的故障时，不应只考虑传感器本身，而应考虑出现故障的整个电路。因此，在查找故障时，除了检查传感器之外，还要检查线束、插接件以及传感器与电控单元之间的有关电路。

现代汽车技术发展特征之一就是越来越多的部件采用电子控制。传感器根据其作用可以分类为测量温度、压力、流量、位置、气体浓度、速度、光亮度、干湿度、距离等功能的传感器。它们各司其职，一旦某个传感器失灵，对应的装置就会工作不正常甚至不工作。因此，传感器在汽车上的作用是很重要的。

（1）传感器特性

传感器是指能感受规定的物理量，并按一定规律转换成可用输入信号的器件或装置。简单地说，传感器是把非电量转换成电量的装置。

传感器通常由敏感元件、转换元件和测量电路三部分组成。

a. 敏感元件是指能直接感受（或响应）被测量的部分，即将被测量通过传感器的敏感元件转换成与被测量有确定关系的非电量或其他量。

b. 转换元件则将上述非电量转换成电参量。

c. 测量电路的作用是将转换元件输入的电参量经过处理转换成电压、电流或频率等可测电量，以便进行显示、记录、控制和处理。

（2）常见车用传感器工作原理

① 磁电效应。根据法拉第电磁感应定律，N 匝线圈在磁场中运动，切割磁力线（或线

圈所在磁场的磁通变化）时，线圈中所产生的感应电动势的大小取决于穿过线圈的磁通的变化率。

a.直线移动式磁电传感器。直线移动式磁电传感器由永磁铁、线圈和传感器壳体等组成。当壳体随被测振动体一起振动且在振动频率远大于传感器的固有频率时，由于弹簧较软，运动件质量相对较大，运动件来不及随振动体一起振动（静止不动）。此时，磁铁与线圈之间的相对运动速度接近振动体的振动速度。

b.转动式磁电传感器。软铁、线圈和永磁铁固定不动。由导磁材料制成的测量齿轮安装在被测旋转体上，每转过一个齿，测量齿轮与软铁之间构成的磁路磁阻变化一次，磁通也变化一次。线圈中感应电动势的变化频率（脉冲数）等于测量齿轮上的齿数和转速的乘积。

② 霍尔式传感器。

a.霍尔效应。半导体或金属薄片置于磁场中，当有电流（与磁场垂直的薄片平面方向）流过时，在垂直于磁场和电流的方向上产生电动势，这种现象称为霍尔效应。

b.霍尔元件。目前常用的霍尔材料有锗（Ge）、硅（Si）、锑化铟（InSb）、砷化铟（InAs）等。N型锗容易加工制造，霍尔系数、温度性能、线性度较好；P型硅的线性度最好，霍尔系数、温度性能同N型锗，但电子迁移率较低，带负载能力较差，通常不作单个霍尔元件。

③ 压电式传感器。

a.压电效应。对某些电介质沿着一定方向加力而使其变形时，在一定表面上产生电荷，当外力撤除后，又恢复到不带电状态，这种现象称为正压电效应。在电介质的极化方向施加电场，电介质会在一定方向上产生机械变形或机械应力，当外电场去除后，变形或应力随之消失，此现象称为逆压电效应。

b.压电元件。压电式传感器是物性型的发电式传感器。常用的压电材料有石英晶体（SiO_2）和人工合成的压电陶瓷。压电陶瓷的压电常数是石英晶体的几倍，灵敏度较高。

④ 光电式传感器

a.光电效应。当光线照射物体时，可看作一串具有能量的光子轰击物体，如果光子的能量足够大，物质内部电子吸收光子能量后，摆脱内部力的约束，发生相应电效应的物理现象，称为光电效应。

在光线作用下，电子逸出物体表面的现象，称为外光电效应，如光电管、光电倍增管等。

在光线作用下，物体的电阻率改变的现象，称为内光电效应，如光敏电阻、光敏二极管、光敏三极管、光敏晶闸管等。

在光线作用下，物体产生一定方向电动势的现象，称为光伏效应，如光电池（属于对感光面入射光点位置敏感的器件）等。

b.光敏电阻。光敏电阻受到光线照射时，电子迁移，产生电子-空穴对，使电阻率变小。光照越强，阻值越低。入射光线消失，电子-空穴对恢复，电阻值逐渐恢复原值。

c.光敏管。光敏管（光敏二极管、光敏三极管、光敏晶闸管等）属于半导体器件。

d.电致发光。固体发光材料在电场激发下产生的发光现象称为电致发光。电致发光是将电能直接转换成光能的过程。发光二极管（LED）是以特殊材料掺杂制成的半导体电致发光器件。当其PN结正向偏置时，由于电子-空穴复合时产生过剩能量，该能量以光子形式放出而发光。

⑤ 热电式传感器。

a.热电效应。将两种不同性质的金属导体A、B接成一个闭合回路，如果两接合点温度不相等（$T_0 \neq T$），则在两导体间产生电动势，并且回路中有一定大小的电流存在，此现象称为热电效应。

b.热电阻传感器。热电阻材料通常为纯金属，广泛使用的是铂、铜、镍、铁等

c.热敏电阻传感器。热敏电阻用半导体制成，与金属热电阻相比有以下特点：

- 电阻温度系数大，灵敏度高；
- 结构简单，体积小，易于点测量；
- 电阻率高，且适合动态测量；
- 阻值与温度变化的关系是非线性的；
- 稳定性较差。

（3）传感器的静态特性参数指标

① 灵敏度。

灵敏度是指稳态时传感器输出量y和输入量x之比，或输出量y的增量和输入量x的增量之比，用k表示为k=dy/dx。

② 分辨力。

传感器在规定的测量范围内能够检测出的被测量的最小变化量称为分辨力。

③ 测量范围和量程。

在允许误差内，被测量值的下限到上限之间的范围称为测量范围。

④ 线性度（非线性误差）。

在规定条件下，传感器校准曲线与拟合直线间的最大偏差与满量程输出值的百分比称为线性度或非线性误差。

⑤ 迟滞。

迟滞是指在相同的工作条件下，传感器的正行程特性与反行程特性的不一致程度。

⑥ 重复性。

重复性是指在同一工作条件下，输入量按同一方向在全测量范围内连续变化多次所得特性曲线的不一致性。

⑦ 零漂和温漂。

传感器在无输入或输入为另一值时，每隔一定时间，其输入值偏离原示值的最大偏差与满量程的百分比为零漂。而温度每升高1℃，传感器输出值的最大偏差与满量程的百分比，称为温漂。

5.2 汽车传感器分类

汽车传感器过去单纯用于发动机上，现在已扩展到底盘、车身和整车电气系统上了。这些系统采用的传感器有100多种。在种类繁多的传感器中，常见的有：

进气压力传感器：反映进气歧管内的绝对压力大小的变化，是向ECU（发动机电控单

元）提供计算喷油持续时间的基准信号；

空气流量计：测量发动机吸入的空气量，提供给ECU作为计算喷油时间的基准信号；

节气门位置传感器：测量节气门打开的角度，提供给ECU作为断油、控制燃油/空气比、点火提前角修正的基准信号；

曲轴位置传感器：检测曲轴及发动机转速，提供给ECU作为确定点火正时及工作顺序的基准信号；

氧传感器：检测排气中的氧浓度，提供给ECU作为控制燃油/空气比在最佳值（理论值）附近的基准信号；

进气温度传感器：检测进气温度，提供给ECU作为计算空气密度的依据；

冷却液温度传感器：检测冷却液的温度，向ECU提供发动机温度信息；

爆震传感器：安装在缸体上专门检测发动机的爆震状况，提供给ECU作为调整点火提前角的依据。

以下这些传感器主要应用在变速器、转向器、悬架和ABS上：

应用于变速器的有：车速传感器、温度传感器、轴转速传感器、压力传感器等；

应用于转向器的有：转角传感器、转矩传感器、液压传感器；

应用于悬架系统的有：车速传感器、加速度传感器、车身高度传感器、侧倾角传感器、转角传感器等。

根据传感器检测信号的类别进行分类，常用的传感器如表5-1所示。

表5-1　汽车常用传感器分类表

传感器类型									
位置传感器		压力传感器	温度传感器	速度传感器	气体流量、质量、浓度、烟度传感器	振动传感器	环境检测传感器	力学与电学传感器	其他传感器
曲轴位置传感器	超声波距离传感器	进气歧管压力传感器	进气温度传感器	行人保护传感器	空气流量计	爆震传感器	光照传感器	转矩传感器	乙醇传感器
凸轮轴位置传感器	车距传感器	共轨燃油压力传感器	冷却液温度传感器	中央传感器	空燃比传感器与氧传感器	微波传感器	雾气传感器	离子传感器	机油状态传感器
节气门位置传感器	远距传感器	燃油低压传感器	气缸盖温度传感器	车轮速度传感器	NO_x（氮氧化物）传感器		晴雨传感器	智能蓄电池传感器	水箱检测传感器
油门踏板位置传感器	近距传感器	燃油箱压力传感器	燃油温度传感器	车身加速度传感器	空气品质传感器				磁场传感器
冲洗液液位传感器	座椅位置传感器	文丘里喷嘴压力传感器	水箱出口温度传感器	横向加速度传感器	烟雾浓度传感器				接触识别传感器

续表

传感器类型									
位置传感器		压力传感器	温度传感器	速度传感器	气体流量、质量、浓度、烟度传感器	震动传感器	环境检测传感器	力学与电学传感器	其他传感器
燃油油位传感器	转向角度传感器	二次空气系统压力传感器	增压空气温度传感器		炭黑微粒传感器				后备厢盖打开感应开关
机油油位传感器	偏转率传感器	增压压力传感器	废气温度传感器						
高压泵位置传感器	倾斜传感器	进气温度、增压压力传感器	辅助加热器温度传感器						
主动油箱油位传感器	软顶边缘已竖起传感器	油轨压力传感器	冷却液压力、温度传感器						
被动油箱油位传感器	软顶盖罩联锁传感器	废气压力传感器	电机温度传感器						
转子位置传感器	软顶盖罩开启传感器	柴油微粒过滤器压差传感器	热泵回路温度传感器						
电机位置传感器	软顶边缘转角传感器	轮胎压力传感器	差速器油温传感器						
零挡传感器	主车顶柱转角传感器	制动真空传感器	变速箱油温传感器						
车身水平传感器	燃油箱盖传感器	制动压力传感器	蒸发器出口温度传感器						
高度传感器		制冷剂压力传感器	车内温度传感器						
制动片磨损传感器		安全气囊传感器	车外温度传感器						
制动踏板行程传感器			通风温度传感器						
制动踏板角度传感器			NVLD温度传感器						

5.3 常见传感器外观与安装位置

5.3.1 发动机电控系统常用传感器

发动机电控系统常用传感器简要如表5-2所示。

表5-2 发动机电控系统常用传感器概览

名称	空气流量计（热膜式）	空气流量计（热线式）	进气歧管压力传感器
位置	一般安装在在空气滤清器与节气门体之间，也可以安装在空气滤清器上，亦可将空气流量计与节气门体一体化安装在发动机上		安装在进气歧管上
识别			
名称	进气温度传感器	冷却液温度传感器	节气门位置传感器
位置	安装在空气滤清器或之后的进气管道上	安装在发动机缸体水套或冷却液管路中	安装在节气门体上
识别			
名称	曲轴位置传感器	凸轮轴位置传感器	燃油油位传感器
位置	安装在曲轴前端，接近发动机飞轮附近	安装在凸轮轴前端	安装在燃油箱中
识别			

续表

名称	油门踏板位置传感器	爆震传感器	机油压力传感器
位置	安装在油门踏板上	缸体中间接近气缸套的地方	安装在气缸缸体机油油道上
识别			
名称	氧传感器	柴油氮氧化物传感器	油轨压力传感器
位置	安装在排气管三元催化器前后	安装在排气系统中	安装在油轨上
识别			

5.3.2 底盘电控系统常用传感器

汽车底盘电控系统常用传感器简要如表5-3所示。

表5-3 汽车底盘电控系统常用传感器概览

名称	ABS转速传感器	转向盘转角传感器	横摆角速度和侧向加速度传感器
位置	安装在车轮制动盘附近	安装在转向柱上	安装在驾驶员座椅下方
识别	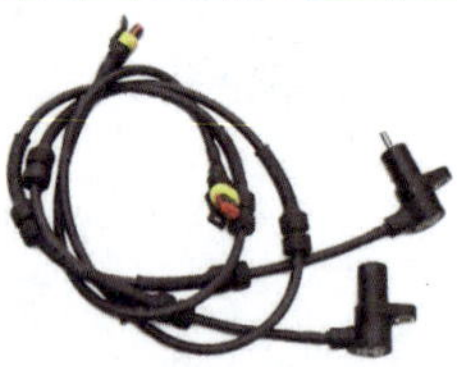		
名称	高度传感器	制动片磨损传感器	制动踏板位置传感器
位置	安装在底盘高度可控悬架系统上	安装在盘式制动片上	安装在制动控制装置上
识别	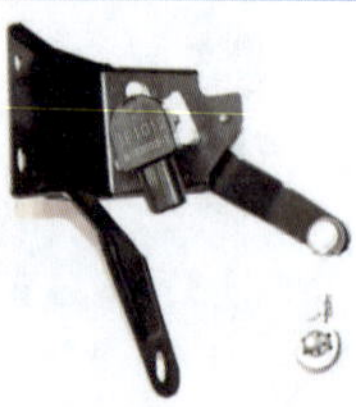	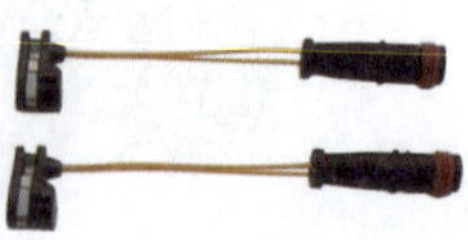	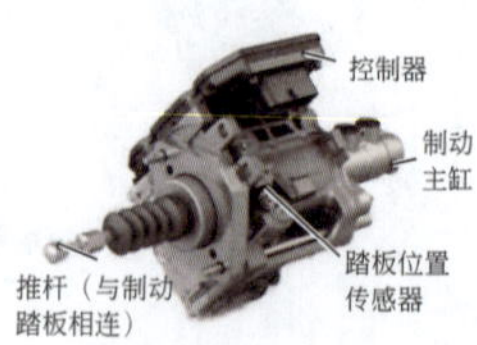

5.3.3　车身电气控制系统常用传感器

汽车车身电气控制系统常用传感器简要如表5-4所示。

表5-4　汽车车身电气控制系统常用传感器概览

名称	晴雨传感器	蒸发器温度传感器	空调压力传感器
位置	安装在前挡玻璃上车内后视镜前方	安装在蒸发器上	安装在发动机舱空调高压管路上
识别			
名称	车外温度传感器	安全气囊碰撞传感器	车距传感器
位置	安装在前部车身上	安装在前部车身或侧面车门内	安装在前保险杠内，车头中网下方
识别		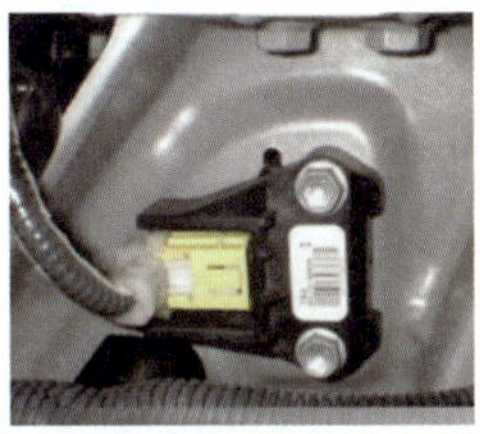	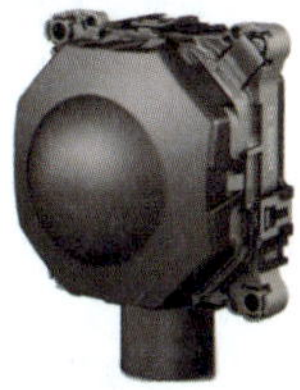
名称	超声波传感器	座椅占用/识别传感器	胎压传感器
位置	安装在前后保险杠上	安装在驾驶员与前乘客座椅内	安装在车轮内
识别		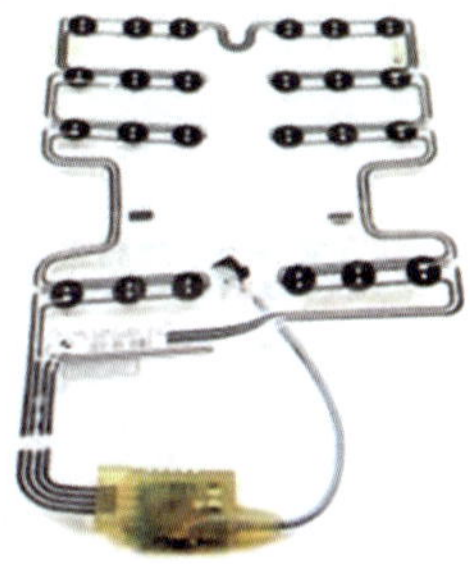	

第六章 压力传感器

6.1 气体压力传感器

6.1.1 进气压力传感器

进气压力传感器用螺栓拧在进气装置上，外观如图6-1所示。进气压力传感器用于计算吸入的风量。此压力还用作负荷信号的替代值。

采用应变仪进行压力测量。施加压力时，传感器中装有应变仪的金属膜会发生变形。应变仪的电阻变化将通过一个测量电桥，以电子方式进行记录并分析。然后，所测得的电压将作为实际值输入到增压压力调节装置中。

进气压力传感器通过一个3芯插头进行连接。该传感器由发动机控制系统提供5V的电压。电路连接如图6-2所示。

进气压力信号被通过一根信号线传送到发动机控制系统。可分析的进气压力信号根据压力发生波动。特性曲线如图6-3所示。

进气压力传感器的额定值：进气压力传感器电压范围为0.5 ～ 4.5V；进气压力测量范围为0.2 ～ 1.5bar；最大输出电流为15mA；温度范围为–40 ～ 130℃。

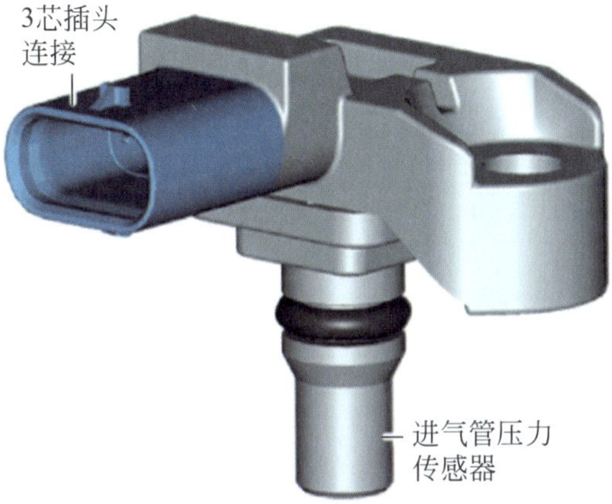

图6-1　进气压力传感器外观

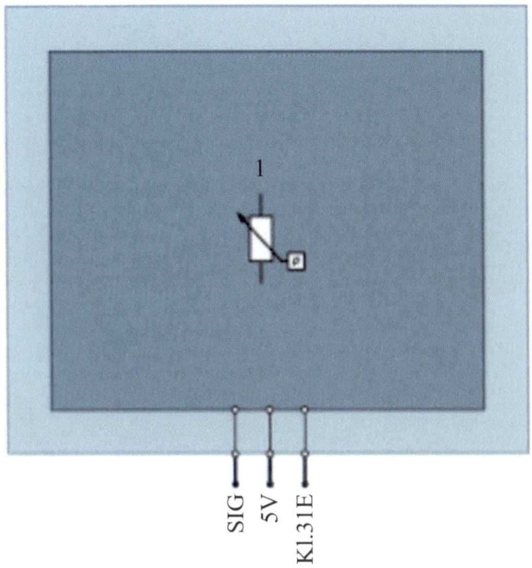

图6-2　进气压力传感器连接电路

1—进气压力传感器；SIG—进气压力信号；5V—供电电压；Kl.31E—总线端Kl.31电子接地线

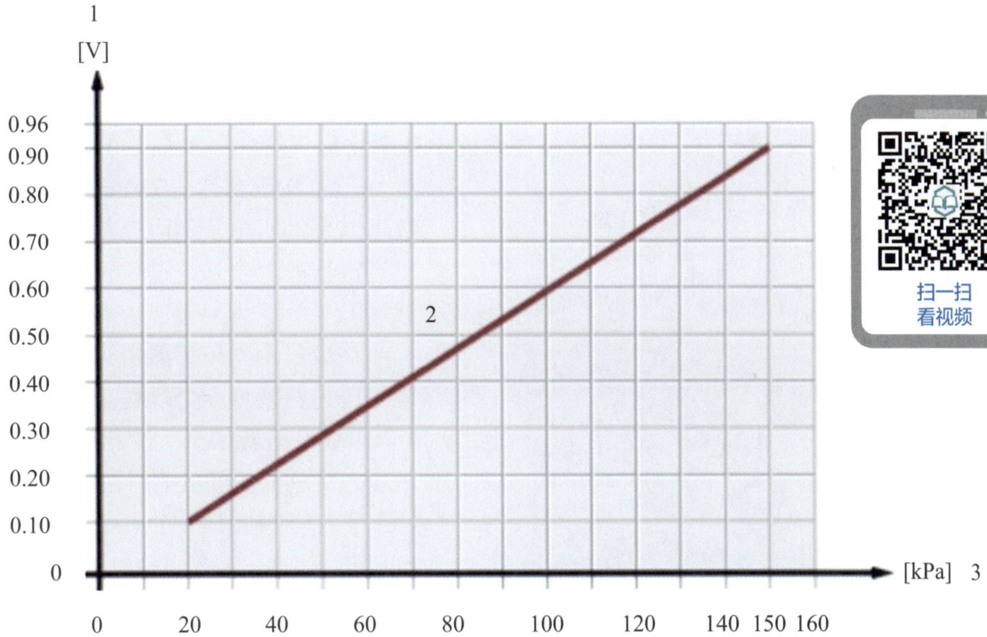

扫一扫
看视频

图6-3　进气压力传感器特性曲线

1—电压；2—热导体（NTC）特性线；3—压力

6.1.2 废气压力传感器

废气压力传感器固定在发动机上的一个支架上（防止温度过高）。废气压力传感器通过一根软管和一个管道与排气歧管连接，见图6-4。

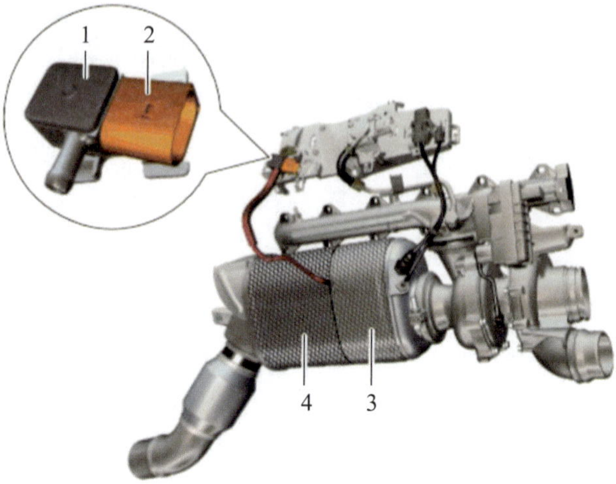

图6-4 废气压力传感器

1—排气背压传感器；2—3芯插头连接；3—氧化废气触媒转换器；4—微粒过滤器

数字式柴油机电子伺服控制系统利用废气压力传感器和废气温度传感器的信号控制微粒过滤器的再生。废气压力传感器测量排气系统中在氧化废气触媒转换器后的压力。如果废气压力高于允许值750mbar过压，则数字式柴油机电子伺服控制系统启动微粒过滤器的再生（超过微粒过滤器的加载量）。

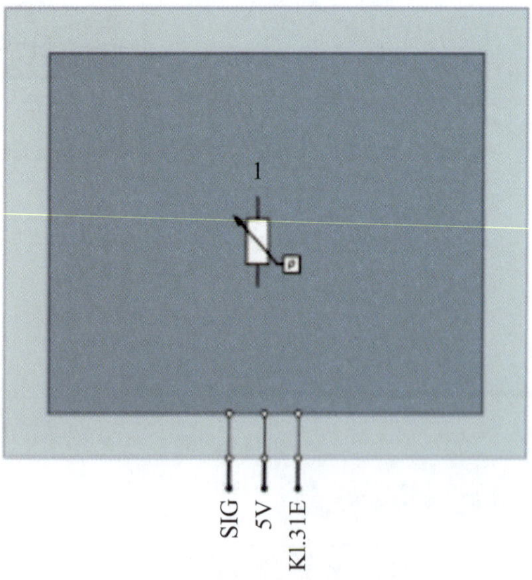

图6-5 废气压力传感器电路

1—排气背压传感器；SIG—废气压力信号；5V—供电电压；Kl.31E—总线端Kl.31电子接地线

在废气压力传感器中，一个膜片将废气压力转换成一个行程。这个行程由4个压敏电阻转换成一个电压信号。废气压力传感器的测量范围为0.6～2.0bar（绝对），对应于一个1.875～4.5V的电压。

废气压力传感器通过一个3芯插头进行连接。该传感器由发动机控制系统提供5V的电压。传感器电路连接如图6-5所示。

废气压力的信息将通过一条信号线传输给发动机控制装置。废气压力的有效信号根据压力变化而波动。

6.1.3 曲轴箱压力传感器

燃烧过程中产生的活塞环漏泄气体（燃烧气体成分，其经由活塞进入曲轴箱）不得在非受控的情况下排放至空气中。因此，曲轴箱通风装置一方面用于将此类气体重新通入燃烧装置，另一方面负责控制曲轴箱内的负压。

出于法律规定，必须监控曲轴箱通风装置是否泄漏。因此，压力传感器监控曲轴箱内的负压。热膜式空气质量计可能因此失效。曲轴箱压力传感器集成在第2条燃油箱排气管内，如图6-6所示。

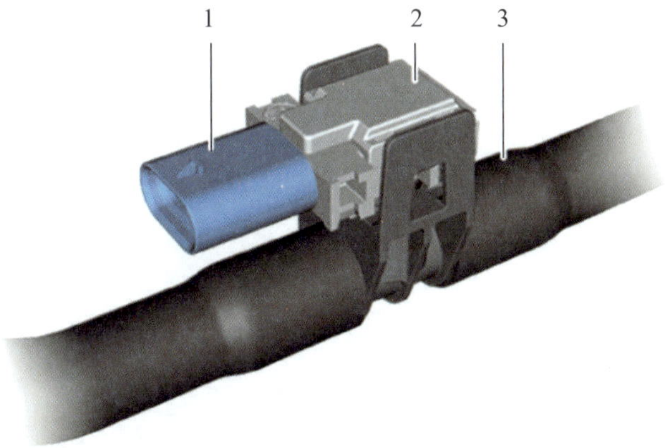

图6-6　曲轴箱压力传感器安装位置

1—3芯插头连接；2—曲轴箱压力传感器；3—燃油箱排气管

曲轴箱压力传感器为压差传感器。压差传感器中测量曲轴箱内的压力与大气压力的压差并以信号形式发送至发动机控制装置。发动机控制装置利用该信号识别曲轴箱通风装置是否泄漏。

曲轴箱压力传感器经由一个3芯插头连接进行连接。该传感器由发动机控制系统提供5V的电压。传感器电路连接如图6-7所示。

压差的有效信号根据压力变化而波动。测量范围约0.5～4.5V，对应于25kPa（0.25bar）～–25kPa（–0.25bar）的压差。曲轴箱压力传感器特性曲线如图6-8所示。

曲轴箱压力传感器的标准值：电压范围0.5～4.5V；工作压力–0.25～0.25bar；响应时间小于5ms；最大输出电流15mA；温度范围–40～130℃。

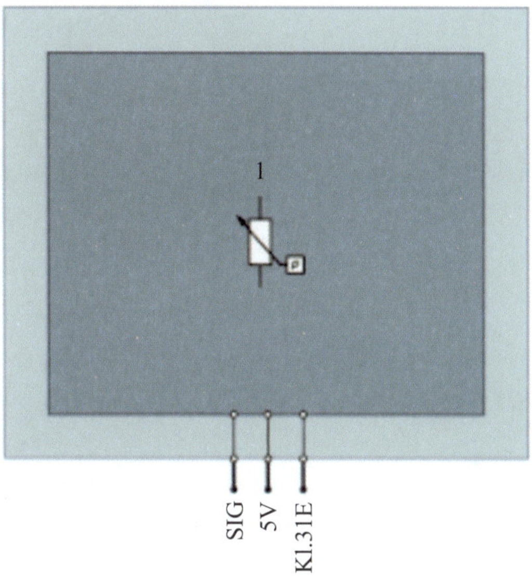

图6-7　曲轴箱压力传感器电路连接

1—曲轴箱压力传感器；SIG—压差信号；5V—供电电压；Kl.31E—总线端Kl.31电子接地线

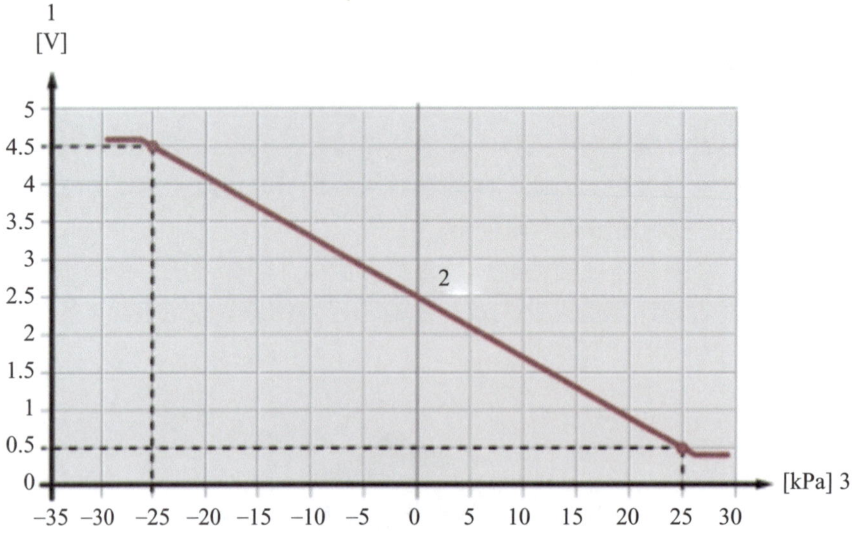

图6-8 **曲轴箱压力传感器特性曲线**

1—信号电压；2—曲轴箱压力传感器特性线；3—压力

6.1.4 制动真空传感器

制动真空传感器插在制动助力器上，见图6-9。对于带手动变速箱的车辆，制动真空传感器用于发动机启动/停止自动装置。

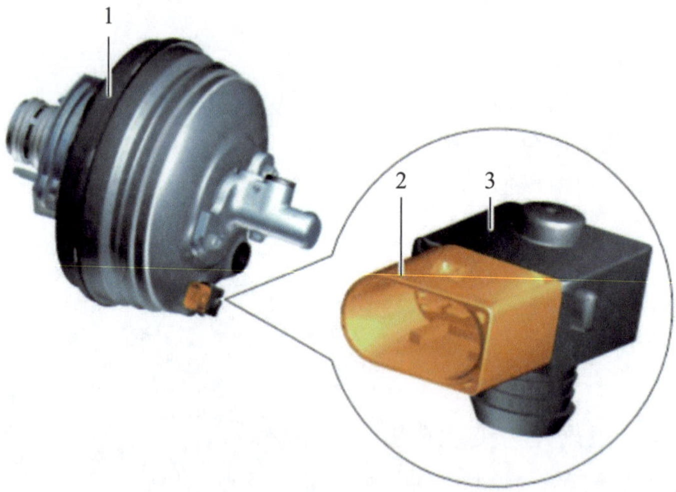

图6-9 **制动真空传感器**

1—制动助力器；2—制动真空传感器；3—3芯插头连接

即使在发动机已关闭时，也必须确保制动助力。为此制动助力器配备了一个制动真空传感器。此制动真空传感器连接在发动机控制单元上。如果真空在某个定义的范围之外，则执行一次发动机自动启动，以便建立需要的真空。

在制动真空传感器中，一个膜片将真空转换成一个行程。这个行程由4个压敏电阻转换成电压信号，然后发送到发动机控制单元。

制动真空传感器通过一个3芯插头进行连接，见图6-10。制动真空传感器由发动机控制系统提供5V电压和接地。制动真空传感器的信号只用于发动机启动/停止自动装置，传感器连接电路如图6-10所示。

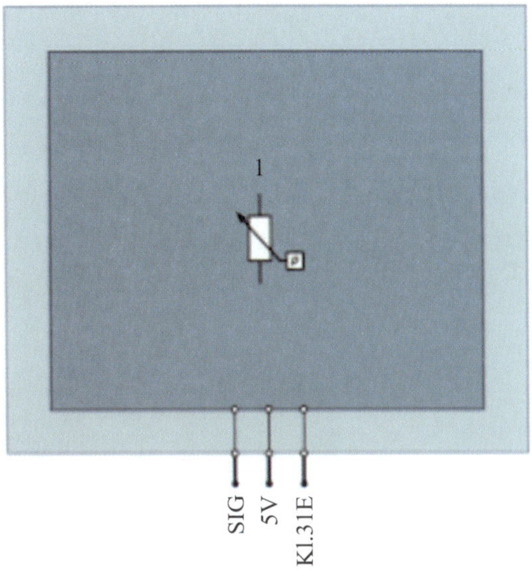

图6-10 真空传感器电路

1—制动真空传感器；SIG—制动真空信号；5V—供电电压；Kl.31E—总线端Kl.31电子接地线

6.1.5 二次空气系统压力传感器

压差传感器在二次空气系统上安装在二次空气泵和二次空气阀之间。此压力传感器测量二次空气管路和环境之间的压差，以此来对二次空气系统进行诊断。传感器外观如图6-11如示。

采用应变仪进行压力测量，测得的电压作为实际值输出到发动机控制单元。

压力传感器通过一个3芯插头进行连接，见图6-12。该传感器由发动机控制系统提供5V的电压。

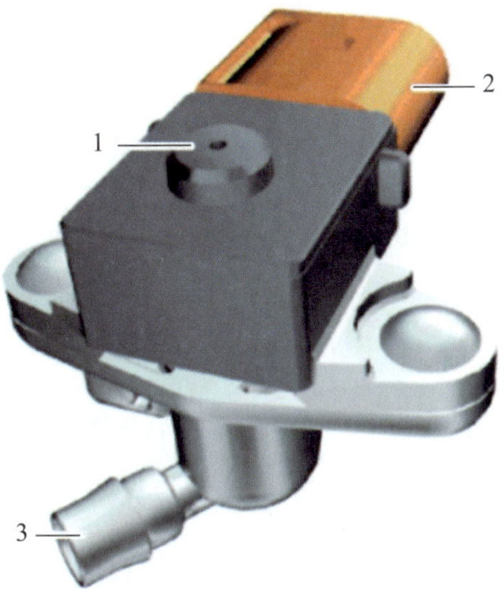

图6-11 空气系统压力传感器

1—压力传感器；2—3芯插头连接；3—二次空气系统的接口

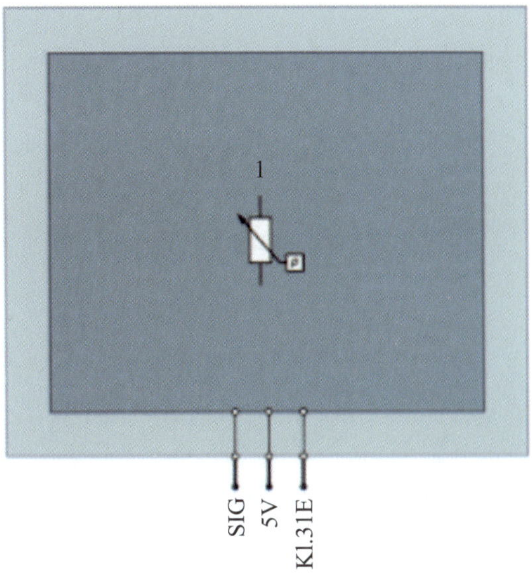

图6-12 传感器电路原理

1—二次空气系统压力传感器；SIG—压力传感器信号；5V—供电电压；Kl.31E—总线端Kl.31电子接地线

6.1.6 增压压力传感器

增压压力传感器用螺栓连接在进气集气箱上，见图6-13。该传感器向数字式柴油机电子伺服控制系统（DDE）发送增压空气绝对压力（增压压力和环境压力之和）。增压压力传感器用于增压压力调节。

采用应变仪进行压力测量，所测得的电压将作为实际值输入到增压压力调节装置中。

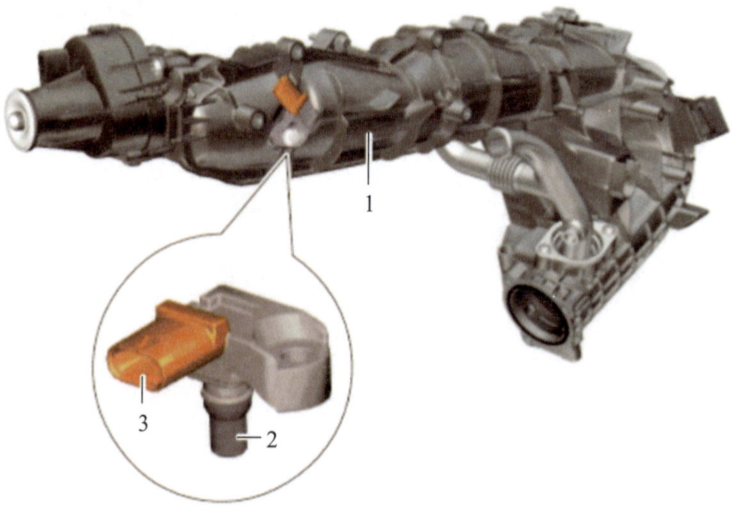

图6-13 增压压力传感器

1—进气集气箱；2—增压压力传感器；3—3芯插头连接

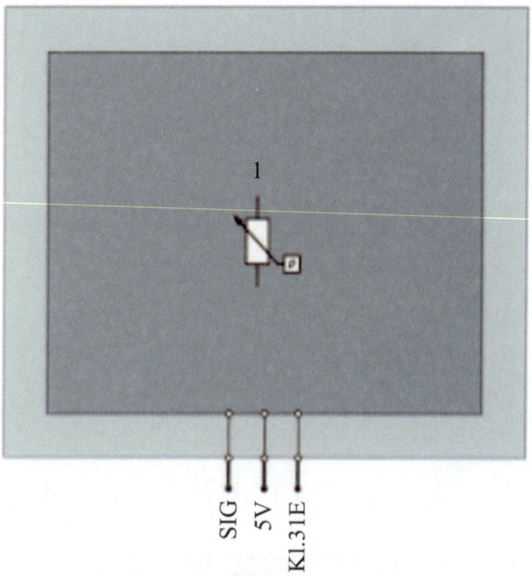

图6-14 增压压力传感器电路图

1—增压压力传感器；SIG—增压压力信号；5V—供电电压；Kl.31E—总线端Kl.31电子接地线

增压压力传感器通过一个3芯插头进行连接，见图6-14。发动机控制系统为传感器提供5V电压和接地。传感器电路连接如图6-14所示。

增压压力的信息将通过一条信号线传输给发动机控制装置。增压压力的有效信号根据压力变化而波动。

6.1.7 文丘里喷嘴压力传感器

为了在增压过程中也可以吹洗，通过文丘里喷嘴生成真空，通过吸管内的真空生成吹洗空气流动。文丘里喷嘴通过在增压空气冷却器后方获取并在压缩机前方又被引入的空气流量驱动。

燃油箱排气管内的文丘里喷嘴压力传

感器用于诊断燃油箱排气系统的第二引入点。燃油箱排气阀内的单向阀用于分别仅通过其中一个第二引入点吹洗。

采用应变仪进行压力测量，所测得的电压将作为实际值输入燃油箱排气系统诊断中。

文丘里喷嘴压力传感器是压差传感器。其外观如图6-15所示。

文丘里喷嘴压力传感器通过3芯插头来连接，见图6-16。文丘里喷嘴压力传感器由发动机控制系统提供5V电压。

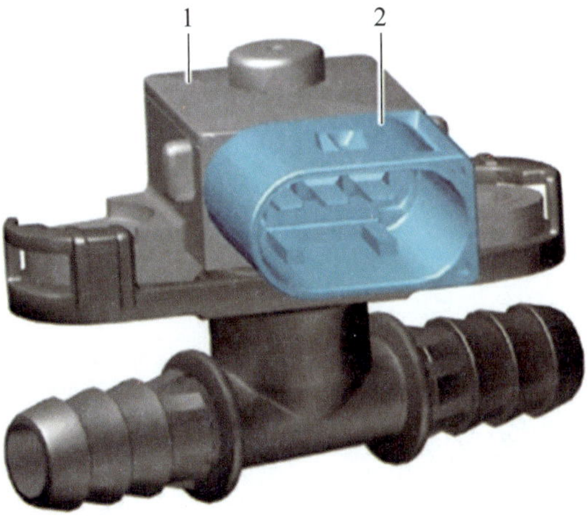

图6-15 喷嘴压力传感器

1—文丘里喷嘴压力传感器；2—3芯插头连接

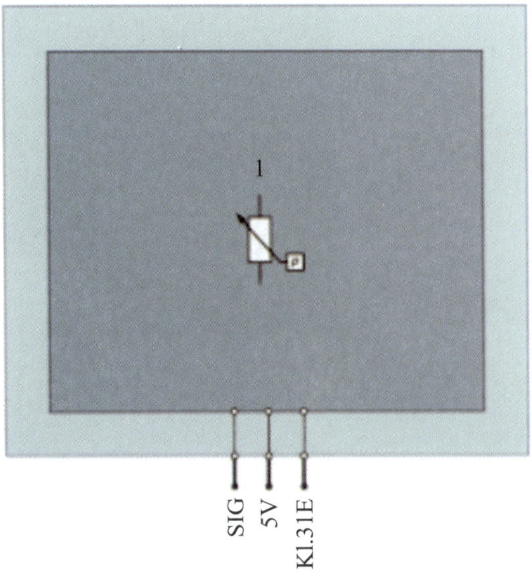

图6-16 传感器电路连接

1—文丘里喷嘴压力传感器；SIG—文丘里喷嘴压力传感器信号；5V—供电电压；Kl.31E—总线端Kl.31电子接地

6.1.8 轮胎压力传感器

轮胎充气压力损失预示着轮胎多处损坏。轮胎压力监控提醒驾驶员一个或多个车轮的轮胎存在压力损失，因此也可以避免轮胎前期损坏。

轮胎压力监控是一个用于行驶运行时监控轮胎充气压力的系统。即使安装了轮胎压力监控，驾驶员也必须定期检查轮胎充气压力。

每次轮胎充气压力改变和每次更换轮胎后都必须触发轮胎压力监控初始化设置，借此将各轮胎充气压力存储为标准值。更换车轮时必须注意，初始化设置之前必须遵守至少8分钟的车辆停放时间。

宝马自F15车型起，轮胎压力监控功能首次集成到动态稳定控制系统（DSC）中。遥控接收器接收来自车轮电子系统的无线电信号。

所有车轮都在轮辋深槽内安装了车轮电子系统。车轮电子系统用螺栓连接在加注阀上（金属制造）。所有车轮电子系统是相同部件，有效工作温度介于-40～125℃之间。车轮电子系统监控轮胎内的温度。温度高于约115℃时，轮胎压力监控切换为一个功能受限的模式。该模式下可能会关闭硬件。车轮电子装置如图6-17所示。

图6-17　车轮电子系统

1—车轮电子系统；2—无线电频率；3—压力传感器；4—阀门

在每个车轮电子系统中都安装了一个加速度传感器。加速度传感器识别车轮是静止还是旋转。

车轮静止时无信息通过遥控接收器发送到动态稳定控制系统（DSC）。车轮电子系统处于静止模式。它提高了车轮电子系统中蓄电池的寿命。

车速超过30km/h时，车轮电子系统切换到就绪模式。车轮电子系统定期测量轮胎充气压力和温度。该测量值周期性从轮胎通过遥控接收器传递到动态稳定控制系统。

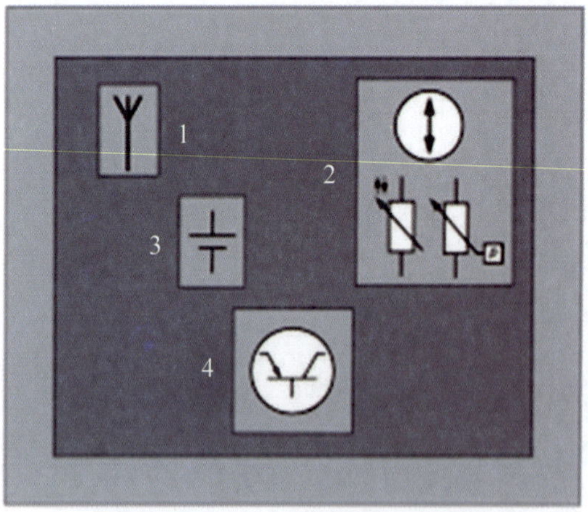

图6-18　车轮电子系统内部电路结构

1—带有发送及接收单元的天线；2—压力、温度和加速度传感器；3—蓄电池；4—电子分析装置

DSC控制单元通过一同发送的识别号码识别各个车轮的分配。当分配数据丢失时，必须重新匹配。

车轮电子系统通过一个锂离子蓄电池供电。其设计使用寿命为10年左右，剩余使用寿命以1个月为精度的分辨率显示。

安装轮胎之前使用诊断系统检查车轮电子系统中的蓄电池功率是否足够。

车轮电子系统外部由一个塑料壳体构成。在这个塑料壳体内的线路板上，有以下部件：压力传感器、温度传感器、加速度传感器、发送及接受单元、电子分析装置、蓄电池，见图6-18。

6.2 液体压力传感器

6.2.1 燃油箱压力传感器

燃油箱压力传感器固定在电动燃油泵维修盖板的下面，见图6-19。燃油箱压力传感器用于测量燃油箱内的压力。在燃油箱压力传感器中还集成了一个温度传感器。该温度传感器同时还测量燃油箱内的温度。

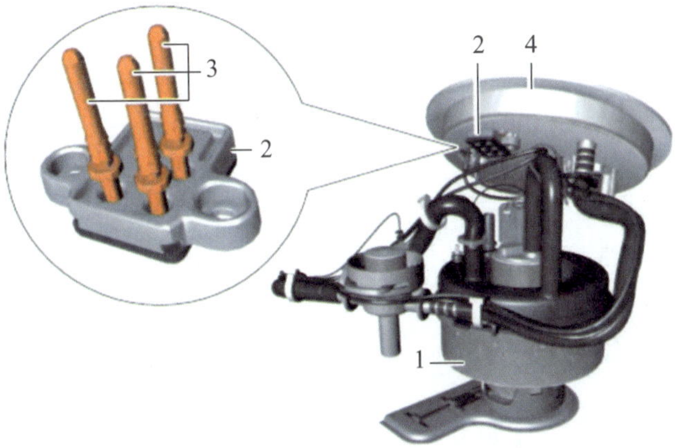

图6-19 燃油箱压力传感器结构

1—电动燃油泵；2—燃油箱压力传感器；3—3个接触销；4—维修盖板

燃油箱压力传感器只能连同电动燃油泵一起更换。宝马F01 ActiveHybrid和F02 ActiveHybrid除外。

燃油箱压力传感器的信号用作燃油箱单向阀控制的调节参数，该单向阀位于燃油箱和活性炭过滤器之间的排气管内。传感器信号还用于通过车载诊断系统进行的燃油箱单向阀监控。

燃油箱内压力由一个压电元件进行测量，该元件被封闭在凝胶中。燃油箱压力传感器用于测量燃油箱内的绝对压力。燃油箱内的温度根据PTC原理测量。

燃油箱压力传感器通过LIN总线与发动机控制系统连接，见图6-20。燃油箱压力传感器由总线端Kl.30B供电，通过接触销建立电力接触。

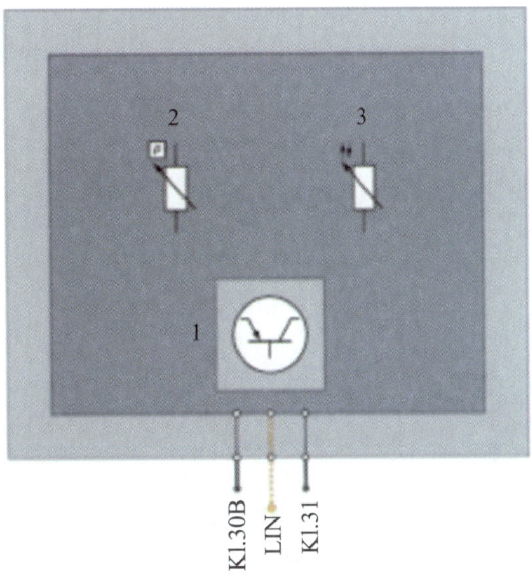

图6-20 燃油箱压力传感器电路

1—电子分析装置；2—压力传感器；3—温度传感器；Kl.30B—供电；LIN—LIN总线；Kl.31—接地

6.2.2 制冷剂高压传感器

使用高压传感器可以取代空调压力开关或制冷剂压力和温度传感器。通电后，高压传感器产生一个方波信号。这个信号会随着系统的压力变化而变化。下游的控制单元（制冷剂风扇控制单元、发动机控制单元、全自动空调的控制单元等）根据这个信号计算制冷剂循环回路中的压力。测得得电压会被传送给微处理器，并被转换成脉冲宽度调制信号，如图6-21所示。

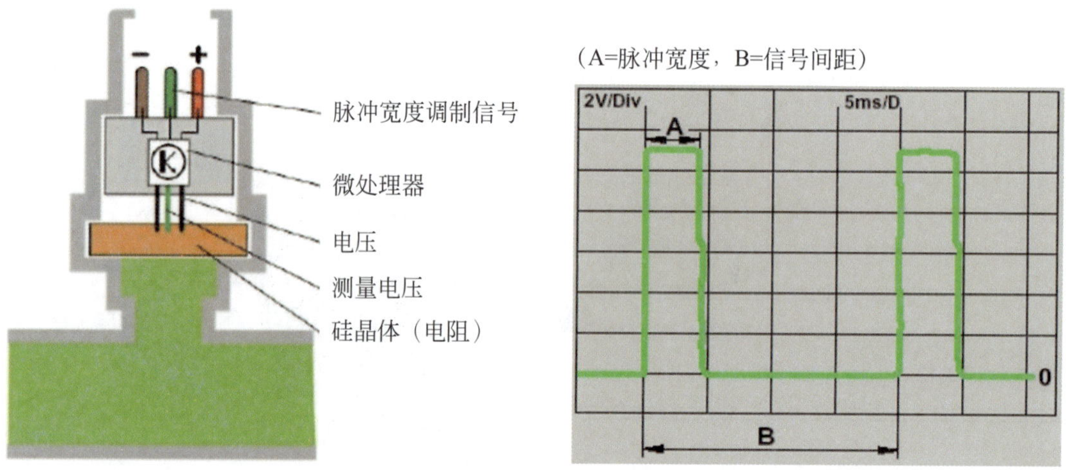

图6-21 高压传感器结构与信号波形

在压力较低时，高压传感器的微处理器输出一个很小的脉冲宽度，脉冲宽度信号的频率是50Hz。这相当于周期是20ms。在0.14MPa（1.4bar）这样的低压时，脉冲宽度为2.6ms，这相当于周期的13%。信号如图6-22所示。

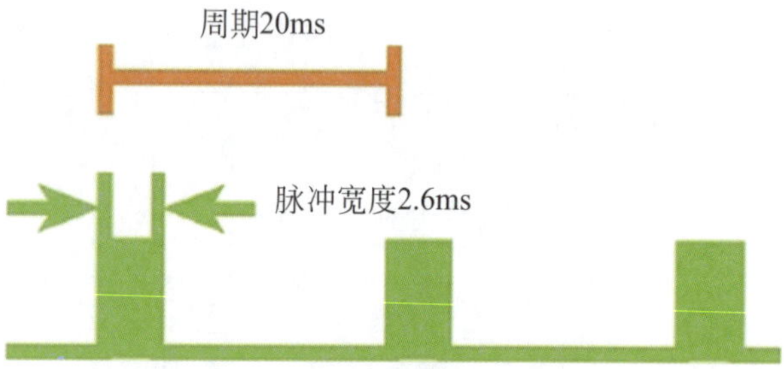

图6-22 低压时脉冲宽度信号

在压力较高时，晶体的变形也很大，因此电阻变化也大，测得的电压也会按相同比例减小。脉冲宽度按与压力升高相同的比例变大。在压力达到3.7MPa（37bar）时，脉冲宽度为18ms，这相当于周期的90%，信号如图6-23所示。

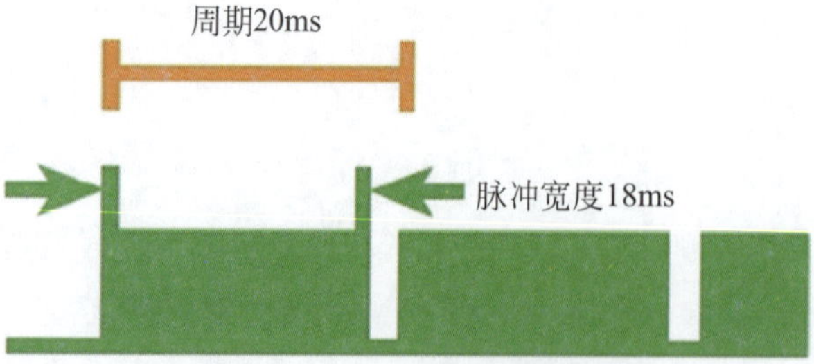

图6-23 高压时脉冲宽度信号

6.2.3 发动机机油压力传感器

如果机油压力下降过大，组合仪表内的机油压力指示灯便会亮起。

发动机机油压力传感器通过电容测量方法测出绝对压力。绝对压力是进行精确油压调节所必需的。发动机机油压力传感器中有一个含金片的陶瓷架。通过油道所施加的油压使金片彼此之间的距离产生变化，从而改变电容。电容量在电子分析装置中进行测量，然后经过分析的数据作为输入信号发送到发动机控制单元，用以调节机油压力。

发动机机油压力传感器通过一个3芯插头连接，如图6-24所示。发动机控制系统为传感器提供5V电压和接地。传感器电路连接如图6-25所示。

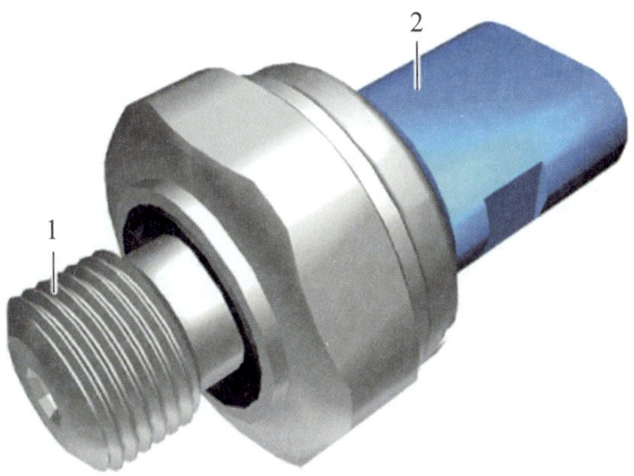

图6-24 机油压力传感器外观

1—发动机机油压力传感器；2—3芯插头连接

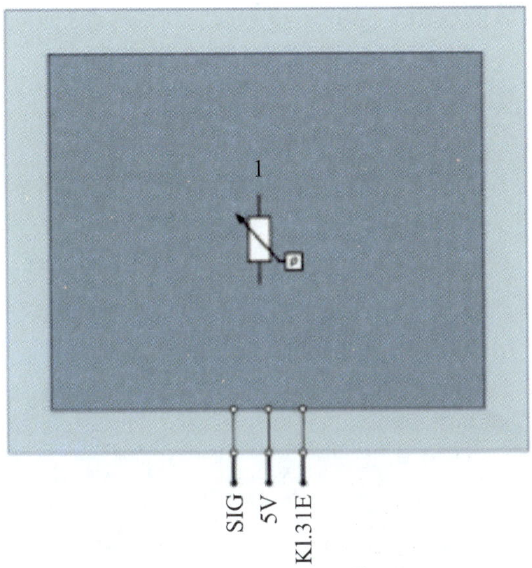

图6-25 机油压力传感器电路连接

1—发动机机油压力传感器；SIG—油压信号；5V—供电电压；Kl.31E—总线端Kl.31电子接地线

油压信息通过信号导线传送至发动机控制单元。燃油压力的有效信号根据压力变化而波动。传感器特性曲线如图6-26所示。

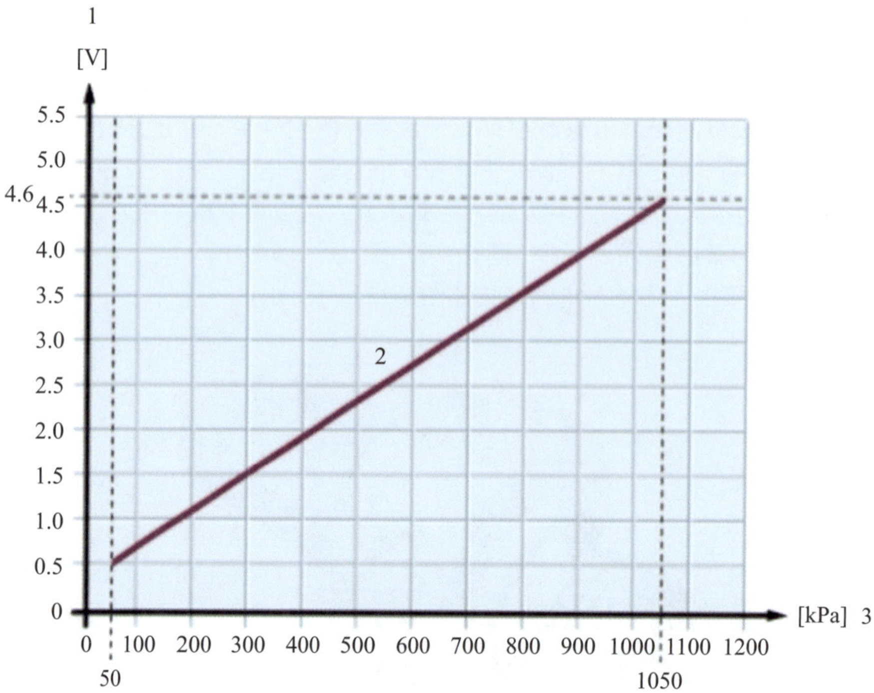

图6-26 传感器特性曲线

1—电压；2—机油压力特性线；3—压力

发动机机油压力传感器的标准值：供电电压：4.75～5.25V；油压测量范围：0.5～10.5bar；最大电流消耗：0.1mA；温度范围：–40～150℃。

6.2.4 机油压力开关

机油压力开关（见图6-27）用于监控润滑系统。机油压力未超过弹簧限定的某一限值时，机油压力指示灯亮起。该限值大约为0.2～0.5bar。

机油压力开关通过一根信号导线与DME相连，如图6-28所示。未操作开关时向该导线施加12V电压，操作开关时施加0V电压。它以数字方式传输数据。

图6-27 机油压力开关外观

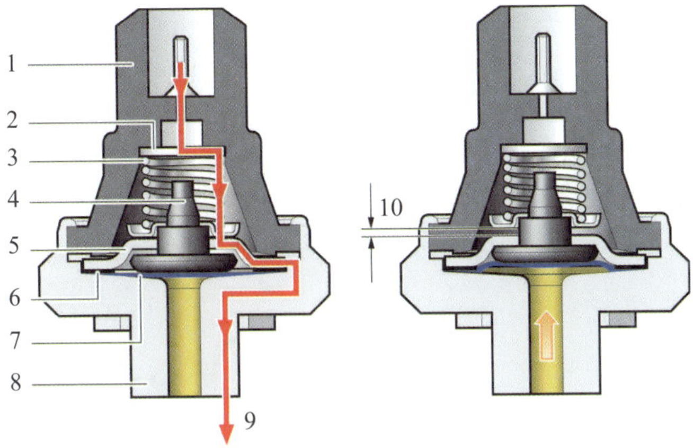

图6-28　**机油压力开关结构原理**

1—由塑料制成的壳体上部件；2—触点顶端；3—弹簧；4—压板；5—隔板；6—密封环；7—隔膜；8—由金属制成的壳体；9—触点闭合时的电流；10—触点打开时的间隙

6.2.5　油轨压力传感器

油轨压力传感器旋入燃油分配器（油轨）的末端中，见图6-29。此传感器向发动机控制系统提供高压泵后的燃油压力值。

油轨压力传感器用于油轨压力控制。油轨压力传感器的信号是发动机控制的一个重要输入信号，用于控制量控阀/流量调节阀以及油轨压力调节阀（如果装有）。量控阀/流量调节阀是高压泵的一个部件。

采用应变仪进行压力测量，测得的电压作为实际值输入到油轨压力控制系统中。

油轨压力传感器通过一个3芯插头进行连接，见图6-30。该传感器由发动机控制系统提供5V的电压。

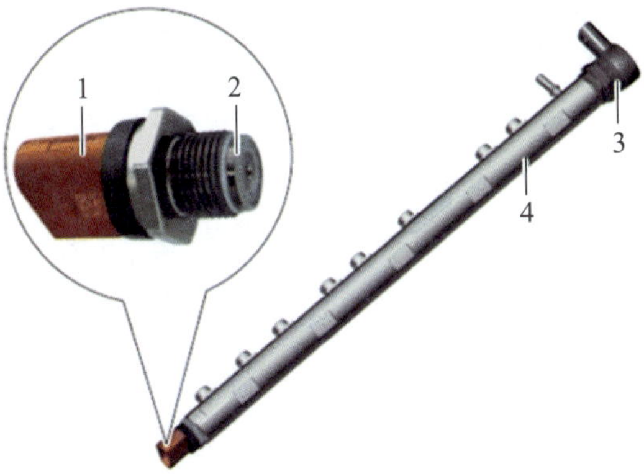

图6-29　**油轨压力传感器位置**

1—3芯插头连接；2—油轨压力传感器；3—油轨压力调节阀（如果装有）；4—燃油分配器

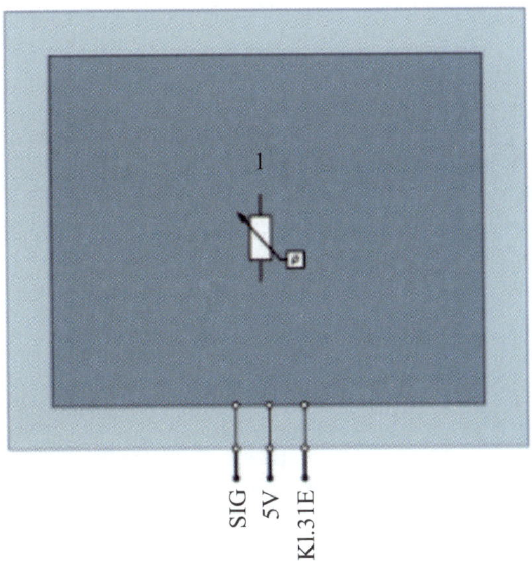

图6-30　**传感器电路连接**

1—油轨压力传感器；SIG—油轨压力信号；5V—供电电压；Kl.31E—总线端Kl.31电子接地线

6.2.6 燃油低压传感器

燃油低压传感器用螺栓连接在两个高压泵之间的燃油供油管中，见图6-31，利用燃油低压传感器测量供给管路中的燃油压力。燃油由电动燃油泵按需输送。燃油低压传感器用于电动燃油泵控制系统（EKPS），由发动机控制系统分析模拟输出信号。

采用应变仪进行压力测量，测量的电压作为实际值输入到电动燃油泵控制系统。

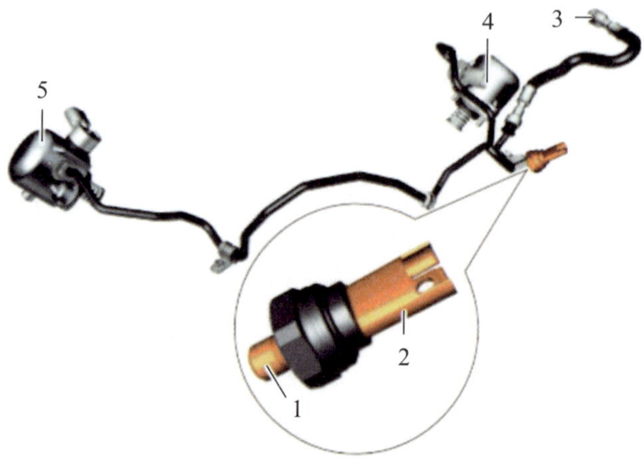

图6-31 燃油低压传感器

1—燃油低压传感器；2—3芯插头连接；3—燃油供油管；4—气缸5～8的高压泵；5—气缸1～4的高压泵

燃油低压传感器通过一个3芯插头进行连接，见图6-32。该传感器由发动机控制系统提供5V的电压。

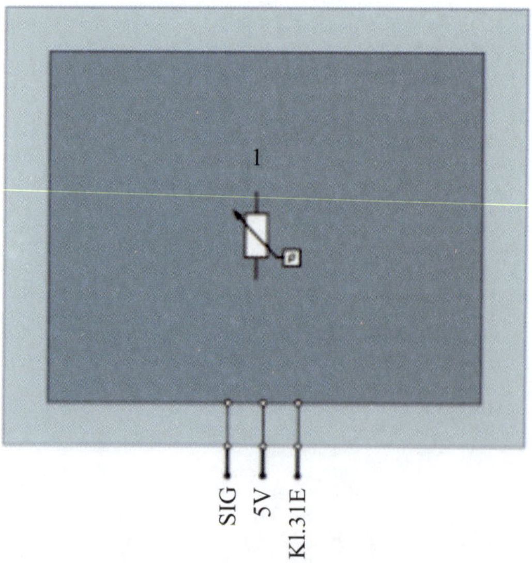

图6-32 燃油低压传感器电路

1—燃油低压传感器；SIG—燃油压力信号；5V—供电电压；Kl.31E—总线端Kl.31电子接地线

燃油压力的信息将通过一条信号线传输给发动机控制装置。燃油压力的有效信号根据压力变化而波动。

6.2.7 制冷剂压力传感器

冷暖空调的制冷剂压力传感器安装在冷凝器和蒸发器之间的高压管路内。传感器外观如图6-33所示。冷却运行时，制冷剂压力通过制冷剂压力传感器感测并在冷暖空调控制单元中分析（“IHKA”表示“自动恒温空调”）。

根据传感器信号，在制冷剂压力过高时通过冷暖空调控制单元调节或关闭空调压缩机。根据制冷剂压力，通过冷暖空调控制单元感测风扇挡，并将风扇挡通过总线传输至发动机控制单元。

制冷剂压力传感器通过感压元件分析制冷循环回路高压管路中存在的制冷剂压力。制冷剂压力传感器获得恒定不变的电压。实际的测量信号是一个受制冷剂压力影响的线性传感器输出电压。

宝马F0x、F1x系列车型：接线盒电子装置（JBE）或前部车身电子模块（FEM）分析输出电压并将其转换为压力信号，然后，该压力信号再被转换为数字信号并通过总线发送给冷暖空调控制单元。

宝马F15、F16系列车型：该输出电压由车身域控制器（BDC）分析并换算为压力信号，然后，该压力信号再被转换为数字信号并通过总线发送给冷暖空调控制单元。

宝马F2x、F3x系列车型：该输出电压由前部车身电子模块（FEM）分析并换算为压力信号，然后，该压力信号再被转换为数字信号并通过总线发送给冷暖空调控制单元。

接线盒电子装置（JBE）或前部车身电子模块（FEM）或车身域控制器（BDC）给制冷剂压力传感器供给5V电压和接地。传感器连接电路如图6-34所示。

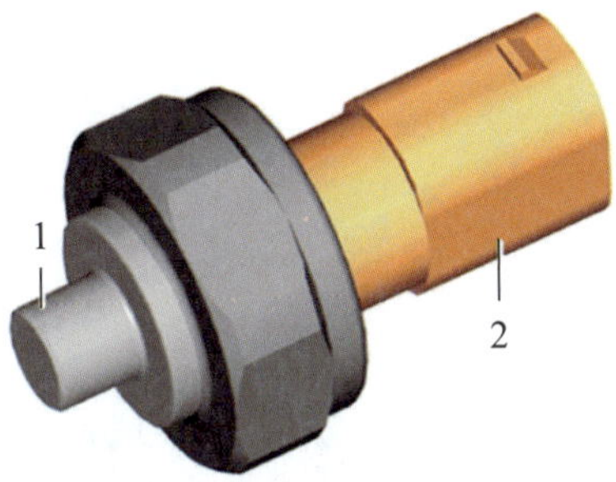

图6-33　制冷剂压力传感器

1—制冷剂压力传感器；2—3芯插头连接

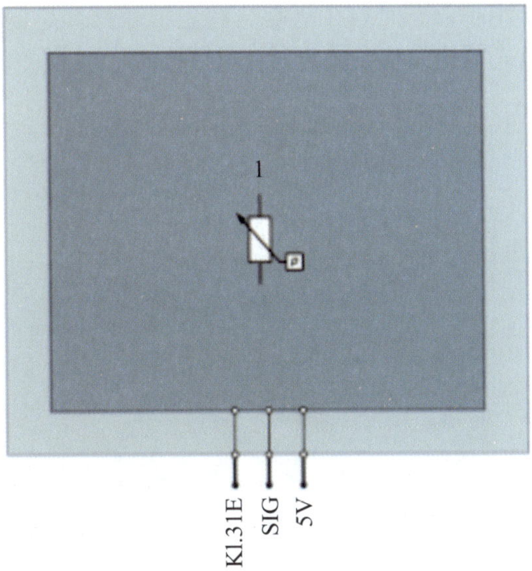

图6-34　制冷剂压力传感器电路

1—压力传感器；Kl.31E—总线端Kl.31电子接地线；SIG—信号线；5V—供电电压

6.2.8　变速器液压压力传感器

变速器液压压力传感器是一个电子压力传感器，它提供的是取决于压力大小的电压信号，用于确定系统压力。变速器控制单元使用该传感器来控制液压泵的接通压力和切断压力。这样的话，就把系统压力控制在40～50bar之间了。该压力传感器安装位置见图6-35。该传感器测量范围为0～80bar，其信号电压为：0bar=0.5V，80bar=4.5V。

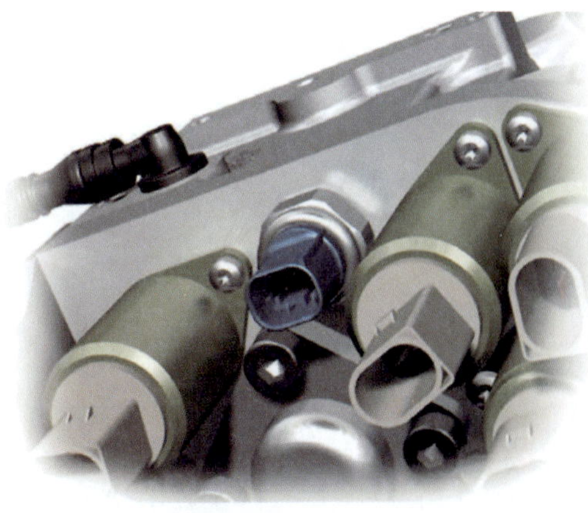

图6-35　液压压力传感器安装位置

另外，该传感器信号还用于计算换挡力。该传感器要是失效的话，就根据时间来操控液压泵了，此时系统压力明显升高，因为这时的系统压力是由压力限制阀定义出来的。因此换挡的声音明显增大了。

6.3 固体压力传感器

6.3.1 碰撞传感器

奥迪e-tron（车型GE）为了进行碰撞识别，配备了9个外部碰撞传感器。另外，安全气囊控制单元J234中还包含有内部碰撞传感器。与外部碰撞传感器不同的是，安全气囊控制单元内的内部碰撞传感器是不能单独更换的。传感器安装位置如图6-36所示。

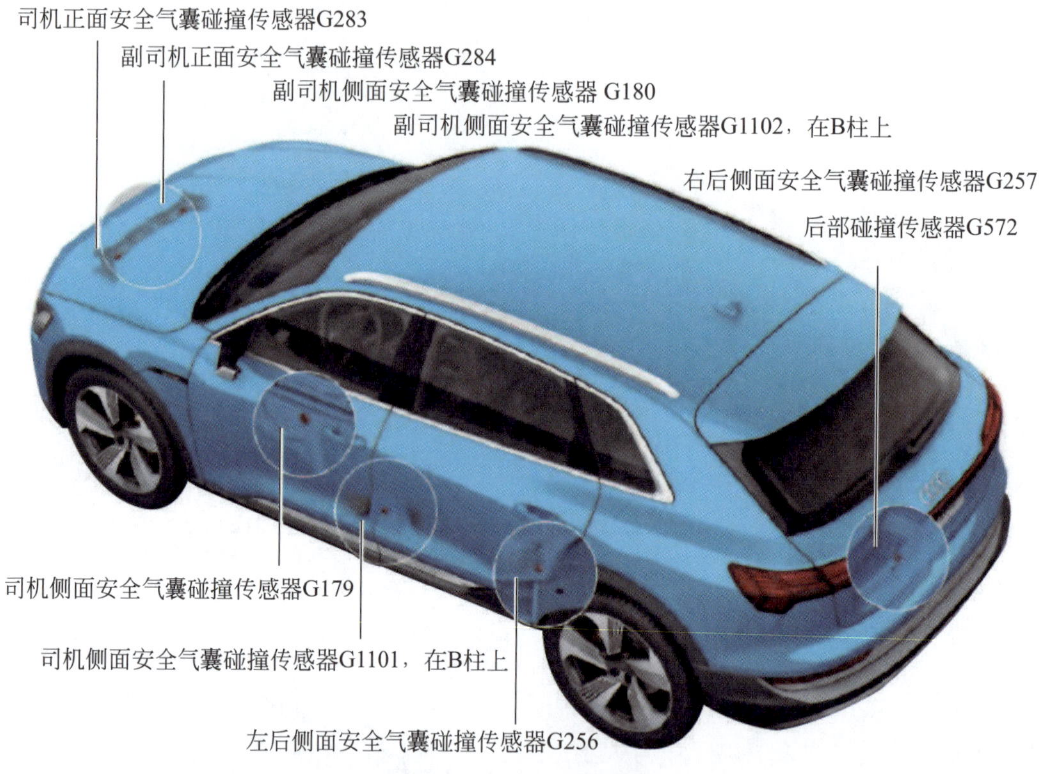

图6-36 碰撞传感器位置

G179和G180这两个碰撞传感器是压力传感器，安装在前门内。它们负责测量车门内部的压力和压力变化。如果车门在交通事故中被撞了，那么车门内部的压力就会因变形（容积变化）发生剧烈变化。这个压力传感器的信号用于判定碰撞的严重程度以及对侧面碰撞进行可靠性验证。

G283、G284、G1101、G1102和G572这5个碰撞传感器都是双轴加速度传感器，用于测量车辆的加速度和减速度。这些传感器在奥迪e-tron（车型GE）测量车辆运动时，测量的不是一个方向上的运动（比如X或Y），而是测量两个方向上的运动（X和Y），如图6-37所示，因为这些传感器是组合式传感器。这5个传感器的信号用于确定碰撞的严重程度并验证侧面碰撞与纵向碰撞的可靠性。

另2个碰撞传感器G256和G257是单轴加速度传感器，只负责测量车辆在Y方向上的减速度或者加速度。这2个传感器的信号用于确定碰撞的严重程度并验证侧面碰撞的可靠性。

另外，需要有9个这样的碰撞传感器的另一个原因是：关闭高压蓄电池的时间要求高于触发约束系统（比如安全气囊、安全带张紧器）的时间要求。

图6-37 碰撞传感器测量方向

后部碰撞传感器G572用螺栓拧在后围板上的锁架附近，如图6-38所示。

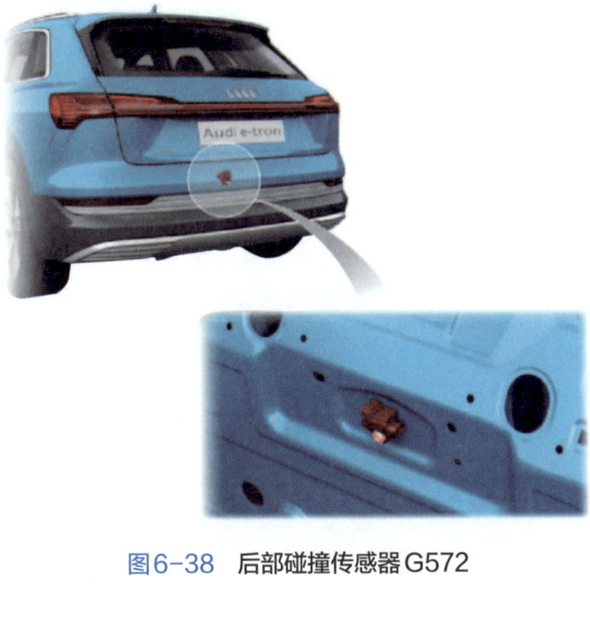

图6-38 后部碰撞传感器G572

这种压力传感器按工作原理分成两种：电容式压力传感器和压电式压力传感器。这两种压力传感器都带有电子分析机构，传感器与电子分析机构装配在一个壳体内。

压电式压力传感器的传感器单元是个密封的空腔，其上蒙着附有压电晶体层的膜片。压力作用到膜片上时，膜片会内凹，这就引起压电晶体上出现电荷迁移。电子分析机构将这种电荷迁移转换成电压，并将电压信号传送给安全气囊控制单元，结构原理如图6-39所示。

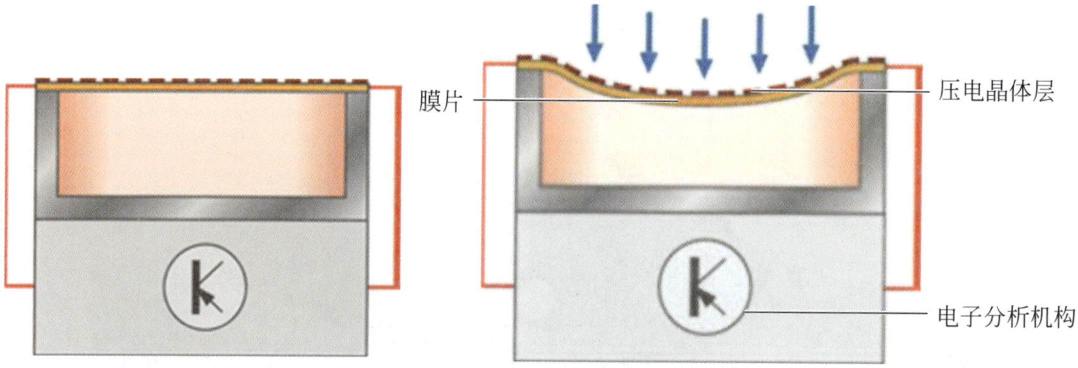

图6-39　压电式压力传感器

电容式压力传感器的结构就像一个电容器。电容器片1固定在一个密封的空腔内；电容器片2以膜片的形式处于张紧状态。

如果膜片上作用有压力了，那么电容器片之间的距离就会发生变化。电子分析机构会对这种变化进行处理，并将信号传送给安全气囊控制单元。结构原理如图6-40所示。

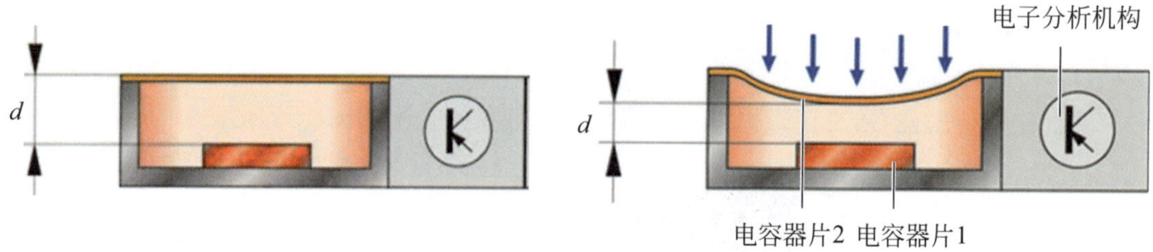

图6-40　电容式压力传感器

6.3.2　座椅占用传感器

奥迪e-tron（车型GE）上的司机座椅装备有座椅占用传感器。这个座椅占用传感器名称为司机座椅占用传感器G1067。该传感器是按键式的，卡夹在司机座椅骨架的线框上，如图6-41所示。

司机座椅占用传感器G1067与下述座椅占用传感器不同：副司机座椅占用传感器G128；右后座椅占用传感器G178；左后座椅占用传感器G177；后部中间座椅占用传感器G1010。司机座椅占用传感器G1067并不属于安全带警报系统，该传感器是用于实现“司机离车方案”的。

奥迪e-tron上使用了司机座椅占用传感器，因为不想让车缓慢移动。也就是说，当司机离开时，即使车辆停在平地上且未踏下制动踏板，驱动系统已激活而又挂入了某行驶挡，车辆也不会起步（指不会开始起步行驶）。

通过司机座椅占用传感器G1067，就可识别出司机已坐在司机座椅上还是司机已离开了车辆了。安全气囊控制单元J234读取司机座椅占用传感器G1067的信号并把司机座椅占用情况信息传至车辆总线上。其他的控制单元会分析这个信息，并触发相应的行动。这个座椅占用信息连同功能逻辑中的其他信号一起被分析，用于激活电动机械式驻车制动器、电动机械式驻车锁以及用于在组合仪表上显示离车警告。

图6-41　座椅占用传感器

副司机座椅占用传感器和后座椅占用传感器属于安全带警告系统，其功能结构与工作原理与以前是一样的。

副司机座椅占用识别传感器G128，是安全带报警系统的一个组件。该传感器由两块互相粘接在一起的塑料膜组成。薄膜内侧印有导电的导体电路和触点面。在6个触点传感器区域，两张塑料膜通过隔离膜互相隔开，没有粘接在一起。这样一来，在休眠状态下，触点传感器区域的塑料膜就不会发生接触。如果座椅占用识别传感器受到重压，触点传感器区域的薄膜就会压到一起，总电阻降到120Ω以下。为了确保座椅位置传感器识别出座椅占用的情况，每侧必须至少有一个触点传感器被压紧。如果副司机座椅未被占用，座椅占用识别传感器的电阻就会非常高（约为470Ω）。电路连接如图6-42所示。

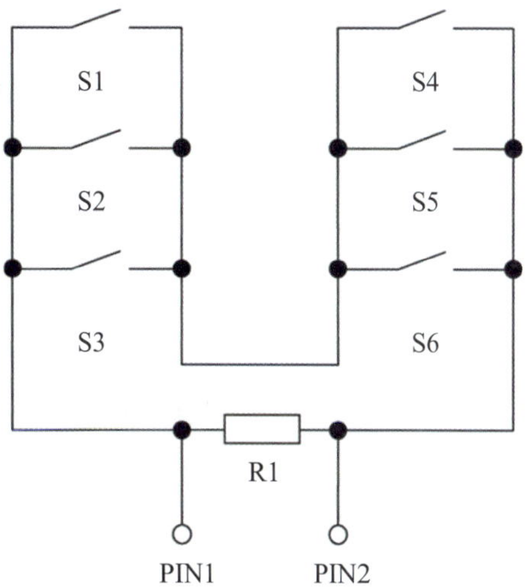

图6-42　座椅占用传感器电路连接

2013年款奥迪A3的座椅占用识别传感器直接安装在座椅槽里，而不再粘接在座垫上，这在奥迪车系中是第一次。为了能够明确定位，传感器用圆夹和长孔夹安装，夹子事先就装在传感器上，如图6-43所示。此外，传感器上还标有“顶部”和“前部”的字样。

奥迪A7（车型4K）后座椅上的座椅占用传感器名称如下：左后座椅占用传感器G177；右后座椅占用传感器G178；后部中间座椅占用传感器G1010。

后座外侧座椅上的座椅占用传感器是压力传感器（按键式的），这两个传感器卡夹在后座椅的线框上。后座中间座椅占用传感器是薄膜传感器，该传感器是粘接在座椅垫上的，如图6-44所示。

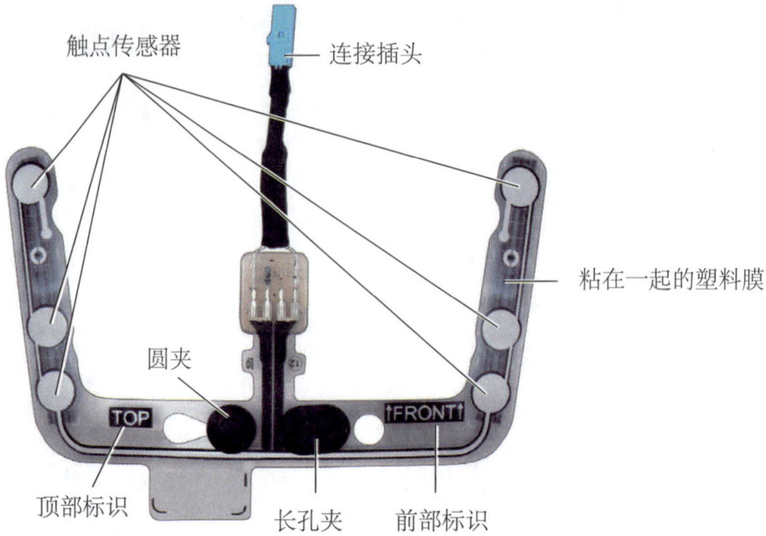

图6-43　座椅占用传感器

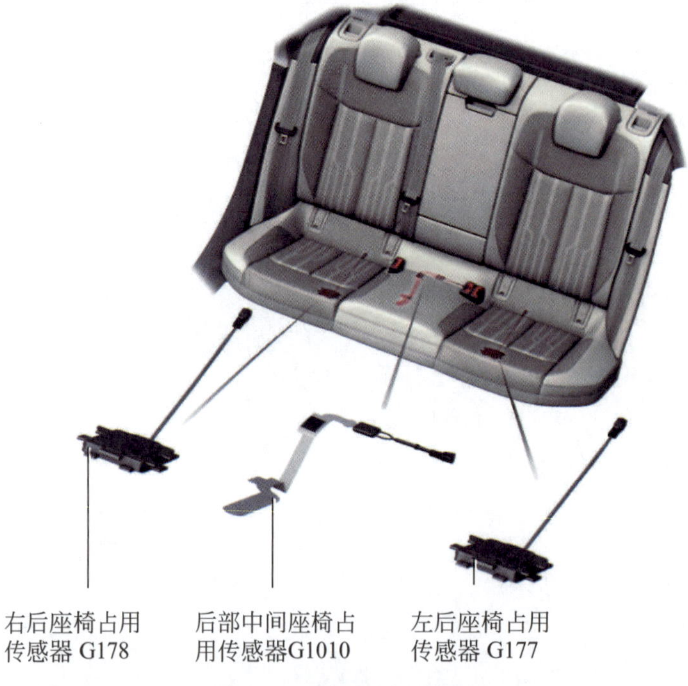

图6-44　后座椅占用传感器

与副司机座椅占用传感器G128一样，后部座椅占用传感器、自动卷带装置的锁舌、安全带锁、安全气囊控制单元J234以及组合仪表也都属于安全带警报系统。后部座椅占用传感器与相应的安全带锁是串联的。

第七章　温度传感器

7.1　液体温度传感器

7.1.1　发动机机油油温传感器

发动机机油油温传感器旋入到主机油道中。机油油温传感器外观如图7-1所示。

发动机机油油温传感器将发动机机油的温度转换为一个电量（电阻），为此使用一个具有负温度系数（NTC）的电阻。

进行温度记录时，使用的是与温度有关的电阻器。该电路包括一个分压器，可将其测量的与温度有关的电阻值，通过一条传感器特有的特性线转换成温度值。发动机机油油温传感器中安装有一个热敏电阻（NTC），其电阻值随温度的上升而下降。

此电阻值根据温度在217kΩ～37Ω的范围内变化，对应于–55～155℃的温度。发动机机油油温传感器通过一个2芯插头进行连接，如图7-2所示。

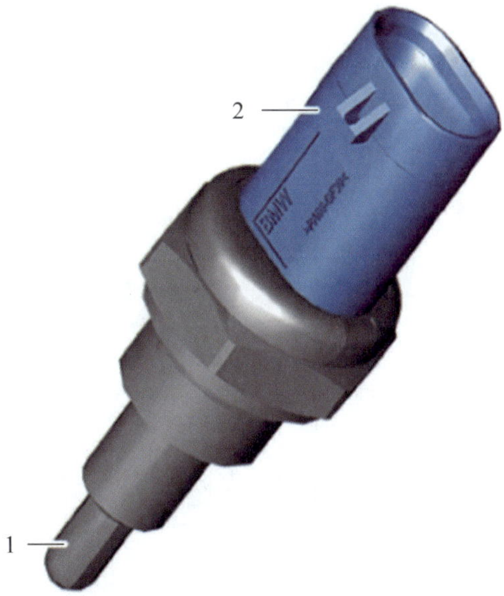

图7-1　发动机机油油温传感器外观

1—发动机机油油温传感器；2—2芯插头连接

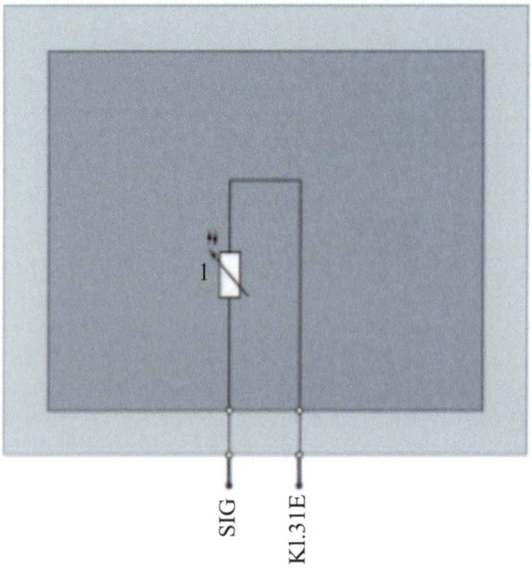

图7-2　机油油温传感器电路连接

1—发动机机油油温传感器；SIG—发动机机油油温传感器信号；Kl.31E—总线端Kl.31 电子接地线

通过一条信号线将机油温度信息传送到发动机控制系统。机油温度用于计算喷油量以及怠速理论转速。发动机机油油温传感器在车辆启动后十分迅速地为发动机控制提供一个可用信号。传感器特性曲线如图7-3所示。

发动机机油油温传感器的标准值：信号电压0.1 ～ 3.3V；最大负载电流1mA；响应时间小于15s；温度范围–55 ～ 155℃。

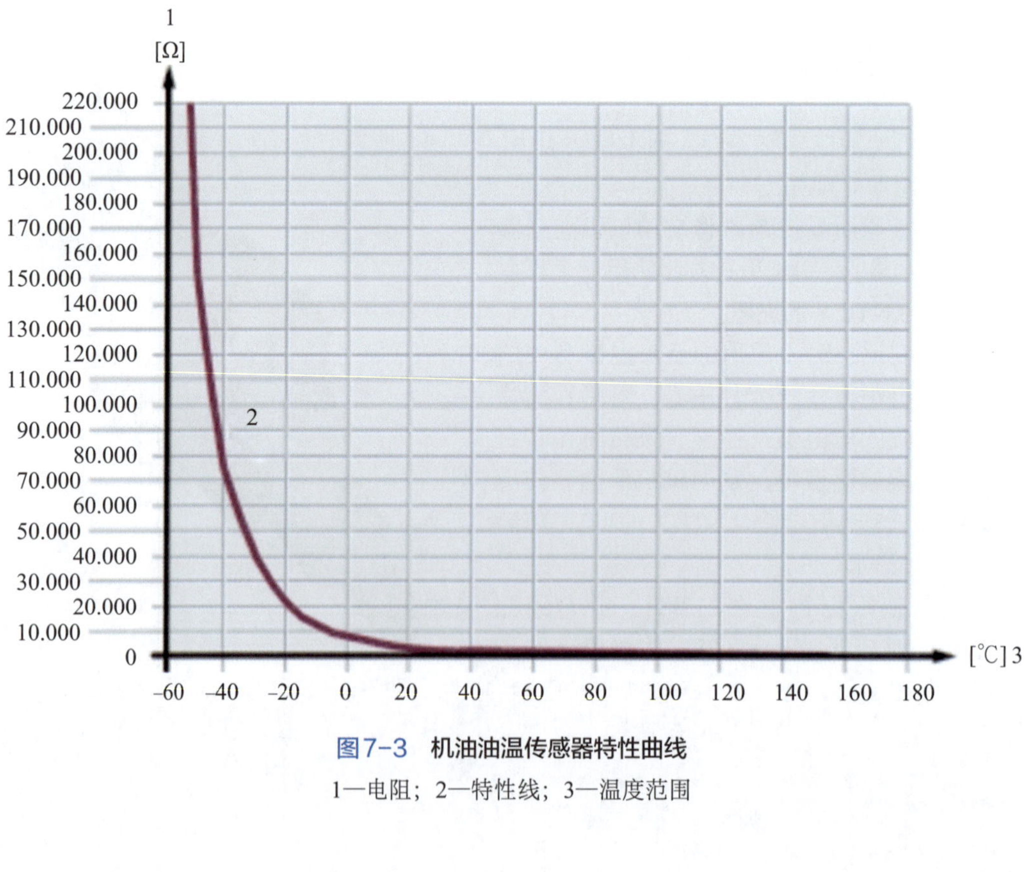

图7-3　机油油温传感器特性曲线

1—电阻；2—特性线；3—温度范围

7.1.2　冷却液温度传感器

冷却液温度传感器根据发动机不同安装在不同的位置。传感器外观如图7-4所示。

冷却液温度传感器将冷却液温度和发动机机油温度转换成一个电气参数（电阻值），为此使用一个具有负温度系数（NTC）的电阻。冷却液温度还是用于下列计算的测量值：喷射量和怠速标准转速。

进行温度记录时，使用的是与温度有关的电阻器。该电路包括一个分压器，可将其测量的与温度有关的电阻值，通过一条传感器专用特性线将电阻值换算成温度。在冷却液温度传感器中安装有一个热敏电阻（NTC），其电阻值随温度的上升而下降。传感器外观如图7-4所示。

此电阻值根据温度在217kΩ ～ 37Ω的范围内变化，对应于–55 ～ 155℃的温度。

冷却液温度传感器通过一个2芯插头进行连接，见图7-5。此电阻是一个由发动机控制系统提供5V供电的分压器电路的部件。

图7-4　冷却液温度传感器

1—2芯插头连接；
2—冷却液温度传感器

扫一扫
看视频

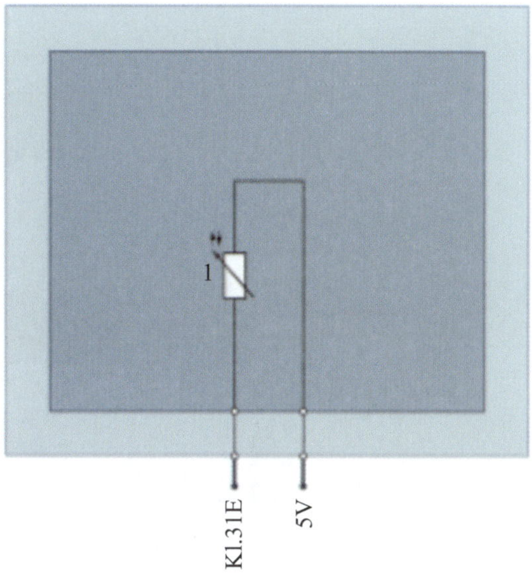

图7-5　冷却液温度传感器电路

1—热敏电阻；Kl.31E—总线端Kl.31电子接地线；5V—供电电压

7.1.3　制冷剂温度传感器

制冷剂温度传感器位于发动机舱内压缩机与冷凝器之间的高压管路上，如图7-6所示，它将制冷剂温度与制冷剂压力信号送到自动空调系统控制单元，如图7-7所示。这两个信号用于控制散热器风扇，控制压缩机，以及检测制冷剂的损耗。故障的应对策略若温度或压力信号失败，制冷功能关闭。

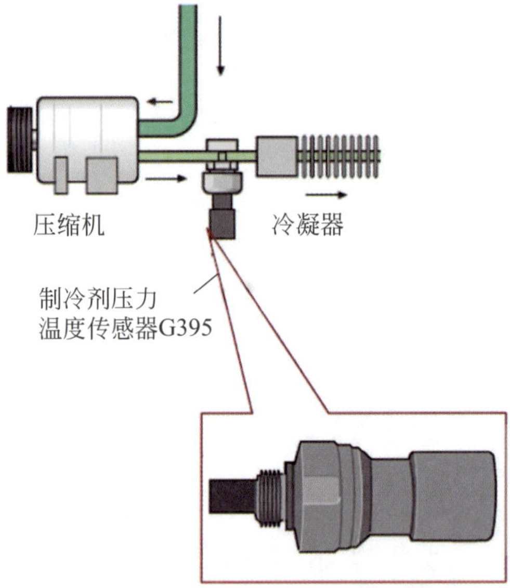

图7-6　制冷剂温度传感器安装位置

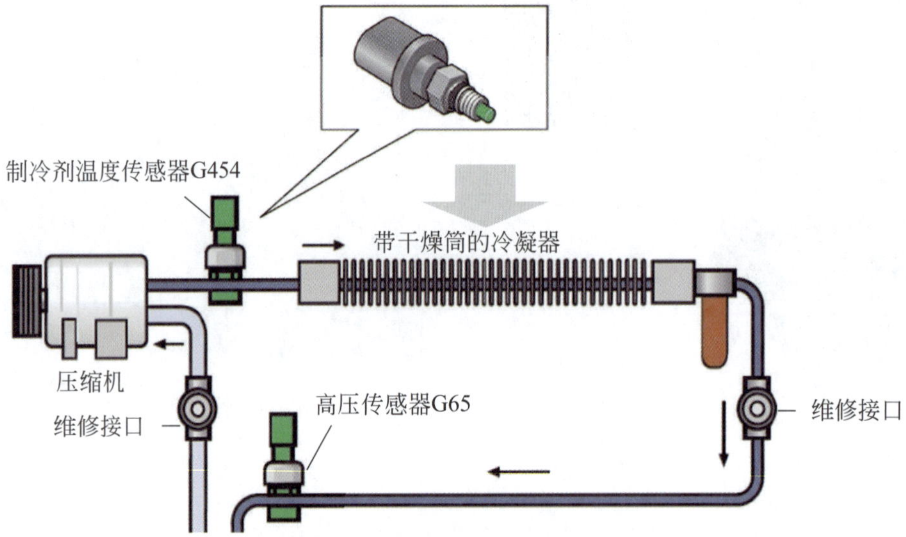

图7-7　制冷剂温度传感器功能

该传感器可以诊断制冷剂缓慢泄露的情况，如果制冷剂温度高于允许值超过30s，则压缩机关闭。温度值以特性曲线形式保存在全自动空调控制单元J255中。如果温度超出限值，意味着压缩机温度可能过高，有损坏的危险，制冷剂很可能不足（制冷剂损失）。因为在空调中的制冷剂量减少50%前，温度必然显著上升。G454的值进行分析的条件：发动机转速低于1000r/min；压缩机至少已运行了2min；乘员区的温度低于40℃；分析之前，车速至少有一次大于50km/h；此时车速低于5km/h。

压力测量传感器元件按照电容原理进行工作，如图7-8所示。它的工作模式可以用平行极板电容器进行简单说明。制冷剂回路中的压力变化改变了传感器中电容极板之间的间距。

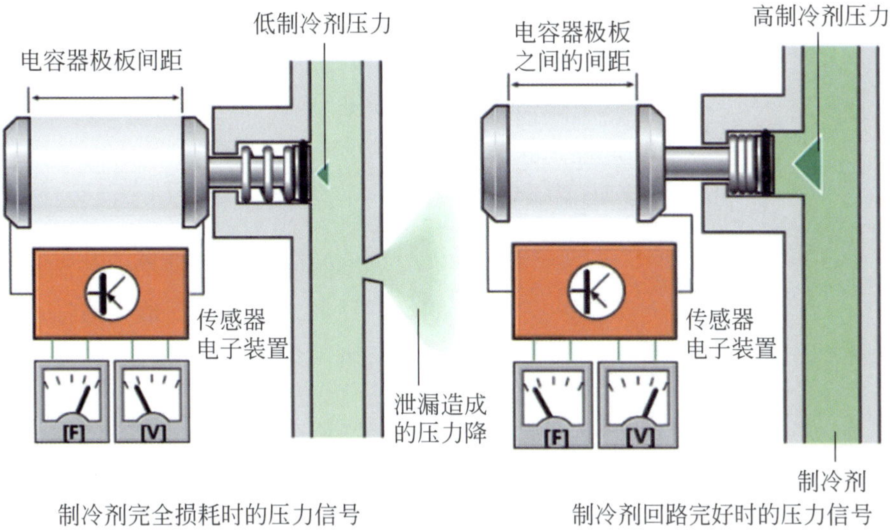

图7-8　传感器原理

7.1.4　气缸盖温度传感器

该温度传感器被拧入气缸盖。传感器外观如图7-9所示。

气缸盖温度传感器还可以用于冷却液温度传感器。因此，需要通过热量管理模块更加精确地控制冷却液，从而更有效地影响功率、油耗和排放。

温度传感器探测第一个气缸废气道范围内的气缸盖材料温度。进行温度记录时，使用的是与温度有关的电阻器。该电路包括一个分压器，可将其测量的与温度有关的电阻值，通过一条传感器特有的特性线转换成温度值。气缸盖温度传感器中安装有一个热敏电阻（NTC），其电阻值随温度的上升而下降。此电阻值根据温度在110kΩ ～ 150Ω的范围内变化，对应于–40 ～ 150℃的温度。

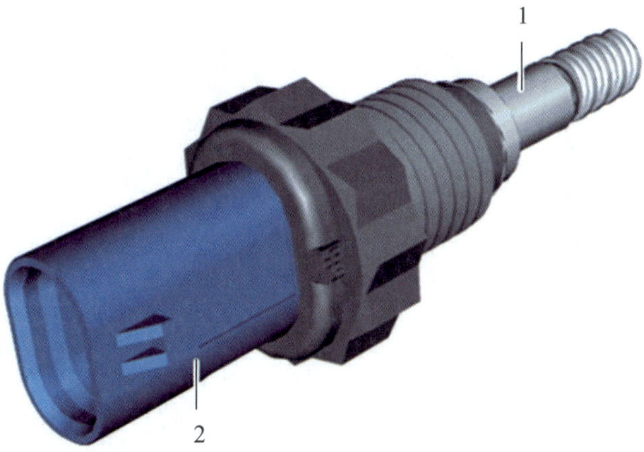

图7-9　气缸盖温度传感器

1—气缸盖温度传感器；2—2芯插头连接

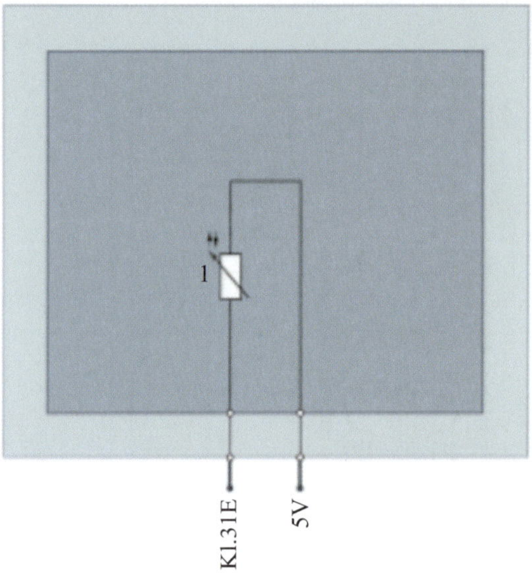

图7-10 传感器电路连接

1—热敏电阻；Kl.31E—总线端Kl.31电子接地线；5V—供电电压

气缸盖温度传感器通过一个2芯插头进行连接，见图7-10。此电阻是一个由发动机控制系统提供5V供电的分压器电路的部件。

7.1.5 水箱检测传感器

水箱的催化涂层可将空气流量中所存在的臭氧还原为氧气。带催化涂层的水箱的性能表现必须由水箱检测传感器通过车载诊断系统进行监控。

水箱检测传感器明确识别到催化涂层水箱能够将臭氧（O_3）转换为氧气（O_2）。

水箱检测传感器可防止催化涂层水箱被拆下然后用无涂层的水箱替代。

因此，在尝试拆卸时，必须在机械和电气两方面破坏水箱检测传感器。水箱检测传感器的定位件是焊接在水箱内的铝制定位件。水箱检测传感器通过两个卡钩嵌入定位件中。此外，传感器引脚上的NTC装置粘贴在定位件的孔内。

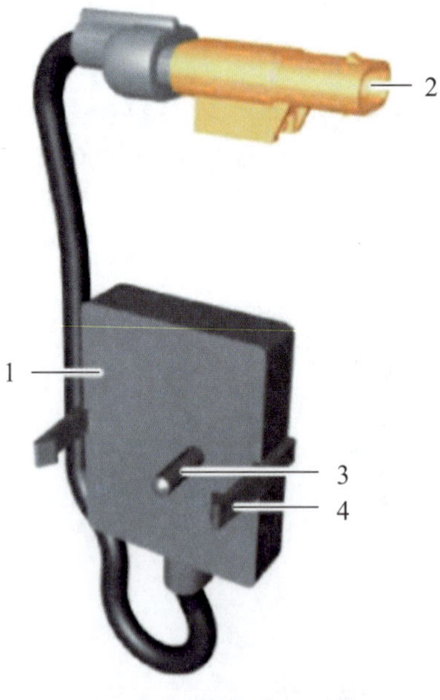

图7-11 水箱检测传感器

1—水箱检测传感器；2—3芯插头连接；3—温度传感器；4—卡钩

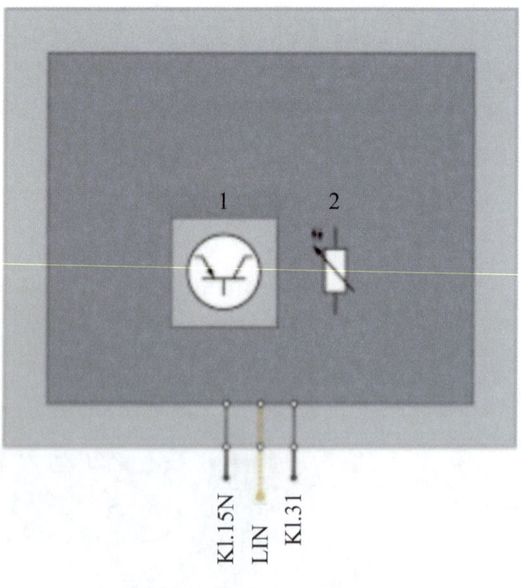

图7-12 水箱传感器电路

1—电子分析装置；2—温度传感器；Kl.15N—总线端Kl.15空转，供电电压；LIN—LIN总线；Kl.31—总线端Kl.31

检查时，通过LIN总线在数字式发动机电子伺控系统（DME）和水箱检测传感器之间进行不同代码的交换，以进行查询和应答。同时，水箱检测传感器必须通过一个规定的运算法则生成合适的代码以应答查询。

此外，水箱检测传感器还将测量冷却液温度，并将信号通过LIN总线传递至DME。利用该信号，可核实水箱检测传感器的确安装在水箱内。水箱传感器外观如图7-11所示。

水箱检测传感器由一个温度传感器（NTC）和一个电子分析装置组成，见图7-12。水箱检测传感器通过一个3芯插头与DME连接。

水箱检测传感器经过前部配电器，利用总线端Kl.15N进行供电。

7.1.6　水箱出口温度传感器

水箱出口温度传感器卡止在水箱出口处的冷却液管内，见图7-13。

水箱出口温度传感器将水箱后的冷却液温度转换为一个电气参数（电阻），为此使用一个具有负温度系数（NTC）的电阻。

进行温度记录时，其结构、原理与前文所述冷却液温度传感器相同。

此电阻值根据温度在167kΩ ～ 150Ω的范围内变化，对应于-40 ～ 130℃的温度。

该温度传感器通过一个2芯插头进行连接，见图7-14。此电阻是一个由发动机控制系统提供5V供电的分压器电路的部件。

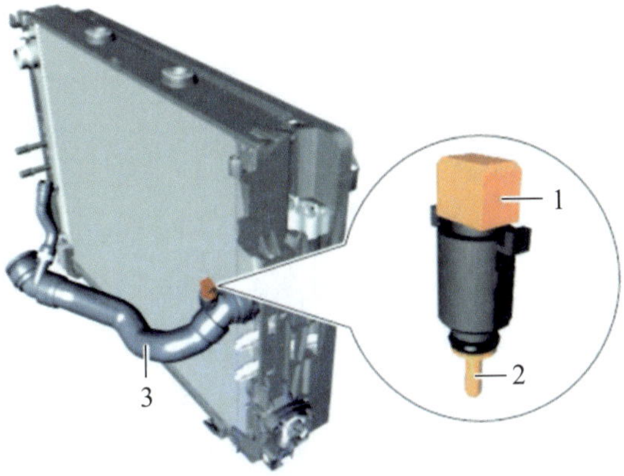

图7-13　水箱出口温度传感器位置

1—2芯插头连接；2—水箱出口温度传感器；3—水箱出口冷却液管

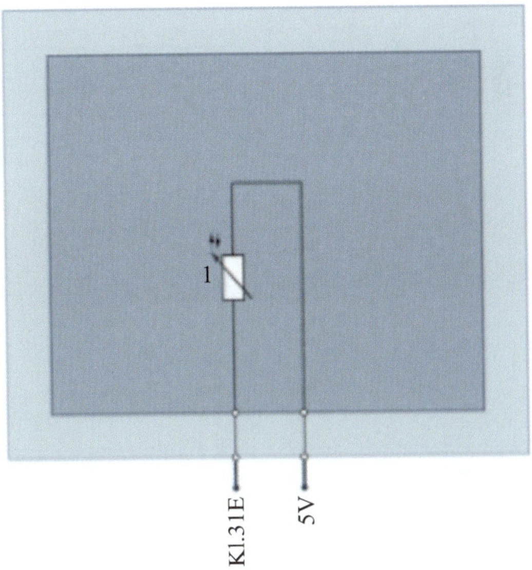

图7-14　水箱出口温度传感器

1—热敏电阻；Kl.31E—总线端Kl.31电子接地线；5V—供电电压

7.1.7 变速箱机油温度传感器

变速箱机油温度传感器拧在变速箱外壳下部，见图7-15。

变速箱机油温度传感器将变速箱机油温度转换为一个电气参数（电阻），为此使用一个具有负温度系数（NTC）的电阻。

手动变速箱需要一个外部齿轮油冷却装置，其原因是较高的扭矩和发动机高环境温度。变速箱机油温度传感器在控制变速箱油泵时是必需的。

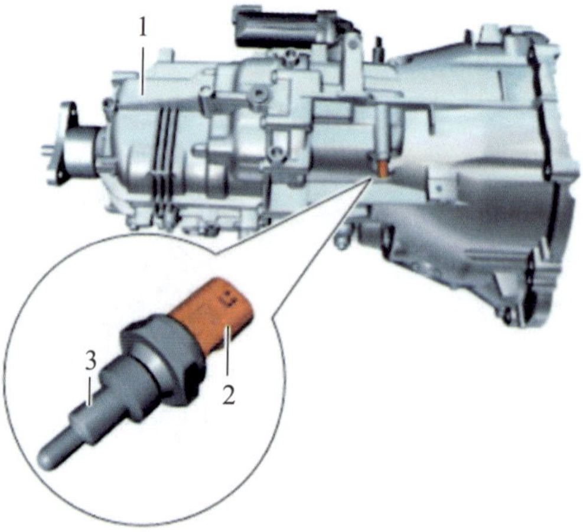

图7-15 传感器安装位置

1—变速箱；2—2芯插头连接；3—变速箱机油温度传感器

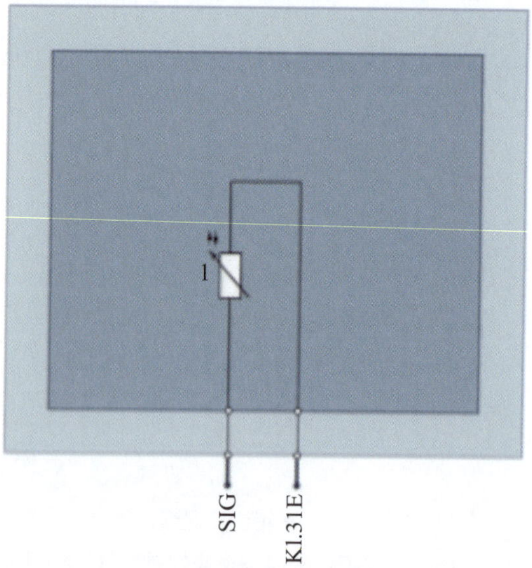

图7-16 传感器电路

1—变速箱机油温度传感器；SIG—变速箱机油温度传感器信号；Kl.31E—总线端Kl.31电子接地线

进行温度记录时，使用的是与温度有关的电阻器。该电路包括一个分压器，可将其测量的与温度有关的电阻值，通过一条传感器特有的特性线转换成温度值。在变速箱机油温度传感器中安装有一个热敏电阻（NTC），其电阻值随温度的上升而下降。

此电阻值根据温度在217kΩ ～ 37Ω的范围内变化，对应于–55 ～ 155℃的温度。

变速箱机油温度传感器是通过一个2芯的插头连接的，见图7-16。信号被传输到发动机控制系统上。

7.2　气体温度传感器

7.2.1　进气温度/增压压力传感器

进气温度/增压压力传感器固定在增压空气管上。这一组合式传感器向发动机控制系统提供以下信息：增压空气温度、增压压力。传感器外观如图7-17所示。

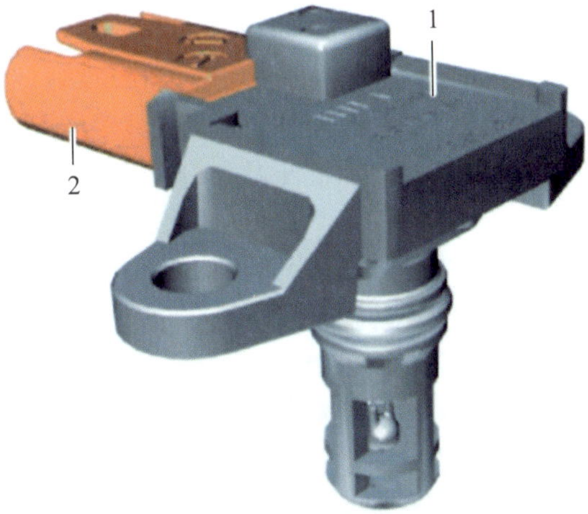

图7-17　进气温度/增压压力传感器

1—进气温度/增压压力传感器；2—4芯插头连接

增压压力传感器用于增压压力调节。利用进气压力传感器的信号，发动机控制单元还将对节气门的位置进行补偿。

增压压力传感器采用应变仪进行压力测量，所测得的电压将作为实际值输入到增压压力调节装置中。

进气温度传感器：进行温度记录时，使用的是与温度有关的电阻器。该电路包括一个分压器，可将其测量的与温度有关的电阻值，通过一条传感器特有的特性线转换成温度值。在进气温度传感器中安装有一个热导体（NTC），其电阻值随温度的上升而下降。此电阻值根据温度在167kΩ～150Ω的范围内变化，对应于-40～130℃的温度。

进气温度/增压压力传感器通过一个4芯插头进行连接，见图7-18。该传感器由发动机控制系统提供5V的电压。

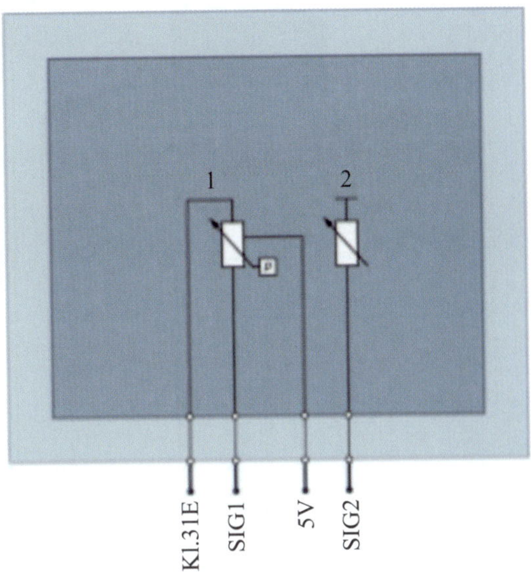

图7-18　进气温度/增压压力传感器电路

1—增压压力传感器；2—进气温度传感器；Kl.31E—总线端Kl.31电子接地线；SIG1—增压压力信号；5V—供电电压；SIG2—增压压力信号

7.2.2 进气温度传感器

进气温度传感器通常集成在热膜式空气质量计内，外观如图7-19所示。

现在各种发动机上已取消了热膜式空气质量计，由发动机控制系统根据不同的信号通过模型计算进气程度。在某些国家专用的发动机型号上安装了一个进气温度传感器来代替热膜式空气质量计！

进气温度传感器感测由废气涡轮增压器压缩并由增压空气冷却器冷却的新鲜空气的温度。

进行温度记录时，使用的是与温度有关的电阻器。该电路包括一个分压器，可将其测量的与温度有关的电阻值，通过一条传感器特有的特性线转换成温度值。在进气温度传感器中安装有一个热敏电阻（NTC），其电阻值随温度的上升而下降。此电阻值根据温度在约106kΩ ~ 33Ω的范围内变化，对应于–45 ~ 160℃的温度。

进气温度传感器通过一个2芯插头进行连接，如图7-20所示。传感器由发动机控制系统提供接地电压。

进气温度信息通过一根信号线传输到发动机控制系统上。空气质量的计算会涉及到增压空气温度。此外还使用进气温度来计算燃油量和废气再循环率。传感器特性曲线如图7-21所示。

进气温度传感器的标准值：响应时间小于40s；进气温度分辨率±1℃；最大电流消耗10mA；温度范围–40 ~ 160℃。

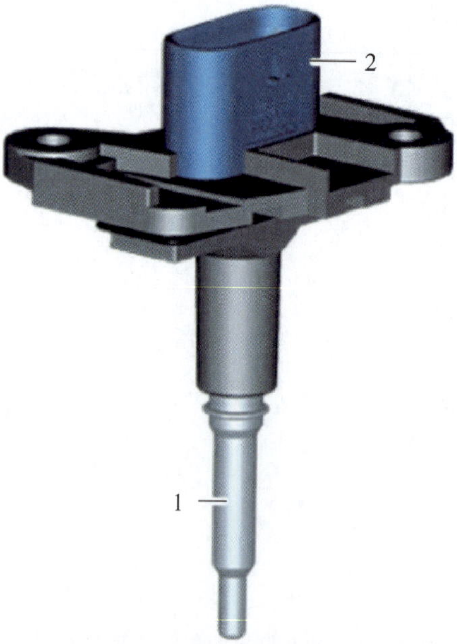

图7-19 进气温度传感器外观

1—进气温度传感器；2—2芯插头连接（利用2引脚）

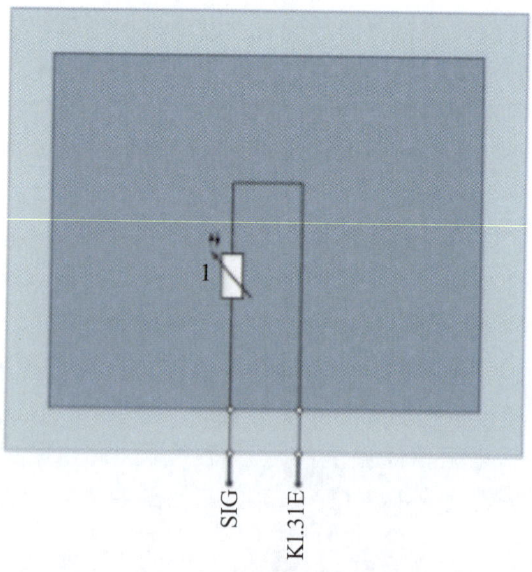

图7-20 进气温度传感器电路

1—进气温度传感器；SIG—进气温度信号；Kl.31E—总线端Kl.31电子接地线

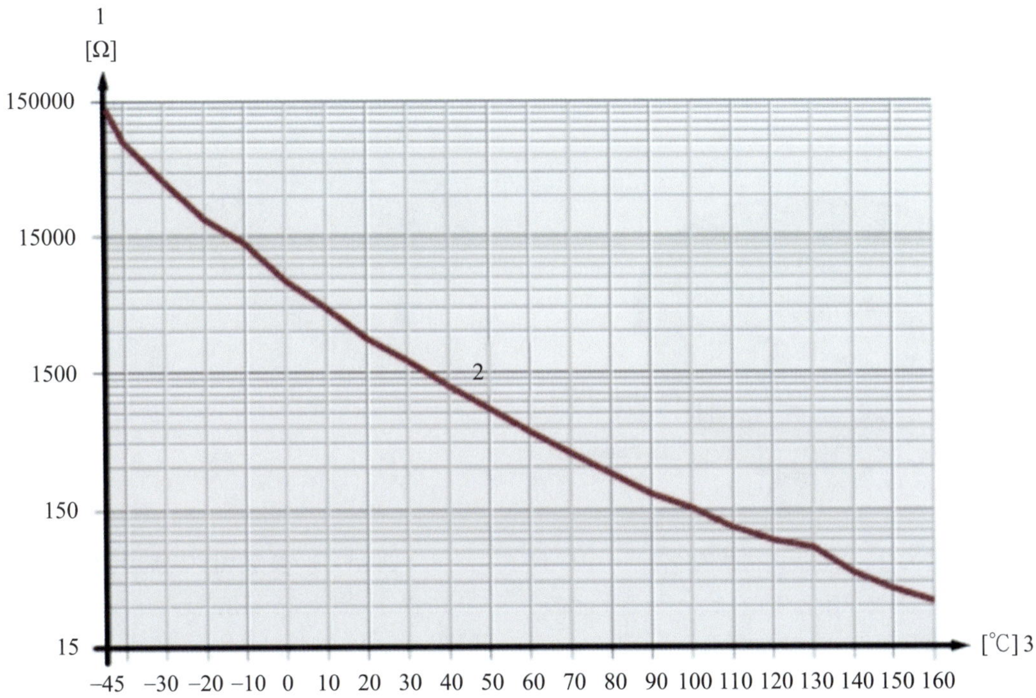

图7-21 传感器特性曲线

1—电阻；2—热导体（NTC）特性线；3—温度

7.2.3 真空温度传感器

真空自然泄漏检测（NVLD）是一种用于燃油蒸发系统的被动诊断系统。

NVLD需要发动机关闭较长时间，以便识别泄漏，因此无法快速测试是否泄漏。根据环境条件，诊断时间通常在发动机关闭6 ～ 12h之间。

温度传感器和压力开关集成到一个壳体中，见图7-22。真空自然泄漏检测（温度传感器和压力开关）位于活性炭过滤器的壳体上。其物理原理基于理想气体定律：物质量保持不变且体积恒定时，压力和温度成正比。这个物理原理用于通过NVLD识别燃油蒸发系统内的泄漏。

这意味着，温度降低时燃油箱内产生真空。NVLD通过一个温度传感器测量温度。NVLD通过一个压力开关确定真空度，开关则通过膜片来操纵。从相对环境压力达到某一真空度起，这个膜片接通压力开关。

燃油箱泄漏诊断在关闭发动机后静止状态下进行。通过温度差（例如日间与夜间之间的温度差）来冷却燃油箱内的燃油，燃油箱内产生真空，如果不存在泄漏，则会保持真空，压力开关关闭。发动机控制系统将燃油蒸发系统识别为密封。

发动机控制系统通过数据导线与温度传感器连接，以便进行通信。发动机控制系统通过总线端Kl.30F为带温度传感器的电子装置供电，见图7-23。

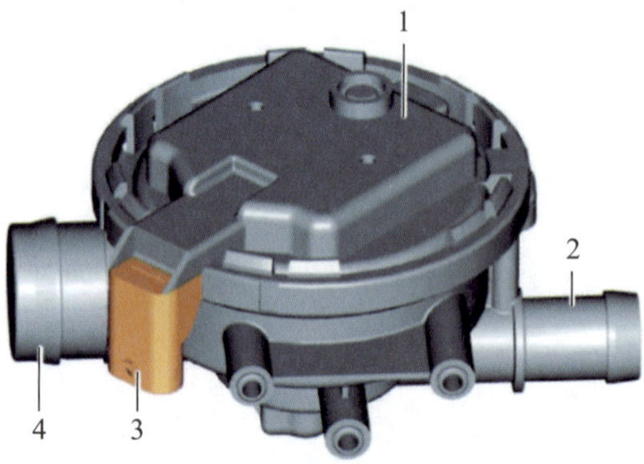

图7-22 真空温度传感器位置

1—温度传感器和压力开关；2—至活性炭过滤器；3—3芯插头连接；4—至新鲜空气滤清器

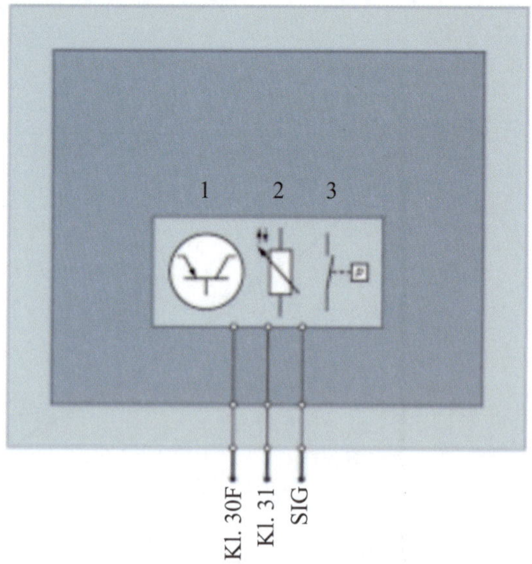

图7-23 真空温度传感器电路

1—电子单元；2—温度传感器；3—压力开关；Kl.30F—关闭总线端Kl.30F出现故障，通过接线盒中的配电器供电；Kl.31—总线端Kl.31；SIG—信号线，至发动机控制系统的真空自然泄漏检测

7.2.4 增压空气温度传感器

增压空气温度传感器安装在增压空气冷却器和节气门之间的增压空气管上，见图7-24。

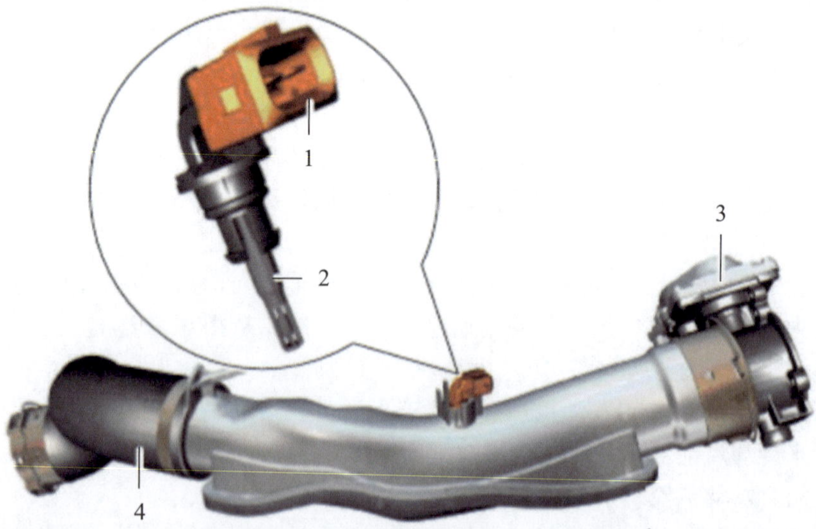

图7-24 增压空气温度传感器（N57发动机）

1—2芯插头连接；2—增压空气温度传感器；3—电动节气门调节器；4—增压空气管

增压空气温度传感器感测由涡轮增压器压缩并由增压空气冷却器冷却的新鲜空气的温度。

进行温度记录时，使用的是与温度有关的电阻器。该电路包括一个分压器，可将其测量的与温度有关的电阻值，通过一条传感器特有的特性线转换成温度值。在增压空气温度传感器中安装有一个热敏电阻（NTC），其电阻值随温度的上升而下降。此电阻值根据温度在76kΩ ～ 88Ω的范围内变化，对应于–40 ～ 120℃的温度。

增压空气温度传感器通过一个2芯插头进行连接，见图7-25。该传感器由发动机控制系统提供接地电压。

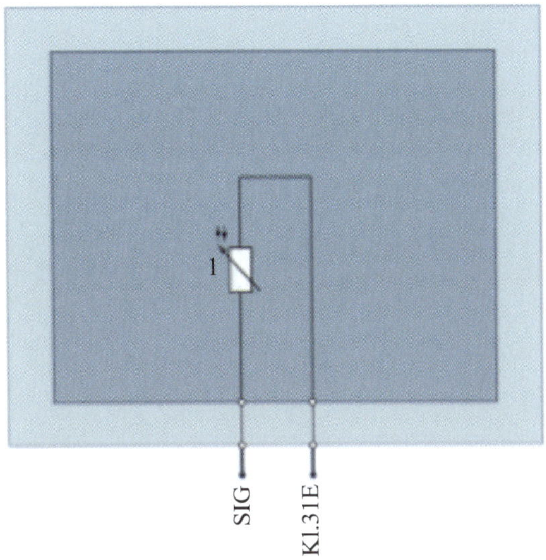

图7-25　增压空气传感器

1—增压空气温度传感器；SIG—增压空气温度信号；Kl.31E—总线端Kl.31E电子接地线

7.2.5　废气温度传感器

废气温度传感器位于柴油微粒过滤器和氧化废气触媒转换器共用壳体上接近中部的位置。在柴油微粒过滤器再生时要用到废气温度传感器。传感器外观如图7-26所示。

节气门在规定的工作条件下对进气进行节流。由此，将结合1至2次补充喷射，来提高废气温度（柴油微粒过滤器再生）。废气温度传感器用于调节周期性再生期间的废气温度。

进行温度记录时，使用的是与温度有关的电阻器。该电路包括一个分压器，可将其测量的与温度有关的电阻值，通过一条传感器特有的特性线转换成温度值。废气温度传感器中安装有一个热敏电阻（NTC），其电阻值随温度的上升而下降。此电阻值根据温度在96kΩ ～ 32Ω的范围内变化，对应于–40 ～ 800℃的温度。

废气温度传感器通过一个2芯插头进行连接，见图7-27。传感器由发动机控制系统提供接地电压。

废气温度传感器的电阻值根据温度在从96kΩ ～ 32Ω的范围内变化。对应于–40 ～ 800℃的温度。

图7-26　废气温度传感器

1—2芯插头连接；2—废气温度传感器

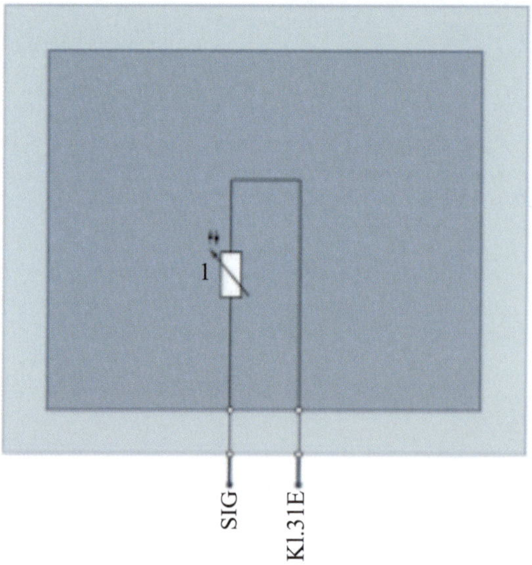

图7-27 废气温度传感器电路

1—废气温度传感器；SIG—废气温度信号；Kl.31E—总线端Kl.31电子接地线

7.2.6 车内温度传感器

车内温度传感器分为左侧脚部空间温度传感器和右侧脚部空间温度传感器，是左右分离式自动恒温空调（IHKA）的组成部分。这两个传感器属于同类件。传感器外观如图7-28所示。

一个传感器直接测量驾驶员侧脚部空间通风通道风门上的鼓风温度。另一个传感器直接测量前乘客侧脚部空间通风通道风门上的鼓风温度。

脚部空间温度传感器直接与冷暖空调控制单元相连。冷暖空调控制单元根据这一信息调节相应的脚部空间风门电机。

脚部空间温度传感器是一个热敏电阻或NTC电阻（“NTC”表示“负温度系数”），可通过热敏电阻将“温度”变量转变成电气系统可以分析的“电阻”变量。温度较高时热敏电阻内导电材料的导电性比温度较低时好，也就是说：电阻随温度升高而降低。

冷暖空调控制单元负责为这两个脚部空间温度传感器（左侧脚部空间温度传感器和右侧脚部空间温度传感器）供应5V的电压。传感器电路连接见图7-29。为了互相补偿内部温度作用，在此为热敏电阻提供较低的电流。因此外部环境温度对电阻值有决定性影响。

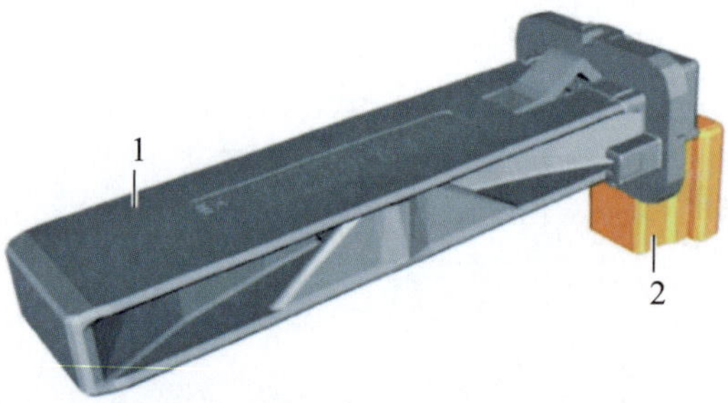

图7-28 脚部空间温度传感器

1—左侧脚部空间温度传感器或右侧脚部空间温度传感器；2—2芯插头连接

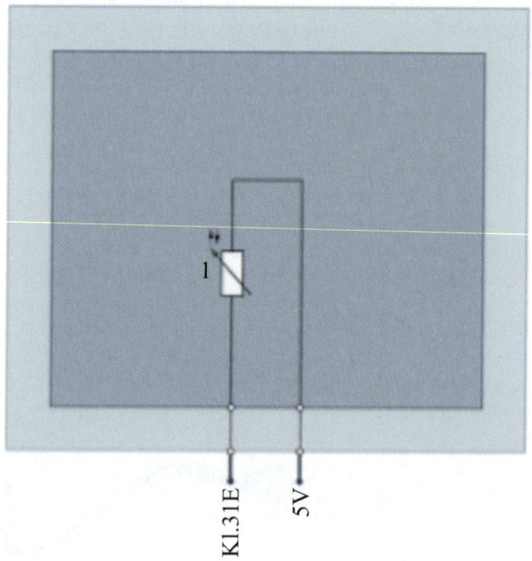

图7-29 脚部空间温度传感器电路

1—热敏电阻；5V—供电电压；Kl.31E—总线端Kl.31电子接地线

7.2.7　车外温度传感器

车外温度传感器安装在车辆前部车身上。该传感器为所有需要车外温度的车内系统探测车外温度。

车外温度传感器信号在组合仪表（KOMBI）内进行处理。组合仪表将信息发送到CAN总线和MOST总线上（CAN表示控制器局域网络，MOST表示多媒体传输系统）。

① 组合仪表发送抑制的车外温度值。也就是说，借助组合仪表内的计算模型使来自发动机室的废热作用抑制到车外温度传感器的温度信号。这时，温度上升速度将被减缓。计算模型的输入端参数为：

- 行驶速度；
- 冷却液温度；
- 发动机接通或关闭状态；
- 车外温度。

② 不加阻抑地接受正在下降的车外温度。原因：发动机和车身不能比环境温度低。

正常运行时每秒计算一次车外温度。总线端Kl.15关闭后，24h内每隔20min继续计算一次车外温度。

③ 组合仪表液晶显示器上显示车外温度值，不能避免车外温度在某些物理条件下的错误显示。在某些行车特点时，显示可能因阻抑而偏离真实值。

车外温度阻抑举例（图7-30）：高速公路行驶，接着市区行驶，然后交通堵塞。

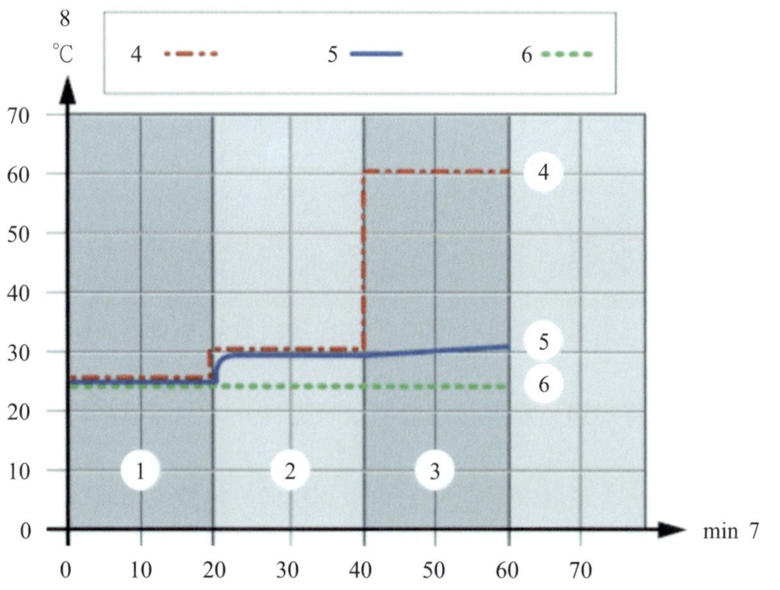

图7-30　传感器传感器温度变化

1—高速公路行驶20min，行驶速度高于80km/h；2—市区行驶20min，行驶速度高于40km/h；3—堵车20min，行驶速度0km/h；4—车外温度传感器的测量值；5—组合仪表中的车外温度显示；6—真实车外温度；7—时间（min）；8—摄氏温度（℃）

车外温度传感器是一个热敏电阻或NTC电阻。可通过热敏电阻将“温度”变量转变成电气系统可以分析的“电阻”变量。传感器外观如图7-31所示。

温度较高时热敏电阻内导电材料的导电性比温度较低时好。也就是说，电阻随温度升高而降低。

车外温度传感器连接在前部电子模块（FEM）上。不过两个导线都只导通至组合仪表。

为了互相补偿内部温度作用，在此为热敏电阻提供较低的电流。因此外部环境温度对电阻值有决定性影响。热敏电阻上的任何温度变化都会导致电压信号变化。传感器电路连接见图7-32。

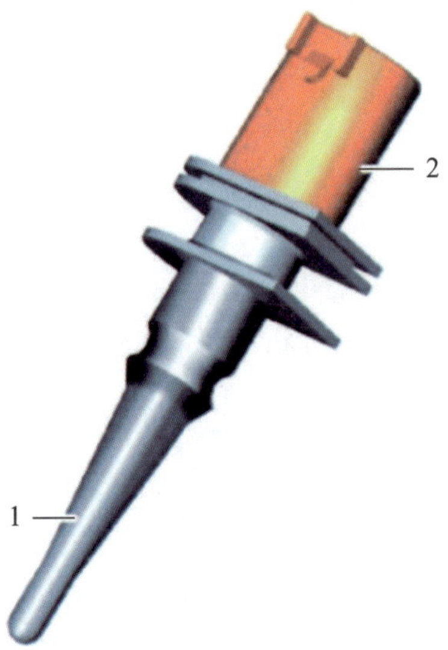

图7-31　车外温度传感器

1—车外温度传感器；2—2芯插头连接

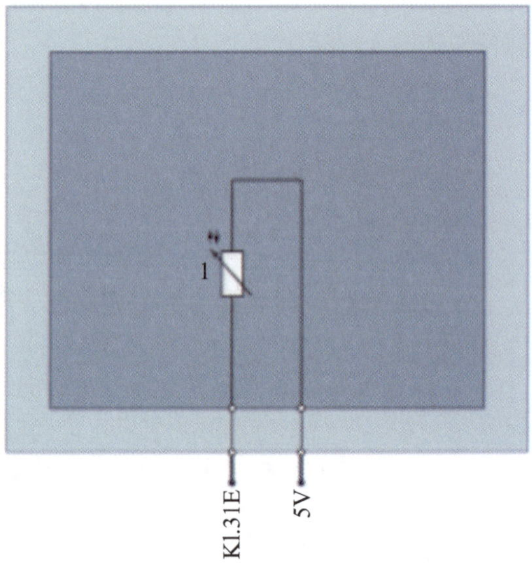

图7-32　车外温度传感器电路

1—热敏电阻；5V—供电电压；Kl.31E—总线端Kl.31电子接地线

7.2.8　通风温度传感器

如果冷暖空调只有一个通风温度传感器，则直接测量驾驶员侧中部通风风门上的鼓风温度。

冷暖空调控制单元将对通风温度传感器的信号进行分析。该控制单元根据该信息调节相应的风门电机。

通风温度传感器是一个热敏电阻或NTC电阻。可通过热敏电阻将“温度”变量转变成电气系统可以分析的“电阻”变量。温度较高时热敏电阻内导电材料的导电性比温度较低时好。也就是说，电阻随温度升高而降低。

图7-33所示为通风温度传感器，以宝马F25为例。

冷暖空调控制单元供应给通风温度传感器的电压为5V。为了互相补偿内部温度作用，在此为热敏电阻提供较低的电流。因此外部环境温度对电阻值有决定性影响。传感器电路连接见图7-34。

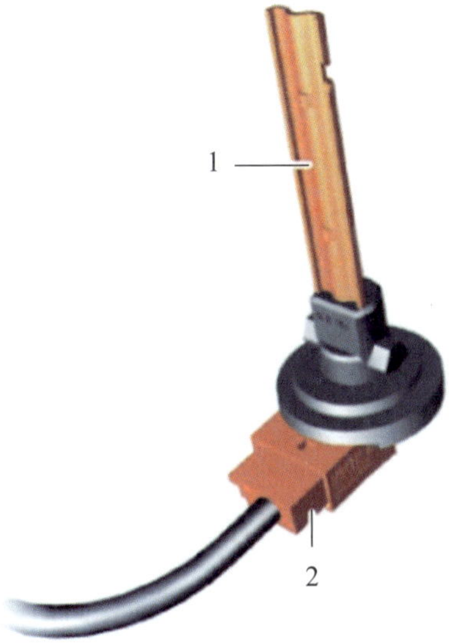

图7-33　通风温度传感器

1—通风温度传感器；2—2芯插头连接

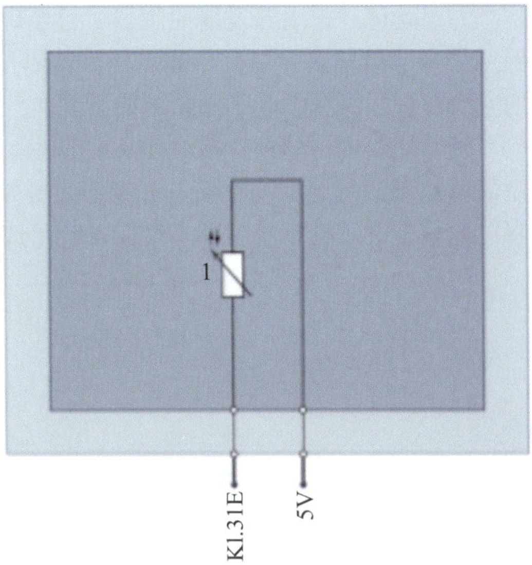

图7-34　通风温度传感器电路

1—热敏电阻；5V—供电电压；Kl.31E—总线端Kl.31电子接地线

7.2.9　蒸发器温度传感器

蒸发器温度传感器用于记录蒸发器上冷却空气出口温度，防止蒸发器结冰。传感器外观如图7-35所示。

蒸发器片由内部蒸发的制冷剂冷却。被风扇输送过来的空气流流过冷却的蒸发器片。这样，空气被冷却和干燥后送到车厢内部。

蒸发器温度是用蒸发器温度传感器和一只可控制的膨胀阀调节的。蒸发器温度被调节到设定的标准值2℃。当温度较低时，由于存在结冰的危险，所以无法实现。

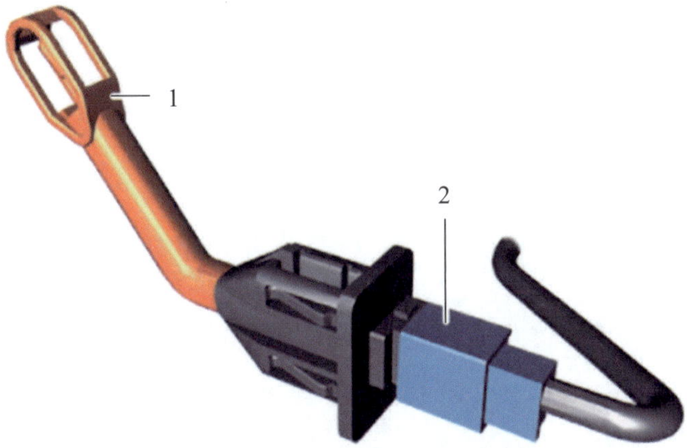

图7-35　蒸发器温度传感器

1—蒸发器温度传感器；2—2芯插头连接

如果功能“滑动蒸发器控制器”已设码，则计算出的蒸发器温度标准值介于2～8℃之间。该标准值与车外温度、通风温度和制冷剂压力有关。平滑的蒸发器温度可以产生较低的空气湿度，减少黏膜干燥情况的出现。

蒸发器温度传感器直接与IHKA控制单元（IHKA是integrierteHeiz-Klima-Automatik（自动恒温空调）的缩写）连接。如果蒸发器温度下降到规定的额定值（2℃）以下，IHKA控制单元便会关闭空调压缩机（仅在未装尾部空调器的车辆中）。

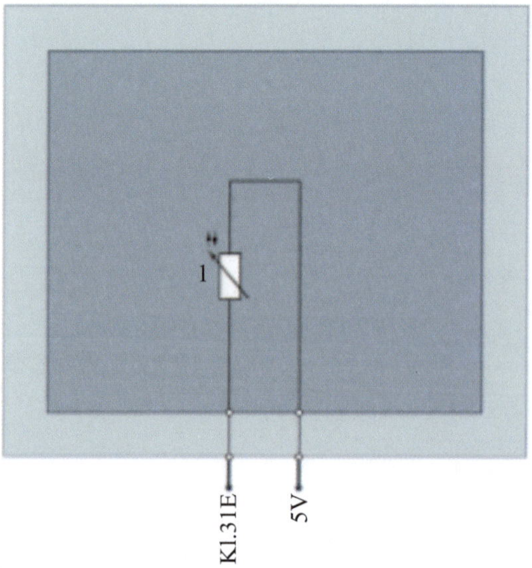

图7-36 传感器电路

1—热导体；Kl.31E—总线端Kl.31电子接地线；5V—供电电压

在配备尾部自动空调（HKA）的车辆中，空调压缩机将不会关闭。当IHKA的蒸发器有结冰危险时，IHKA控制单元会向K-CAN发送一条信息。HKA控制单元接收到该信息后，令集成在膨胀阀内的前部单向阀通电。由此将关闭膨胀阀，并关闭前部制冷剂循环回路。

蒸发器温度传感器是一种热导体或NTC电阻器。通过该热导体，可将“温度”这一参数转换为可分析的参数“电阻”。

热导体内的导电材料在高温下比在低温下能进行更好地导电。也就是说，随着温度的升高，电阻降低。

为了对内部温度效应进行相互平衡，热导体是以低电流运行的。因此，外部环境温度对于电阻值是决定性的。热导体上的每一次温度变化都将导致电压信号的变化。传感器电路连接如图7-36所示。

第八章　位置传感器

8.1　机械位置传感器

8.1.1　节气门位置传感器

节气门调节器固定在进气集气箱上，外观如图8-1所示。DME控制单元根据下列参量计算出节气门的位置：加速踏板模块的位置，其他控制单元的扭矩要求。

节气门调节器由DME控制单元以电动方式打开或关闭。节气门开启角度由电动节气门调节器中的2个霍尔传感器监控，一个伺服电机带动节气门移动，通过一个基本频率1000Hz的脉冲宽度调制信号控制这个伺服电机。

节气门具有0°～90°的机械调节范围。最大只可移动到81°（对应于节气门100%打开）。

在不通电状态下，节气门由两个节气门复位弹簧保持在约5.2°的紧急空气点。这两个弹簧也用于发生故障（控制已停用）时将节气门复位到该位置。

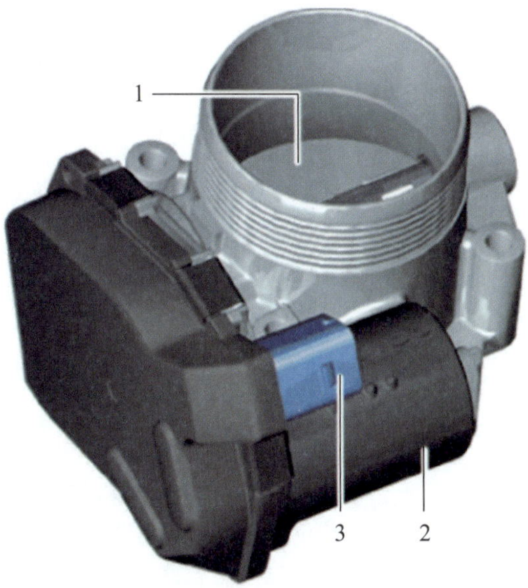

图8-1　电子节气门外观

1—节气门；2—电动节气门调节器；3—6芯插头连接

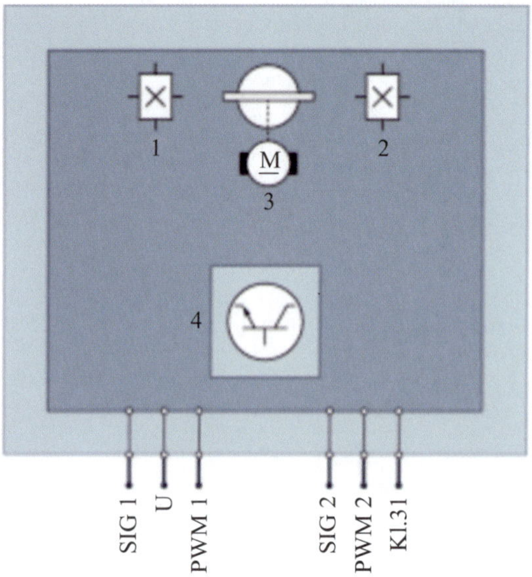

图8-2 电子节气门内部电路

1—霍尔传感器1；2—霍尔传感器2；3—带节气门的电动节气门调节器；4—带有电子分析系统的电子芯片；SIG 1—霍尔传感器1信号；U—霍尔传感器供电；PWM 1—控制电动节气门调节器；SIG 2—霍尔传感器2信号；PWM 2—控制电动节气门调节器；Kl.31—总线端Kl.31，接地端（DME）

DME借助测得的实际位置将要求的节气门开度标准值转换为控制命令。此诊断监控两个霍尔传感器的电气功能（对地短路、对正极短路和断路）以及传感器信号的可信度。

只要满足下列条件，诊断就连续进行：总线端Kl.15接通；未识别到任何电气故障。

这些霍尔传感器是非接触式传感器。出于安全考虑，霍尔传感器提供相互反向的信号（冗余）。第二个传感器在所有工作点下提供镜像电压值。传感器电路连接如图8-2所示。

发动机控制单元从霍尔传感器处得到0～5V之间的一个测量值。DME借助学习到的下部极限位置和可设码的上升比率计算节气门开启角度下的这个电压。此诊断监控两个信号的下部和上部电压极限。传感器特性曲线如图8-3所示。

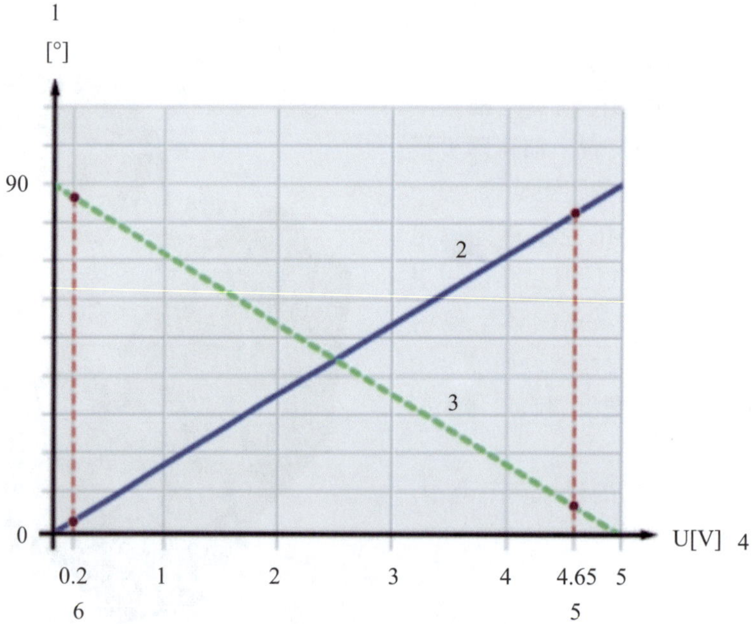

图8-3 传感器曲线

1—节气门开度；2—霍尔传感器1信号；3—霍尔传感器2信号；4—信号电压；5—上部电压极限；6—下部电压极限

8.1.2　曲轴位置传感器

新型集成式曲轴位置传感器的功能与带发动机节能启停功能（MSA）时使用的曲轴位置传感器相同。在此需要发动机的回转识别功能来执行MSA功能。曲轴位置传感器安装位置如图8-4所示，外观见图8-5。

曲轴位置传感器集成在径向轴密封环中。

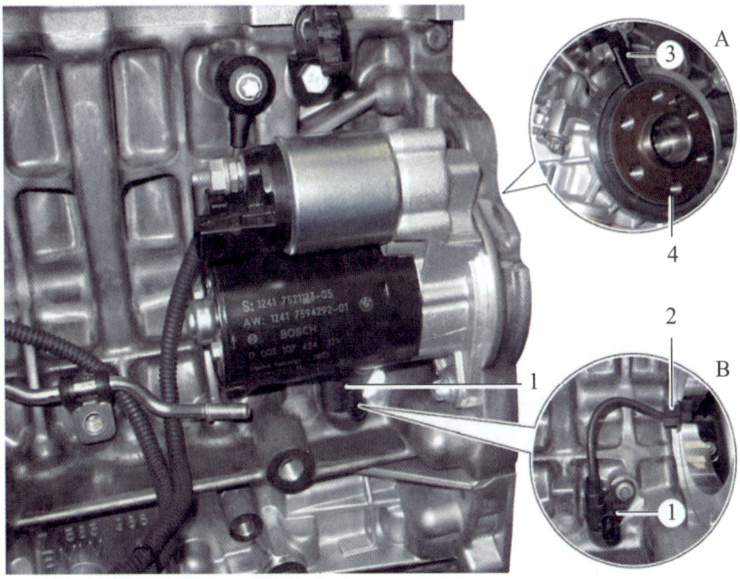

图8-4　曲轴位置传感器安装位置（N55发动机）

A—视线指向曲轴；B—视线方向相同，无起动机；1—插头；2—防尘密封件；3—传感器；4—多磁极轮

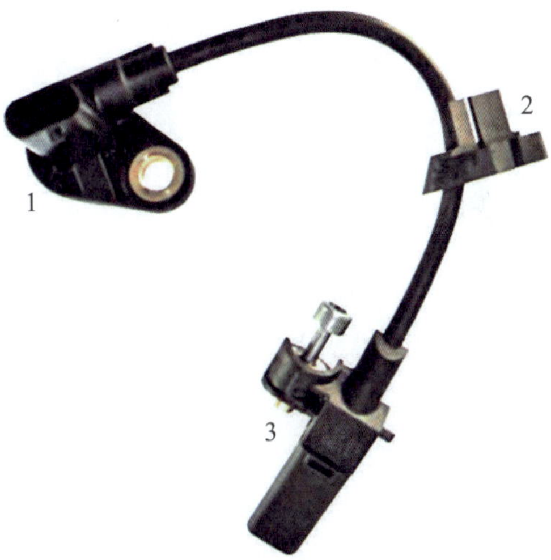

图8-5　带多磁极脉冲信号轮的曲轴位置传感器

1—插头；2—防尘密封件；3—传感器

曲轴位置传感器借助一个拧在飞轮上的多极传感轮探测曲轴位置。发动机控制系统由此计算得出发动机转速。曲轴位置传感器连同凸轮轴位置传感器一起，是全顺序喷射装置所必需的（每个气缸的喷射都在最佳点火时刻）。

此外，发动机控制系统还通过曲轴位置传感器的信号分析曲轴加速度。通过曲轴加速度可推断各个气缸的燃烧质量。

多极传感轮具有58个磁极对和1个参考点。多极脉冲信号齿的参考点是一个双倍长度的磁极对。

通过该基准点，可识别出第1个气缸的上死点。通过监控各个磁极对，霍尔传感器将把一定数量的信号跳变传送至发动机控制系统。

主动式曲轴位置传感器负责识别曲轴的旋转方向以及与多极传感轮之间的空气间隙。传感器信号轮如图8-6所示。

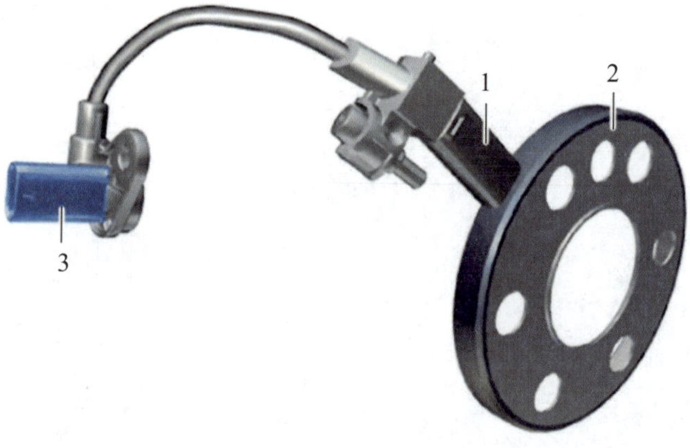

图8-6 传感器信号轮

1—曲轴位置传感器；2—脉冲信号齿（多极脉冲信号齿）；3—3芯插头连接

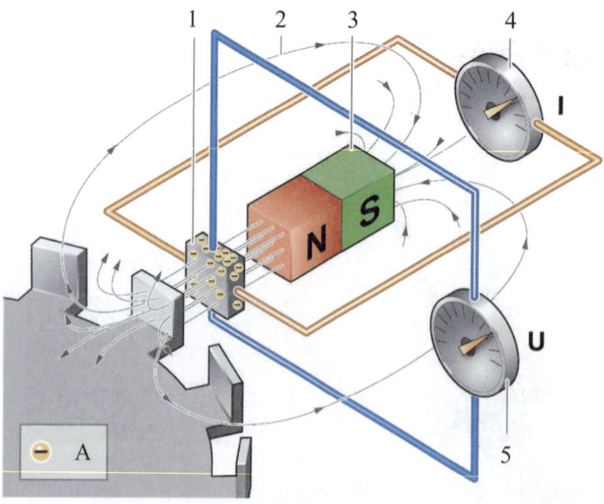

图8-7 轮齿霍尔效应

A—电子；1—霍尔模块；2—磁力线；3—永磁铁；4—供电电流；5—霍尔电压

发动机控制单元将根据读取的信号，计算出曲轴旋转一圈的持续时间以及长度。多极传感轮绕过霍尔传感器所需要的时间将记录为曲轴转动一圈的时间。

如果电子在磁力线穿过的导体内移动，电子就会转向垂直于电流和磁场的方向，导致一侧电子过剩，一侧电子不足。因此在电子过剩端和电子不足端就会产生霍尔电压。使用半导体时这种所谓的霍尔效应更加明显。

增量轮的齿隙和轮齿经过传感器（霍尔模块）时，永磁铁磁力线的通量密度发生相应变化。霍尔模块记录该变化并根据磁场强度（参见图8-8所示齿隙霍尔效应示意图和图8-7所示轮齿霍尔效应示意图）通过信号导线向DME发送高电平或低电平信号。

由于其准确性很高，因此DME接收到一个模拟增量轮形状的方波信号，控制单元无需进行特殊处理即可使用该信号。

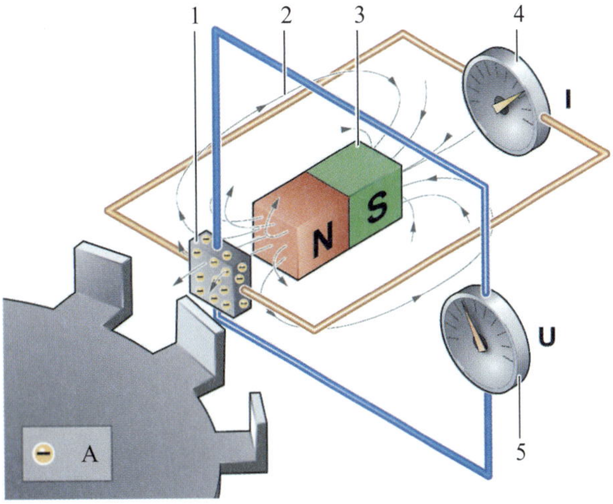

图8-8 齿隙霍尔效应

A—电子；1—霍尔模块；2—磁力线；3—永磁铁；4—供电电流；5—霍尔电压

信号在齿腰/增量轮间隙处发生变化。原因在于曲轴传感器的结构和内部电路。

为启动车辆，发动机控制单元检查下列条件是否满足：曲轴位置传感器和凸轮轴位置传感器发出的信号没有错误；必须以规定的时间顺序对这两个信号进行识别。

这一步骤称为同步过程，并仅在车辆启动时执行。只有在同步以后发动机控制器才能正确地控制燃油喷射。不同步时不能启动车辆。

发动机启动时（第1圈曲轴旋转时），曲轴位置传感器信号缺失，或识别出无效同步，便会立即开始进行诊断。这时将读取凸轮轴位置传感器信号。如果读取了凸轮轴上的12个齿面，而故障仍然存在，便会存入一个故障。

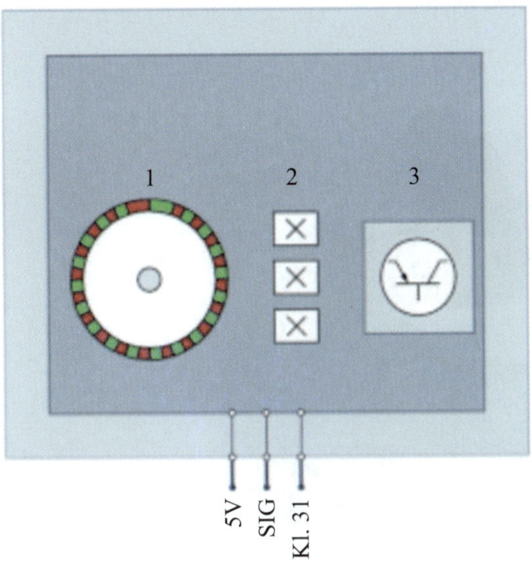

图8-9 曲轴位置传感器电路

1—多极传感轮；2—霍尔传感器；3—电子分析装置；5V—供电电压；SIG—信号线；Kl.31—总线端Kl.31接地

一旦运转中的发动机未接收到曲轴位置传感器信号，或不存在有效的同步，便会开始确认故障。

在传感器中有3个霍尔元件，它们并排布置在壳体内。信号来自第1和第3个霍尔元件构成用于确定信号频率以及与多极脉冲信号齿之间空气间隙的一个信号差。通过中间的元件信号与信号差之间的时间错位，可识别出是向右旋转还是向左旋转。传感器连接电路如图8-9所示。

从高相位到低相位的过渡标志着磁场的变化。在发动机控制系统内，将对这些变化进行计数。磁场两次切换之间的偏差为6°曲轴转角。传感器特性曲线如图8-10所示。

曲轴位置传感器的额定值：电压范围4.5～5.5V；信号电压4.1～5.1V；转速范围8000r/min以下；空气间隙范围0.1～1.8mm；最大电流消耗25mA；温度范围–40～160℃。

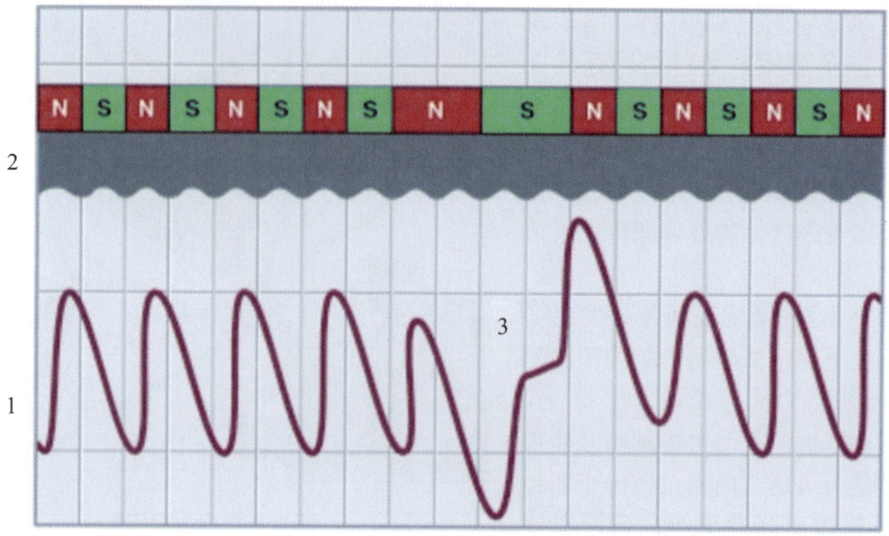

图8-10 曲轴位置传感器特性曲线

1—信号曲线（内部计算）；2—多极传感轮；3—参考信号

8.1.3 凸轮轴位置传感器

凸轮轴位置传感器借助一个固定在凸轮轴上的增量轮（凸轮轴位置传感器齿盘）探测进气凸轮轴的位置，如图8-11所示。凸轮轴位置传感器连同曲轴位置传感器一起是喷射装置所必需的（每个气缸的喷射都在最佳点火时刻）。

通过凸轮轴位置传感器，发动机控制系统可识别出第1个气缸是在压缩阶段还是换气阶段。

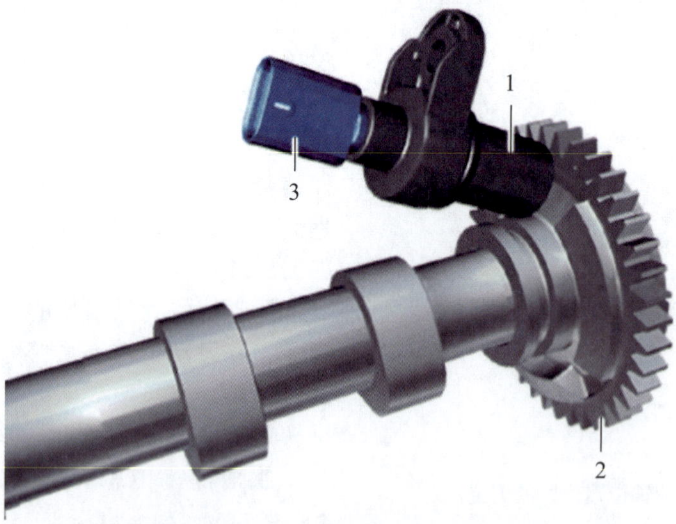

图8-11 凸轮轴位置传感器安装位置

1—凸轮轴位置传感器；2—进气凸轮轴；3—3芯插头连接

凸轮轴位置传感器设计成非接触式霍尔传感器。凸轮轴位置传感器齿盘有多个不同的齿面。齿面距离由霍尔传感器进行记录。

发动机控制系统将由此计算出：凸轮轴转速；凸轮轴加速度；凸轮轴的确切位置。

为启动车辆，发动机控制单元检查下列条件是否满足：凸轮轴位置传感器发出的信号没有错误；必须以规定的时间顺序对凸轮轴与曲轴位置传感器这两个信号进行识别。

这一步骤称为同步过程，并仅在车辆启动时执行。只有在同步以后发动机控制器才能正确地控制燃油喷射。

在加上电压时，便可识别出该传感器是处于一个齿的位置，还是处于一个缺口的位置。

测量方法是以一个霍尔集成电路为基础的。输出信号通过齿面显示低状态，通过空隙显示高状态。凸轮轴位置传感器根据曲轴位置传感器原理工作。但是凸轮轴位置传感器齿盘也会有根本性区别。通过一块专用遮挡模板，可在曲轴位置传感器失效后进行紧急运行。由于凸轮轴位置传感器信号的分辨率太低，因此无法在正常运行模式下更换曲轴位置传感器。传感器连接电路如图8-12所示。

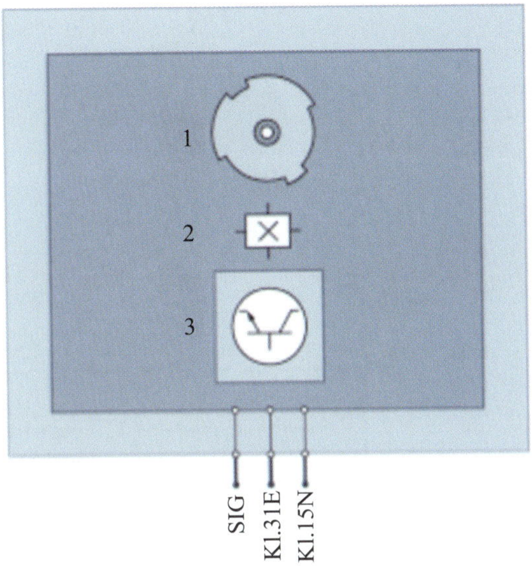

图8-12　凸轮轴位置传感器电路连接

1—凸轮轴位置传感器齿盘；2—霍尔传感器；3—电子分析装置

模块化发动机将为凸轮轴位置传感器提供5V的电压，如图8-13所示。

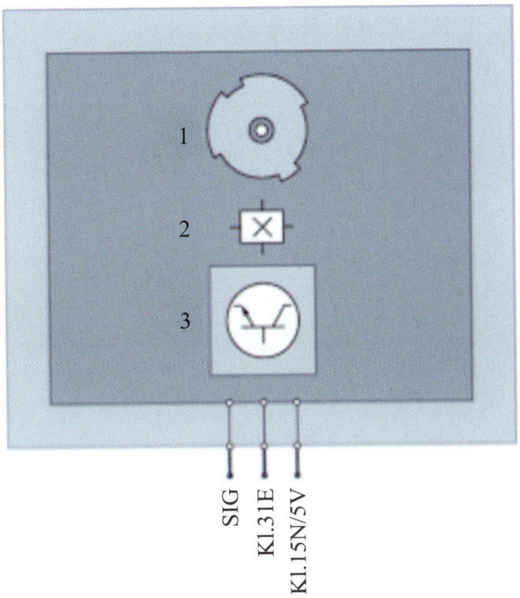

图8-13　带5V供电的凸轮轴位置传感器

1—凸轮轴位置传感器齿盘；2—霍尔传感器；3—电子分析装置；Kl.15N/5 V—总线端15N或5V供电电压；Kl.31E—总线端Kl.31电子接地线；SIG—信号线

发动机控制器读入传感器信号并将信号与保存的样本进行比较。通过比较传感器信号和样本，可以识别出凸轮轴的正确位置或偏差。传感器特性曲线如图8-14所示。

凸轮轴位置传感器的额定值：电压范围6～16V；转速范围0～4000r/min；空气间隙范围0.4～1.9mm；最大输出电流20mA；温度范围–40～160℃。

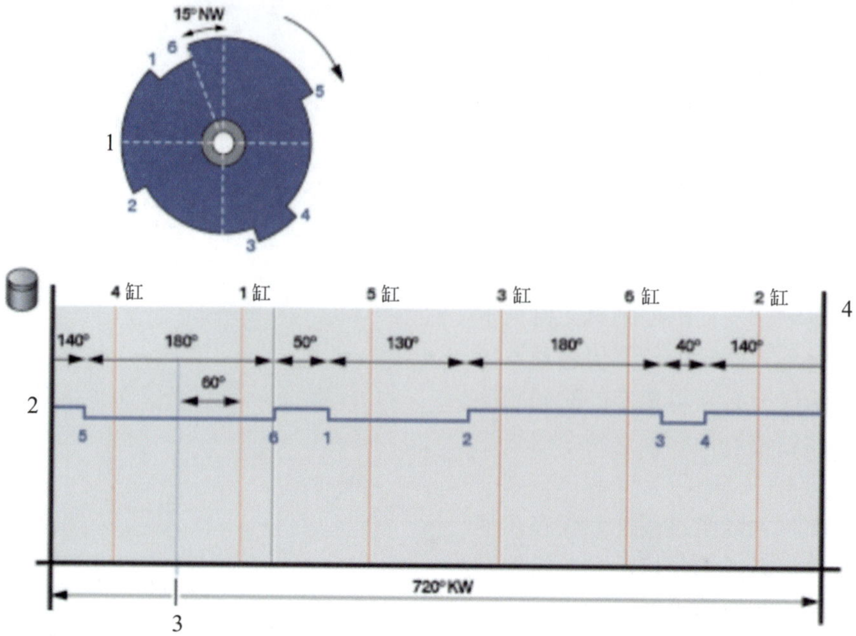

图8-14 六缸柴油发动机凸轮轴位置传感器信号示例

1—进气凸轮轴；2—进气凸轮轴信号；3—气缸1上死点参考标记（点火开关）；4—气缸

8.1.4 转向盘转角传感器

转角传感器G85在复位环的后面，和安全气囊滑环安装在一起，如图8-15所示。它位于组合开关和转向盘之间的转向柱上。

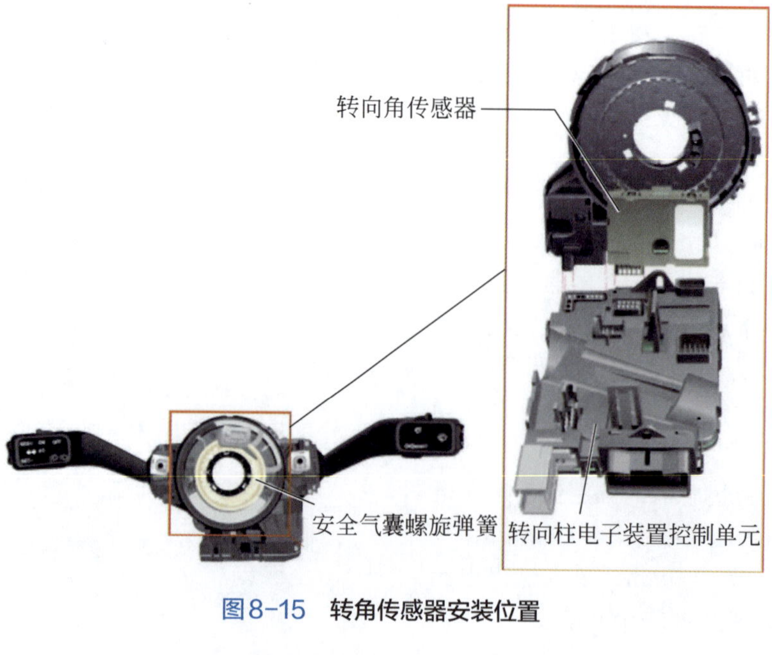

图8-15 转角传感器安装位置

传感器通过CAN数据总线向转向柱电子装置控制单元J527提供信号测算转向角。转向柱电子装置控制单元中有电子系统分析信号。

转角传感器的基本组成部件有：带有两只密码环的密码盘。密码盘由两只环组成，外面的一只叫做绝对环，里面的一只叫做增量环，各有一只光源和一只光学传感器的光栅对，如图8-16所示。

增量环被分为5个扇区，每个扇区72°，它由一对光栅对读取。该环在扇区内有开口。同一扇区内的开口顺序是相同的，但不同扇区之间的开口顺序则不同，从而实现了各扇区之间的设码。

绝对环确定角度。它被6只光栅对读取。

转角传感器可以识别1044°的转角。它对角度进行累加，由此当超出360°标记时，能够识别转向盘完全转动了一圈。转向器的这种设计结构可以使转向盘转动2.76圈，如图8-17所示。

角度测量是根据光栅原理进行的。若出于简化考虑仅观察增量环，那么每个扇区环的一侧是光源，另一侧是光学传感器，如图8-18所示。

当光线穿过缝隙落到传感器上，就产生了信号电压。当光源被遮盖，电压又重新断开，如图8-19所示。

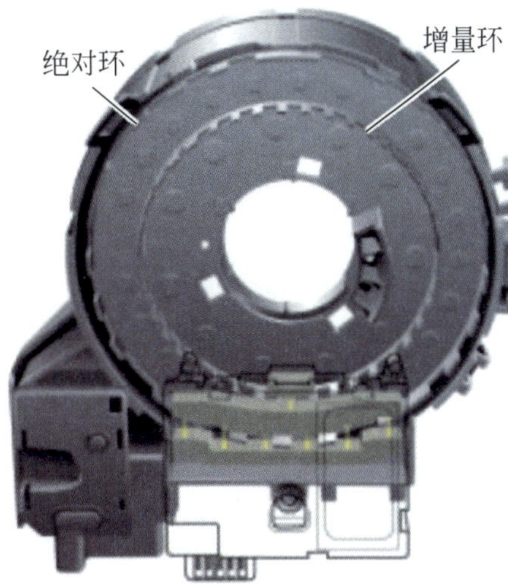

图8-16　转角传感器组成

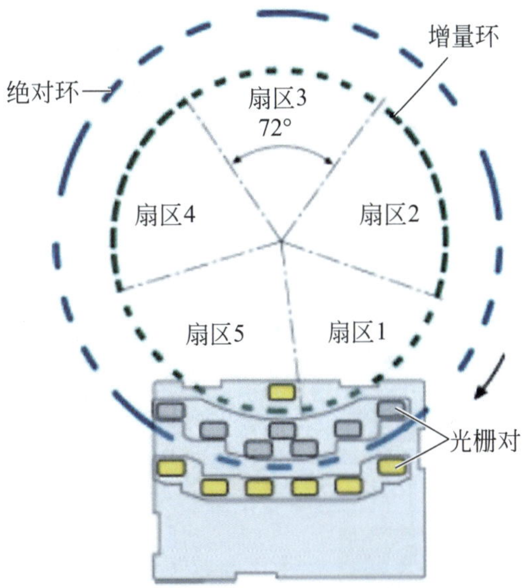

图8-17　转角传感器原理示意

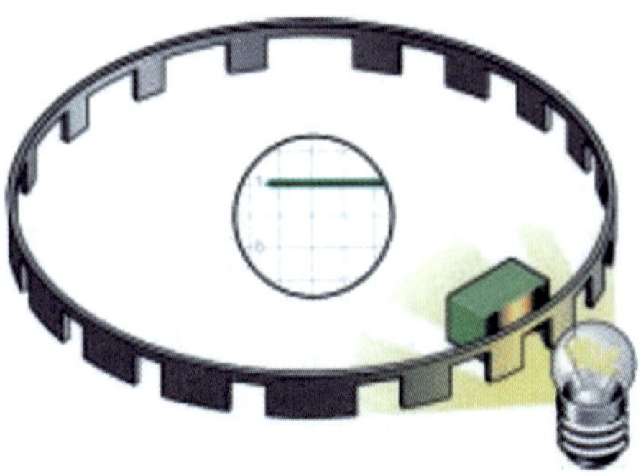
图8-18　光学传感器位置

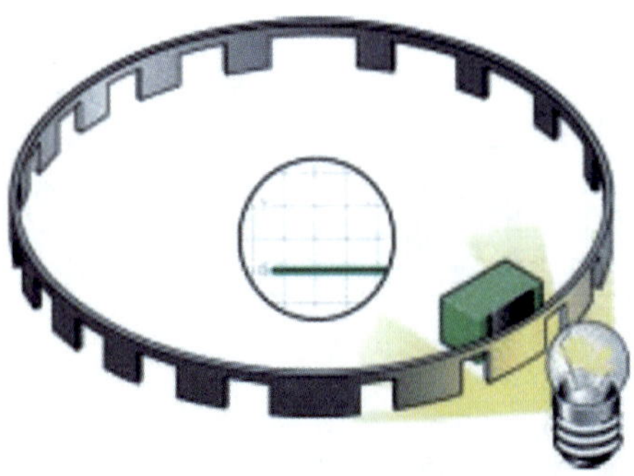
图8-19　信号电压形成

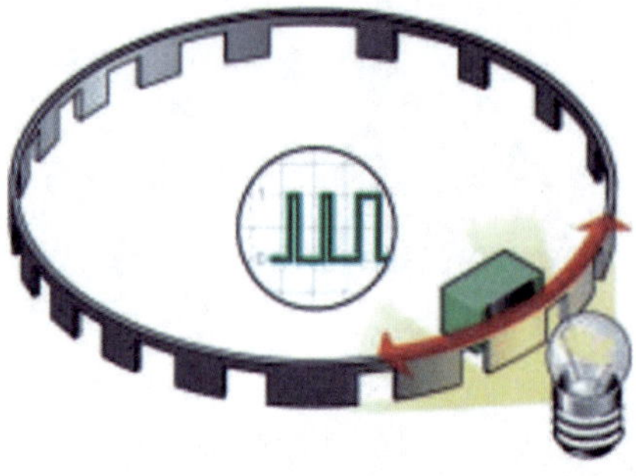

图8-20 信号电压序列形成

如果现在移动增量环，则产生信号电压顺序，如图8-20所示。

在绝对环上，光栅对也同样产生信号电压顺序。所有信号电压顺序都会在转向柱电子装置控制单元中处理。对信号进行比较后系统可以计算出这两只环移动了多少距离。此时将确定绝对环的移动起始点。

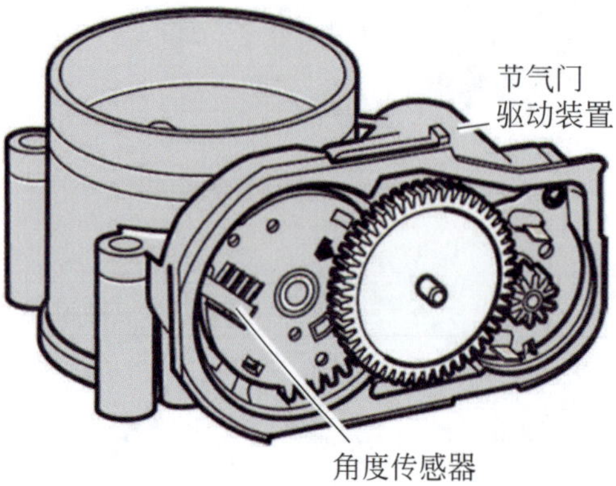

图8-21 节气门角度传感器安装位置

8.1.5 节气门角度传感器

节气门角度传感器安装位置如图8-21所示。

节气门角度传感器G187和G188作为磁阻传感器进行工作，原理如图8-22所示。

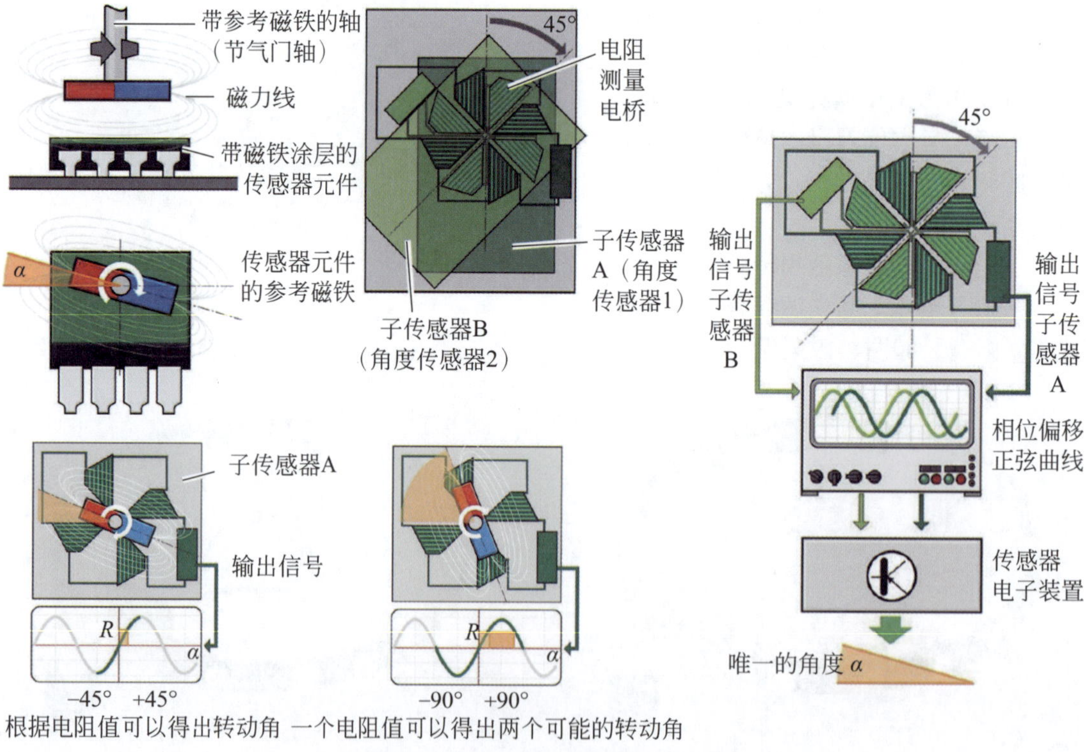

图8-22 节气门角度传感器工作原理

8.1.6　加速踏板位置传感器

扫一扫
看视频

加速踏板模块探测加速踏板位置，将司机意愿以电信号的形式输送到发动机控制系统。加速踏板外观如图8-23所示。

加速踏板位置由2个传感器分开探测。之所以使用2个传感器，是为了能够实现冗余，一个用于监控，另一个用于故障识别。

加速踏板行程由传感器从角度方面来探测，并作为踏板角度（°）的模拟线性电压特性线直接输出到发动机控制系统。总加速踏板行程可机械转换为16° ±0.5°。

加速踏板位置的每个改变都会在最多50ms内发送到发动机控制系统。传感器信号以模拟方式传递。发动机控制系统监控传感器的两个输入信号，并比较这些信号的可信度（例如同步性、线性）。加速踏板模块如图8-23所示。

图8-23　加速踏板模块

1—加速踏板拉杆；2—满负荷挡块；3—6芯插头连接

加速踏板在减小油门时的复位借助弹簧元件实现。无触点型加速踏板位置传感器采用霍尔集成电路。磁轭安装在加速踏板臂上，根据施加至加速踏板的作用力大小围绕霍尔集成电路转动。霍尔集成电路将磁通量的变化即时转换为电信号，并将其以加速踏板作用力的形式输出至ECM。

加速踏板模块按照感应原理工作。两个传感器由发动机控制单元分开提供5V电压和接地。电子分析装置根据加速踏板位置产生用于发动机控制的模拟电压信号。传感器信号分开传递到发动机控制单元。传感器连接电路如图8-24所示。

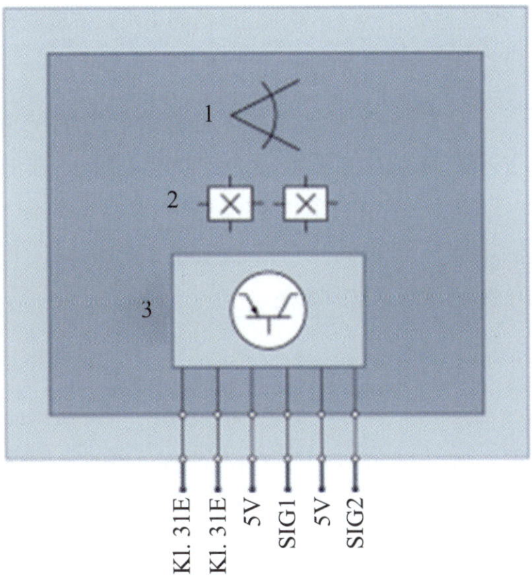

图8-24　加速踏板位置传感器电路

1—加速踏板位置；2—霍尔传感器；3—电子分析装置；Kl.31E—总线端Kl.31，传感器1电子接地线；Kl.31E—总线端Kl.31，传感器2电子接地线；5V—供电电压，传感器2；SIG1—传感器1信号线；5V—供电电压，传感器1；SIG2—传感器2信号线

图8-25的特性线描述带强迫降挡开关的加速踏板模块。

强迫降挡开始：提高加速踏板力的起始位置最早在机械终端限位前13.8°，最迟在1.6°。在不断增大的加速踏板力的特性线上，强迫降挡接通的阈值必须直接在强迫降挡开始的最大加速踏板力后。

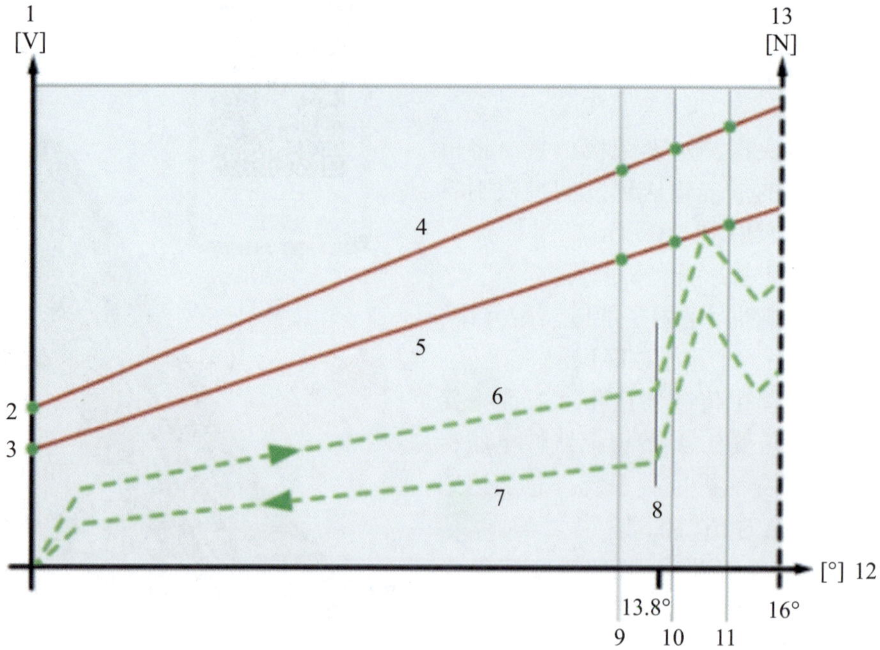

图8-25 加速踏板位置传感器特性曲线

1—传感器电压（V）；2—传感器1在怠速下的传感器电压；3—传感器2在怠速下的传感器电压；4—传感器1输出信号变化过程；5—传感器2输出信号变化过程；6—不断增大的加速踏板力的特性线；7—不断减小的加速踏板力的特性线（减小油门）；8—由于强迫降挡开始提高加速踏板力或由于强迫降挡结束减小加速踏板力；9—不带强迫降挡的满负荷位置；10—强迫降挡关闭；11—强迫降挡接通；12—踏板角度（°）；13—加速踏板力（N）

强迫降挡结束：提高加速踏板力的结束位置最早在机械终端限位前1.6°，最迟在13.8°。在不断减小的加速踏板力的特性线上，强迫降挡关闭的阈值必须直接在最大加速踏板力后。

电压值：两个传感器的信号值是供电电压的百分数。传感器1：在怠速转速时数值是供电电压的15%，在终端限位时约90%。传感器2：在怠速转速时数值是供电电压的7.5%，在终端限位时约45%。

8.1.7 制动踏板位移传感器

制动踏板行程将通过制动踏板杆上的角度测量来获取。制动踏板位移传感器以非接触方式检测制动踏板的行程。传感器外观如图8-26所示。

当踩下制动踏板时，首先要越过一段响应行程，这时还没有执行液压制动干预，但是可以分析再生制动的响应行程。在再生制动过程中，混合动力型驱动装置的电机作为发电机工作，从而可实现发电机制动性能，同时还通过充电模式（发电机）给高压电池充电。这种制动能量回收方法称作回收或者再生制动。

如果越过响应行程继续踩下制动踏板，液压制动就会引起再生制动。

制动踏板位移传感器通过操纵杆与制动踏板杆相连。当操纵制动踏板杆时，制动踏板位移传感器会同时移动。

制动踏板位移传感器是一种非接触式传感器。制动踏板位移传感器根据转角将踏板行程相应转换成2个模拟电压信号（冗余）。

制动踏板位移传感器的两个电压信号将发送至DSC控制单元（DSC即“动态稳定控制系统”）。

通过6芯插头连接将制动踏板位移传感器连接在DSC控制单元上，如图8-27所示。制动踏板位移传感器由DSC控制单元提供电压和接地。

基于安全原因准备并输出多余的2个反向信号。传感器特性曲线如图8-28所示。

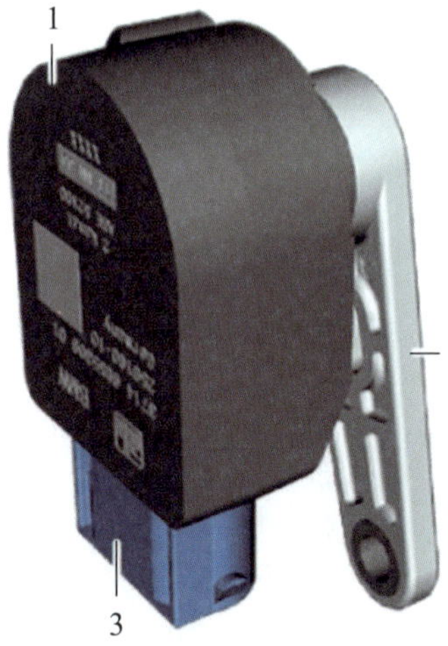

图8-26　制动踏板位移传感器外观

1—制动踏板位移传感器；2—操纵杆；3—6芯插头连接

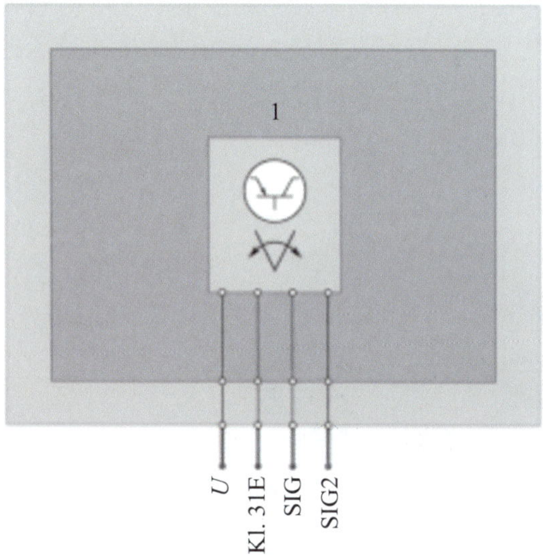

图8-27　制动踏板位移传感器电路

1—制动踏板位移传感器；Kl.31 E—总线端Kl.31电子接地线；SIG—连接到DSC控制单元的信号线；SIG2—连接到DSC控制单元的信号线2；U—供电电压

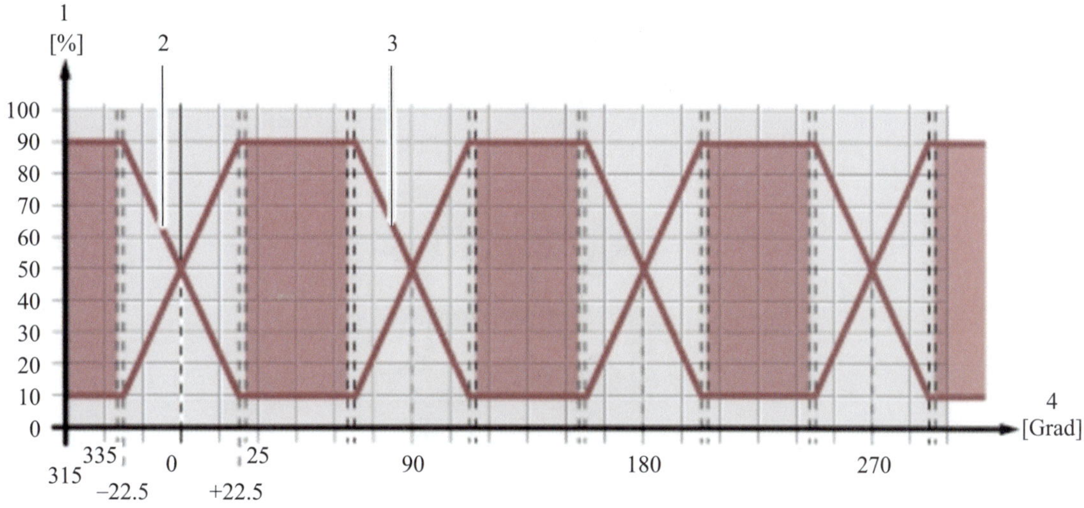

图8-28　制动踏板位移传感器特性曲线

1—以百分比表示；2—信号1；3—信号2；4—旋转角

8.1.8 挡位识别传感器

挡位识别传感器G604在2011款奥迪A6车上首次用于六挡手动变速器0B1，如图8-29所示，现在也用于2012款A6L车型。挡位识别传感器G604取代了以前的挡位识别开关F208[1]和变速器空挡位置传感器G701并承担它们的功能。它支持下述功能和控制单元：触发倒车灯；车内后视镜/车外后视镜的自动防炫目功能和车外后视镜的收折功能；驻车辅助功能；挂车控制单元；起步辅助（电动驻车制动器）；ESP；启动/停止功能的空挡识别。新增加了：直接识别挂入的挡位；换挡显示的挡位识别（只有当离合器接合时，挂入的挡位才会显示在驾驶员信息系统的显示屏上）；改善换挡舒适性。

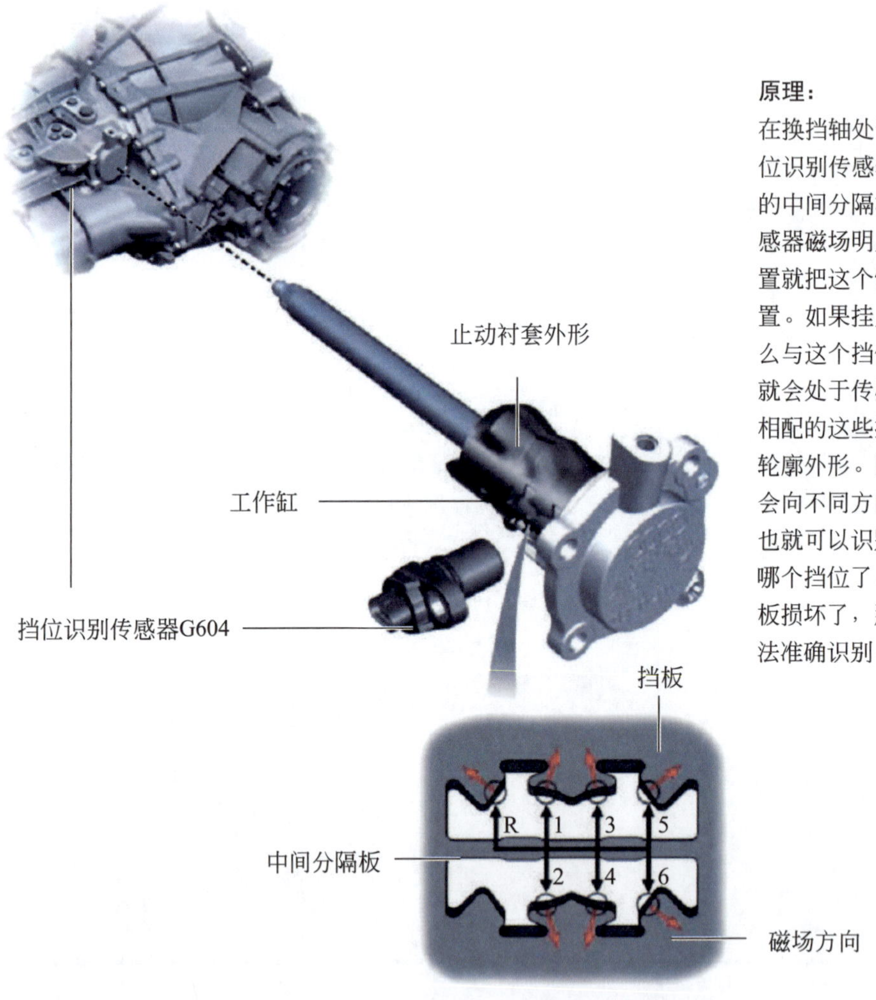

原理：

在换挡轴处于空挡位置时，挡位识别传感器G604就位于挡板的中间分隔板上方。因此，传感器磁场明显增强了，电子装置就把这个情况识别为空挡位置。如果挂入了某个挡位，那么与这个挡位相应的挡板缺口就会处于传感器下方。与挡位相配的这些挡板缺口有不同的轮廓外形。因此，传感器磁场会向不同方向偏转，电子装置也就可以识别出到底挂入的是哪个挡位了。如果工作缸的挡板损坏了，那么挡位就可能无法准确识别。

图8-29 挡位识别传感器位置

---

[1] 原来叫倒车灯开关F4。

在传感器的印刷电路板上，装有4个霍尔传感器，如图8-30所示。印刷电路板的背面有一块永磁铁。工作缸挡板可以影响磁场的强度和方向。

传感器电子装置利用这4个霍尔传感器来分析磁场的方向和强度，从而判定具体挡位。挡位信息被作为脉冲宽度调制信号（PWM信号）送至发动机控制单元J623。

每个挡位位置有其固定的脉冲宽度，发动机控制单元对这些PWM信号进行处理后，将信息放到驱动CAN总线上。

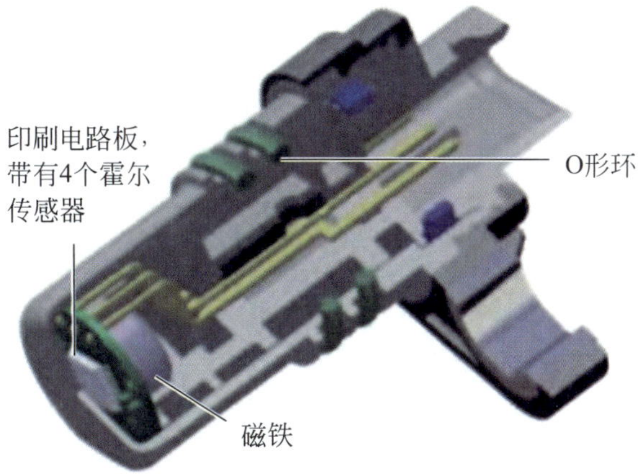

图8-30 挡位识别传感器内部结构

挡位传感器与机械手动变速箱一起安装在变速箱壳体上。在变速箱内部换挡轴上有永磁铁。挡位传感器外观如图8-31所示。

发动机控制单元借助挡位传感器和永磁铁准确识别挂入的手动变速箱挡位。挡位传感器是发动机启动/停止自动装置（MSA）的一个重要部件。

因使用挡位传感器而取消了倒车挡开关。同时挡位传感器还用于换挡转速调节等其他功能。

挡位传感器以非接触方式探测换挡轴的移动。

在换挡过程中当换挡杆移动时，换挡轴推移。换挡轴上固定着一个永磁铁。挡位传感器根据磁场的变化识别磁铁的位置变化。这些变化通过挡位传感器的电子分析装置探测并传输到发动机控制单元。

挡位传感器通过一个发送信号传输信息。该信号会传输下列信息：挡位传感器的纵向和横向位移；变速箱温度；传感器故障。

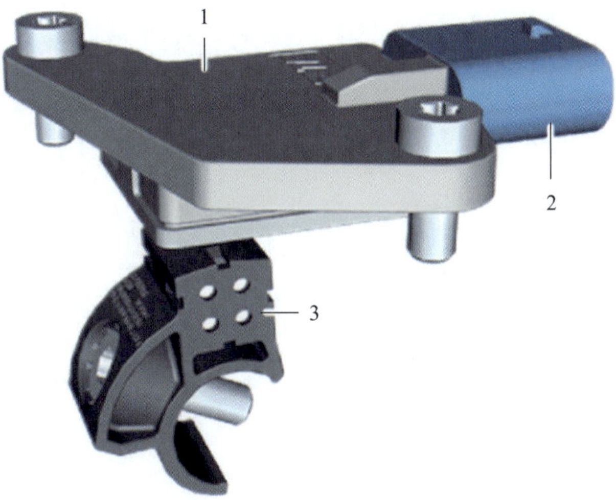

图8-31 挡位传感器外观

1—挡位传感器；2—4芯插头连接；3—换挡轴上的永磁铁

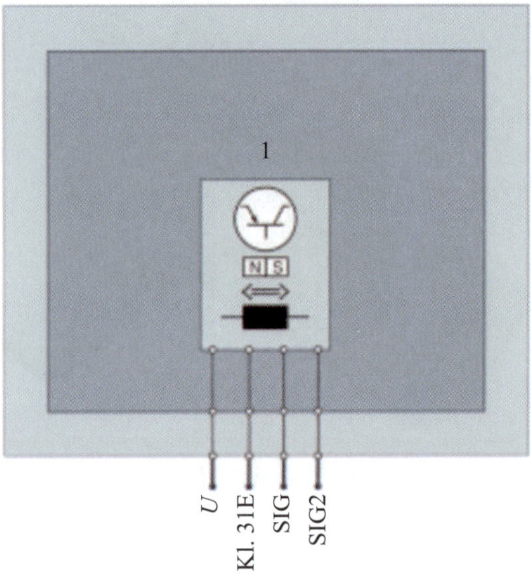

图8-32 传感器电路

1—挡位传感器；Kl.31 E—总线端Kl.31电子接地线；SIG—至发动机控制单元的信号线；SIG2—引脚未使用；*U*—供电电压

挡位传感器通过一个4芯插头与发动机控制单元相连接，见图8-32。挡位传感器是一个PLCD传感器（PLCD是“永磁铁线性无接触位移测量”的缩写）。PLCD传感器将按脉冲宽度调制的信号（PWM信号）发送至发动机控制单元。

挡位传感器内部中有一个带3个线圈的磁芯。中间有一个初级线圈，两端各有一个次级线圈，见图8-33。

换挡轴上的永磁铁引起初级线圈的局部饱和。根据永磁铁的位置不同，在次级线圈上感应到不同的电压。次级线圈之间的电压差表明了永磁铁的位置以及由此可知的换挡轴精确位置。发动机控制单元通过挡位传感器的信号输出端收到此位置信号。

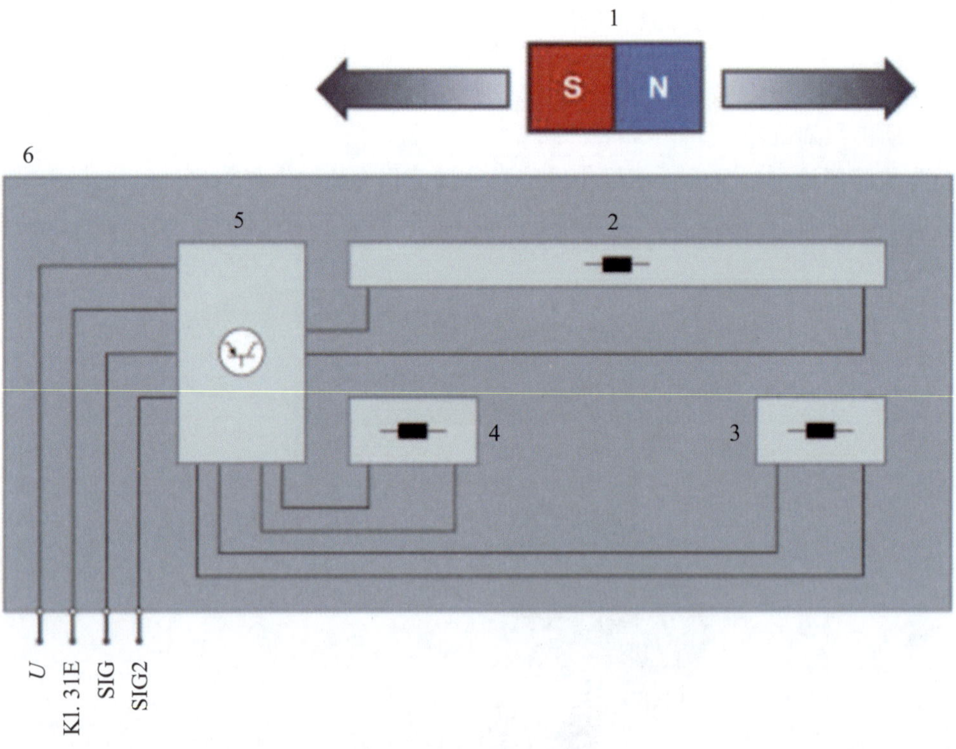

图8-33 传感器结构

1—换挡轴上的永磁铁；2—初级线圈；3—次级线圈1；4—次级线圈2；5—电子分析装置；6—挡位传感器；Kl.31E—总线端Kl.31电子接地线；SIG—信号输出端；SIG2—引脚未使用；*U*—供电电压

8.1.9　高压泵位置传感器

燃油喷射高压泵通过机械式真空泵的加长驱动装置驱动。真空泵由曲轴通过正时链驱动。通过一个位置传感器监控新一代高压泵。在这里探测曲轴转速。高压泵位置传感器固定在真空泵壳体上，见图8-34。

该位置传感器借助一个旋接在真空泵驱动装置上的信号齿轮探测高压泵的位置。发动机控制系统由此计算出泵轮转速。转速信号采集用于高压泵的喷射量调节。

高压泵位置传感器的工作原理与凸轮轴位置传感器相同。

传送到DME的传感器输出信号是一个矩形波信号。这时一个高电平对应于一个间隙，一个低电平对应于一个齿。

高压泵位置传感器设计成非接触式霍尔传感器。其信号齿轮有六个不同的齿面距离，齿面距离由霍尔传感器进行记录。其内部结构和电路连接如图8-35所示。

图8-34　高压泵位置传感器

1—真空泵；2—2芯插头连接；3—量控阀；4—高压泵；5—位置传感器；6—3芯插头连接

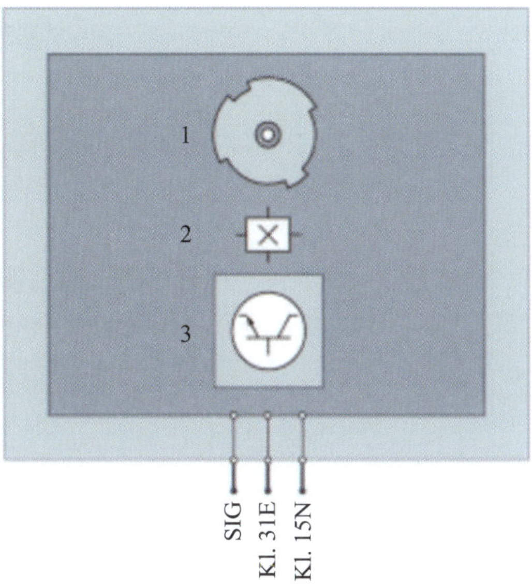

图8-35　高压泵位置传感器电路

1—位置传感器信号齿轮；2—霍尔传感器；3—电子分析装置；Kl.15N—总线端Kl.15N供电电压；Kl.31—总线端Kl.31接地；SIG—信号线

8.1.10　制动摩擦片磨损传感器

以左前车轮为例，左前制动摩擦片磨损传感器固定在左侧制动钳上，见图8-36。

制动摩擦片状态由DSC控制单元计算（制动压力、时间、温度）。通过制动摩擦片磨损传感器核实计算。

制动摩擦片磨损传感器有两个型号：1个坐标节点型和2个坐标节点型。

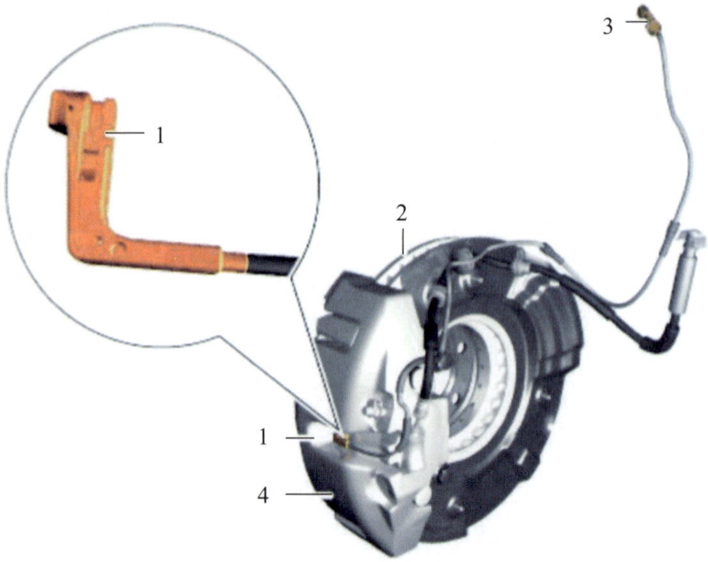

图8-36 两级式制动摩擦片磨损传感器位置

1—制动摩擦片磨损传感器；2—制动盘；3—2芯插头连接；4—制动钳

制动摩擦片磨损传感器是具有电阻测量功能的传感器。

制动摩擦片磨损传感器（左前和右后在内部制动摩擦片上）提供制动摩擦片厚度辅助信息。

两级式制动摩擦片磨损传感器：通过辅助信息（两个坐标节点），将DSC计算值与实际磨损进行比较。坐标节点约在6mm和4mm处。制动摩擦片磨损极限约为3.7mm。

一级式制动摩擦片磨损传感器：如果导体电路已经被磨损，则会有约5%的制动摩擦片剩余厚度。这与约2500km的剩余里程相符。

临界制动摩擦片厚度将在组合仪表中通过保养周期显示（车况保养CBS）以及制动报警灯呈红色显示。

制动摩擦片磨损传感器（两级式）分两级工作。在第2级中，另外集成了一个电阻，见图8-37。通过电压测量的变化，DSC识别到第2级。

DSC控制单元为制动摩擦片磨损传感器提供5V电压。

两级式传感器识别导线短路，识别功能激活，直至第2级4mm处。如果导线直到此处断开，则控制黄色制动报警灯，见图8-38。

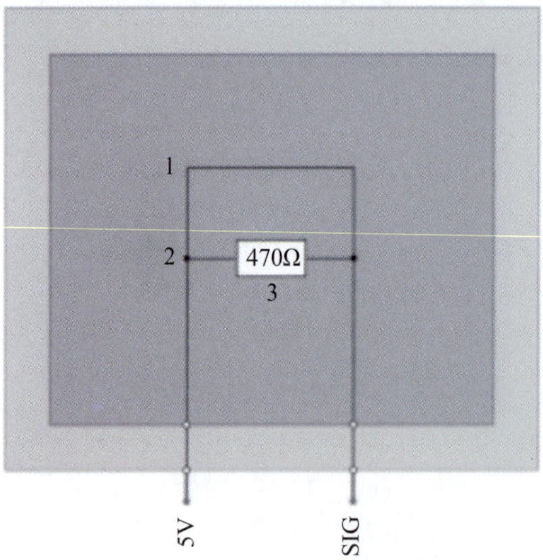

图8-37 制动摩擦片磨损传感器电路

1—坐标节点；2—坐标节点4mm（仅限两级式制动摩擦片磨损传感器）；3—电阻470Ω（仅限两级式制动摩擦片磨损传感器）；5V—供电5V；SIG—信号

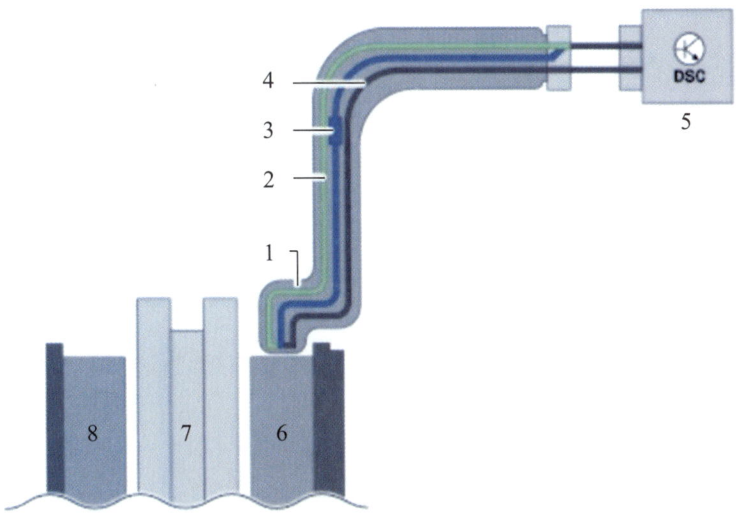

图8-38　制动摩擦片磨损传感器（两级式）测量方法

1—制动摩擦片磨损传感器；2—导体电路1；3—导体电路2，带电阻；4—导体电路3；5—动态稳定控制系统（DSC）；6—内制动摩擦片；7—制动盘；8—外制动摩擦片

8.1.11　基准传感器

基准传感器测定零位位置，即螺杆驱动装置的“中间位置（不在转向位置或是处于不偏不倚的状态）”。该传感器按照霍尔原理工作，如图8-39所示。为此，螺杆配有一个轴颈，它固定在永磁铁上，在零位位置区域内以小幅角度范围识别螺杆位置。在真正霍尔传感器的“上游”，传感器电路板上有两个额外的霍尔开关。这些开关用于识别螺杆运动方向。

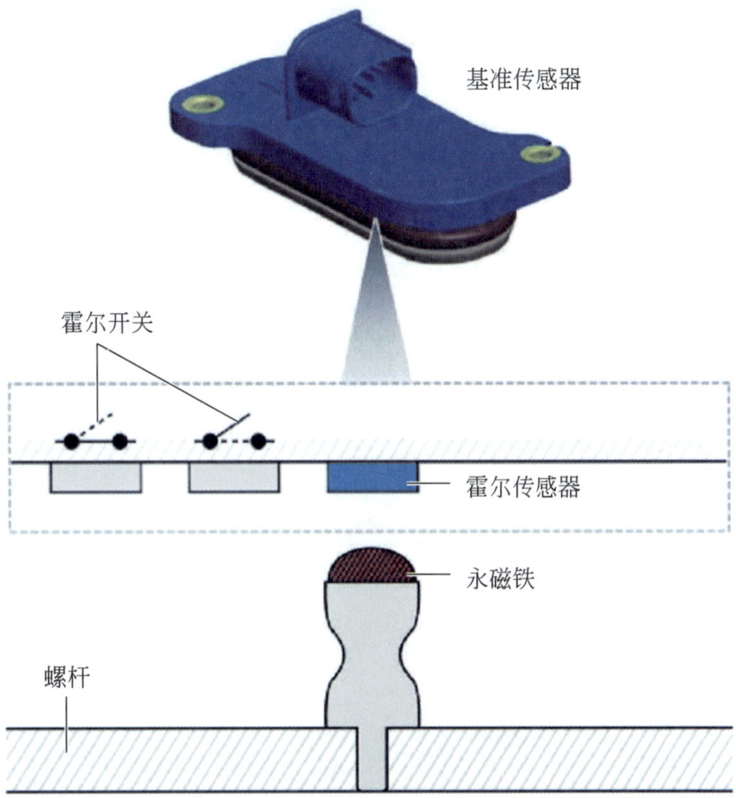

图8-39　基准传感器原理

8.1.12 离合器位置传感器

要想在起步时操控离合器以及切换挡位，变速器控制单元需要知道关于离合器操控状态的精确而可靠的信息（当前的接合力矩、离合器是脱开了还是接合着）。这些信息是通过评估当前的离合器分离行程而计算出的。

离合器位置传感器的功用就是接收离合器分离行程，它是所谓的PLCD传感器（永磁式非接触线性位移传感器）。

这是一个非接触式传感器，它使用一块永磁铁来感知线性位移。传感器安装位置见图8-40。

该传感器的信号用于下述功能：

- 识别离合器的工作状态（脱开、接合、当前的接合力矩），以便操纵电控液压式离合器操纵机构。
- 换挡和发动机启动释放的反馈（在换挡和启动发动机时，离合器必须已可靠脱开了）。
- 确定并适配离合器接合点，以便计算离合器接合力矩。
- 确定并适配离合器状态（离合器磨损系数）。
- 确定离合器温度（计算模型）。

根据传感器出故障时具体行车状况，只要有可能，车辆仍能保持当前挡位行驶。在达到发动机怠速转速时，离合器会脱开且会换入空挡。由于在传感器失效时无法识别出“离合器已脱开”这个状态了，因此“允许启动”这个命令也就不会传至发动机控制单元，也就无法启动发动机。

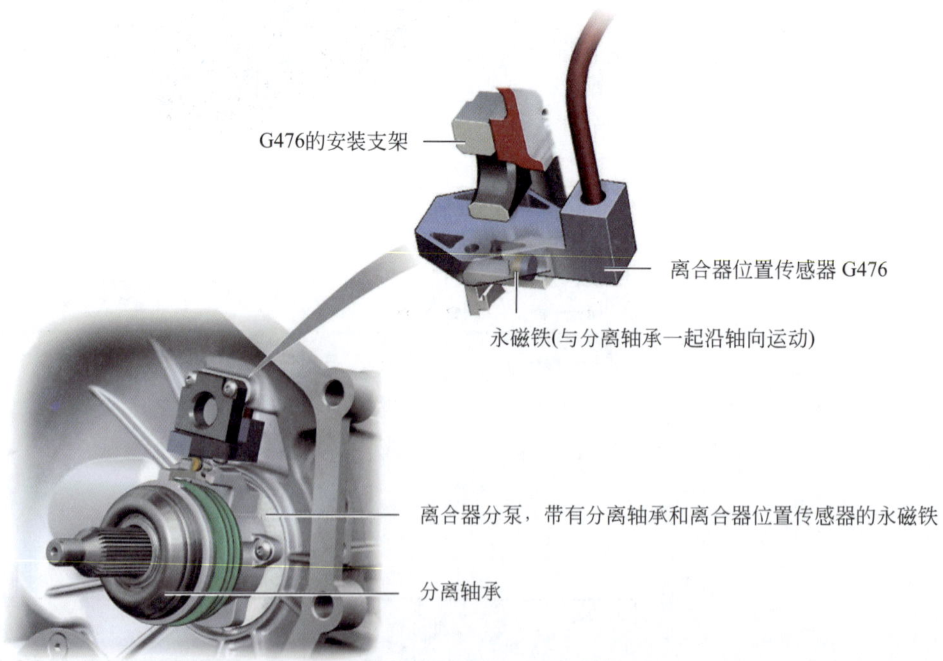

图8-40 离合器位置传感器安装位置

8.1.13　后备厢盖位置传感器

在后备厢盖的右侧内部安装有一只液压缸，与自动后备厢盖操作装置配合使用，如图8-41所示。该液压缸通过折叠式软顶驱动装置打开和关闭后备厢盖。液压缸内部有一块永磁铁。该液压缸的外部有一只线性行程传感器。利用线性行程传感器和永久磁铁，敞篷车软顶模块（CVM）可准确识别后备厢盖的位置。线性行程传感器以非接触的方式探测液压缸的运动。

当后备厢盖打开时，液压缸会自行移动。液压缸上固定有一块永磁铁，线性行程传感器根据磁场的变化识别该磁铁的位置变化。这些变化通过线性行程传感器的电子分析装置探测并传输到折叠式软顶驱动装置。

电气连接仅仅穿过折叠式软顶驱动装置，然后又连接至敞篷车软顶模块（CVM）控制单元。

线性行程传感器必须在更换CVM控制单元后进行示教，具有用于后备厢盖自动操作装置初始化设置的服务功能。线性行程传感器通过一个4芯插头与折叠式软顶驱动装置相连，如图8-42所示。线性行程传感器是一个PLCD传感器。PLCD传感器将按脉冲宽度调制的信号（PWM信号）经过折叠式软顶驱动装置发送至CVM控制单元。

线性行程传感器的额定值：供电电压5V；电流消耗9～15mA；温度范围-40～140℃。

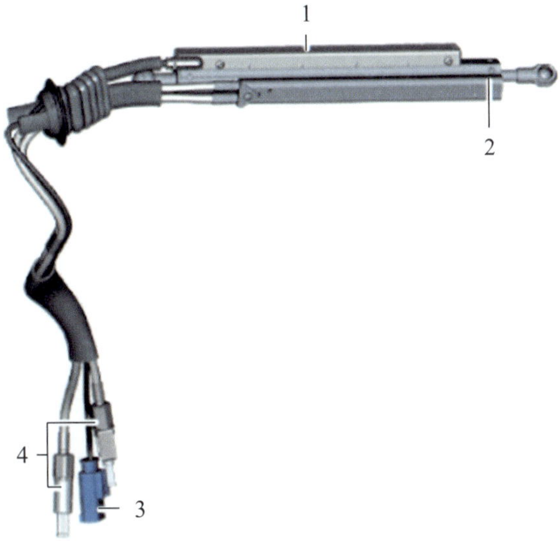

图8-41　后备厢位置传感器外观

1—线性行程传感器；2—液压缸；3—4芯插头连接；4—液压管路

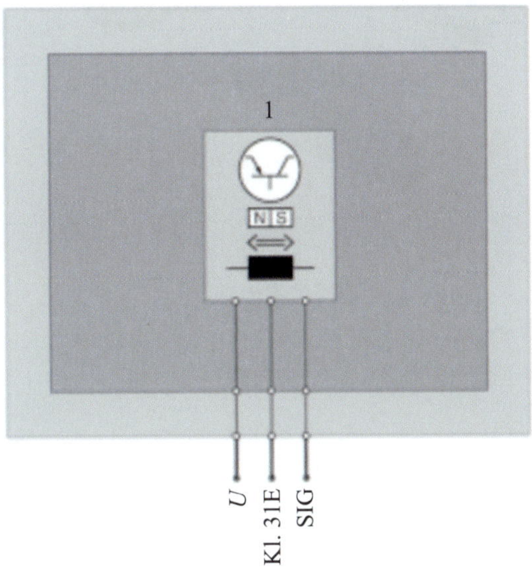

图8-42　线性行程传感器电路

1—线性行程传感器；*U*—供电电压；Kl.31E—总线端Kl.31电子接地线；SIG—后备厢盖打开装置信号

8.1.14 前乘客座椅位置传感器

前乘客座椅位置传感器的安装取决于国家规格和车辆装备。装有座椅记忆系统的车辆一般设有座椅位置传感器。

在美规车辆中，按照FMVSS（联邦机动车辆安全标准）的规定，必须区分前乘客座椅上5%的女性和50%的男性。座椅位置传感器可针对座椅纵向调整装置识别为一个人设计的安全气囊区域。

座椅位置信号将影响气体发生器的第2级延时触发（前乘客安全气囊）。

前乘客座椅位置传感器采用霍尔传感器的结构。电流强度根据座椅位置传感器与磁力架的距离而变化。安全气囊控制单元根据测量电流识别纵向座椅调整装置。

图8-43所示为前排乘客座椅位置传感器示例。

前乘客座椅位置传感器由一个2芯插头连接，如图8-44所示。安全气囊控制单元为座椅位置传感器供电。座椅位置传感器具有反极性保护。

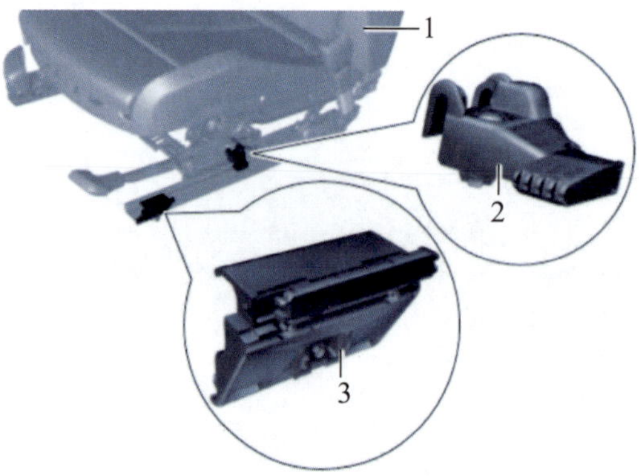

图8-43 座椅位置传感器

1—前乘客座椅（所示为左座驾驶型车辆）；2—前乘客座椅位置传感器；3—磁力架

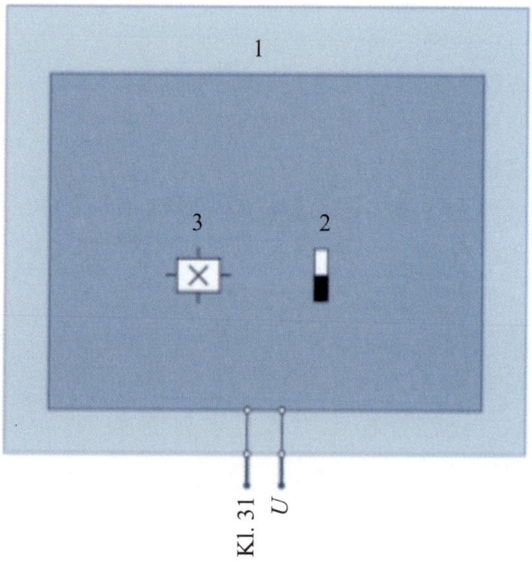

图8-44 座椅位置传感器电路

1—座椅位置传感器；2—磁铁；3—霍尔传感器；Kl.31—总线端Kl.31接地；U—供电电压

8.1.15 折叠车顶位置传感器

敞篷车软顶模块（CVM）基于霍尔传感器的电压信号识别主车顶柱（左、右主车顶柱）是否已完全放下。图8-45以G29为例，简化显示霍尔传感器（“折叠式车顶已放下”霍尔传感器）。

图8-46以G14为例，简化显示霍尔传感器（“折叠式车顶已放下”霍尔传感器）。

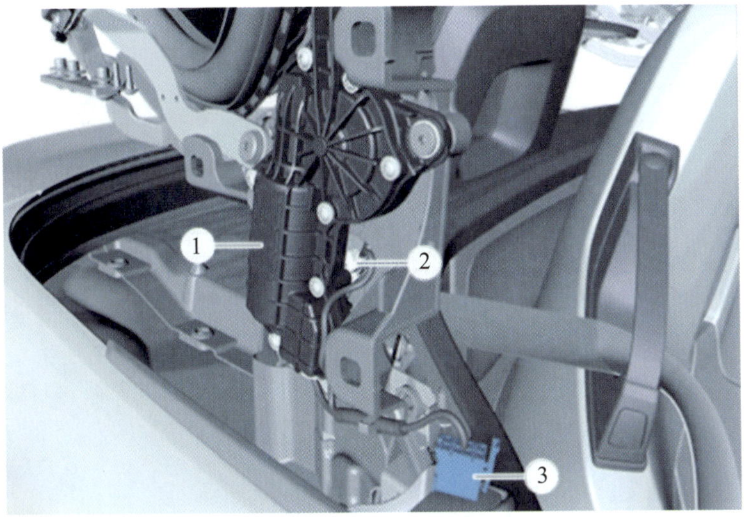

图8-45　折叠车顶位置传感器安装位置（G29）

1—右侧折叠式软顶驱动装置；2—“折叠式软顶已放下”霍尔传感器；3—6芯插头连接

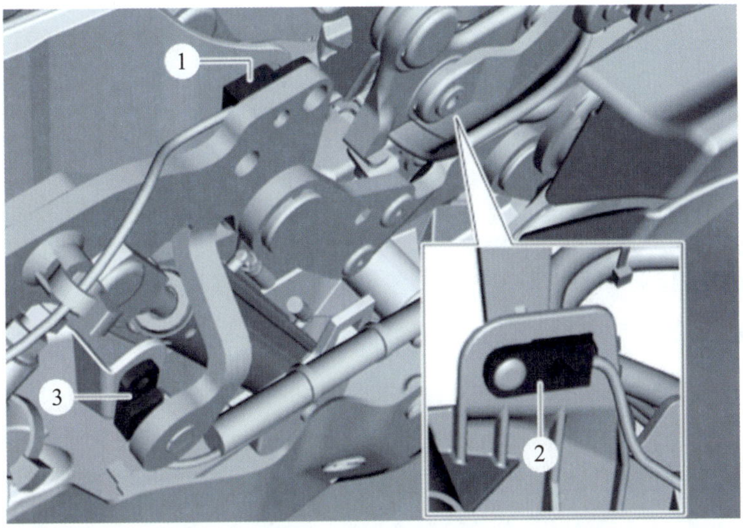

图8-46　折叠车顶位置传感器安装位置（G14）

1—张紧箍已竖起霍尔传感器；2—“折叠式软顶已放下”霍尔传感器；3—右下张紧箍霍尔传感器

敞篷车软顶模块（CVM）基于霍尔传感器（“折叠式软顶盖罩敞开”霍尔传感器）的电压信号，识别出折叠式软顶盖罩是否已完全打开。

图8-47以G14为例，显示霍尔传感器（“折叠式软顶盖罩敞开”霍尔传感器）。

驱动装置上安装有两只霍尔传感器，用于识别风窗框板联锁驱动装置和折叠式软顶锁止机构驱动装置的位置。驱动装置布置在中间。

风窗框板联锁驱动装置或折叠式软顶锁止机构驱动装置的名称取决于车型系列。

通过一只转盘（例如G29）或一根扭杆（例如G14）和推杆可以移动右侧和左侧的两只卡钩。霍尔传感器负责探测转盘或扭杆的旋转。

图8-47　霍尔传感器安装位置（G14）

1—“折叠式软顶盖罩敞开”霍尔传感器

敞篷车软顶模块（CVM）根据霍尔传感器（“风窗框板已联锁”霍尔传感器和“风窗框板已解锁”霍尔传感器）的电压信号识别，驱动装置是否处于风窗框板已联锁位置或风窗框板已解锁位置。

图8-48以G29为例，显示了风窗框板联锁驱动装置和霍尔传感器（“风窗框板已联锁”霍尔传感器和“风窗框板已解锁”霍尔传感器）。

图8-49以G14为例，显示了折叠式软顶锁止机构驱动装置和霍尔传感器（“风窗框板已联锁”霍尔传感器和“风窗框板已解锁”霍尔传感器）。

霍尔传感器（“折叠式软顶盖罩左侧已关闭和联锁”霍尔传感器和“折叠式软顶盖罩右侧已关闭和联锁”霍尔传感器）采用非接触式工作。

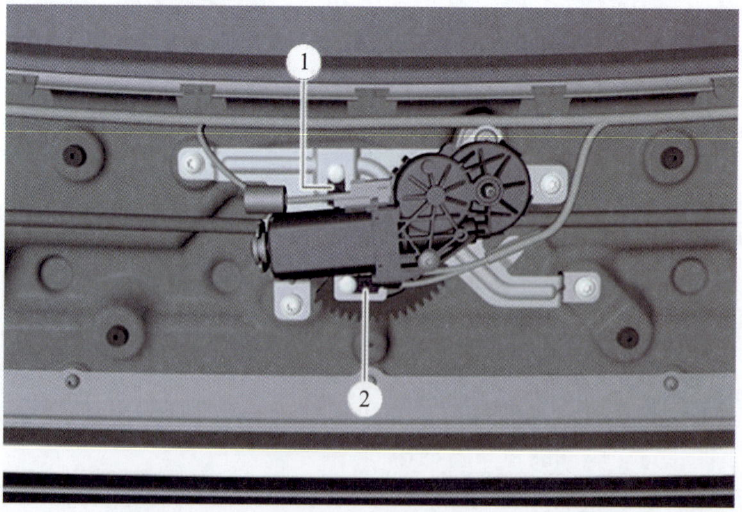

图8-48　风窗框板位置传感器安装位置（G29）

1—“风窗框板已解锁”霍尔传感器；2—“风窗框板联锁”霍尔传感器

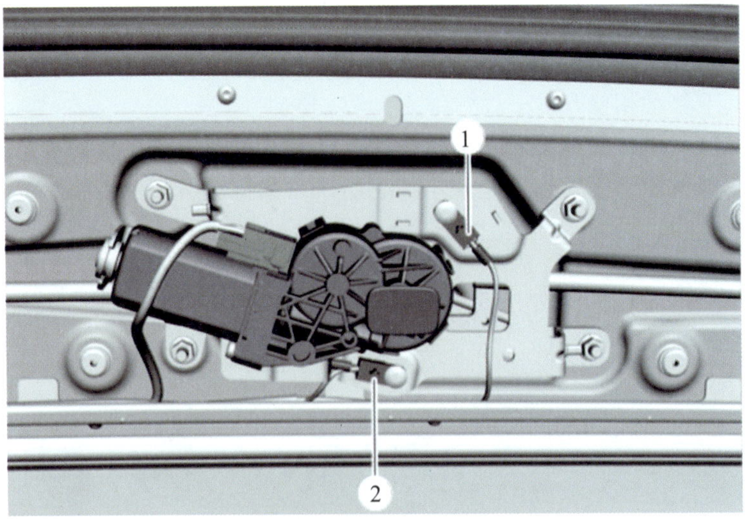

图8-49　风窗框板位置传感器安装位置（G14）

1—“风窗框板已解锁”霍尔传感器；2—“风窗框板联锁”霍尔传感器

折叠式软顶盖罩在关闭过程结束时联锁在折叠式软顶保存箱中。此时，敞篷车软顶模块（CVM）一直控制折叠式软顶盖罩的液压缸，直到两只霍尔传感器通知折叠式软顶盖罩已正确关闭，并通过卡钩联锁。

关闭折叠式软顶盖罩时，两个卡钩将联锁机械构件钩在固定吊环中。固定吊环与折叠式软顶盖罩固定连接。如果达到联锁位置，则两只霍尔传感器分别输出一个位置识别的传感器信号。这样一来，敞篷车软顶模块（CVM）将不再触发折叠式软顶驱动装置。

下图以G14为例简要显示了折叠式软顶盖罩左侧已关闭和联锁霍尔传感器。

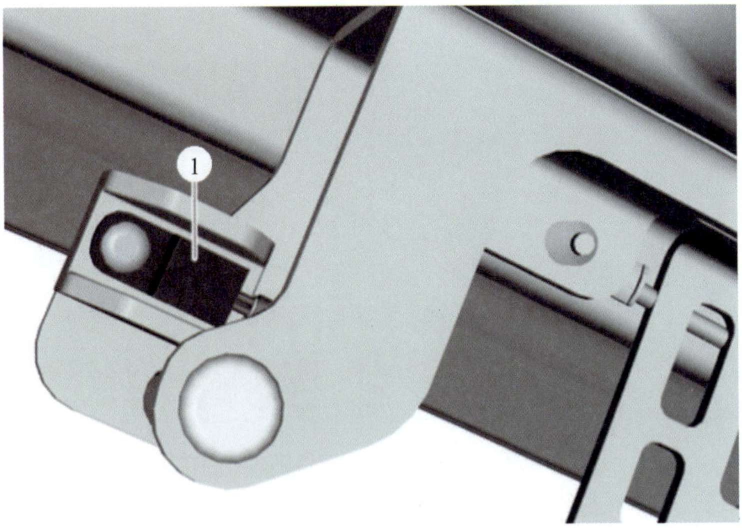

图8-50　车顶已关闭和联锁霍尔传感器安装位置（G14）

1—折叠式软顶盖罩左侧已关闭和联锁霍尔传感器

敞篷车软顶模块（CVM）基于霍尔传感器（张紧箍左下霍尔传感器和张紧箍右下霍尔传感器）的电压信号识别在折叠式车顶的关闭过程（在折叠式软顶盖罩关闭后）中，张紧箍是否已完全向下移动和松开。

图8-51以G14为例，简化显示了霍尔传感器（张紧箍左下霍尔传感器）。

图8-52以G14为例，简化显示了霍尔传感器（张紧箍右下霍尔传感器）。

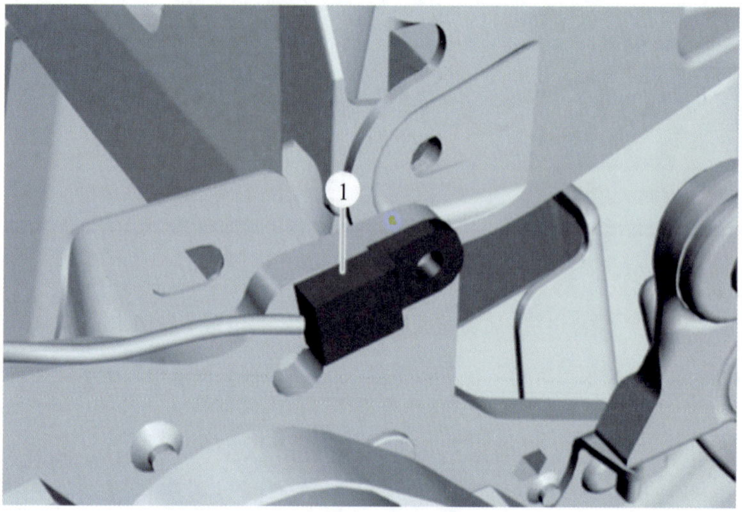

图8-51 张紧箍左下霍尔传感器安装位置

1—左下张紧箍霍尔传感器

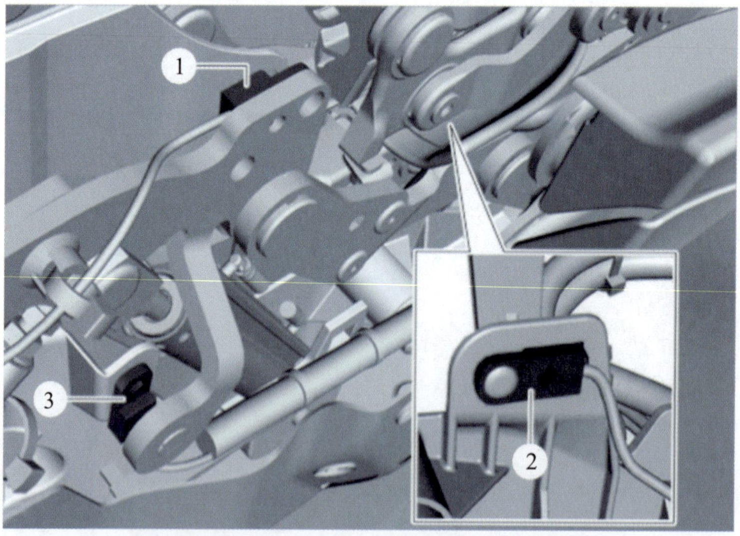

图8-52 张紧箍右下霍尔传感器安装位置

1—“张紧箍已竖起”霍尔传感器；2—“折叠式软顶已放下”霍尔传感器；3—右下张紧箍霍尔传感器

折叠式软顶所有和运动过程有关的位置通过多个霍尔传感器进行探测（见图8-53）。信号被发送给敞篷车软顶模块（CVM）。

霍尔传感器采用非接触式的工作方式。当主车顶柱已完全放下时，霍尔传感器输出位置识别传感器信号至敞篷车软顶模块（CVM）。

霍尔传感器（“折叠式软顶已放下”霍尔传感器）通过车载网络与敞篷车软顶模块（CVM）相连接，如图8-54所示。敞篷车软顶模块（CVM）为霍尔传感器供给5V电压，并分析传感器信号。

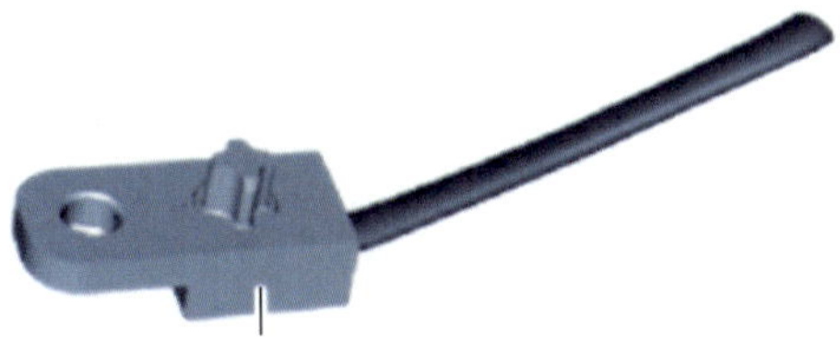

图8-53　霍尔传感器外观

1—霍尔传感器

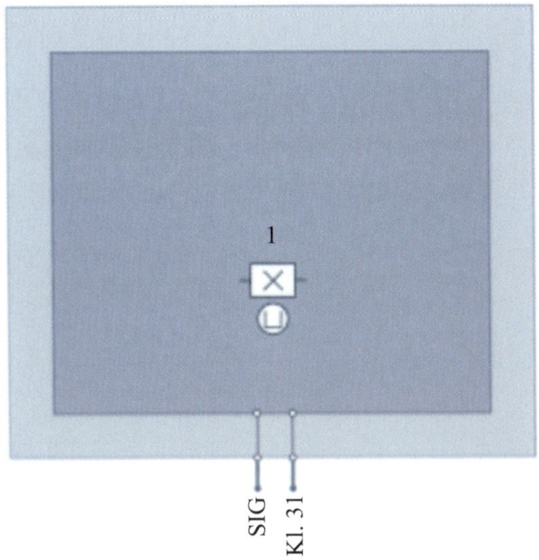

图8-54　霍尔传感器连接电路

1—霍尔传感器；Kl.31—总线端Kl.31接地；SIG—传感器信号

8.2　液体位置传感器

8.2.1　燃油油位传感器

在燃油箱中已经在半部油箱的位置上分别安装有两个燃油油位传感器，见图8-55。通过这些传感器可以确定燃油箱油位，并通过组合仪表显示出来。

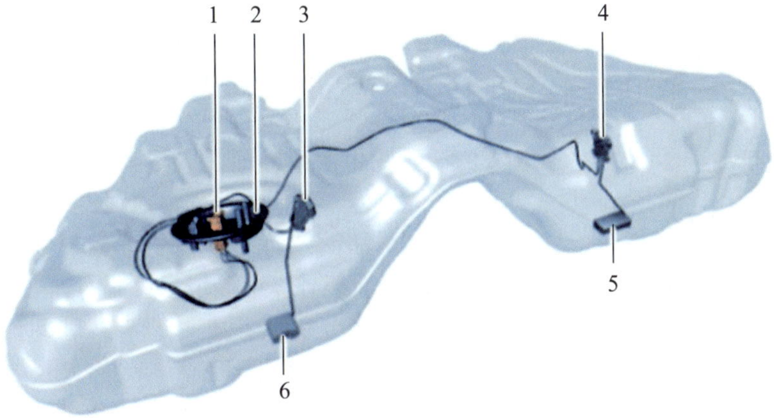

扫一扫
看视频

图8-55　燃油油位传感器安装位置

1—6芯插头连接；2—维修盖板（带有位于燃油箱的部件连接）；3—燃油油位传感器2；4—燃油油位传感器1；5—燃油油位传感器1杠杆臂上的浮子；6—燃油油位传感器2杠杆臂处的浮子

燃油油位传感器由下列组件构成：具有滑动触头和滑动触头轨道的电位计、杠杆臂、浮子。

仅燃油油位传感器2可以单独进行更换。燃油油位传感器2安装于右侧半部油箱。

总线端Kl.15接通后，组合仪表中的油位表显示燃油箱油位。

接线盒电子装置（JBE）或后部电子模块给两个燃油油位传感器供电。接线盒电子装置或车尾电子模块（REM）通过电位计上的电压降（取决于液位）确定一个电阻值。该电阻值被发送至组合仪表（KOMBI）。在组合仪表中通过特性线确定以公升为单位的燃油箱油位。

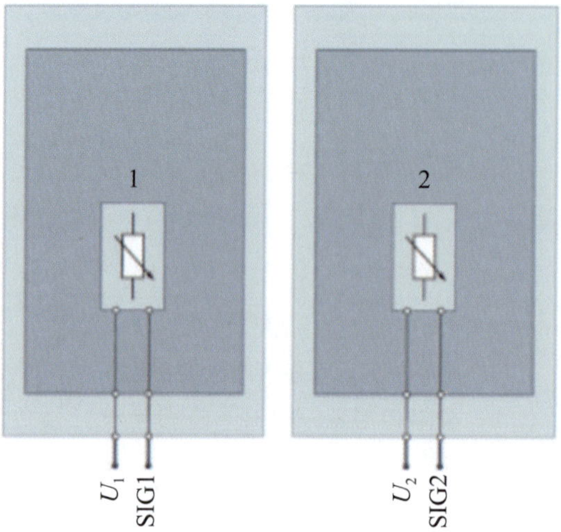

图8-56 燃油油位传感器电路

1—燃油油位传感器1；2—燃油油位传感器2；U_1，U_2—供电电压；SIG1，SIG2—油位信号

具有滑动触头和滑动触头导轨的电位计位于燃油油位传感器1或燃油油位传感器2的万向节内。浮子和杠杆臂的位置根据燃油箱油位发生变化。因此按照一定的电阻值可以分配各种角度。

燃油油位传感器已经与维修盖板的6芯插头实现连接，见图8-56。通过该插头连接，每个燃油位传感器经自带的供电导线以及信号线与接线盒电子装置（JBE）或后部电子模块（REM）连接。

8.2.2 机油油位传感器

在大多数发动机中机油油位传感器取代了机油状态传感器。油位传感器测量下列参数：机油油位、机油温度。发动机控制系统分析这些测量参数。测量方法基于超声波探测。

机油油位传感器固定在油底壳上，可从下部拆装。在带有机油油位传感器的车辆上不再使用油尺，而是为这些发动机设计了电子油位检查。传感器外观如图8-57所示。

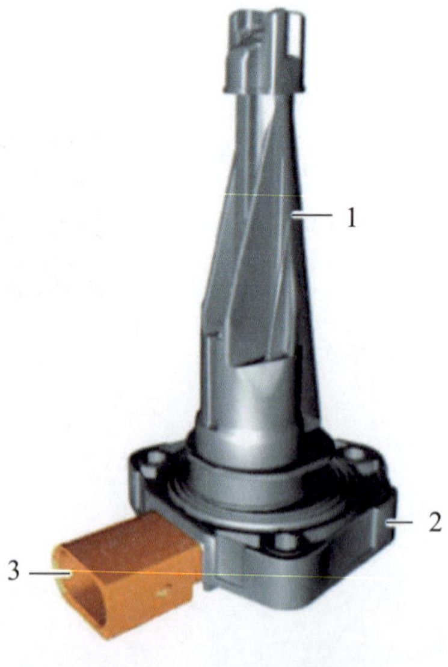

图8-57 机油油位传感器

1—量管；2—油位传感器；3—3芯插头连接

机油油位传感器由一个电子分析装置和一个量管组成。机油位于量管内。

电子分析装置发射超声波脉冲。这些超声波脉冲在机油至空气的分界处反射（回声脉冲）。电子分析装置接收并放大这些回声脉冲。接着这些被放大过的回声脉冲被转换成一种数字信号。

声波返回的距离决定了回声延时。电子分

析装置根据回声延时计算油位。机油变化（例如老化或异物进入机油中）以及机油温度会影响信号延迟，因此在油位传感器内进行补偿。

这些信号按脉冲宽度调制方式发送给发动机控制系统。

机油油位传感器通过一个3芯插头与发动机控制系统连接，见图8-58。机油油位传感器由总线端Kl.15和总线端Kl.31供电。

用于测量的电子装置包含在电子单元内，采用超声波探测技术工作。

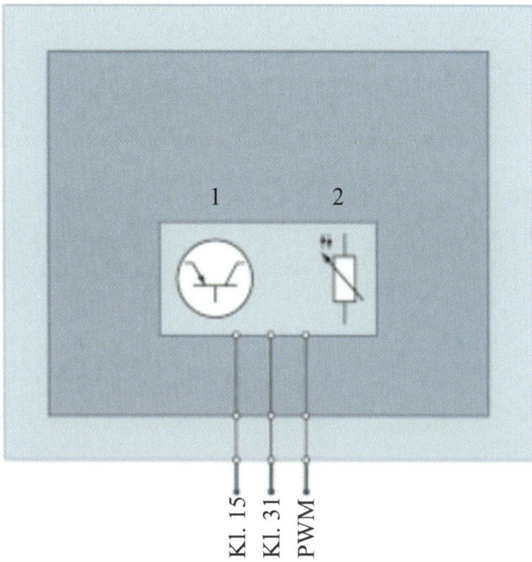

图8-58　机油油位传感器电路

1—带有电子分析系统的电子芯片；2—温度传感器；Kl.15—总线端Kl.15；Kl.31—总线端Kl.31；PWM—脉冲宽度调制信号

8.2.3　机油状态传感器

机油状态传感器扩展了机油油位传感器的功能。机油状态传感器测量下列参数：机油温度，机油油位，电介质的电导率。

发动机控制系统分析这些测量参数。此外用机油状态传感器还可以确定发动机机油的电性能。这些特性随着发动机磨损以及发动机机油变化（例如老化、混入杂质）而变化。

机油状态传感器固定在油底壳上，可从下部拆装。在所有新型发动机系列上都不再存在油尺（柴油发动机除外），规定对所有发动机进行电子油位检查。

机油状态传感器由2个圆柱形电容器组成。两个电容器上下重叠布置。两根金属管交错插接，用作电极。位于电极之间的机油用作电介质。传感器外观如图8-59所示。

位于电场中的不导电物质被称为电介质。电场穿过绝缘体。电容率也被称作导电率。电容率说明物质的电场穿透性。该系数说明，电容极板之间排列有介电的、不导电的材料时，电容器上的电压降多大。

温度传感器位于机油状态传感器的壳体上。在机油状态传感器的壳体中有一个电子分析装置。此电子分析装置具有自诊断功能。机油状态传感器的故障代码被输入发动机控制系统的故障代码存储器中。

机油的电特性随着机油的损耗和老化而改变。由于机油（电介质）的电特性变化，电容器的容量发生变化。

电子分析装置把测得的电容量转换成一个数字信号。然后将这个数字传感器信号发

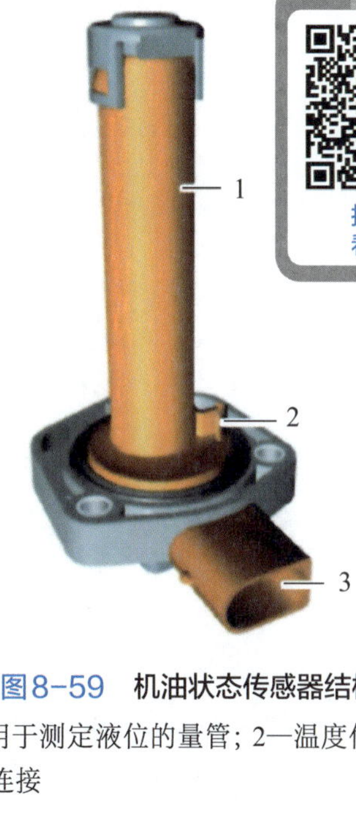

图8-59　机油状态传感器结构

1—用于测定液位的量管；2—温度传感器；3—3芯插头连接

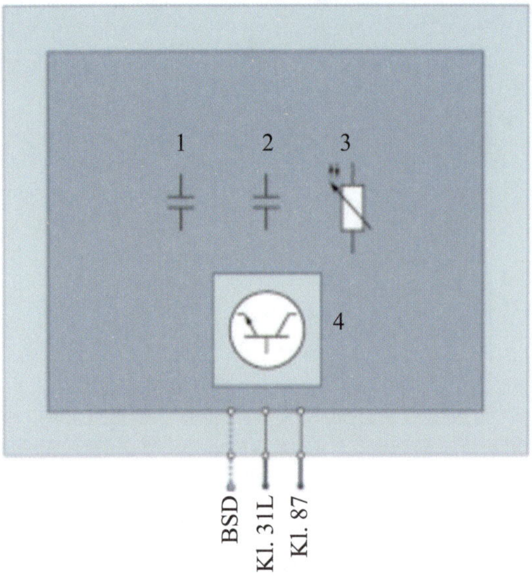

图8-60 机油状态传感器电路

1—电容器1; 2—电容器2; 3—温度传感器; 4—带有电子分析系统的电子芯片; BSD—串行数据接口; Kl.31L—负荷接地; Kl.87—接通点火开关的蓄电池电压

送到发动机控制系统。发动机控制系统将此信号用于内部计算（例如发动机机油中的冷凝水）。

为进行电子油位检查，机油状态传感器上部分中的第2个电容器在发动机运转时探测油位。该电容器在油底壳中的油位高度上。因此随着油位的变化，电容器的电容也发生改变。电子分析装置由此生成一个数字信号。发动机控制系统由此计算出机油油位。中央信息显示器（CID）以及组合仪表显示电子油位检查结果。在不带CID的车辆上，只在组合仪表上显示油位。

机油状态传感器通过一个串行数据接口连接在发动机控制系统上。测量系统已完全集成在电子模块中，并通过容量测量工作。供电取决于发动机型号（例如通过总线端Kl.87、总线端Kl.15或总线端15N）。

图8-60作为示例显示通过总线端Kl.87供电。

传感器测量原理如图8-61所示。

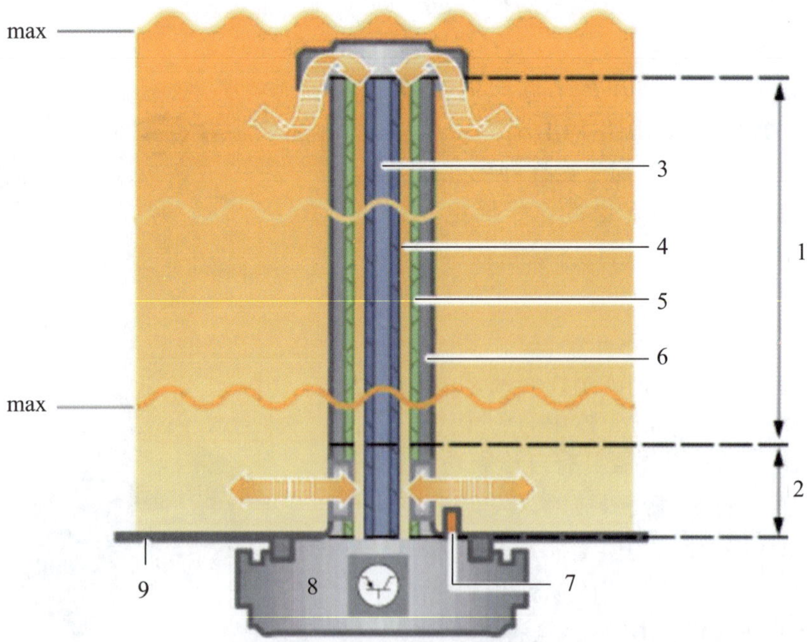

图8-61 机油状态传感器原理

1—油位测量范围; 2—电容率测量范围; 3—内部电容器; 4—电介质（发动机机油）; 5—外部电容器; 6—壳体; 7—温度传感器; 8—电子分析装置; 9—油底壳

8.2.4　主动油箱油位传感器

为了持续符合严格的法定废气排放规定，在SCR系统上喷射尿素-水混合物，即将所谓的AdBlue喷入SCR废气触媒转换器中。作为喷剂喷入的尿素-水混合物在此与高温废气反应，从而减少废气中有害NO_x排放量（氧化氮）的比例。这种化学反应在串接在柴油微粒过滤器后的SCR废气触媒转换器中进行。当SCR废气触媒转换器达到下列要求的最低温度时，即进行这种化学反应。在达到该温度（SCR废气触媒转换器中大约200℃）前，SCR系统关闭。

在输送模块中集成燃油油位传感器。油位通过超声波测量。

电子分析装置发射超声波脉冲。这些超声波脉冲在尿素-水混合物至空气的分界处反射（回声脉冲）。电子分析装置接收并放大这些回声脉冲。接着这些被放大过的回声脉冲被转换成一种数字信号。

位置很倾斜或者主动油箱或被动油箱冻结时，信号位于15mm处。该信号与表示主动油箱或被动油箱已空的信号一致。

油位传感器安装在主动油箱或被动油箱中，见图8-62。

燃油油位传感器通过一个5芯插头进行连接，见图8-63。

在燃油油位传感器中集成有一个温度传感器。进行温度记录时，使用的是与温度有关的电阻器。该电路包括一个分压器，可将其测量的与温度有关的电阻值，通过一条

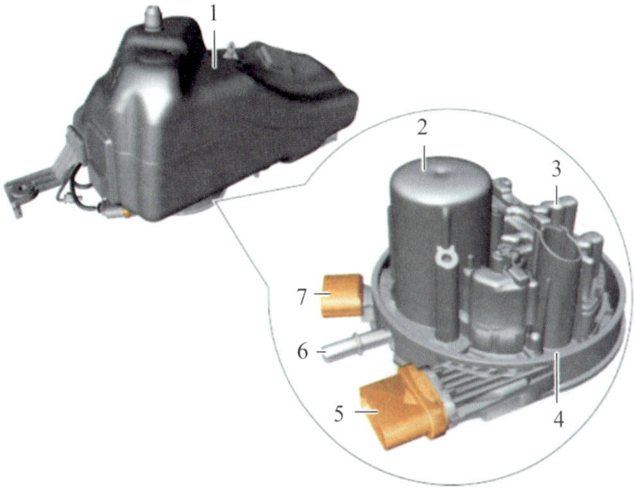

图8-62　主动油箱液位传感器（宝马F30）

1—主动油箱；2—带供油泵和回流泵的泵体；3—加热元件；4—带温度传感器的燃油油位传感器；5—5芯插头连接；6—高压管路接口；7—4芯插头连接

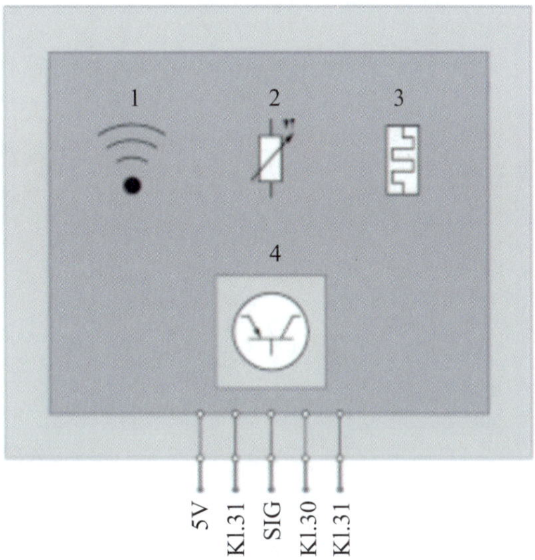

图8-63　燃油油位传感器电路

1—燃油油位传感器；2—温度传感器；3—尿素罐加热系统；4—电子分析装置

传感器特有的特性线转换成温度值。测量范围在–40 ～ 80℃之间。

SCR控制单元通过5芯插头连接控制尿素罐加热系统。AdBlue在–11℃时冻结。

在下列最大加热时间结束后，必须融化足够的AdBlue，以确保持续的燃油喷射：

–15℃：20min；

–25℃：45min。

当主动油箱冻结时将燃油输送量限制为150g/h。更高的燃油输送量会妨碍持续从主动油箱中抽取液态AdBlue并可能导致SCR系统失灵。

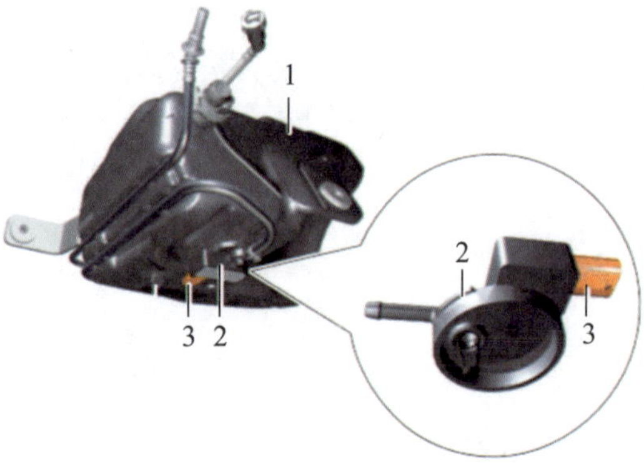

图8-64 燃油油位传感器（F30）

1—被动油箱；2—带温度传感器的燃油油位传感器；3—3芯插头连接

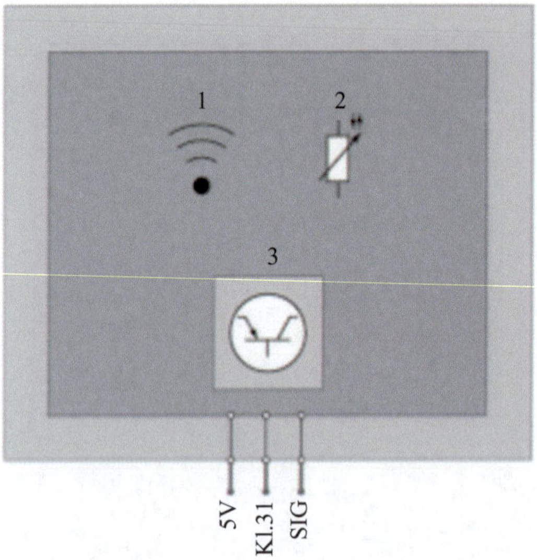

图8-65 被动油箱油位传感器电路

1—燃油油位传感器；2—温度传感器；3—尿素罐加热系统；5V—燃油油位传感器供电；Kl.31—燃油油位传感器接地；SIG—油位信号和尿素-水混合物温度信号（按脉冲宽度调制）

8.2.5 被动油箱油位传感器

燃油油位传感器集成在被动油箱中，见图8-64。油位通过超声波测量。

电子分析装置发射超声波脉冲。这些超声波脉冲在尿素-水混合物至空气的分界处反射（回声脉冲）。电子分析装置接收并放大这些回声脉冲。接着这些被放大过的回声脉冲被转换成一种数字信号。

位置很倾斜或者主动油箱或被动油箱冻结时，信号位于15mm处。该信号与表示主动油箱或被动油箱已空的信号一致。

该燃油油位传感器通过一个3芯插头进行连接，见图8-65。

在燃油油位传感器中集成有一个温度传感器。进行温度记录时，使用的是与温度有关的电阻器。该电路包括一个分压器，可将其测量的与温度有关的电阻值，通过一条传感器特有的特性线转换成温度值。测量范围在–40 ～ 80℃之间。

8.2.6 制动液液位传感器

在制动液储液罐中有带加注滤网的缓冲嵌入件以及带环形磁铁的制动液液位传感器，如图8-66所示。制动液液位传感器将信号提供给动态稳定控制系统（DSC）。制动液储液罐上有最大标记和最小标记。

制动液属于保养周期显示（CBS）的保养范围。

制动液液位传感器牢固集成在储液罐内。

这样一来就无法单独更换制动液液位传感器。

当制动液液位传感器不提供信号时（损坏或插头连接敞开），只能回退进行液压制动，需要增加制动力！

为了确保集成制动器的可靠功能，需要达到储液罐内的最小制动液体积。为了确保识别出准确的液位，制动系统装有一个制动液液位传感器。通过带环形磁铁的浮子和四个霍尔传感器，可以精确确定制动液液位。

DSC控制单元将信号通过总线系统发送至组合仪表。组合仪表输出一个检查控制信息。制动液储液罐内制动液的正常运动通常不会导致显示检查控制信息。

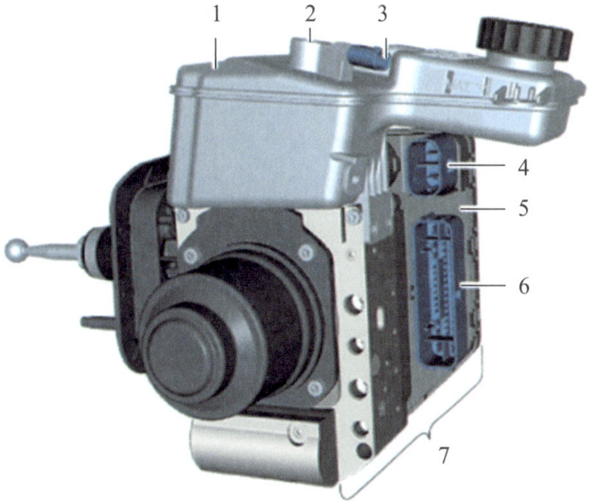

图8-66　制动液液位传感器安装位置

1—热膨胀平衡罐；2—制动液液位传感器；3—2芯插头连接；4—2芯插头连接；5—DSC控制单元；6—46芯插头连接；7—DSC单元，由DSC控制单元和液压机组组成

在PAD模式，动态稳定控制系统（DSC）为制动液液位传感器提供间歇应力（3.3V矩形波信号）。由DSC控制单元回读信号。

制动液液位传感器通过一个两芯插头进行连接，如图8-67所示。

制动液液面高度降低时，浮子也降低。在传感器中集成有四个霍尔传感器，通过霍尔传感器实现两个警告区域。其原理示意图如图8-68所示。

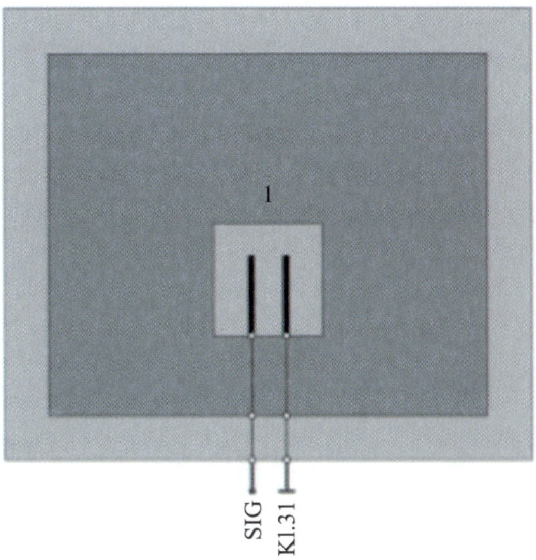

图8-67　制动液液位传感器电路连接

1—制动液液位传感器；SIG—至DSC控制单元的制动液面高度信号；Kl.31—总线端Kl.31

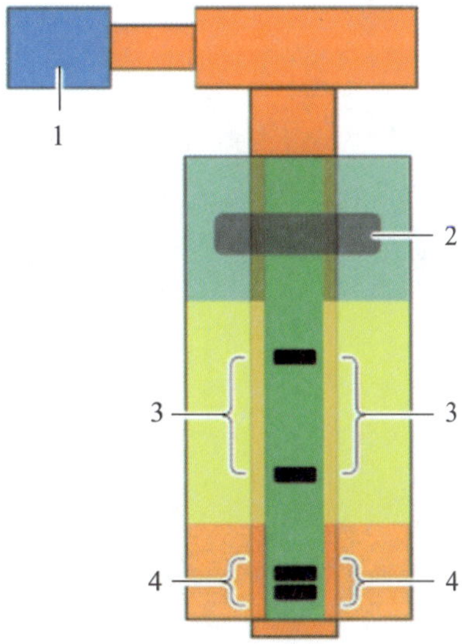

图8-68　制动液液位传感器工作原理

1—2芯插头连接；2—带环形磁铁的浮子；3—带上方警告区域的2个霍尔传感器；4—带下方警告区域的2个霍尔传感器

8.2.7 冷却液液位传感器

冷却液液位传感器识别冷却液膨胀罐中冷却液液位是否低于所需水平。冷却液液位传感器是电容传感器。该传感器是一种电容性液位传感器，通过两个喷管进行非接触式测量。传感器安装位置见图8-69。

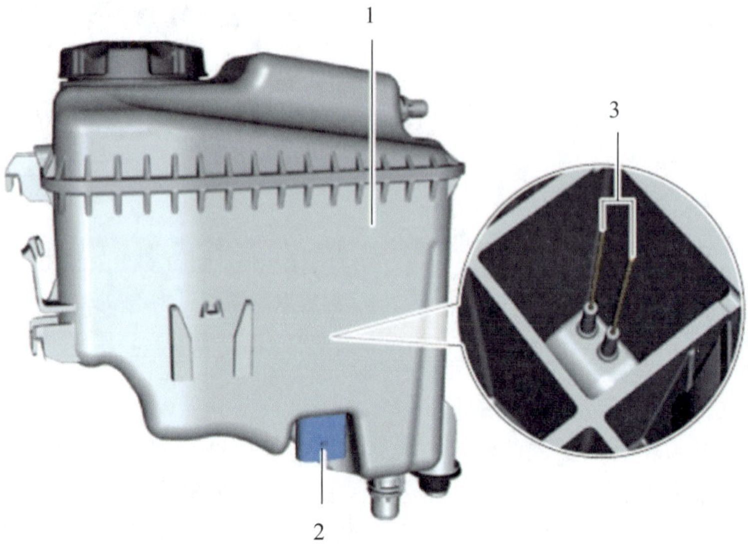

图8-69 冷却液液位传感器安装位置

1—热膨胀平衡罐；2—2芯插头连接；3—电容传感器（示出：储液罐内视图）

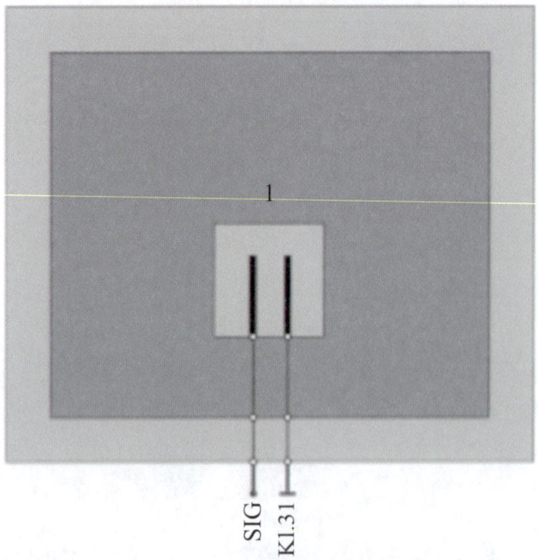

图8-70 冷却液液位传感器电路连接

1—冷却液液位传感器；SIG—冷却液液位至车身域控制器（BDC）的信号；Kl.31—总线端Kl.31

冷却液液位过低时，冷却液液位传感器提供一个发生改变的信号。信息将在TFT显示器中通过检查控制信息在组合仪表中输出。冷却液液位传感器与车身域控制器（BDC）相连接，通过PT-CAN将信号转发至组合仪表。

自PAD模式接通起，车身域控制器（BDC）给冷却液液位开关提供间歇电压（3.3V矩形波信号）。该信号供车身域控制器（BDC）读取。传感器电路连接如图8-70所示。

8.2.8 清洗液液位传感器

清洗液液位传感器将识别出清洗液罐内清洗液液位是否低于所需的水平。清洗液液位传感器将在清洗液罐侧面固定。

清洗液液位传感器是电容传感器（不再拥有簧片触头）。传感器安装位置如图8-71所示。

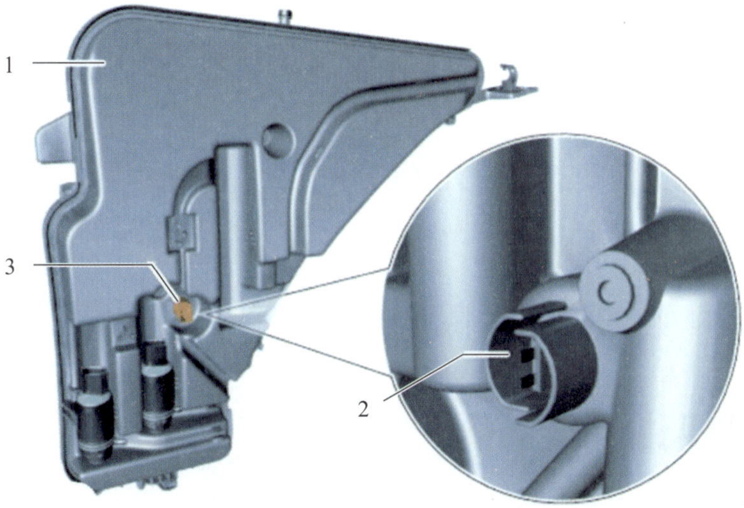

图8-71　清洗液液位传感器安装位置

1—热膨胀平衡罐；2—电容传感器；3—2芯插头连接

该传感器是一种电容性液位传感器，通过两个小喷管进行非接触式测量。

当清洗液液位过低时，清洗液液位传感器提供一个发生改变的信号。信息将在TFT显示器中通过检查控制信息在组合仪表中输出。清洗液液位传感器连接在前部车身电子模块（FEM）或车身域控制器（BDC）上，通过PT-CAN将信号转发至组合仪表。

清洗液液位传感器由前部车身电子模块（FEM）车身域控制器（BDC）自总线端Kl.15起用间歇电压供电（3.3V矩形波信号）。信号由前部车身电子模块（FEM）或车身域控制器（BDC）读取回。传感器电路连接如图8-72所示。

图8-72　清洗液液位传感器电路

1—清洗液液位传感器；SIG—前部车身电子模块（FEM）或车身域控制器（BDC）的清洗液液位信号；Kl.31—总线端Kl.31

第九章　气雾传感器

9.1　发动机进气传感器

9.1.1　热膜式空气流量计

热膜式空气流量计安装于发动机进气系统的空气滤清器和节气门之间，见图9-1。

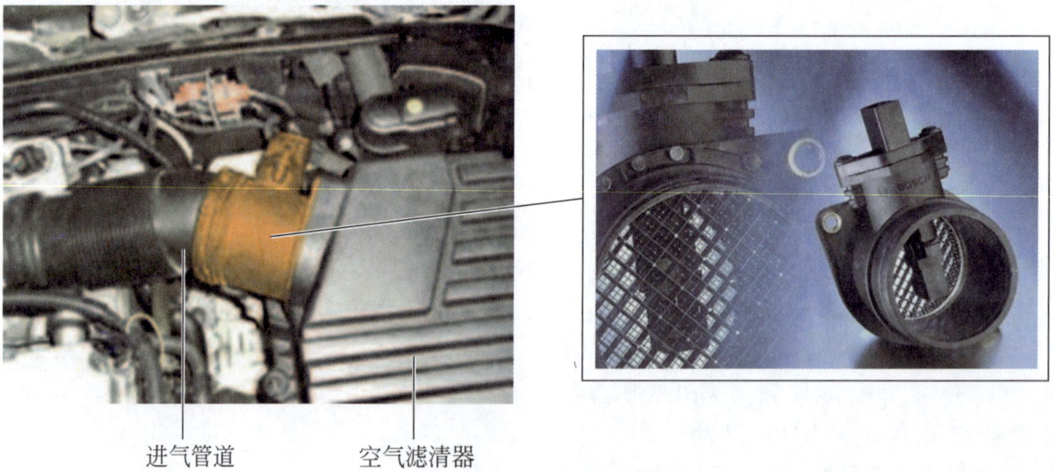

图9-1　热膜式空气流量计安装位置

该部件主要用来识别进气空气质量，发动机电脑根据其信号准确判断进气空气质量。在汽油发动机电控系统中，这些信号用来计算与负荷有关的功能，如点火时间点、燃油喷射时间、燃油喷射量和活性炭过滤装置。在柴油发动机上，这些信号用于控制废气回流量和燃油喷射时间。

热膜式空气流量计由测量管和传感器电子单元及传感器元件组成。通过测量分流（旁路）中的空气来测量空气质量。通过其特殊的结构，可以测量吸入及回流的空气质量。由于空气尘埃、发动机机油蒸气及湿气侵入传感器元件会导致测量结果出错，所以设计测量管中的阻流网。如图9-2所示。

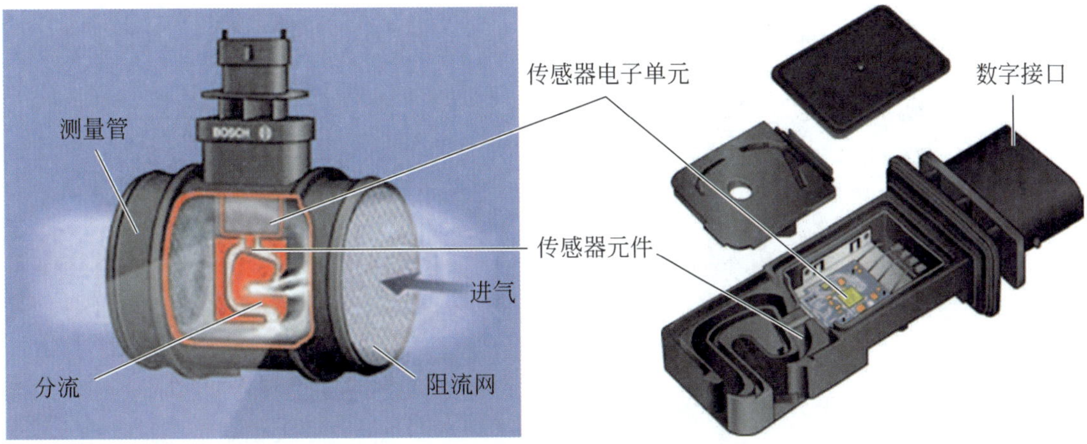

图9-2　空气流量计内部结构

传感器元件位于传感器电子单元旁边并伸入用于空气质量测量的空气分流内。在传感器元件上有一个热电阻，两个与温度相关的电阻R_1和R_2以及一个进气温度传感器。

传感器元件在中间通过热电阻被加热到高于进气温度120℃（如进气温度为30℃，则测得温度为150℃），由于与热电阻之间的间距，传感器至边缘的温度逐渐降低。电子模块通过R_1和R_2的温度差识别出进气空气质量和流向。传感器工作原理如图9-3所示。

空气流量计向发动机控制单元传递一个包含被测空气质量的数字信号（频率）。

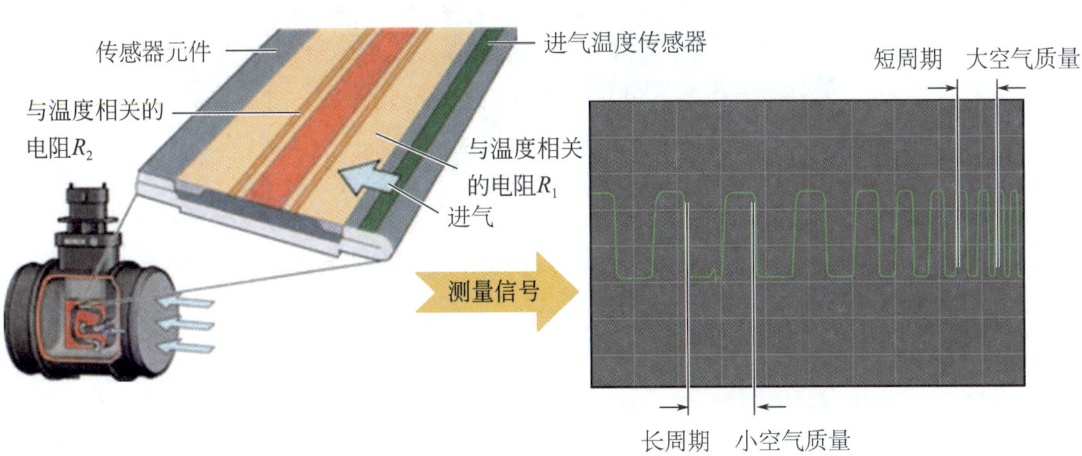

图9-3　空气流量计工作原理

9.1.2 宝马空气质量流量计

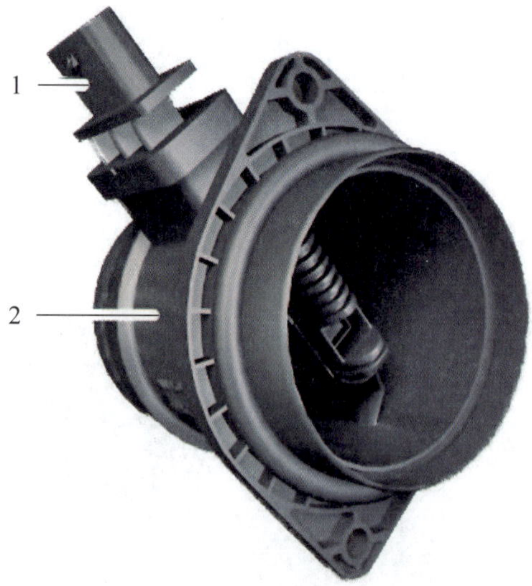

图9-4 热膜式空气质量流量计

1—HFM；2—测量管壳体

热膜式空气质量流量计HFM6用于美规车辆，安装在进气消声器后，以提高负荷测定的准确性。来自HFM的进气温度传感器信号不发送给DME。流量计外观如图9-4所示。

流量计结构如图9-5所示。迷宫式密封装置确保仅测量实际空气质量。该装置可避免记录回流和脉动情况。因此，HFM在不计空气压力和回流情况下测定实际空气质量。

有一个电动加热式传感器测量元件伸入空气气流内，但始终保持传感器测量元件温度恒定。空气气流吸收传感器测量元件的热量。空气质量流量越大，用于保持传感器测量元件温度恒定的能量就越大。

扫一扫
看视频

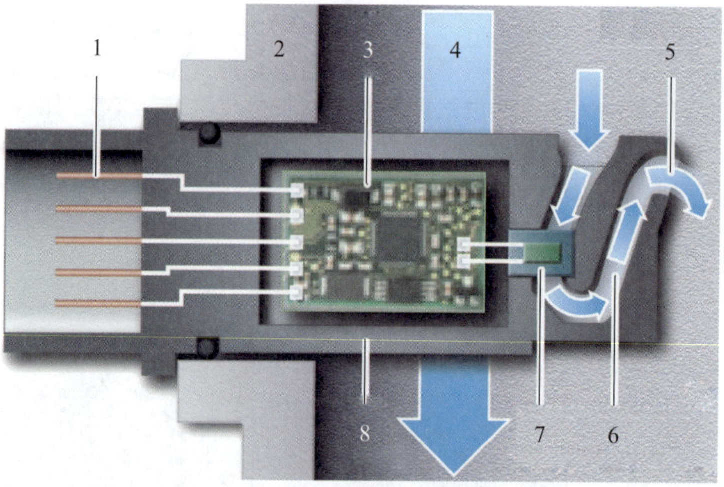

图9-5 热膜式空气质量流量计原理

1—电气接头；2—测量管壳体；3—电子分析装置；4—空气质量流量；5—用于测量的排气流量；6—迷宫式密封装置；7—传感器测量元件；8—传感器壳体

电子分析装置将传感器信号转化为数字信号，随后以调频方式将该数字信号发送至DME。

为了能够补偿温度影响，空气质量信号参考变化的温度信号，信号流程如图9-6所示。DME为HFM提供车载网络供电和接地连接。

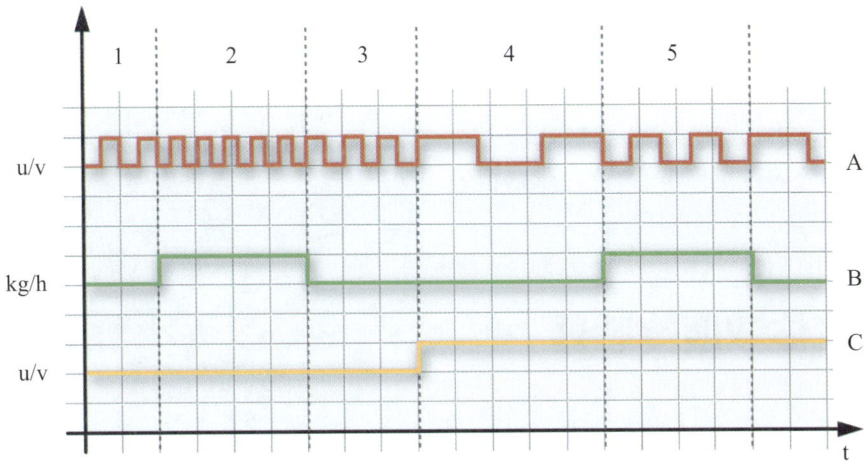

图9-6　HFM信号流程

A—空气质量信号；B—空气质量；C—温度信号；1—参考空气质量（B）和温度信号（C）的空气质量信号（A）；2—空气质量（B）增大时，空气质量信号（A）的周期持续时间缩短；3—空气质量（B）减小时，空气质量信号（A）的周期持续时间延长；4—温度升高（C）且空气质量保持不变时，空气质量信号（A）的周期持续时间延长，以补偿温度影响；5—空气质量（B）增大时，在考虑到温度信号（C）的情况下，空气质量信号的周期持续时间缩短

9.1.3　进气压力与温度传感器

进气温度和进气压力传感器拧紧在进气集气箱上，见图9-7。这一组合式传感器向发动机控制系统提供以下信息：节气门后的温度和节气门后的进气压力。

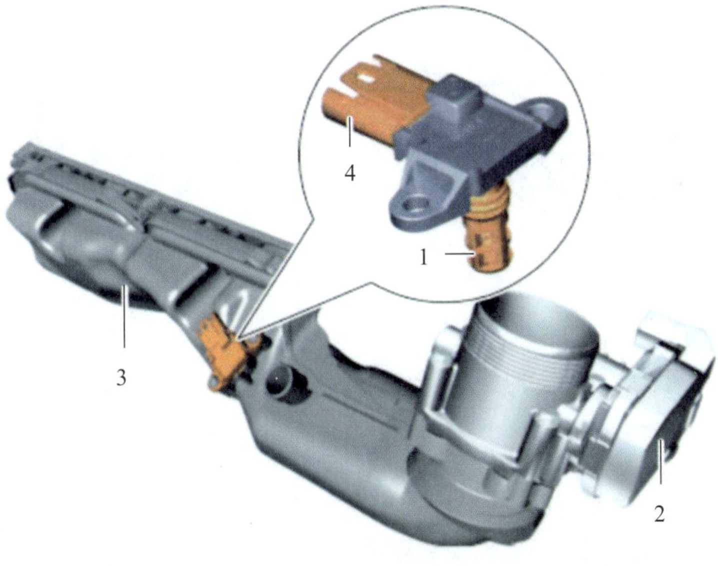

图9-7　进气压力与温度传感器安装位置

1—进气温度-进气压力传感器；2—节气门调节器；3—进气集气箱；4—4芯插头连接

进气温度-进气压力传感器用于计算所吸入的空气量。此压力还用作负荷信号的替代值。

进气温度-进气管压力传感器通过一个4芯插头进行连接，见图9-8。该传感器由发动机控制系统提供5V的电压。

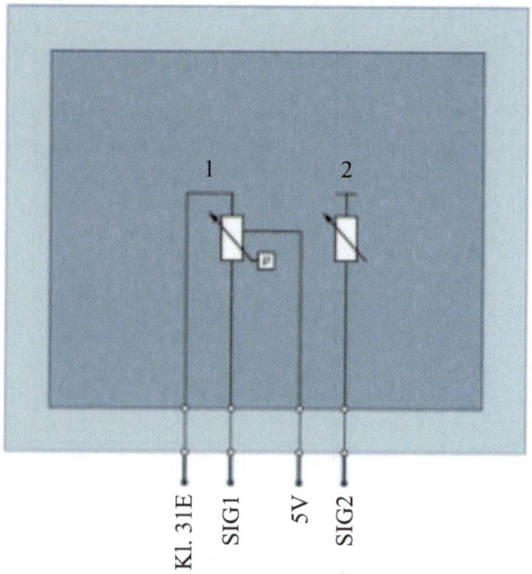

图9-8　进气压力与温度传感器电路

1—进气压力传感器；2—进气温度传感器；Kl.31E—总线端Kl.31电子接地线；SIG1—进气压力信号；5V—供电电压；SIG2—进气温度信号

9.2　气体浓度传感器

9.2.1　氧传感器原理一

（1）宽带氧传感器

以Bosch公司生产的LSU4.9型宽带氧传感器为例，这是一种带连续式特性曲线的调节传感器。这种宽带氧传感器安装在发动机附近的催化转换器前。传感器外观如图9-9所示。

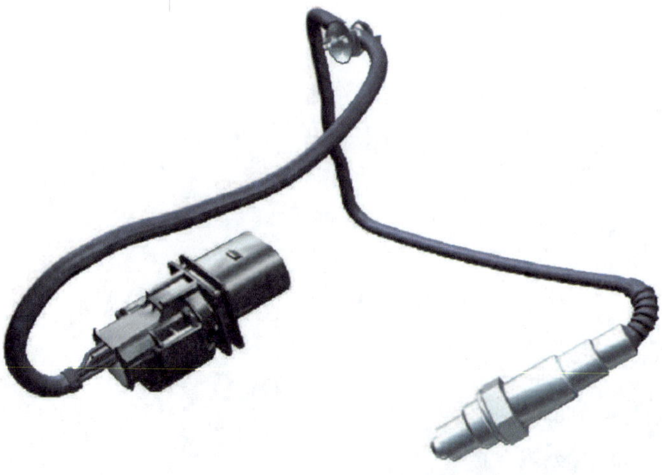

图9-9　宽带氧传感器

宽带氧传感器可在较大范围内测量废气中的氧气浓度。因此可计算出燃烧室内的空燃比。

宽带氧传感器不仅能在λ=1，而且能在λ＜1（浓）和λ＞1（稀）的情况下准确测量。从λ=0.7至λ=¥（¥=空气），宽带氧传感器提供清晰、恒定的电信号。

宽带氧传感器通过5根导线与插头壳体连接在一起。以下插头接入插头壳体内：泵电流正极；泵电流和Nernst电压负极；加热器负极；加热器正极；Nernst电压正极。

在宽带氧传感器插头内集成有一个用于补偿制造公差的补偿电阻器。该电阻器与自由触点相连。

宽带氧传感器的测量室由一种二氧化锆陶瓷ZrO_2材料制成。该测量室由一个Nernst浓差电池（执行阶跃特性曲线式氧传感器功能的传感器室）和一个输送氧离子的氧气泵室构成。

氧气泵室与Nernst浓差电池之间留有一个大约10～50mm的扩散间隙。扩散间隙通过一个多孔式扩散区与废气相通。Nernst浓差电池一侧通过基准空气通道和开口与周围大气相通，在另一侧通过扩散间隙与废气相通。宽带氧传感器结构如图9-10所示。

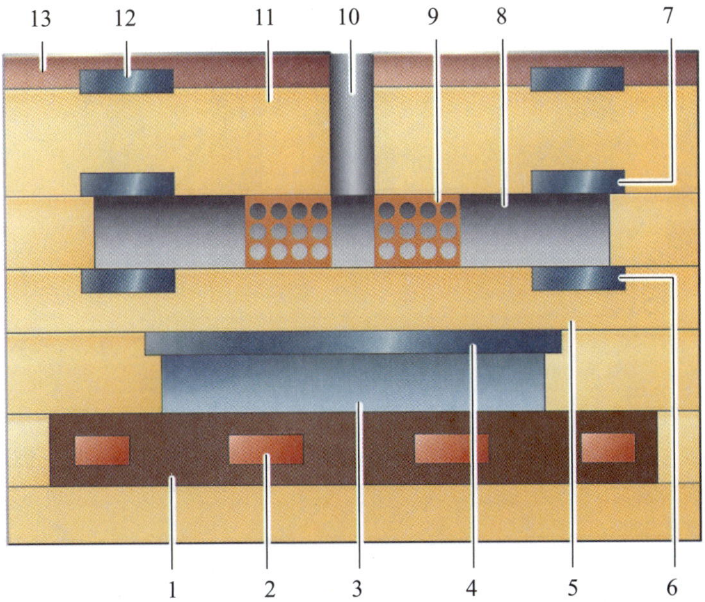

图9-10　宽带氧传感器的结构

1—绝缘层；2—加热元件；3—基准空气通道；4—基准室的内部电极；5—由ZrO_2制成的陶瓷层；6—基准室的外部电极；7—氧气泵室的内部电极；8—扩散间隙；9—多孔式扩散区；10—废气进气口；11—由ZrO_2制成的陶瓷层；12—氧气泵室的外部电极；13—保护层

废气通过废气进气口进入Nernst浓差电池的扩散间隙。这样首先使扩散间隙内的氧气浓度与废气中的氧气浓度相同。为了能够使扩散间隙内达到λ=1，Nernst浓差电池将扩散间隙内的废气与基准空气通道内的环境空气进行比较。

务必要确保连接氧传感器的导线插口没有污物，从而使环境空气能够进入基准空气通道内。因此必须确保插接连接件没有污物（清洗剂、防腐剂等）。

通过向氧气泵室外部电极和氧气泵室内部电极施加泵电压，可通过多孔式扩散区从废气向扩散间隙内泵入氧气或从中泵出氧气。DME内的一个分析电路通过Nernst浓差电池对施加在泵室上的电压进行调节，从而使扩散间隙内的气体成分始终保持在λ=1。稀混合气燃烧产生废气时，氧气泵室从扩散间隙向外泵出氧离子，如图9-11所示。

相反，浓混合气燃烧产生废气时，通过在泵室外部电极处对CO_2和H_2O进行催化分解，从周围废气中向扩散间隙内泵入氧离子，如图9-12所示。λ=1时无需输送氧离子，泵电流为零，如图9-13所示。

泵电流与废气中的氧离子浓度成正比，因此是空燃比的衡量标准。

图9-14说明了泵电流与空燃比λ之间的关系。

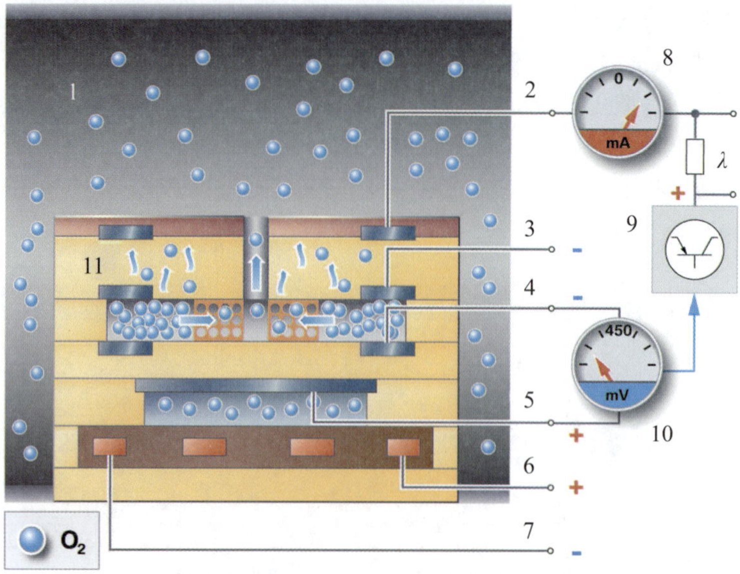

图9-11　稀混合气情况下的宽带氧传感器

1—排气管；2—氧气泵室外部电极正极连接装置；3—氧气泵室内部电极负极连接装置；4—基准室外部电极负极连接装置；5—基准室内部电极正极连接装置；6—氧传感器加热装置正极连接装置；7—氧传感器加热装置负极连接装置；8—泵电流（红色=正极）；9—分析电路；10—基准电压（<450mV=蓝色）；11—因泵电流产生的氧离子流

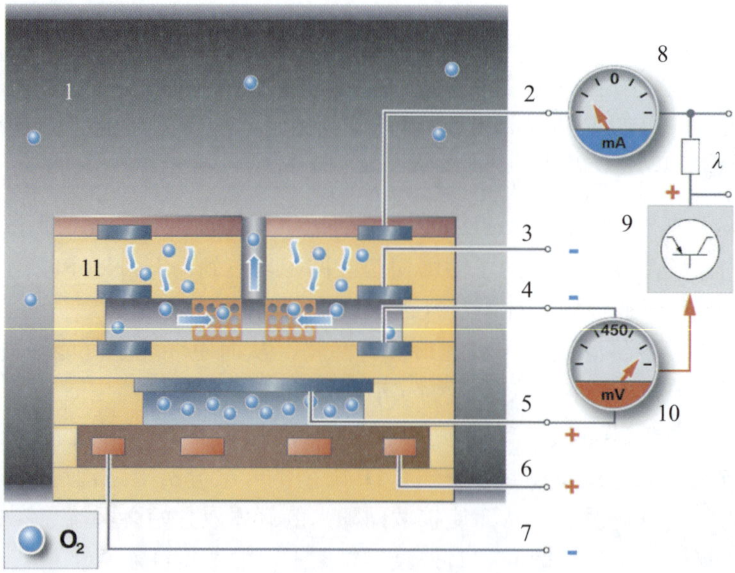

图9-12　浓混合气情况下的宽带氧传感器

1—排气管；2—氧气泵室外部电极正极连接装置；3—氧气泵室外部电极负极连接装置；4—基准室外部电极负极连接装置；5—基准室内部电极正极连接装置；6—氧传感器加热装置正极连接装置；7—氧传感器加热装置负极连接装置；8—泵电流（蓝色=负极）；9—分析电路；10—基准电压（>450mV=红色）；11—因泵电流产生的氧离子流

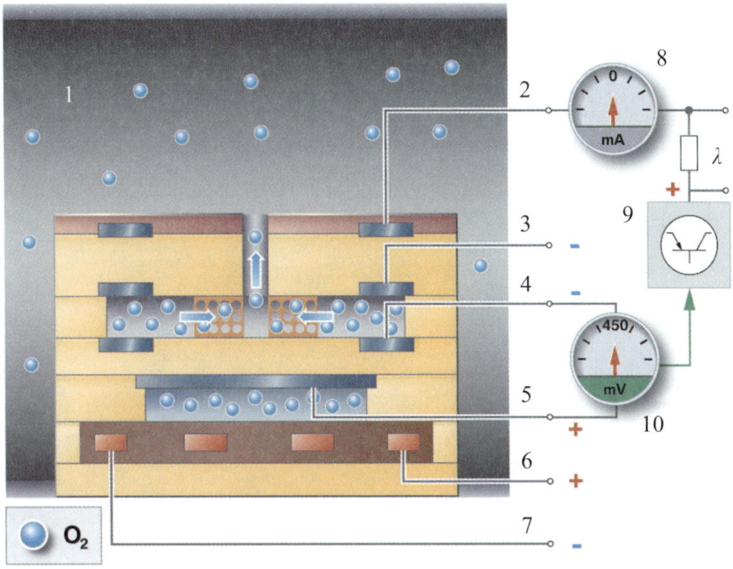

图9-13 λ=1时的宽带氧传感器

1—排气管；2—氧气泵室外部电极正极连接装置；3—氧气泵室外部电极负极连接装置；4—基准室外部电极负极连接装置；5—基准室内部电极正极连接装置；6—氧传感器加热装置正极连接装置；7—氧传感器加热装置负极连接装置；8—泵电流（灰色=零）；9—分析电路；10—基准电压（450mV=绿色）

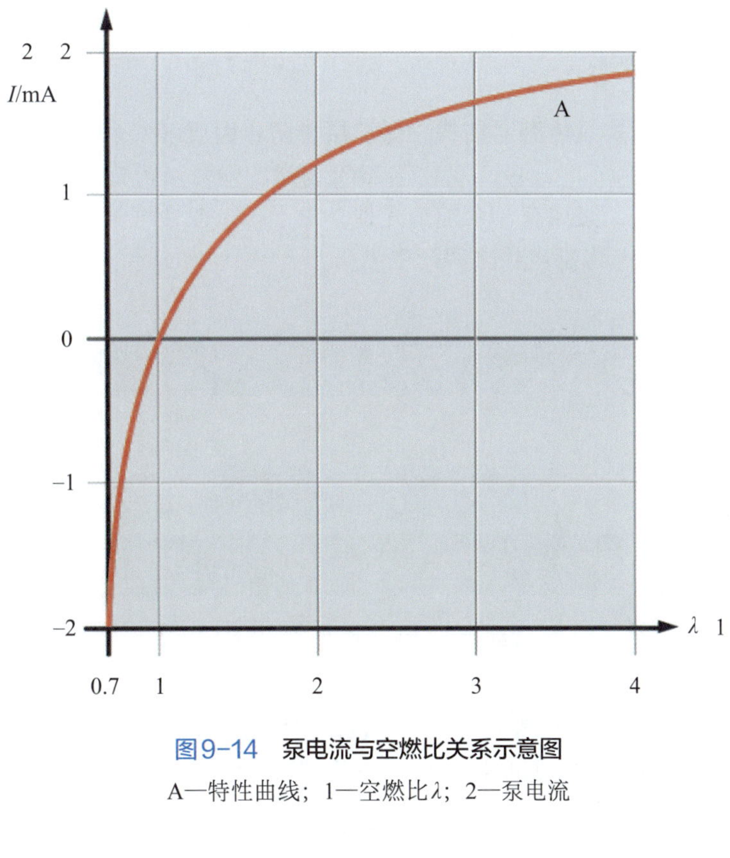

图9-14 泵电流与空燃比关系示意图

A—特性曲线；1—空燃比λ；2—泵电流

（2）阶跃式氧传感器

氧传感器是控制和测量废气成分不可缺少的部件，用于满足法定排放要求，废气排放物成分如图9-15所示。为了达到最佳燃烧效果，需使空燃比达到14.7 ∶ 1（空气∶燃油）。

以NTK公司生产的FLO型阶跃式氧传感器为例。该阶跃式氧传感器安装在催化转换器后，用于进行催化转换器诊断。传感器外观如图9-16所示。阶跃式氧传感器可识别出允许的λ=1偏差值，但无法提供准确的混合气偏差数据。

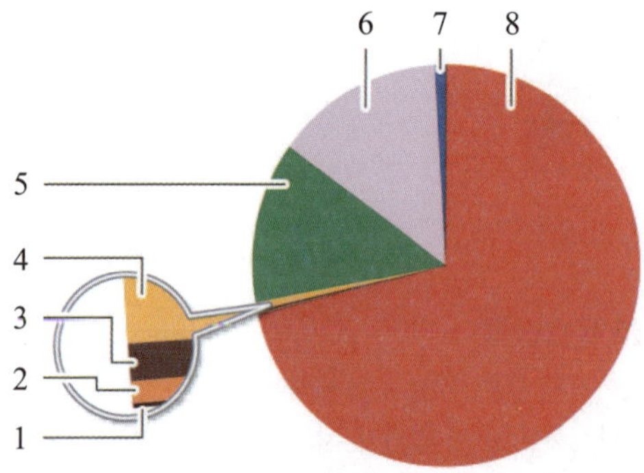

图9-15　催化转换器前的废气成分

1—固体颗粒0.005%；2—NO_x 0.1%；3—HC 0.2%；4—CO 0.7%；5—CO_2 14%；6—H_2O 13%；7—氧气+其他1%；8—N_2 70.995%

图9-16　带阶跃特性曲线的监控传感器

图9-17介绍了阶跃式氧传感器结构。保护层可防止因废气残余物造成外部电极腐蚀性损坏。温度超过大约350℃时，由二氧化锆ZrO_2制成的陶瓷层可传导氧离子。为了使氧传感器尽快达到运行温度，集成有一个加热元件。由于在浓混合气情况下废气中仍含有剩余氧气，因此在外部电极与内部电极之间产生电压。

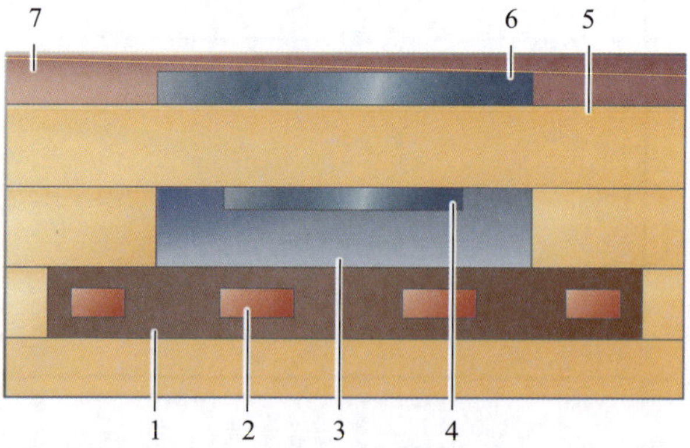

图9-17　阶跃式氧传感器的结构

1—绝缘层；2—加热元件；3—基准空气通道；4—内部电极；5—由二氧化锆ZrO_2制成的陶瓷层；6—外部电极；7—保护层

为了始终确保基准参数不变，将基准空气通道与环境空气相通。因此基准参数表示的就是环境空气的氧气含量。外部电极、由ZrO_2制成的陶瓷层和内部电极（4）又称为Nernst浓差电池。

务必要确保连接氧传感器的导线插口没有污物，从而使环境空气能够进入基准空气通道内。因此必须确保插接连接件没有污物（清洗剂、防腐剂等）。

由于稀混合气情况下的剩余氧气含量较高，因此Nernst浓差电池处的电压测量值较低。如图9-18所示。

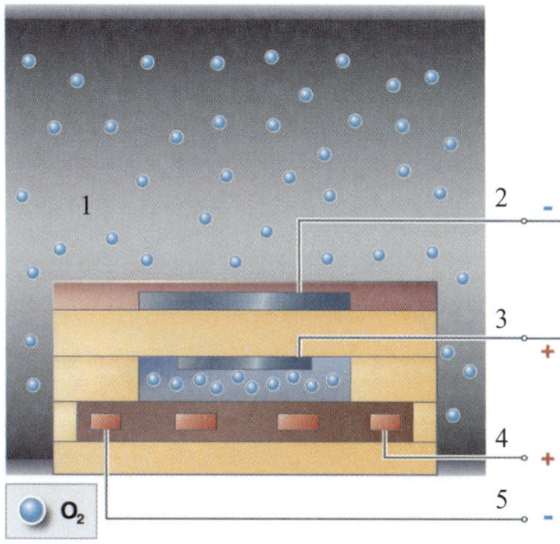

图9-18　稀混合气情况下的阶跃式氧传感器

1—排气管；2—外部电极负极连接装置；3—内部电极正极连接装置；4—氧传感器加热装置正极连接装置；5—氧传感器加热装置负极连接装置

由于浓混合气情况下的剩余氧气含量较低，因此Nernst浓差电池处的电压测量值较高。如图9-19所示。

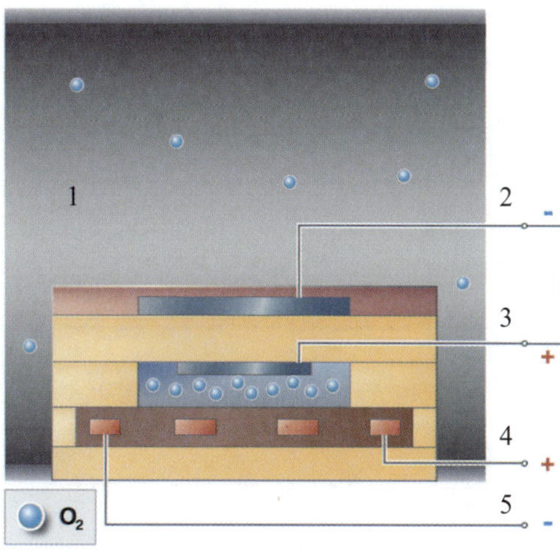

图9-19　浓混合气情况下的阶跃式氧传感器

1—排气管；2—外部电极负极连接装置；3—内部电极正极连接装置；4—氧传感器加热装置正极连接装置；5—氧传感器加热装置负极连接装置

由于λ=1时的剩余氧气含量达到了最佳混合气成分要求，因此Nernst浓差电池处的电压测量值为450mV。如图9-20所示。

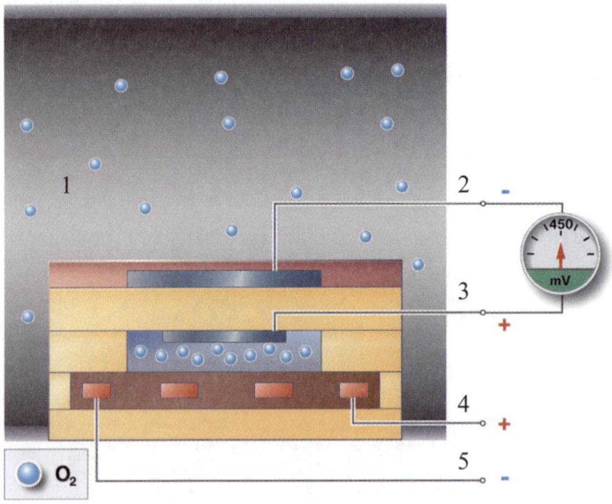

图9-20　λ=1时的阶跃式氧传感器

1—排气管；2—外部电极负极连接装置；3—内部电极正极连接装置；4—氧传感器加热装置正极连接装置；5—氧传感器加热装置负极连接装置

图9-21显示了λ值与废气成分的关系。λ=1时，废气中各自成分所占的比例最为理想。实线表示经过催化转换器处理后的废气成分。虚线表示未经催化转换器处理的废气成分。

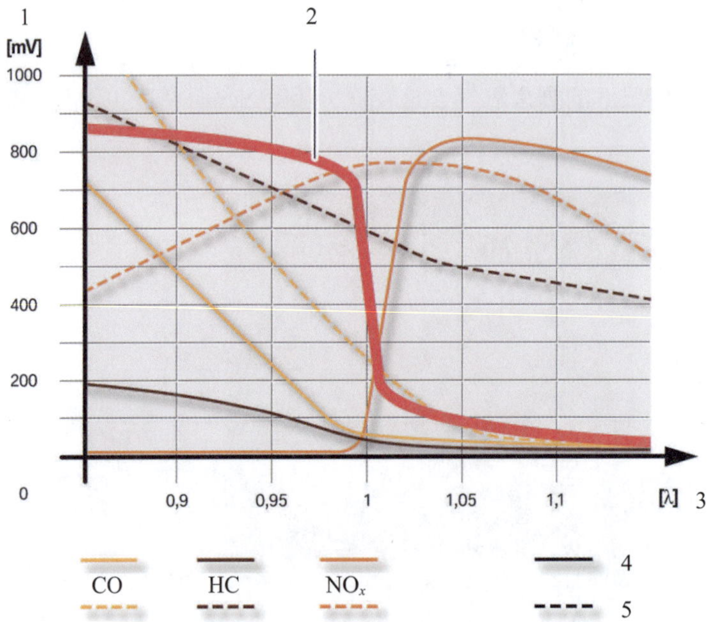

图9-21　与废气成分相关的电压特性曲线

1—传感器电压；2—氧传感器的电压特性曲线；3—空燃比λ；4—经过催化转换器处理；5—未经催化转换器处理

9.2.2　氧传感器原理二

（1）前氧传感器

废气触媒转换器前的氧传感器是一个宽带氧传感器（调控用传感器）。此宽带氧传感器不断测量废气中的残余氧含量。残余氧含量的摆动值作为电压信号继续传送给发动机控制单元。发动机控制系统通过喷射修正混合气成分。

改进研发的宽带氧传感器LSU ADV（Bosch）是新产品。LSU是“通用氧传感器”的缩写，而ADV则代表“高级”。

宽带氧传感器的传感机构由二氧化锆陶瓷层（层压板）组成。层压板中插入的加热元件确保快速加热到至少760℃的必要工作温度。宽带氧传感器具有两个元件，一个所谓的测量元件和一个参考元件，这两个元件上涂有铂电极。传感器安装位置见图9-22。

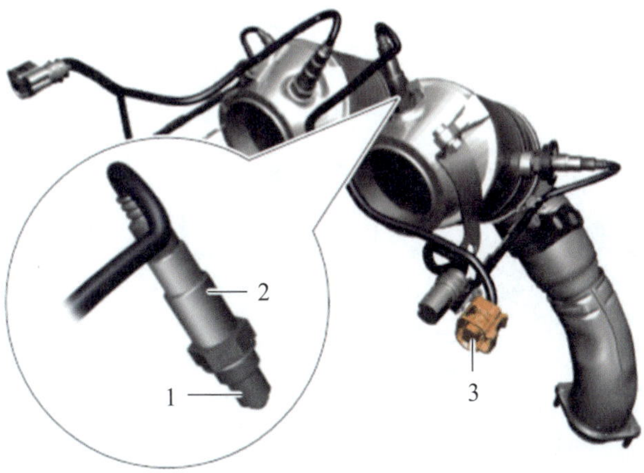

图9-22　前氧传感器位置

1—宽带氧传感器；2—壳体；3—6芯插头连接（5芯被使用）

通过宽带氧传感器可以无级测得一个介于0.65和空气之间的空燃比（稳定的特性线）。

为了实现完全而完美的燃烧，需要的空燃比为14.7：1。实际输送的空气质量与化学计算的空气质量之间的比称为空气过量系数。在车辆正常运行时空气过量系数会摆动。发动机在空气不足（空气过量系数约0.9=浓混合气）时具有最佳功率。发动机在空气过量（空气过量系数约1.1=稀混合气）时油耗最低。当混合气在空气过量系数为1的范围内时，废气触媒转换器可最佳地减少有害物质的排放。转换率（即已转换的有害物质部分）在先进的废气触媒转换器上达98%至近乎100%。油气混合气的最佳成分由发动机控制系统调节。氧传感器这时提供关于废气成分的基本信息。如图9-23所示。

在泵元件上施加一个电压，于是很多氧气被抽送到测量元件中，直到测量元件的电极之间出现一个450mV的电压为止。产生的泵电流就是空燃比的测量值。根据这个测量值可在燃烧室内建立适合每种工况的空燃比。电路连接如图9-24所示。

（2）后氧传感器

具有跳跃式特性线的监控用氧传感器是Bosch公司的LSF4.2型切换式氧传感器。该监

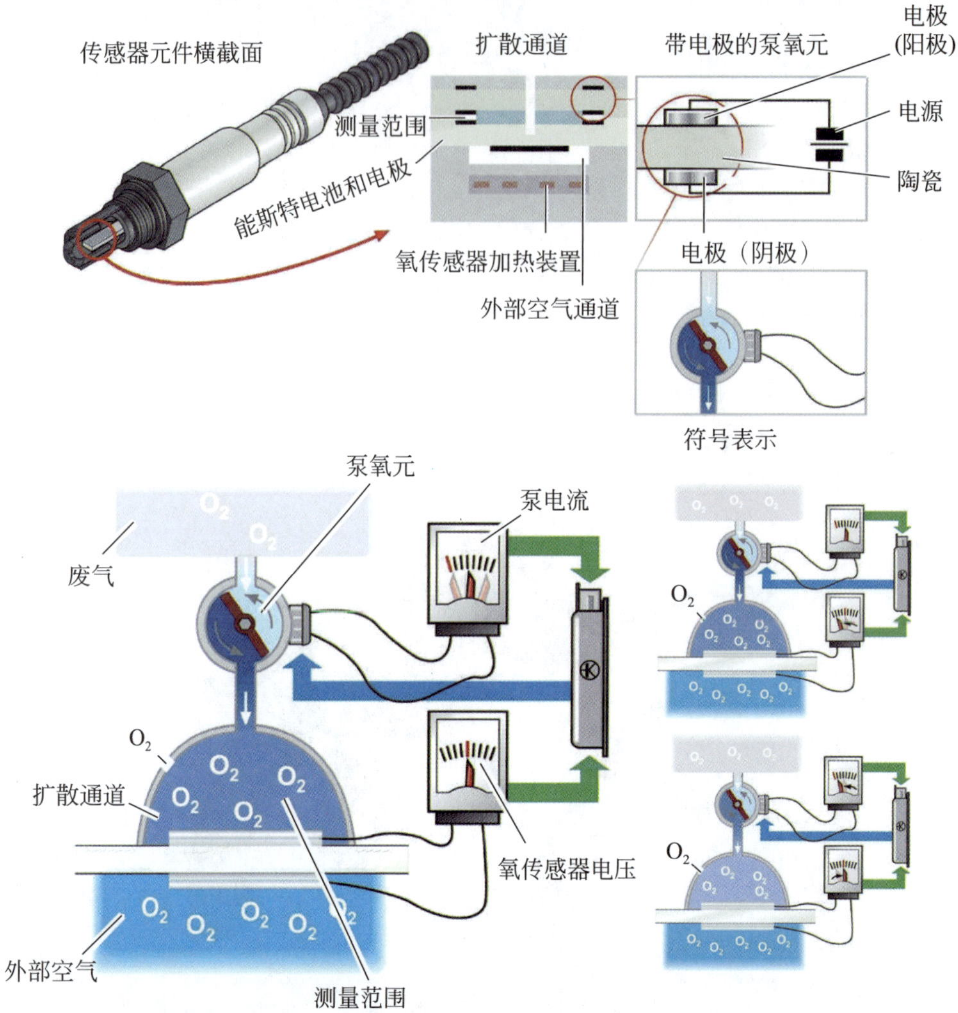

图9-23　宽频氧传感器结构与原理

控用氧传感器在废气触媒转换器后面，用于废气触媒转换器诊断。监控用氧传感器识别空气过量系数=1的可靠偏差，但不能确定混合气浓度偏差的大小。

前氧传感器不断测量废气中的残余氧含量。残余氧含量的摆动值被作为电流信号转发到发动机控制单元。DME通过喷射燃油修正混合气成分。

在废气触媒转换器后安装有第二个氧传感器（监控用氧传感器）。废气触媒转换器具有较高的氧气存储能力，因此在废气触媒转换器后只有少量氧气。监控用氧传感器输出几乎恒定的（经平缓处理的）电压。随着不断老化，废气触媒转换器的氧气存储能力下降，监控用氧传感器于是越来越频繁地通过电压波动对空气过量系数偏差作出反应。这种特性可通过一项专用的诊断功能用于废气触媒转换器监控，并通过排放警示灯显示废气触媒转换器的功能异常。后氧传感器安装位置见图9-25。

即使在用浓混合气运行时废气中依然含有残余氧气，因此在外部电极和内部电极之间会出现一个电压。为了使基准参数保持不变，参考空气道与大气保持连接。基准参数因而就是大气的氧含量。如图9-26所示。

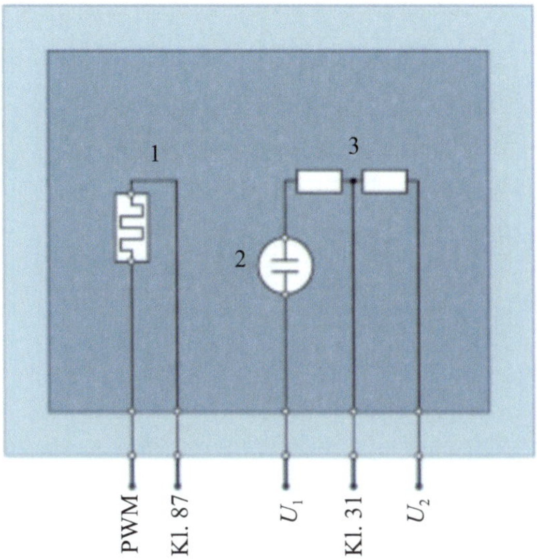

图9-24　前氧传感器电路

1—氧传感器加热装置；2—参考元件（Nernst元件）；3—测量元件（Nernst和泵元件）；PWM—氧传感器加热装置按脉冲宽度调制的控制；Kl.87—蓄电池电压总线端15接通；U_1—参考元件电压；Kl.31—虚拟接地；U_2—泵室电压

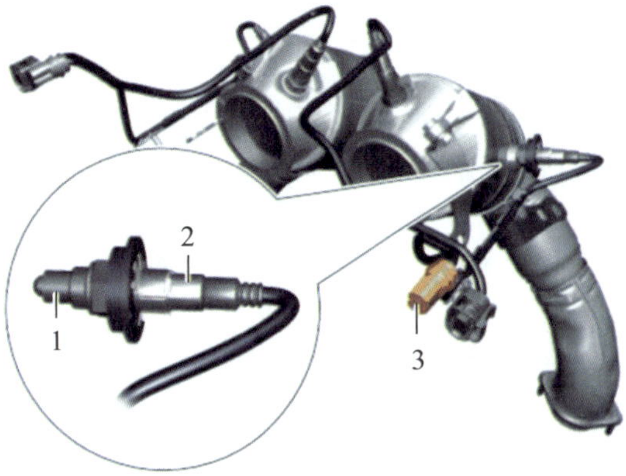

图9-25　后氧传感器安装位置

1—氧传感器；2—壳体；3—4芯插头连接

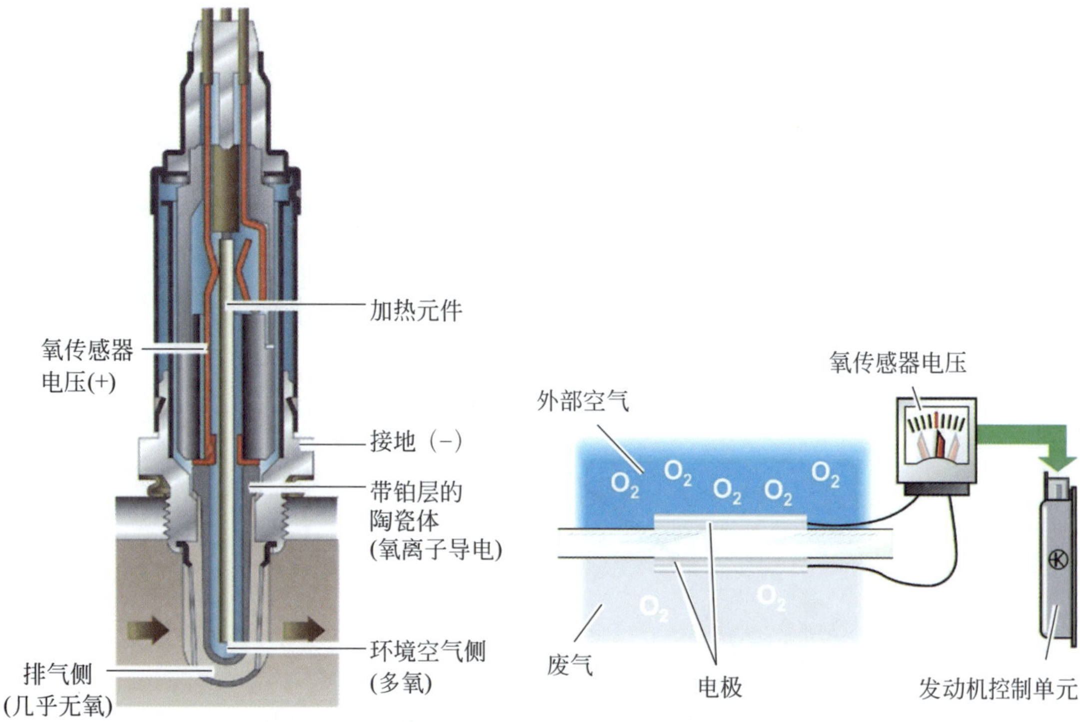

图9-26　氧浓度差型传感器结构与原理

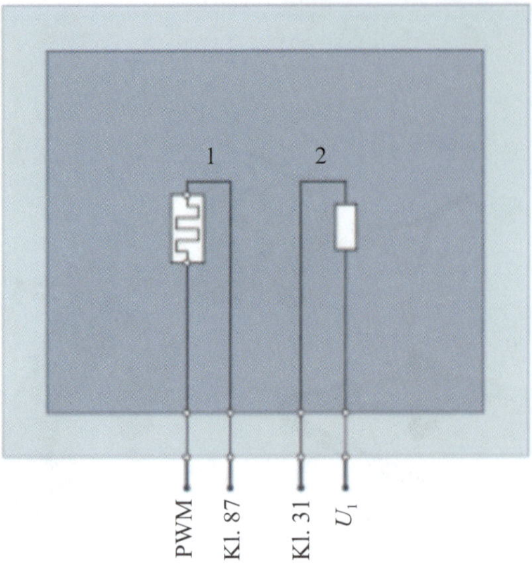

图9-27 后氧传感器电路

1—氧传感器加热装置；2—测量元件；PWM—氧传感器加热装置按脉冲宽度调制的控制；Kl.87—蓄电池电压，总线端15接通；Kl.31—测量元件的接地；U_1—测量元件上的电压

保护层可防止由于废气中的残留物而可能在外部电极上产生损坏。二氧化锆（ZrO_2）陶瓷层自约350℃起可传导氧离子。为了使氧传感器尽快达到运行温度，后氧传感器集成了一个加热元件。后氧传感器电路连接如图9-27所示。

9.2.3 氮氧化物传感器

氮氧化物传感器（NO_x传感器）在来自柴油发动机的废气流中分析氧化氮浓缩物。传感器外观如图9-28所示。

如果氧化氮含量增加，则出现一个代表存储型尾气处理器已充满的符号。氮氧化物传感器位于存储型尾气处理器下游。

存储型尾气处理器的存储容量受到限制。如果达到存储型尾气处理器的存储容量，则发动机控制系统开始调动和转换氧化氮。

发动机控制系统基于计算模型和氮氧化物传感器的测量信号控制并监控再生阶段。

在再生阶段将持续约3s切换成润滑驱动（过量空气系数$\lambda<1$）。在存储型尾气处理器中暂时存储的氧化氮将减少并转化成氮气。接着，存储型尾气处理器可以再次暂时存储氧化氮。该再生阶段可能每60h重复一次。

氮氧化物传感器由一个基于二氧化锆的陶瓷固体聚合物构成。大约在300℃以上时该材料可传导氧离子。已安装的加热元件提供所需的工作温度。

废气中的氧气和氧化氮混合物在NO_x存储型尾气处理器之后进入氮氧化物传感器。氮氧化物传感器内部有两个空腔。在第一个空腔中将通过泵单元抽出或注入氧气并由此将氧气浓缩调节为固定值。通过提供电压将氧分子拆分为离子并通过固体聚合物导出。

接着氧化氮保留在第二个空腔中。在第二个空腔中将通过第二个泵单元继续减少氧气

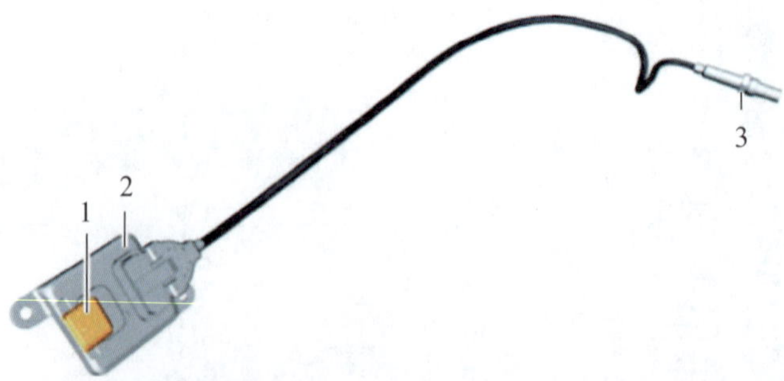

图9-28 氮氧化物传感器

1—5芯插头连接；2—氮氧化物传感器的电子分析装置；3—氮氧化物传感器的测量用探针

浓缩。在第三个泵单元中通过催化元件将残留的氧化氮分解为氧气和氮气。释放的氧气导致泵流，与废气中的氧化氮浓缩成比例。

电子分析装置基于物理测量值产生输出信号。

氮氧化物传感器通过PT-CAN2与发动机控制通信。

氮氧化物传感器由一个测量用探针和一个电子分析装置组成，见图9-29。这两个部件通过电缆彼此连接且不可分离。电子分析装置已连接到PT-CAN2。后部配电器利用总线端Kl.15N为氮氧化物传感器供电。

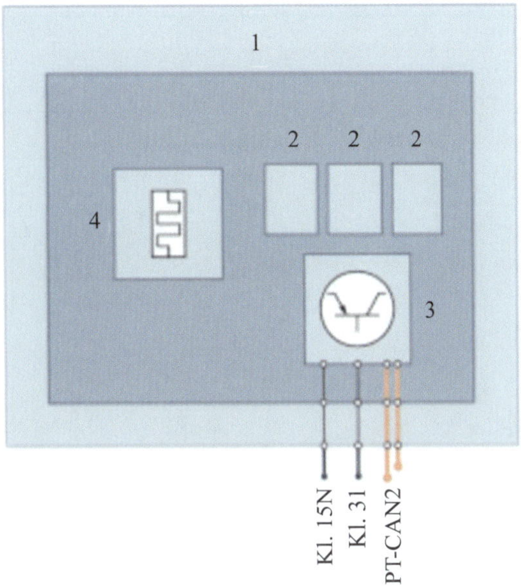

图9-29 氮氧化物传感器电路

1—氮氧化物传感器；2—泵单元；3—电子分析装置；4—加热元件；Kl.15N—总线端Kl.15空转，供电电压；Kl.31—总线端Kl.31接地；PT-CAN2—低挡驱动系控制器局域网络2。

9.2.4 柴油颗粒传感器

安装在SCR废气触媒转换器（如宝马F30系列车型）后排气装置内的柴油颗粒传感器可用于诊断柴油微粒过滤器。柴油颗粒传感器的功能以电阻测量为基础。

该传感器的安装位置取决于排气装置。柴油颗粒传感器由一个测量用探针和一个电子分析装置组成，见图9-30。

沉积的炭烟颗粒构成了电极之间的导电路径，从而有电流流过。这个信号由电子分析装置进行分析。电子分析装置据此确定柴油颗粒过滤器的存储颗粒功能。

电子分析装置将这些信号转发给数字式柴油机电子伺服控制系统（DDE）。柴油颗粒传感器的电子分析装置通过局域CAN总线与发动机控制系统通信。

通过加热定期烧掉沉积的炭烟颗粒，以此使测量用探针再生。

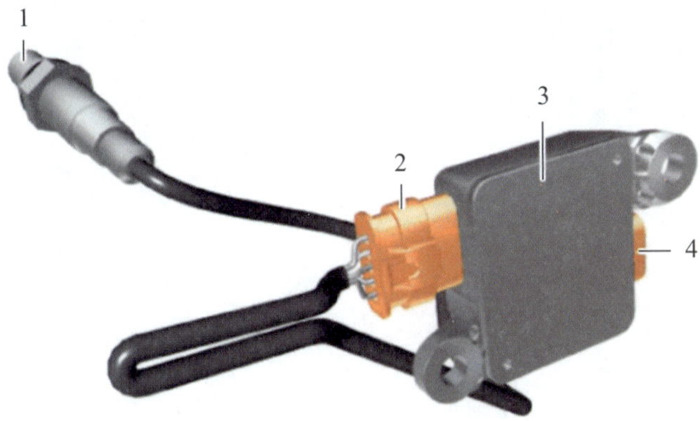

图9-30 柴油颗粒传感器

1—柴油颗粒传感器的测量用探针；2—5芯插头连接；3—氮氧化物传感器的电子分析装置；4—4芯插头连接

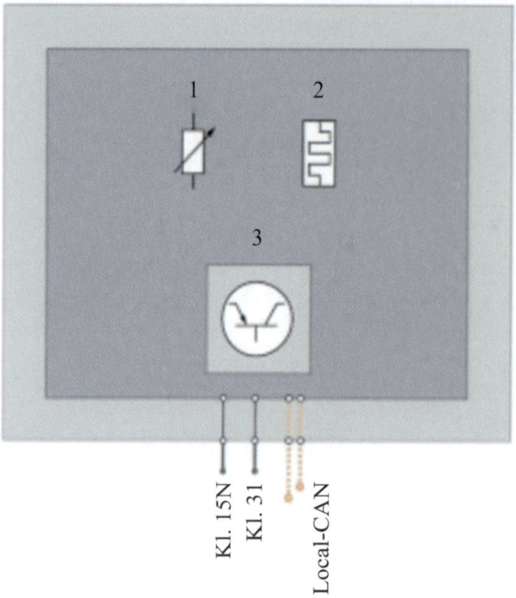

图9-31 柴油颗粒传感器电路

1—柴油颗粒传感器测量用探针；2—加热元件；3—电子分析装置

柴油颗粒传感器由一个测量用探针和一个电子分析装置组成。这两个部件通过电缆彼此连接且不可分离。电子分析装置连接在局域CAN总线上。前部配电器利用总线端Kl.15N为氮氧化物传感器供电。电路连接如图9-31所示。

9.2.5 自动空气循环传感器

车内自动空气循环控制系统的传感器（AUC传感器）固定在微尘滤清器箱上。传感器外观如图9-32所示。

AUC传感器分析吸入的新鲜空气中一氧化碳和氧化氮的浓度。如果AUC传感器测量出一个过高的排放值，将通过自动恒温空调控制单元（IHKA控制单元）切换至循环空气模式（前提条件：IHKA处于自动运行状态）。

由于缺乏新鲜空气输送，空气循环功能暂时受限。在发动机启动并且已接通AUC功能时，由于AUC传感器的加热阶段，始终持续约40s切换到新鲜空气模式。

该传感器自总线端Kl.15接通起供电。传感器元件需要约300℃的工作温度。AUC传感器中的电子装置控制加热电压的间歇（取决于标准和实际温度）。AUC传感器在30s后达到

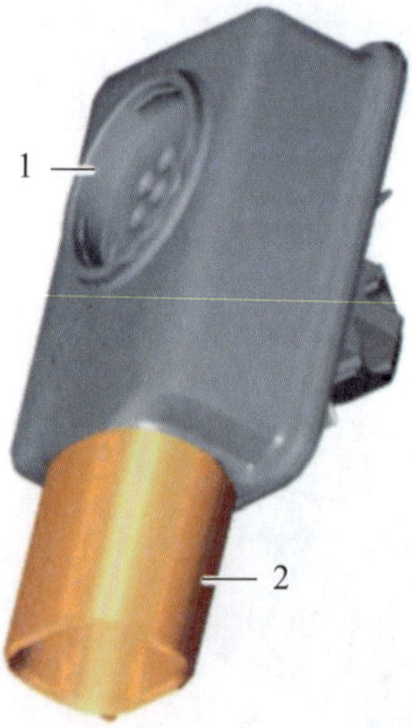

(a)F0x，F1x的车内自动空气循环控制系统传感器（AUC传感器）

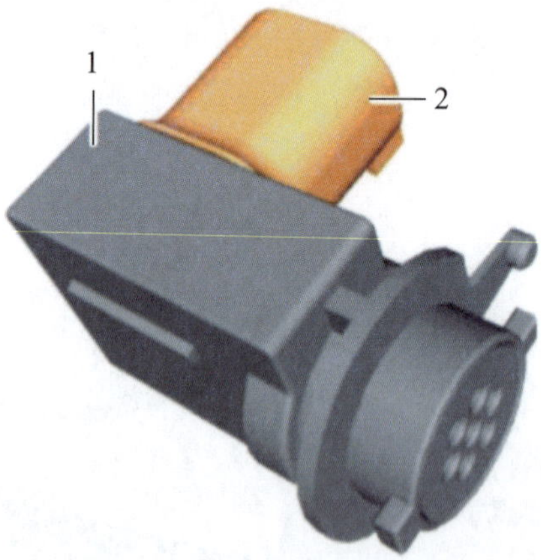

(b)F15、F16、F2x、F3x的车内自动空气循环控制系统传感器（AUC传感器）

图9-32 AUC传感器

1—车内空气循环控制系统自动传感器；2—3芯插头连接

其运行准备状态并对环境空气的变化作出反应。

AUC传感器将所记录到的空气质量（也称为空气品质）转换为电信号。为了简化信息处理，因此将空气质量分为10级：0～10级（从干净到严重污染）。

宝马F0x，F1x系列车型：AUC传感器将相应的级别作为数字信号通过LIN总线发送至接线盒电子装置（JBE）。接线盒电子装置（JBE）将数字信号通过控制器局域网络总线发送至冷暖空调控制单元。

宝马F15、F16系列车型：车内自动空气循环控制传感器将相应的挡作为按脉冲宽度调制的信号发送至车身域控制器（BDC）。车身域控制器（BDC）将数字信号通过控制器局域网络总线发送至冷暖空调控制单元。

宝马F2x、F3x系列车型：AUC传感器将相应的级别作为按脉冲宽度调制的信号发送至前部车身电子模块（FEM）。前部车身电子模块（FEM）将CAN总线上的数字信号发送至IHKA控制单元。

根据内部测量间隔，每秒更新信息。

AUC传感器是一种金属氧化物传感器。该传感器对于交通中的各种典型气味和有害物质具有高灵敏度。AUC传感器由2个电阻元件和1个电子单元组成。其电路连接如图9-33所示。

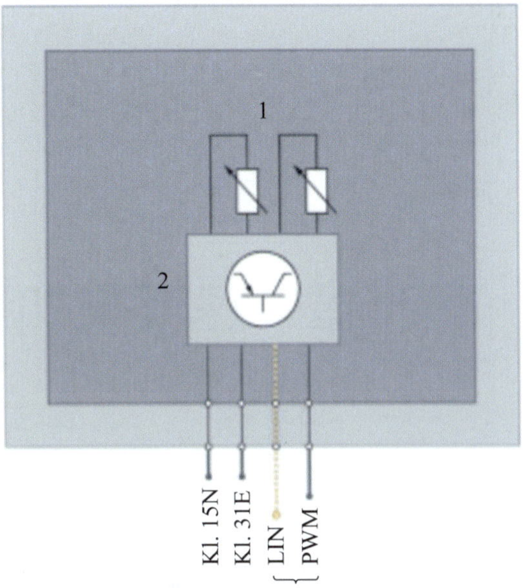

图9-33 AUC传感器电路

1—电阻元件；2—电子单元；Kl.15N—总线端Kl.15空转，供电电压；Kl.31E—总线端Kl.31电子接地线；LIN—F0x、F1x的LIN总线；PWM—F15、F16、F2x、F3x的脉冲宽度调制信号

第十章　速度与加速度传感器

10.1　速度传感器

10.1.1　凸轮轴转速传感器

凸轮轴转速传感器固定在气缸盖罩上，外观见图10-1。

进气凸轮轴转速传感器借助一个固定在凸轮轴上的增量轮（凸轮轴转速传感器齿盘）探测进气凸轮轴的位置。在曲轴传感器失灵时，发动机控制单元据此计算出发动机转速。进气凸轮轴转速传感器连同曲轴转速传感器一起，是全顺序喷射装置所必需的（每个气缸的燃油喷射都在最佳点火时刻）。

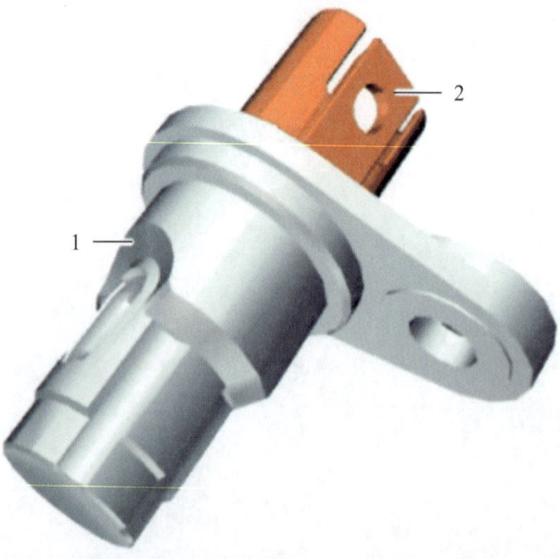

图10-1　进气凸轮轴转速传感器

1—进气凸轮轴转速传感器；2—3芯插头连接

通过进气凸轮轴转速传感器，发动机控制单元可识别出第1个气缸是在压缩阶段还是换气阶段。另外轴位置传感器向DME提供凸轮轴位置的反馈信号，用于调节变量凸轮轴（VANOS）。

进气凸轮轴转速传感器是作为无接触霍尔传感器安装的。凸轮轴转速传感器齿盘有6个不同的齿面。齿面距离由霍尔传感器进行记录。

发动机控制系统将由此计算出：凸轮轴

转速、凸轮轴加速度、凸轮轴的确切位置。

为启动车辆，发动机控制单元检查下列条件是否满足：曲轴位置传感器发出的信号没有错误；必须以规定的时间顺序对这两个信号进行识别。

这一步骤称为同步过程，并仅在车辆启动时执行。只有在同步以后发动机控制器才能正确地控制燃油喷射。不同步时不能启动车辆。

在加上电压时，便可识别出该传感器是处于一个齿的位置，还是处于一个缺口的位置。

测量方法是以一个霍尔集成电路为基础的。输出信号通过齿面显示低状态，通过空隙显示高状态。进气凸轮轴转速传感器根据曲轴位置传感器原理工作。但是凸轮轴转速传感器齿盘也会有根本性区别。通过一块专用遮挡模板，可在曲轴位置传感器失效后进行紧急运行。由于凸轮轴转速传感器信号的分辨率太不准确，因此无法在正常运行下更换曲轴位置传感器。传感器电路连接如图10-2所示。

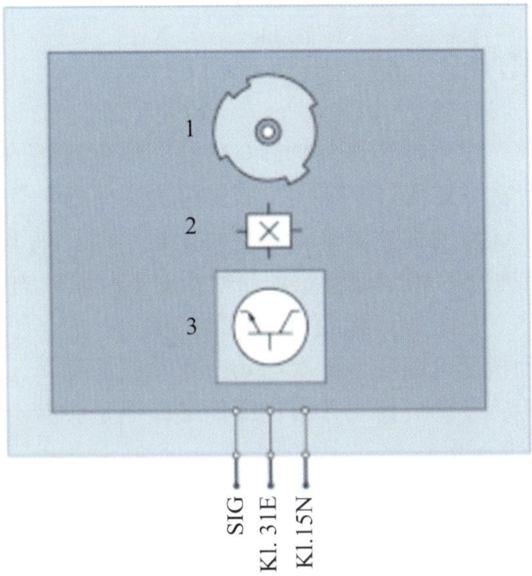

图10-2　进气凸轮轴转速传感器电路

1—凸轮轴转速传感器齿盘；2—霍尔传感器；3—电子分析装置；Kl.15N—总线端Kl.15N，供电电压；Kl.31E—总线端Kl.31，接地；SIG—信号线

发动机控制器读入传感器信号并将信号与保存的样本进行比较。通过比较传感器信号和样本，可以识别出凸轮轴的正确位置或偏差。传感器输出信号曲线如图10-3所示。

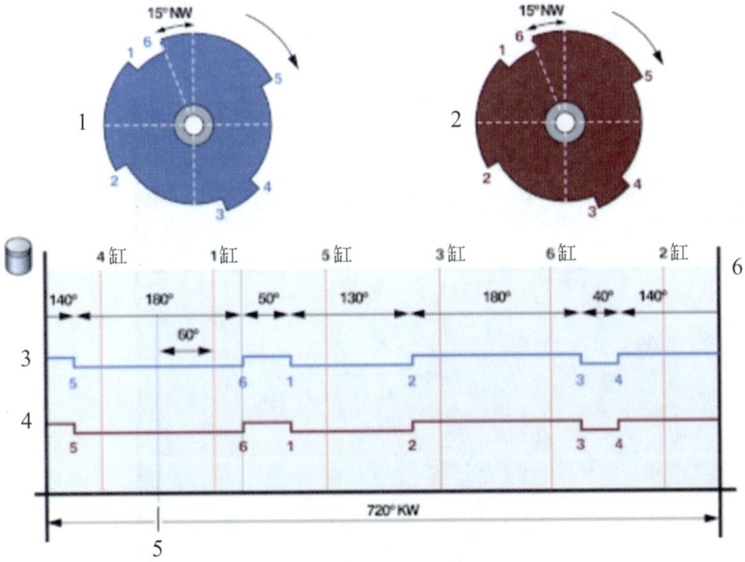

图10-3　凸轮轴转速传感器曲线

1—进气凸轮轴；2—排气凸轮轴；3—进气凸轮轴转速信号；4—排气凸轮轴转速信号；5—气缸1上死点参考标记（点火开关）；6—气缸

10.1.2 发动机转速传感器

发动机转速传感器G28装在靠变速器的一侧，与密封法兰一体，密封法兰是拧在缸体上的，如图10-4所示。该传感器会探测一个位于曲轴密封法兰上的靶轮。

发动机控制单元就是根据这个信号来识别出发动机转速、发动机的旋转方向且与霍尔传感器G40一起来识别曲轴相对于凸轮轴的位置。

在配备有智能启停装置的车上，为了节省燃油，发动机是尽可能关闭着的。为了让发动机尽可能快地再次启动，发动机控制单元必须要能识别出曲轴的准确位置。关闭发动机后，发动机其实并未立即停转，而是会接着再转几圈的。如果某个活塞在发动机停住前就处于上止点前（指压缩行程），那么该活塞会被压缩压力向回推，这个时刻发动机就会逆向转动了。普通的发动机转速传感器是不能对此进行识别的。

图10-4 发动机转速传感器安装位置

根据发动机转速信号，来确定喷油时刻点、喷油持续时间和点火时刻点。另外，该信号还用于凸轮轴调节。

该传感器用两块外侧霍尔板同时识别靶轮上的一个上升边和一个下降边。第三块板（在两块外侧霍尔板之间偏外位置处）用于判定转动方向，信号波形如图10-5所示。

为了能识别出发动机是在右转（顺转）还是左转（逆转），在识别上升边时，这三块霍尔板在时间上的信号顺序是关键。

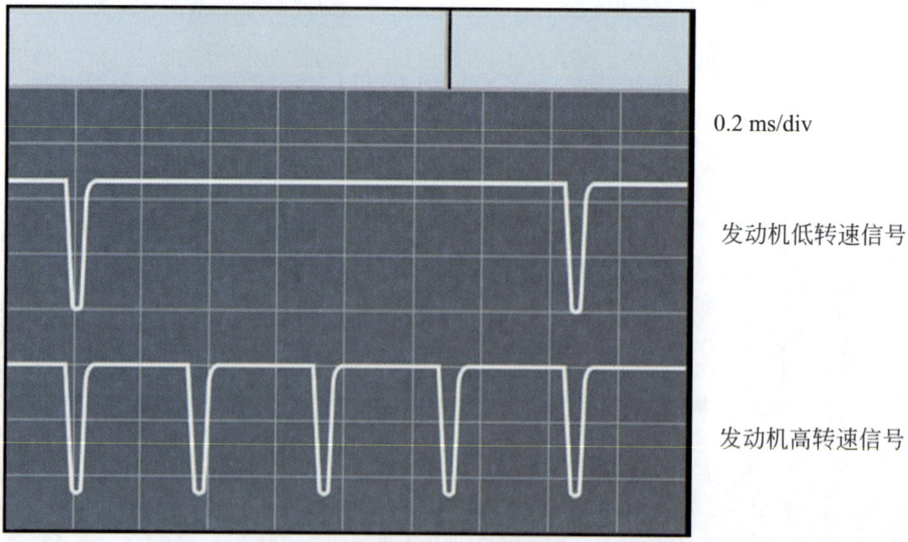

图10-5 转速传感器信号

发动机右转时，上升边先由霍尔板1识别出来，稍后由霍尔板3识别出来，最后再由霍尔板2来识别出上升边，如图10-6所示。若霍尔板1识别出与霍尔板3识别出之间的时间间隔要比霍尔板3与霍尔板2要短，就判定发动机是在右转（顺转）。传感器内的电子装置会对信号进行处理，并把处理过的信号以特定的小宽度发送给发动机控制单元。

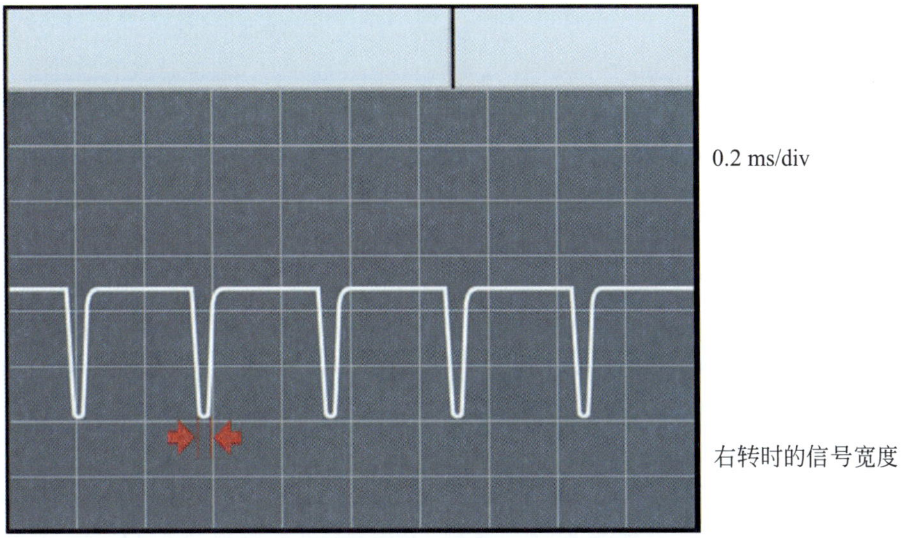

图10-6　右转信号波形

发动机左转时，上升边先由霍尔板2识别出来，稍后由霍尔板3识别出来，最后再由霍尔板1来识别出上升边，如图10-7所示。由于这时的时间信号顺序是相反的，所以就判定发动机是在左转。传感器内的电子装置会对信号进行处理，并把处理过的信号以特定的小宽度的两倍宽发送给发动机控制单元。

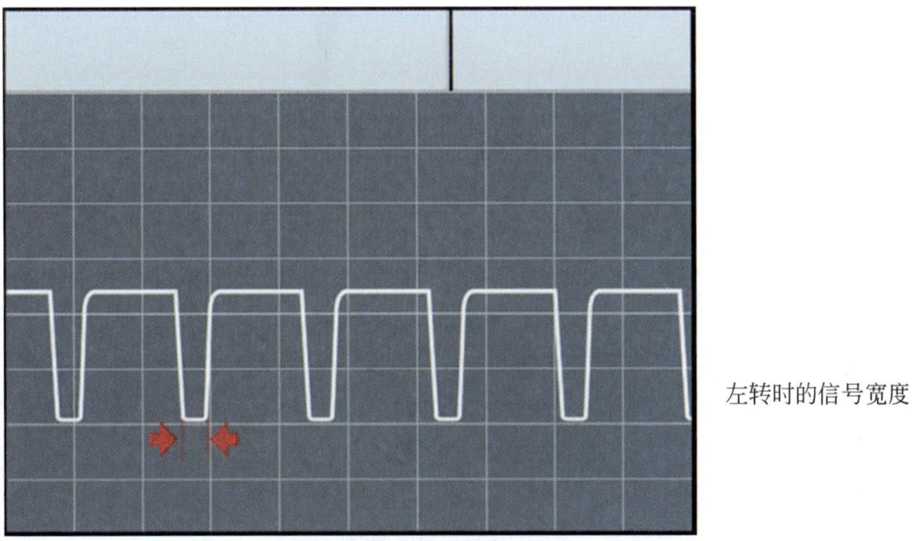

图10-7　左转信号波形

10.1.3 变速器输入转速传感器

输入转速传感器是感应式传感器，用于感知变速器输入轴（离合器后）的转速。这个信号也被称作离合器转速或者离合器输出转速。倒挡驱动齿轮用作该传感器的靶轮，如图10-8所示。

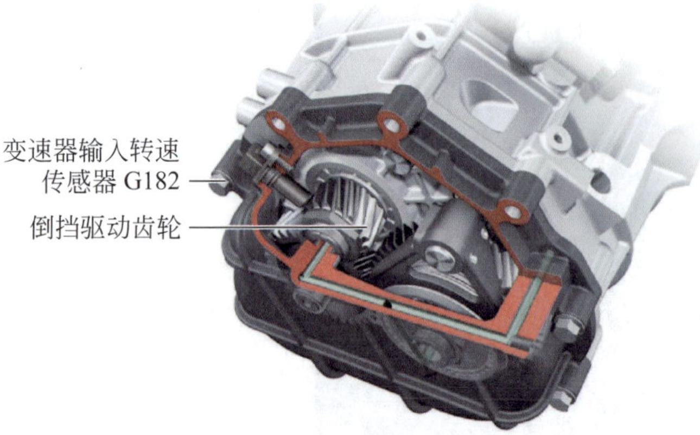

图10-8 变速器输入转速传感器安装位置

该传感器的信号与发动机转速（TD信号）一起，用于计算离合器打滑情况，以便调节离合器；用于确定换挡的同步转速；用于离合器自适应。

信号中断的影响：在车辆已停住的情况下，变速器自动挂入空挡。应急运行程序在手动模式的1、2、3挡还能保持车辆行驶功能（但是有所限制）。驾驶员信息系统上会显示相应的故障。

10.1.4 车轮转速传感器

每个车轮上都安装了一个主动式车轮转速传感器，主动式车轮转速传感器连接在DSC控制单元上。如左后轮架上安装的传感器如图10-9所示。

车轮转速通过一个磁脉冲齿轮进行测量。该磁脉冲齿轮的每一圈分为96个增量。每个增量变化都被主动式车轮转速传感器所识别，并将其转换为脉冲宽度调制信号的协议。

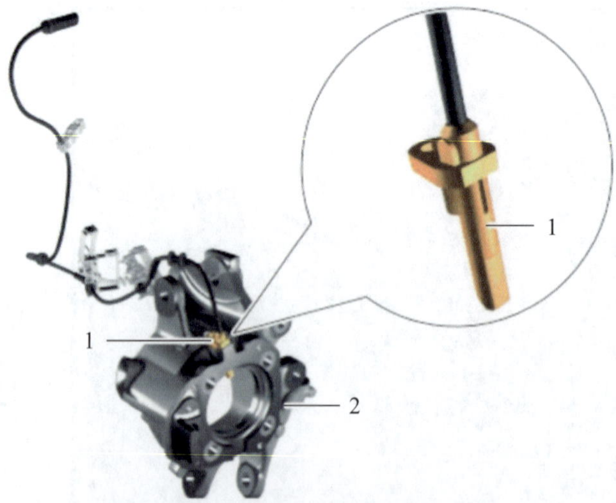

图10-9 车轮转速传感器安装位置

1—车轮转速传感器；2—左后轮架

在车辆处于静止状态时，与以前的车轮转速传感器相反，主动式车轮转速传感器约每0.75s传输一个电流脉冲。通过此电流脉冲显示车轮转速传感器的可用性。

在车轮轴承密封件中安装了48对磁极，N极和S极彼此交替（类似于增量轮的轮齿和空隙）。车轮转速传感器由两个霍尔传感器和一个电子分析装置组成，见图10-10。

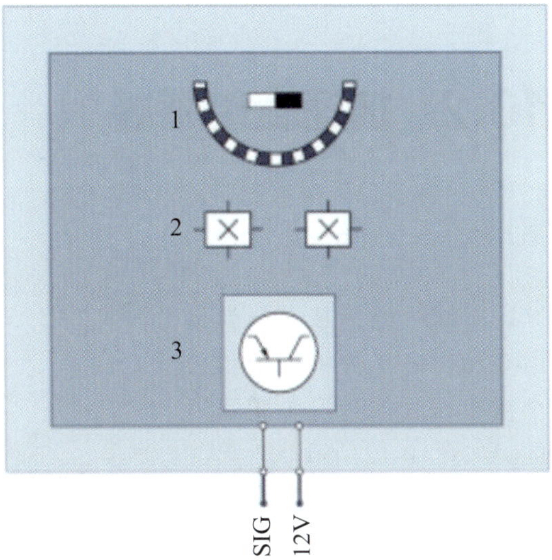

图10-10　车轮转速传感器电路

1—增量齿圈；2—霍尔传感器；3—电子分析装置；SIG—脉冲宽度调制信号；12V—DSC控制单元供电

除了车轮转速外，主动式车轮转速传感器还识别其他状态，然后通过信号协议传输：车轮旋转方向、空气间隙。

旋转方向通过信号协议中一个定义的脉冲宽度发送给DSC控制单元。

作为第三个附加信息，车轮转速传感器识别脉冲齿轮和传感器元件之间的一个空隙上限。此信息同样通过信号协议传送给DSC控制单元用于分析评估。传感器信号形成见图10-11。

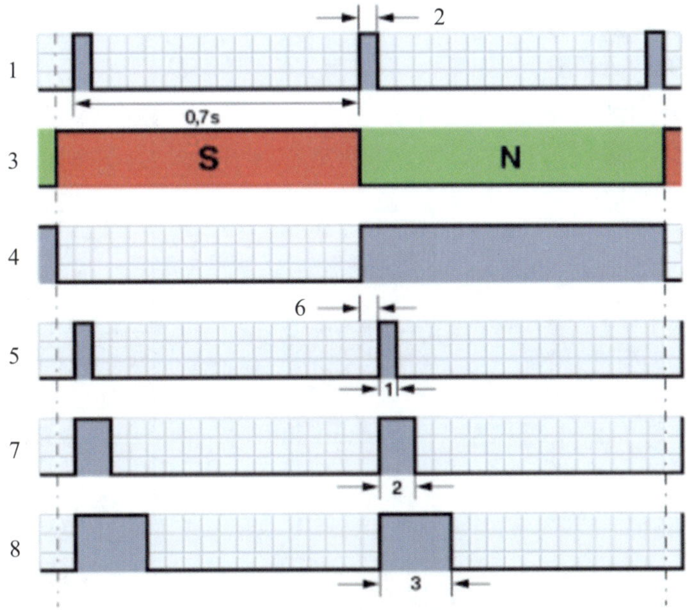

图10-11　信号形成原理

1—车辆静止时；2—电流脉冲；3—S极（轮齿）、N极（空隙）；4—转速信号；5—空隙警告信号；6—起始位低；7—左旋方向信号；8—右旋方向信号

DSC控制单元对这些信号进行分析，因而能快速可靠地识别行驶方向、车辆静止和可能的空隙故障。

10.2　加速度传感器

10.2.1　碰撞传感器

碰撞传感器基本上就是由壳体、电子分析机构和一个微机械式加速度传感器组成，如图10-12所示。

加速度传感器的构造简单说来就像一个电容器。有几个电容器片是固定不动的，与之相对还有可移动的电容器片，其工作状态就像一个惯性质量块。

如果发生碰撞时惯性质量块朝作用方向移动了，那么电容器的电容就会发生改变。电子分析机构会分析这个变化信息，将其变成数字信息并传送给安全气囊控制单元，如图10-13所示。

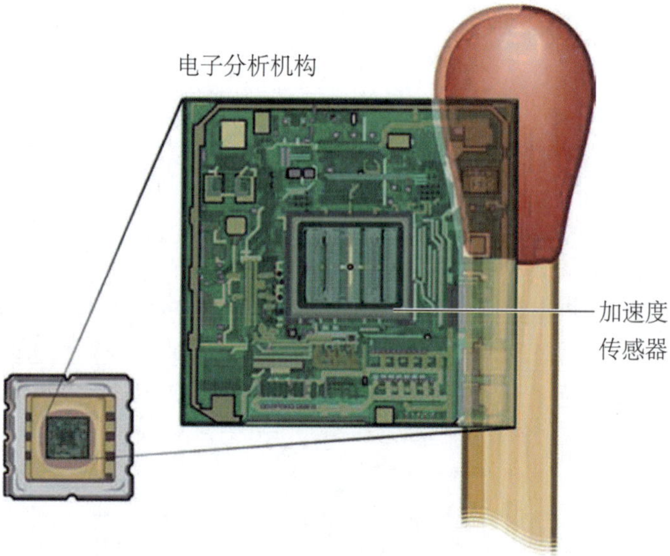

图10-12　碰撞传感器结构

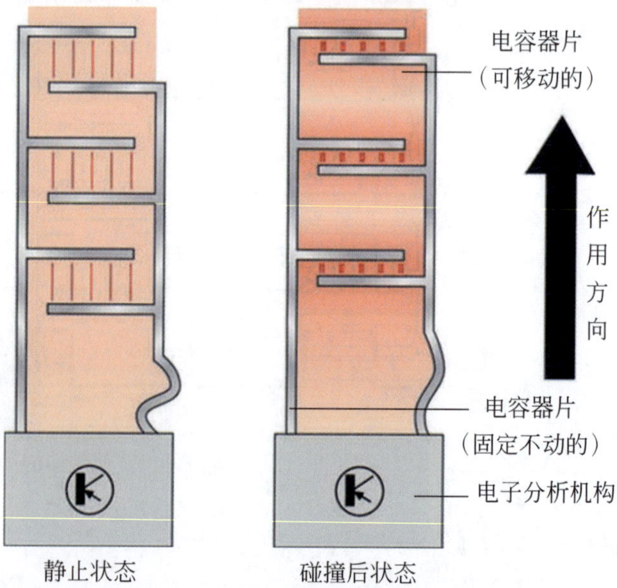

图10-13　碰撞传感器工作原理

10.2.2　车身加速度传感器

车身加速度传感器用于测量车身的垂直加速度。这些传感器的分布：左前轮罩，如图10-14所示；右前轮罩以及后备厢右前侧内衬后，如图10-15所示。

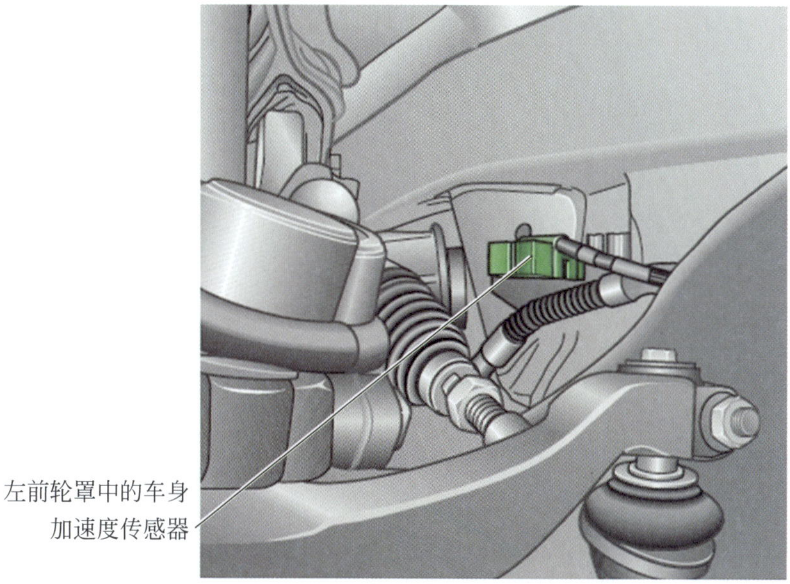

图10-14　左前轮罩中的车身加速度传感器

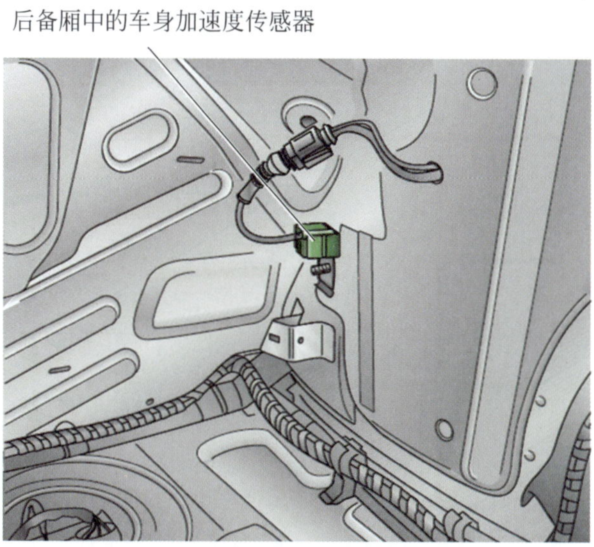

图10-15　后备厢中的车身加速度传感器

车轮加速度传感器直接安装在前桥和后桥的空气弹簧支柱上，如图10-16所示。它们测量车轮的加速度。

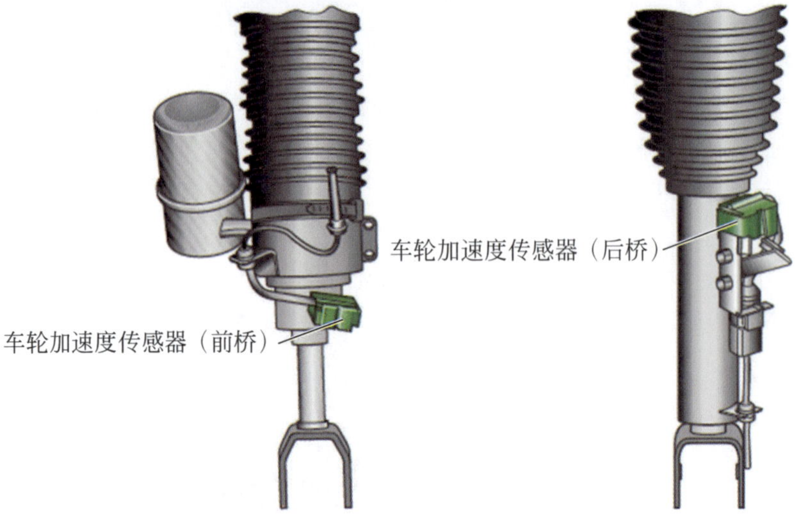

图10-16 车轮加速度传感器位置

水平高度调节系统控制单元使用这些信号以及车身加速度信号来计算支柱相对车身的运动方向。

车身与车轮加速度传感器是相同的传感器。这些加速度传感器按照电容测量原理工作。这些传感器具有不同的机械连接件与测量范围（灵敏度）。

一个柔性固定的质量块m就像在两电容极板之间摆动的中央电极，并按照摆动大小将电容器C_1和C_2的电容量向相反方向解调。

一个电容器的极板间距d_1的增加量等于另一个电容器极板间距d_2的减小量。各个电容器的电容量因此改变。

电子分析单元为水平高度调节系统控制单元提供一个模拟信号电压。传感器原理示意如图10-17所示。

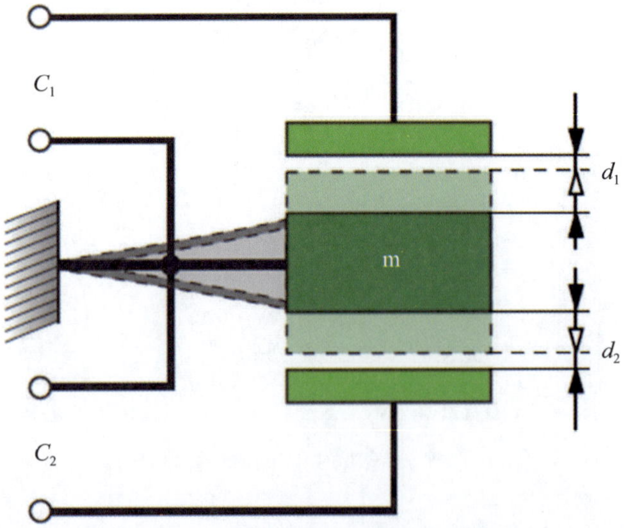

图10-17 车身加速度传感器的电容测量原理

10.2.3　横向加速度传感器

由于物理方面的原因，横向加速度传感器应尽量与汽车重心离得近一些，因此，该传感器装在司机座椅下。横向加速度传感器用于接收是否有侧向力及该侧向力的大小的信息。这个侧向力总是试图使车脱离原行驶路线。传感器外观如图10-18所示。

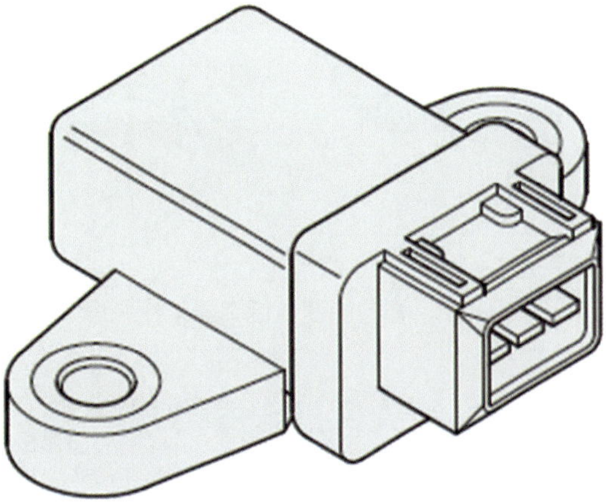

图10-18　横向加速度传感器

简单地说，横向加速度传感器由一块永磁铁，一个弹簧，一个阻尼盘及一个霍尔传感器组成，如图10-19所示。

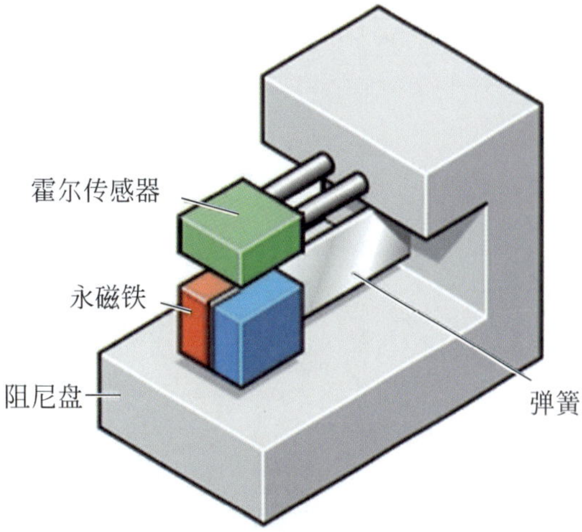

图10-19　横向加速度传感器结构

永磁铁、弹簧及阻尼器构成了一个磁力系统。该磁铁与弹簧牢固地捆在一起，并可由阻尼盘来回摇动。

当横向加速度a作用到车上时，永磁铁也会有相应运动，但因为惯性，这个运动要稍迟发生。也就是说，阻尼盘与传感器壳体及整车一同偏离永磁铁（该磁铁先前处于静止状态）。其原理见图10-20。

这个运动会在阻尼盘内产生电涡流，而电涡流又会产生一个与永磁铁磁场极性相反的磁场。因此，总磁场的强度就被削弱了，这会使霍尔传感器的电压改变，电压的变化是与横向加速度的大小成比例的。其原理见图10-21。

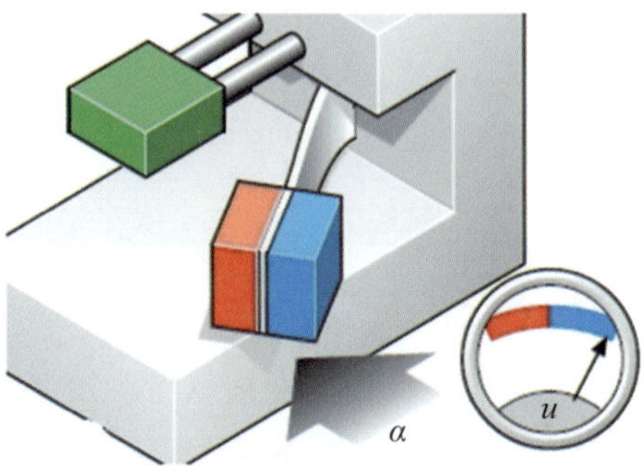

图10-20　横向加速度传感器工作原理1

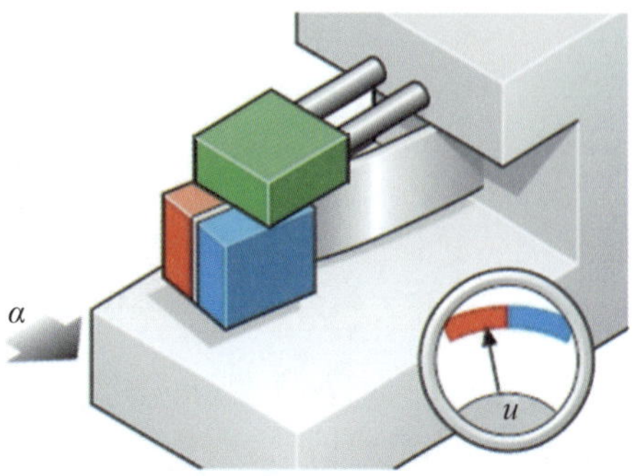

图10-21　横向加速度传感器工作原理2

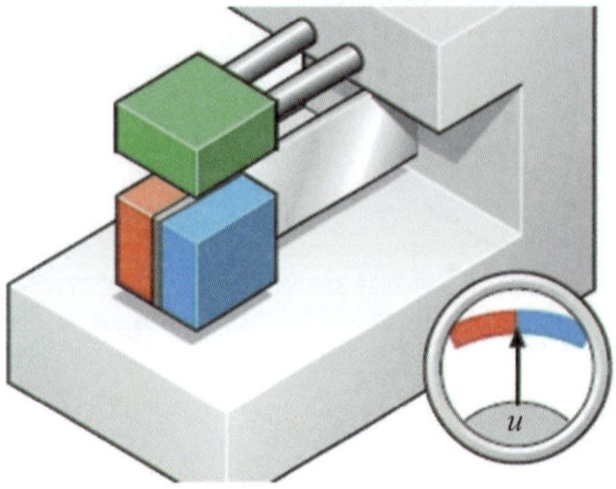

图10-22 横向加速度传感器工作原理3

也就是说，阻尼器与磁铁之间的运动幅度越大，那么磁场强度削弱得越厉害，霍尔传感器电压变化得就越明显。如果没有横向加速度，霍尔传感器电压保持恒定。其原理见图10-22。

横向加速度传感器通过三根导线与控制单元J104相连，如果缺少横向加速度信息，控制单元就无法计算出车辆的实际状态，ESP也就失效了。

10.2.4 行人保护碰撞传感器

奥迪A3 Limousine为了能识别出与行人发生了碰撞，就另加了几个碰撞传感器：司机侧行人保护碰撞传感器G570；副司机侧行人保护碰撞传感器G571；司机侧行人保护碰撞传感器2 G851；副司机侧行人保护碰撞传感器2 G852。

碰撞传感器G570和G571都是加速度传感器，这两个传感器安装在保险杠外皮的背面，见图10-23。

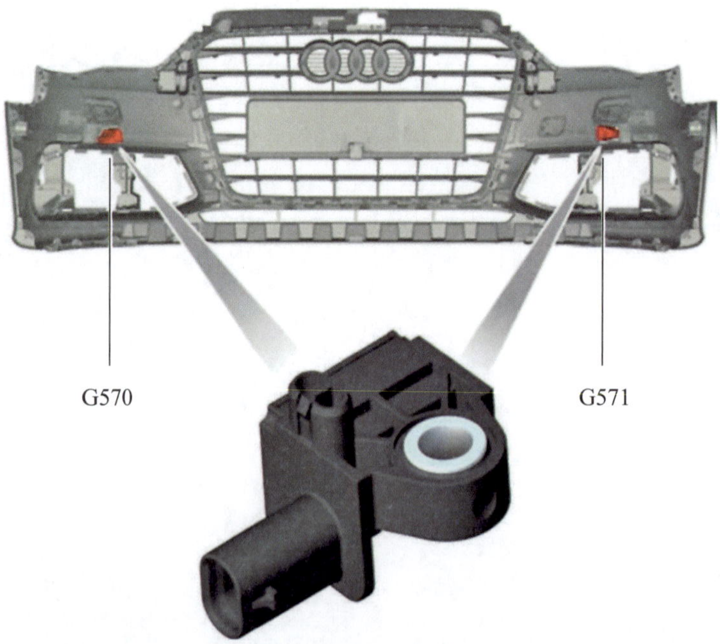

图10-23 行人保护碰撞传感器安装位置

碰撞传感器G851和G852是压力传感器，这两个传感器是预装在一根软管上交货的，它们构成一个整体。该软管安装在一个泡沫成型件中，两个压力传感器G851和G852固定在碰撞梁上左、右外侧的支架上，如图10-24所示。

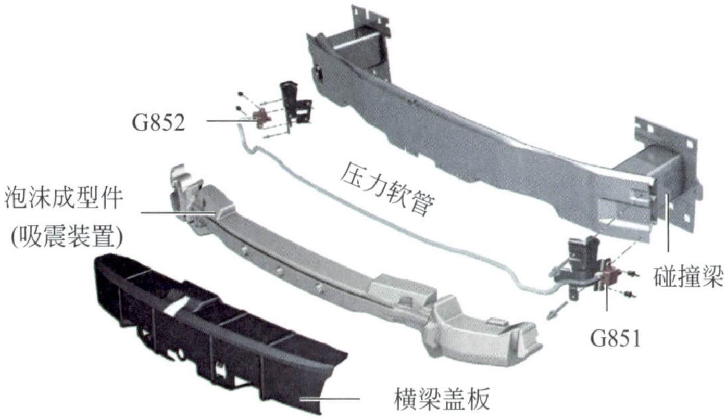

图10-24　G851、G852传感器安装位置

这四个碰撞传感器的铺线特点是这样的：每对压力传感器和加速度传感器是连接到安全气囊控制单元上的相同引脚上的。因此，两对传感器是呈十字交叉式连接在线束中的。这样的连接是可行的，因为传感器的信号是错开时间发送的。因此每个信号是由控制单元单独记录并处理的。从插头到安全气囊控制单元J234的连接点距离大约是（95±25）mm，如图10-25所示。

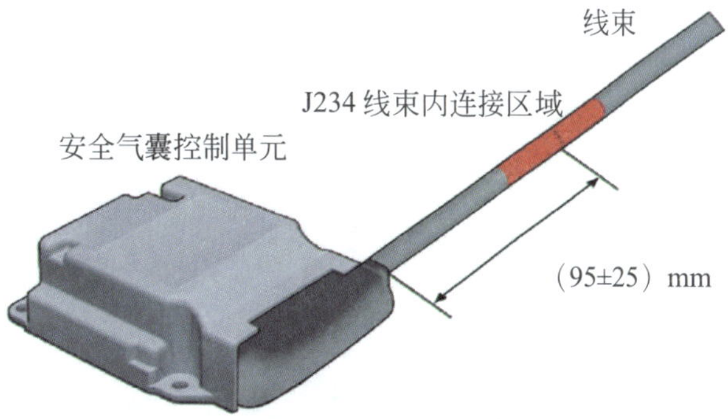

图10-25　行人保护碰撞传感器线束连接

传感器连接电路如图10-26所示。

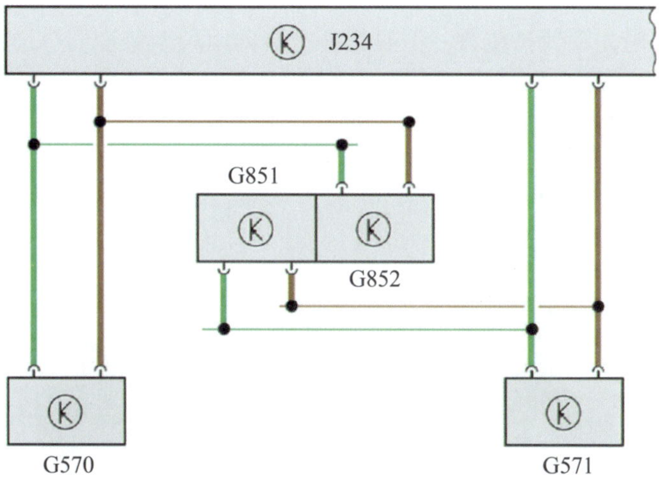

图10-26　行人保护碰撞传感器电路连接

G570—司机侧行人保护碰撞传感器；G571—副司机侧行人保护碰撞传感器；G851—司机侧行人保护碰撞传感器2；G852—副司机侧行人保护碰撞传感器2；J234—安全气囊控制单元

第十一章　力与角度传感器

11.1　力传感器

11.1.1　转向阻力矩传感器

转向阻力矩传感器集成在转向轴上。

转向阻力矩传感器以数字方式检测驾驶员施加的转向阻力矩。工作范围为转向盘从极限位置到极限位置转动3圈。关于转向阻力矩的信号被提供给电动助力转向使用。

扭杆通过转向阻力矩保持位置。同时扭杆把转向阻力矩传递到小齿轮上。转向阻力矩

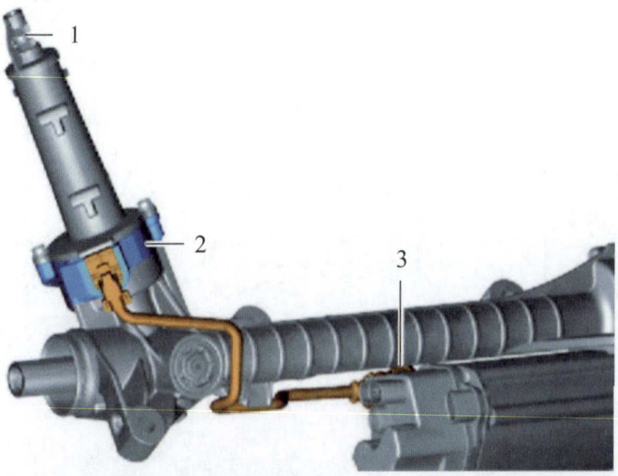

图11-1　转向阻力矩传感器（宝马F15）

1—带扭转弹簧的小齿轮；2—转向阻力矩传感器；3—与EPS控制单元之间的插头连接

传感器的功能基于磁阻原理。为充分使用这种效果，当磁场发生变化时，将得到电阻变。磁阻元件中会产生不同的电压信号，将这些信号导入EPS控制单元。EPS控制单元使用这些信息对不断提升的助力扭矩进行计算。

图11-1所示为宝马F15的转向阻力矩传感器。

图11-2所示为宝马I01的转向阻力矩传感器。

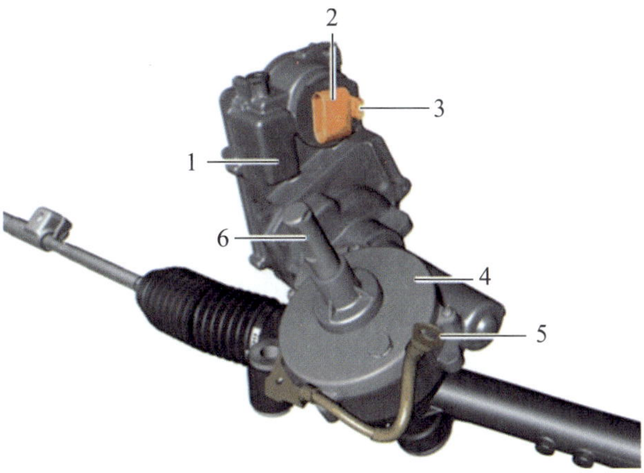

图11-2　转向阻力矩传感器（宝马I01）

1—具有伺服电机的EPS单元和EPS控制单元；2—插头连接（电源）；3—至车载网络的插头连接；4—转向阻力矩传感器；5—电位补偿导线；6—输入轴

该传感器以磁阻功能原理工作。它被设计成双保险（备用），以保证最高的安全性。在转向阻力矩传感器上，转向柱和转向器通过一根扭转棒相互连接。连接转向柱的连接件上有一只磁性极性轮，上面被交替划分出24个不同的极性区。

每次分析扭矩时使用两根磁极。辅助配合件是一只磁阻传感器元件，它固定在连接转向器的连接件上。传感器原理如图11-3所示。

当操作转向盘时，两只连接件根据施加的扭矩做相对转动。由于此时磁性极性轮也相对于传感器元件旋转，因此可以测量施加的转向力矩，并将信号发送给控制单元。

转向阻力矩传感器通过一个插头与EPS控制单元连接，见图11-4。转向阻力矩传感器由EPS控制单元提供接地。

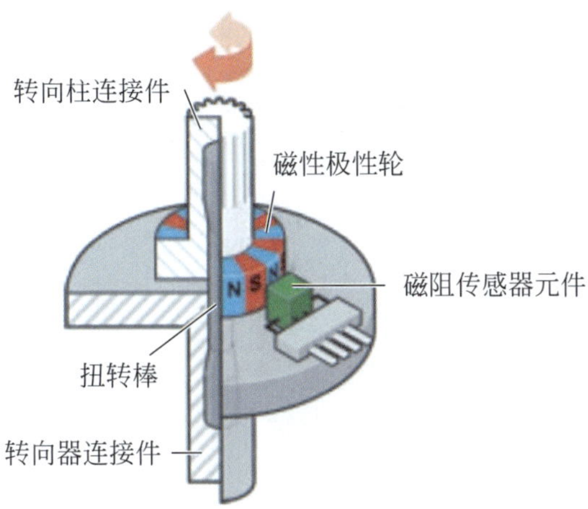

图11-3　转向阻力矩传感器工作原理

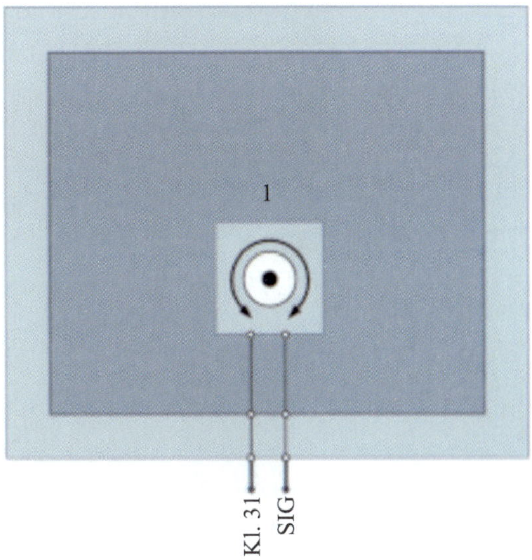

图11-4　转向阻力矩传感器电路

1—转向阻力矩传感器；Kl.31—转向阻力矩传感器接地连接；SIG—转向阻力矩传感器信号

根据车型系列，此插头连接为6芯（占用2个引脚）或5芯（占用5个引脚或3个引脚）。

根据系统供应商提供的信息，在转向阻力矩传感器和EPS单元之间可能连接了多条信号线。

11.1.2 安全带拉力传感器

座椅占用识别安全带拉力传感器集成在副司机安全带锁扣内。

该传感器主要由两个彼此间能相互移动的件以及一个霍尔传感器（在磁铁I和II之间）构成。专门有个弹簧将移动件保持在初始位置上，在该位置上时，磁铁I和II对霍尔传感器不起作用。

按规定系好安全带时，在安全带锁扣上就施加了一个拉力。

霍尔传感器与磁铁I和II之间的距离是变化着的，因此磁铁对霍尔传感器的作用就是变化着的，霍尔传感器的电压信号就也是变化着的。安全带锁扣上承受的拉力越大，那么这两个件彼此移动就越大。座椅占用识别控制单元会接收并分析这些信息。传感器原理如图11-5所示。

还有一个机械止点（挡铁），用于在发生碰撞时防止传感器元件彼此拉断而分离。

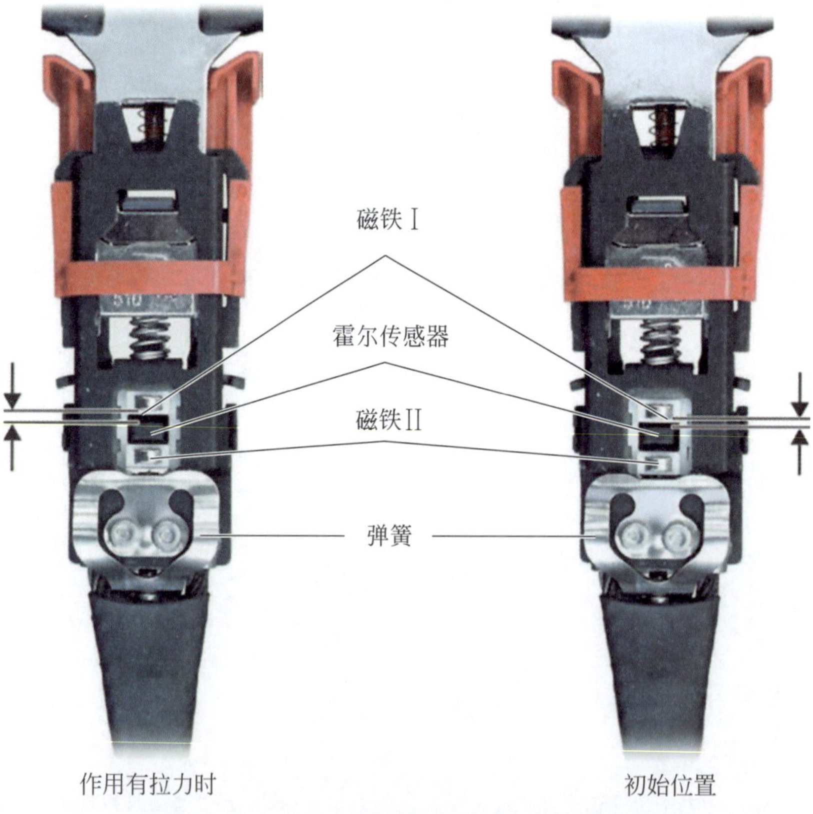

图11-5 安全带拉力传感器工作原理

11.2　角度传感器

11.2.1　偏心轴传感器

偏心轴传感器按磁阻效应原理工作。一根铁磁导线在磁场作用下改变自身电阻。

该传感器采用冗余设计，将两个传感器元件安装在一个壳体内。一个传感器元件负责进行控制，同时受到基准传感器的监控。该传感器元件采用反向运行设计，偏心轴由最小行程变为最大行程时，控制传感器提供增大角度信号，基准传感器提供减小角度信号。传感器外观如图11-6所示。

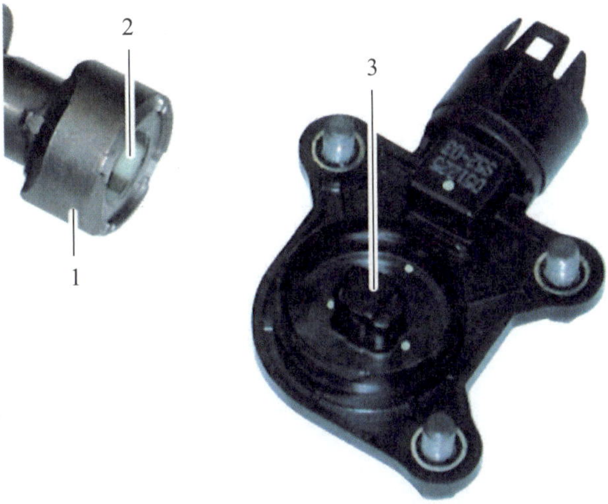

图11-6　带有磁轮的偏心轴传感器

1—磁轮；2—固定螺栓孔；3—偏心轴传感器

DME为该传感器提供5V供电和接地连接。所有连接该传感器的导线都采取单独屏蔽措施。

DME通过单独的导线分别为两个传感器元件提供“时钟”和“选择芯片”信号，两个传感器元件又通过单独的导线将“数据”信号发回DME。信号与传感器接地有关，以250kHz中等循环频率进行传输。

在转动轴（偏心轴）上装有一个高效的永磁铁，用于测量绝对角度。

磁阻元件的电阻值取决于磁力线的方向。磁阻元件由一个铁磁层构成。铁磁层电阻仅取决于角度，前提条件是有足够强大的磁场。通过偏心轴上的永磁铁产生磁场。传感器通过一个串行接口向DME传输数据。控制传感器和基准传感器的角度信号传输方向相反。DME始终对这些角度信号进行比较。传感器的测量范围为180°。传感器工作原理如图11-7所示。

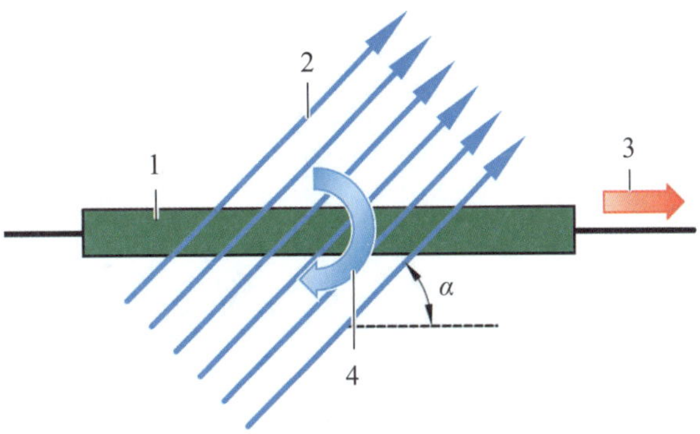

图11-7　磁阻效应原理

1—磁阻元件；2—磁力线；3—电流I；4—磁场旋转反向

11.2.2 转向角度传感器

该传感器在转向柱锁开关和转向盘之间的转向柱上，部件见图11-8。安全气囊的带滑环的回位环集成在该传感器内且位于该传感器下部。

该传感器将转向盘的转角信息传递给带EDS/ASR/ESP的ABS控制单元。角度的变化范围为±720°，也就是转向盘转四圈。

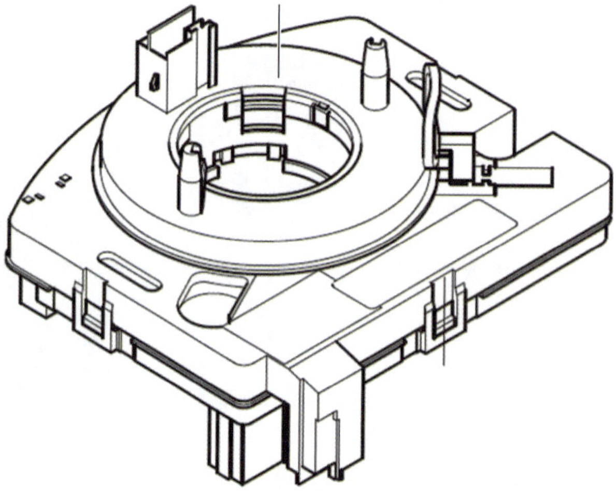

图11-8 转向角度传感器

角度的测量是通过光栅原理来实现的。

其基本构件有：光源、编码盘、光学传感器、计数器，用于传递转动的圈数。编码盘由两个环构成，一个是绝对环，一个是增量环。每个环由两个光学传感器进行扫描。传感器结构见图11-9。

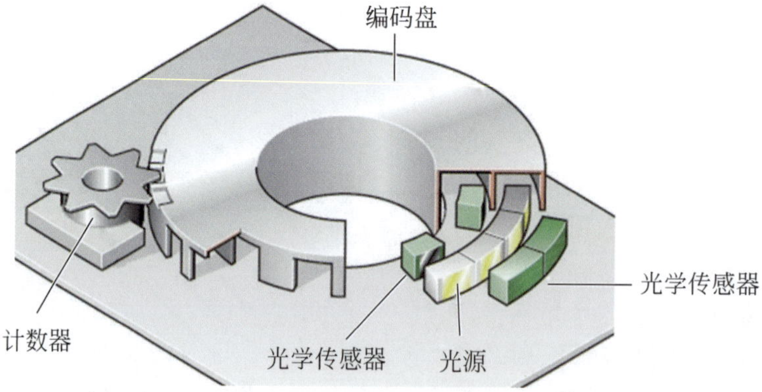

图11-9 转向角度传感器结构

为了简化结构，将两个带孔蔽光框放在一起，如图11-10所示。图中，1是增量蔽光框，2是绝对蔽光框。在两个蔽光框之间有光源3，其外侧是光学传感器4、5。

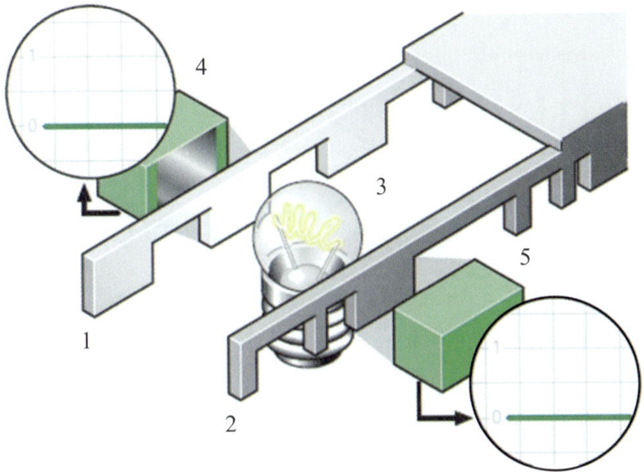

图11-10　传感器组成

1—增量蔽光框；2—绝对蔽光框；3—光源；4，5—光学传感器

如果光透过缝隙照到传感器上，就会产生一个信号电压；如果光源被遮住，这个电压就又消失了。其原理见图11-11。

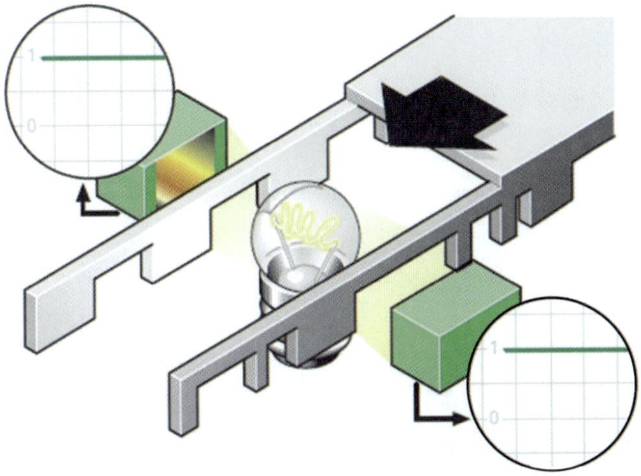

图11-11　传感器工作原理1

如果移动蔽光框，就会产生两个不同的电压。增量传感器传送一个均匀的信号，这是因为间隙是均匀分布的；绝对传感器传送一个不均匀信号，这是因为间隙是不均匀分布的。其原理见图11-12。

系统通过对比这两个信号，就可计算出蔽光框移动的距离，于是就确定了绝对部件运动的起始点。

转向角度传感器的工作原理与此相同，只是运动变成了旋转运动。

G85是ESP系统中唯一直接通过CAN总线将信息传递给控制单元的传感器。只要转向盘转角达到4.5°，接通点火开关后，该传感器就开始初始化，这相当于转动了约1.5cm。

如果缺少转向角传感器的信息，ESP就无法得知所需要的行驶方向，ESP功能失效。

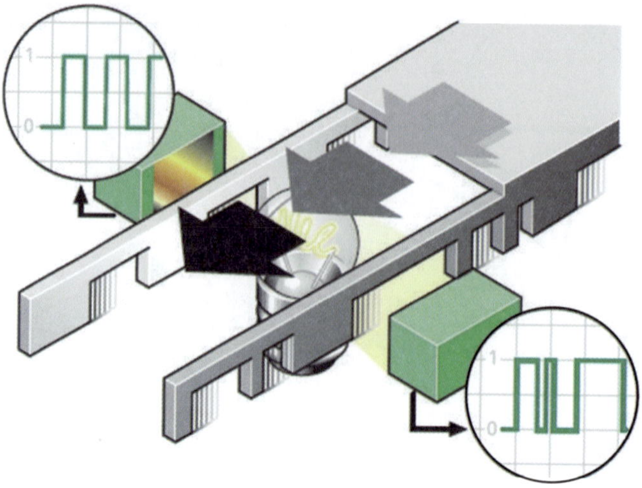

图11-12　传感器工作原理2

11.2.3　制动踏板角度传感器

通过直接的行程测量或通过角度测量，能够记录制动踏板行程和借助行程完成对串联式制动主缸的操纵，见图11-13。

制动踏板存在不同的传感器：制动主缸上的制动踏板位移传感器、制动踏板上的制动踏板角度传感器。

制动踏板角度传感器也可以简单地称为制动踏板位移传感器。

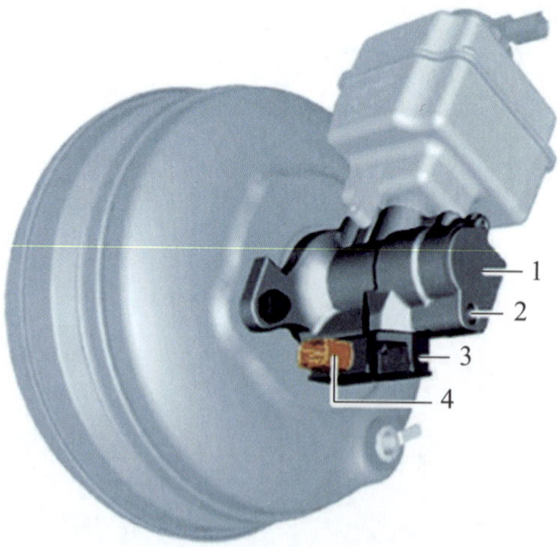

图11-13　制动助力器上的制动踏板行程传感器（宝马F04车型）

1—制动主缸；2—永磁铁在制动助力器中的安装位置；3—制动踏板行程传感器；4—4芯插头连接

制动踏板行程传感器以非接触方式检测制动踏板的行程。

当踩下制动踏板时，首先要越过一段响应行程，这时还没有执行液压制动干预。但是可以分析再生制动的响应行程。在再生制动过程中，混合动力驱动装置的电机作为发电机工作，从而可实现电机制动作用。同时还通过充电模式（发电机）给高压电池充电。这种制动能量回收方法称作回收制动或者再生制动。

如果越过响应行程继续踩下制动踏板，液压制动就会引起再生制动。

以宝马F04车型为例，当踩下制动踏板时，制动主缸内的活塞就会移动，也会通过传动盘和挺杆使得永磁铁移动。制动踏板行程传感器识别出永磁铁的位置。在制动踏板行程传感器的电子分析装置中检测该位置，并且将其转发给DSC控制单元（DSC表示“动态稳定控制系统”）。

如果不再踩下制动踏板，螺旋弹簧就会迫使永磁铁重新回到其初始位置。

通过4芯插头将制动踏板行程传感器连接在DSC控制单元上，见图11-14。制动踏板行程传感器是一个PLCD传感器。PLCD传感器将两个反相信号（介于0.5～4.5V之间的电压信号）发送给DSC控制单元。在磁铁的每一个位置中，这两个信号电压之和就是传感器的供电电压。

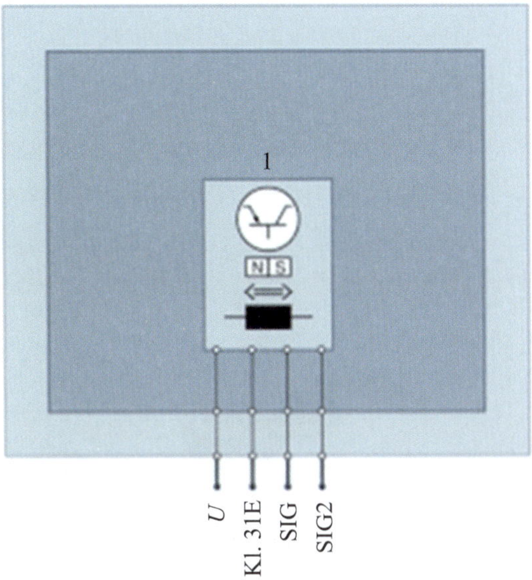

图11-14　制动踏板行程传感器电路（宝马F04系列车型）

1—制动踏板行程传感器；Kl.31 E—总线端Kl.31E电子接地线；SIG—连接到DSC控制单元的信号线；SIG2—连接到DSC控制单元的信号线2；U—供电电压

具有三个线圈的铁磁芯体位于制动踏板行程传感器的内部。中间有一个初级线圈，两端各有一个次级线圈。这样就形成了具有发射器（初级线圈）和两个接收器（次级线圈）的传送器。制动助力器中的永磁铁使得铁磁芯体中局部饱和，通过永磁铁的位置影响传送到两个次级线圈的电压。次级线圈中感应出的两个电压之比就是衡量永磁铁位置的尺度，因此也是衡量制动踏板位置的尺度。DSC控制单元通过制动踏板行程传感器的信号输出端获得位置数据。传感器信号形成如图11-15所示。

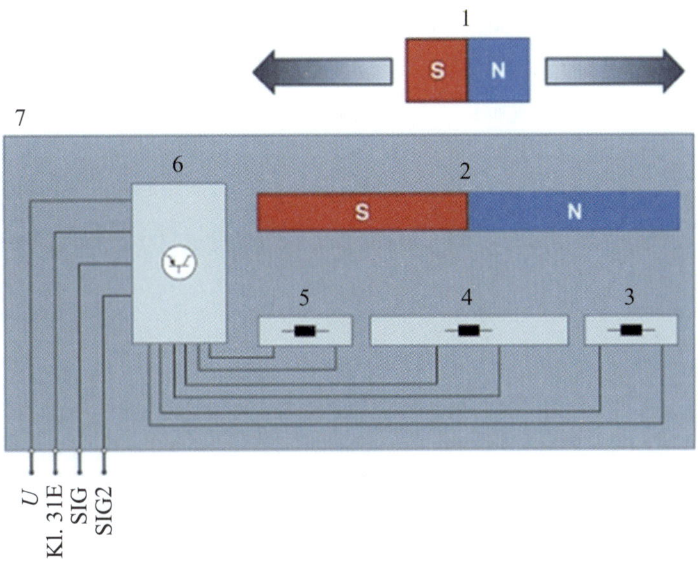

图11-15　传感器信号形成原理

1—制动助力器中的永久磁铁；2—铁磁芯体；3—次极线圈；4—初级线圈；5—次级线圈2；6—电子分析装置；7—制动踏板行程传感器 ；Kl.31E—总线端Kl.31电子接地线；SIG—信号输出端；SIG2—信号输出端2；U—供电电压

11.2.4 车身水平传感器

水平传感器G84用于检测车身的水平状态。这种传感器是一种非接触式的转角传感器，它通过一根联动杆来判定后桥相对于车身的弹簧压缩量。

联动杆的连接结构可以在很大程度上来补偿单侧压缩，如图11-16、图11-17所示。另外这种连接结构可以使得我们用一个水平传感器就可以实现水平调节。

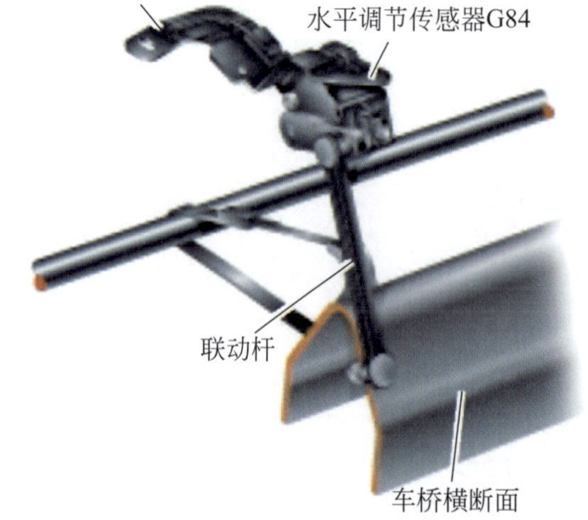

图11-16 与扭力梁的连接结构（前轮驱动车）

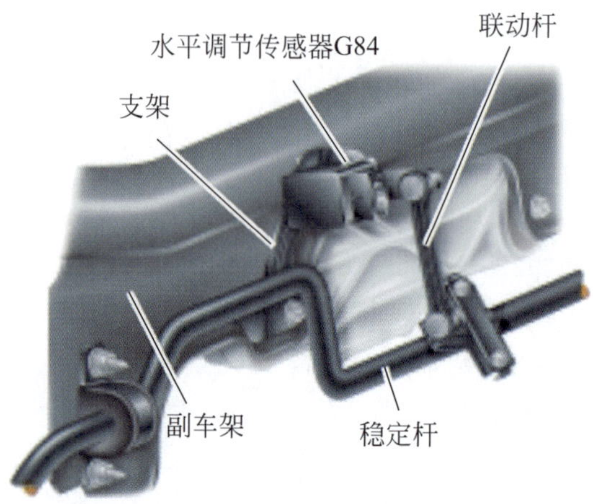

图11-17 双控制臂车桥上的连接结构（四轮驱动）

奥迪A6上的水平调节机构无法调节车身左、右的水平差（例如单侧加载而造成的）。其使用的转角传感器也是根据霍尔原理来工作的。集成在传感器内的测量电子装置将霍尔集成电路信号按角度比例转换成电压信号，如图11-18所示。

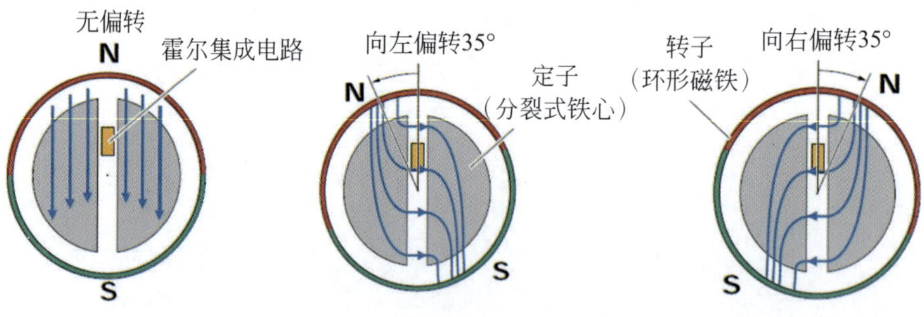

图11-18 水平传感器工作原理

有一块环形磁铁与传感器曲拐轴连接在一起（转子）。在分为两半的铁芯（定子）之间有一个偏心安装的霍尔集成电路，与测量电子装置共同构成一个部件。

根据环形磁铁的位置不同，穿过霍尔集成电路的磁场会发生变化。由此而产生的霍尔信号就被测量电子装置按角度比例转换成电压信号。这个模拟的电压信号由控制单元J197来使用，用于判定车身的水平状态。传感器特性曲线如图11-19所示。

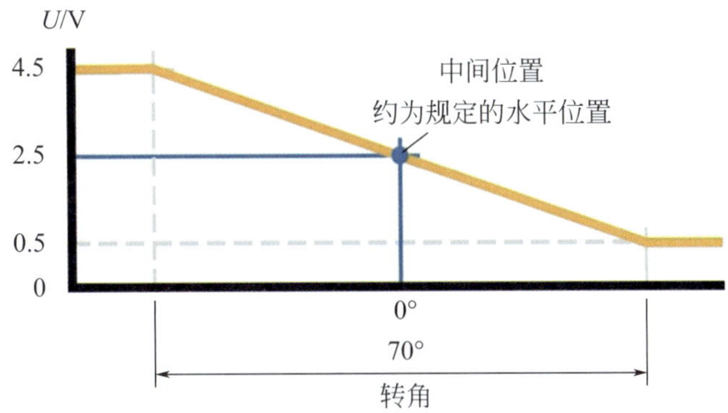

图11-19　水平传感器特性曲线

这种转角传感器也用于大灯照程自动调节装置上。带有大灯照程自动调节装置的车上共装有3个传感器。

传感器内部构造如图11-20所示。传感器设计为一个双腔系统，在一侧（腔室1）是转子，在对面一侧（腔室2）是装有定子的电路板。转子和定子安装时各自都是密封的。转子由一个非磁性不锈钢轴组成，里面粘接了一个稀土磁铁。当需要有很高的磁场强度并且磁铁尺寸要尽量小时，使用稀土磁铁。转子和联杆通过操纵杆连接在一起，并且通过操纵杆传动。

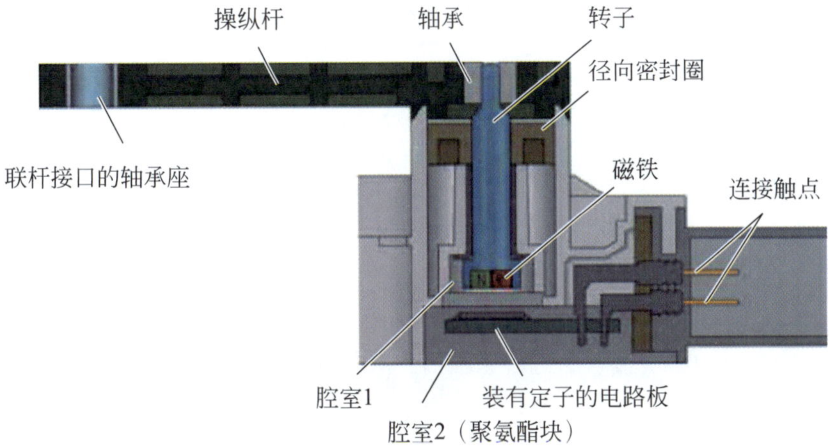

图11-20　车身水平传感器构造

转子放置在操纵杆的一个径向密封圈里面，这样就可以防止整体结构受到周围环境的影响。定子由一个布置在电路板上的霍尔传感器构成。电路板是浇铸在一个聚氨酯块里面的，这同样可以起到防止外部影响的作用。

电路板的芯片对这些信号进行换算，这样电控减振系统控制单元J250就可以识别出车身水平的变化。

这些水平传感器都是所谓的转角传感器，借助一个联杆机构可将车身水平变化转换成角度变化。奥迪全驱车（quattro）上使用的角度传感器是非接触式的，利用的是感应原理。这种水平传感器的一个特点是：它可产生两个不同的且与转角成比例的输出信号。这个特点使得这种传感器既可用于四级空气悬架，也可用于大灯照程调节（见针脚布置表）。

其中一个输出信号提供一个与角度成比例的电压（用于大灯照程调节），另一个输出信号提供一个与角度成比例的PWM信号（用于四级空气悬架）。前后桥传感器安装位置如图11-21、图11-22所示。

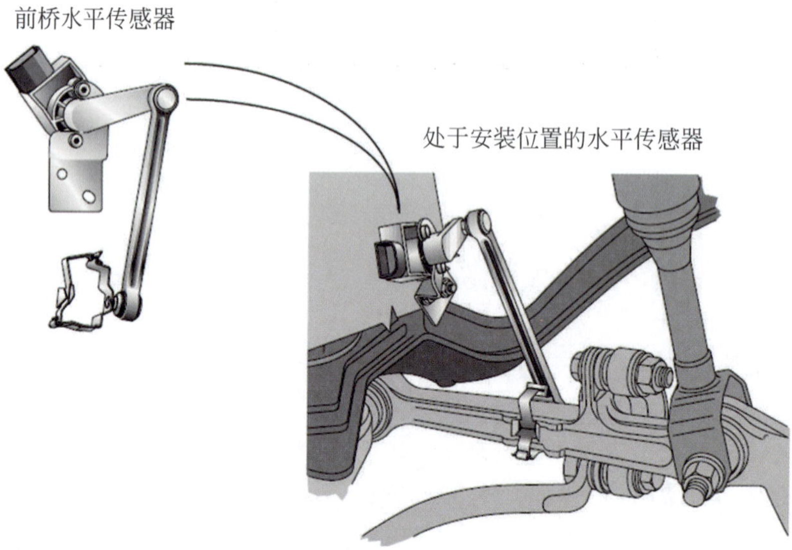

图11-21　前桥水平传感器

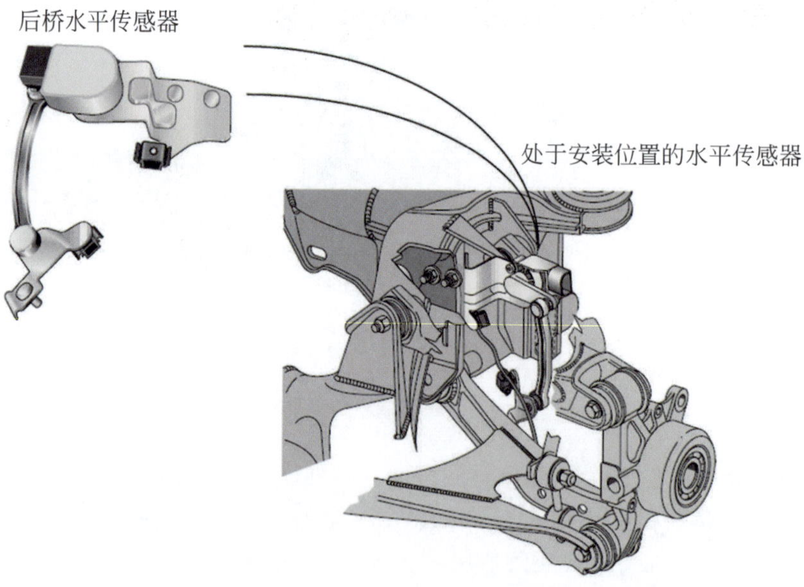

图11-22　后桥水平传感器

这四个水平传感器结构是相同的，只是支架和联杆根据左右和车桥的不同而有所不同。左、右传感器臂的偏转方向是相反的，所以输出的信号也是相反的。例如：车身一侧的传感器输出信号在空气悬架压缩时如果是增大的话，那么在车身另一侧该输出信号则是减小的。

转角传感器主要是由定子和转子组成。定子由多层电路板构成，电路板上有励磁线圈、三个接收线圈以及控制/分析电子装置。

这三个接收线圈布置成多角星形，相位是彼此错开的。励磁线圈装在电路板的背面。转子由一个封闭的线匝构成，线匝上连着传感器臂（匝与传感器臂一同转动）。线匝的形状与接收线圈的形状是一样的。转角传感器内部结构如图11-23所示。

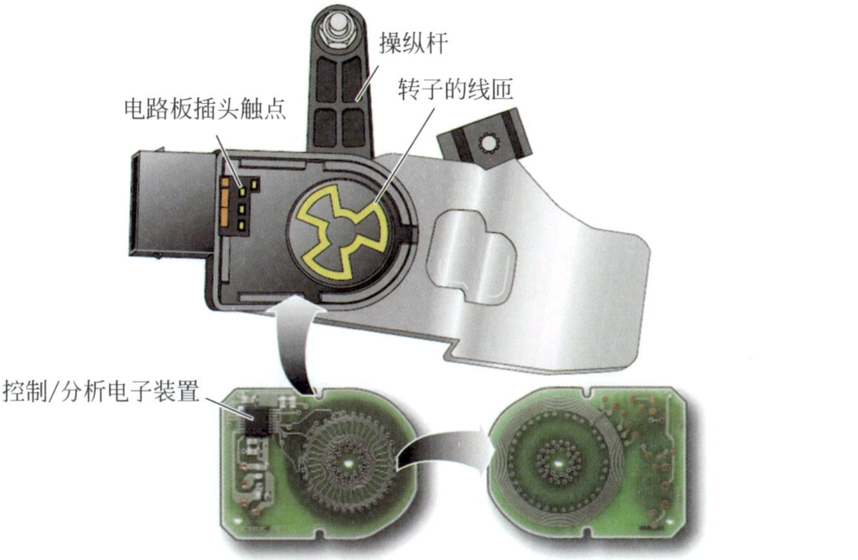

图11-23　转角传感器内部结构

交变电流流过励磁线圈，于是就产生了一个交变磁场，其电磁场会穿过转子。转子中感应出的电流又会在线匝（转子）周围感应出一个次级交变磁场。这两个交变磁场（分别由励磁线圈和转子产生）共同作用在接收线圈上，在接收线圈内感应出交流电压。

转子中的感应与角度位置无关，但接收线圈的感应取决于它与转子之间的距离和其角度位置。由于角度位置不同，转子与接收线圈的重合度就不同，因而对应于角度位置的感应电压幅值也就不同。

电子分析装置会对接收线圈的交变电压进行整流并放大，并使得三个接收线圈的输出电压成比例（相对比例测量），工作原理如图11-24所示。

在分析完电压后，分析结果转化成水平传感器的输出信号，送至控制单元做进一步处理。

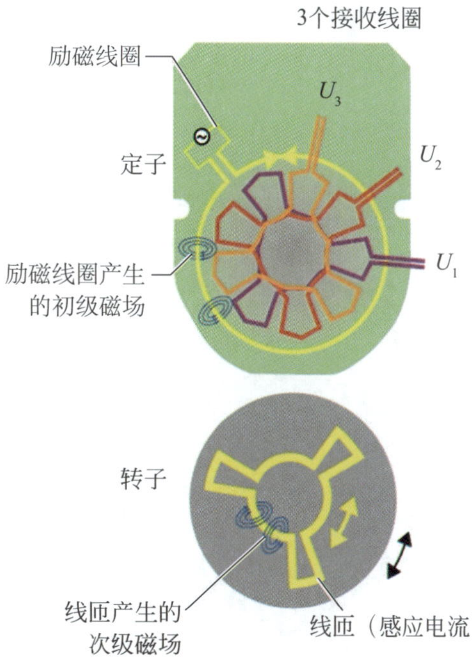

图11-24　转角传感器工作原理

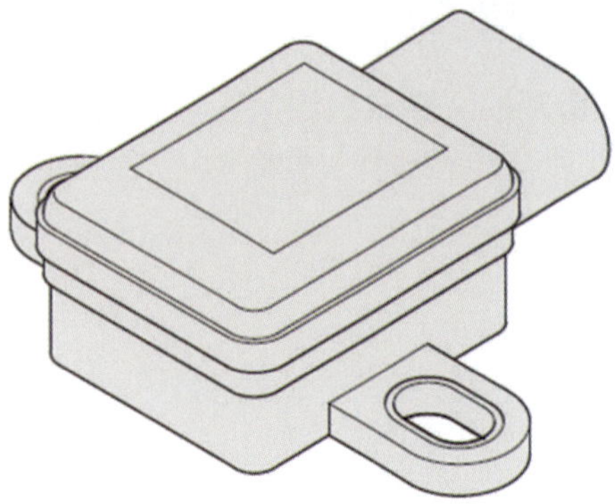

图 11-25 组合式传感器

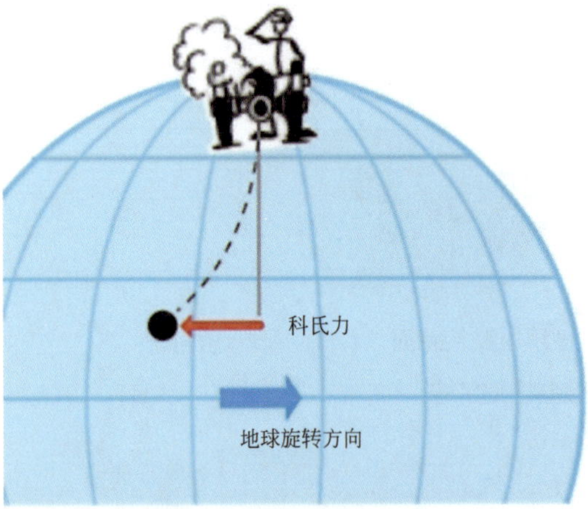

图11-26 科氏力产生

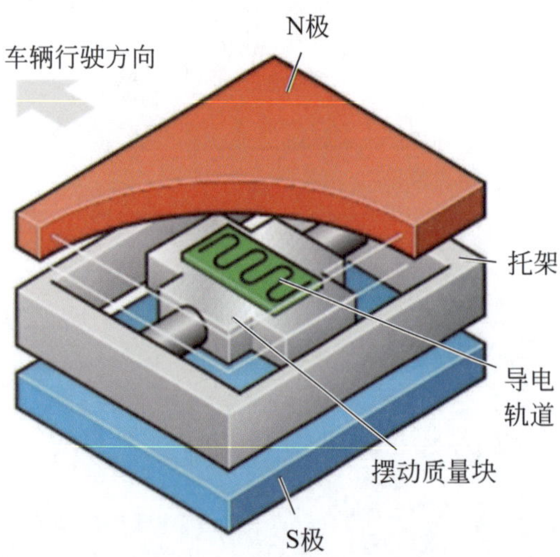

图11-27 偏转率传感器结构

11.2.5 偏转率传感器

横向加速度传感器G200与偏转率传感器G202装在一个壳体内。其优点如下：安装尺寸小，两传感器彼此可精确调整，调整后就无法改变，结构更牢靠。部件外观如图11-25所示。

部件都装在一个印刷电路板上，按微机械原理工作，通过一个六脚插头连接，按电容原理对横向加速度进行测量。

偏转率是通过测量科氏（coriolis）加速度而获得的。例如：站在北半球水平开炮时，对于正在与地球一同旋转的观察者来说，炮弹看起来是偏离直线的。原因就是观察者受到了一个力，该力逆着地球旋转方向使炮弹加速并偏离直线方向，这个力就叫科氏力，如图11-26所示。

偏转率传感器与横向加速度传感器在空间上是分开的。为了易懂，这里只作简要说明。在恒定磁场的S极和N极之间的托架内放一个可摆动的质量块，在这个质量块上装一个导电轨道，这个轨道用以代替真正的传感器。在真正的传感器上，为保险起见，有两个这种结构，如图11-27所示。

如果接上交流电压U，那么支撑导电轨道的托架就会在磁场内摆动。

如果现在有旋转加速度作用在此结构上，那么由于惯性作用，摆动质量块的状态与前述的炮弹是一样的。就是说，由于出现了科氏加速度，质量块偏离了来回的直线摆动。原理见图11-28。

由于这一切都是发生在磁场内的，因此导电轨道的电气性能就改变了。测量出这个变化就知道了科氏加速度的大小和方向，电子装置根据这个值即可计算出偏转率的大小。原理见图11-29。

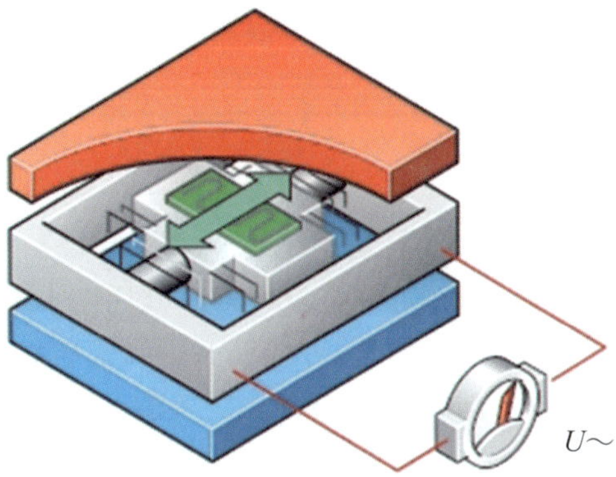

图11-28　偏转率传感器原理1

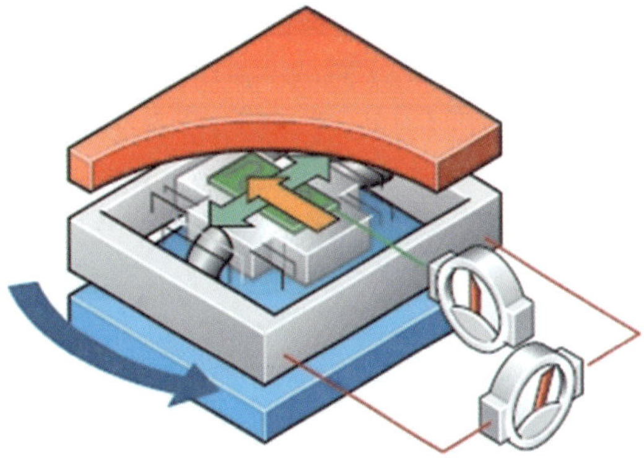

图11-29　偏转率传感器原理2

11.2.6　倾斜报警传感器

带集成倾斜报警传感器的报警器通过串行单线总线（LIN总线）与车顶功能中心（FZD）连接。

防盗报警系统（DWA）的软件已集成到FZD控制单元中。FZD控制单元因此控制防盗报警系统。

防盗报警系统由带有超声波车内防盗监控传感器的超声波车内保护系统和带有倾斜报警传感器的报警器组成。倾斜报警传感器将监控车辆的倾斜度。倾斜报警传感器识别车辆的抬起或牵引。

DWA报警以听觉和视觉方式进行。在DWA报警被触发时，FZD控制单元通过LIN总线激活报警器的扬声器。同时FZD控制单元发送一个报警信号作为信息到K-CAN上。某些系列车型，其相应的控制单元通过照明设备激活光报警。例如宝马F01、F10、F25系列车型的脚部空间模块（FRM）；宝马F20、F30系列车型的前部车身电子模块（FEM）用于前部外部照明的光报警，车尾电子模块（REM）用于后部外部照明的光报警；宝马F15、F16系列车型的车身域控制器（BDC）。

下面内容以宝马I01主域控制器（BDC）为例。

报警信号可以根据国家标准进行设码，例如可以是视觉报警输出信号（通过闪烁报警、近光灯、远光灯等）并具有周期性（1次、3次等）。

FZD控制单元在LIN总线上监控导线连接。FZD控制单元通过LIN总线向带倾斜报警传感器的报警器周期性地发送监控导线连接的要求。如果在规定的时间内应答消失，FZD控制单元就触发一个DWA报警。导线监控在报警输出期间也处于激活状态。

通过一个自带的微处理器控制报警器和倾斜报警传感器的功能。

报警器具有一个自带的供电装置（电池）并监控车辆蓄电池的供电情况。这样，在报警器的供电导线受到破坏时，也会发出声音报警。此外，报警器还监控局域互联网总线（LIN-Bus）。如果局域互联网总线被割断，报警器也将触发警报。

为了使报警器能够独立于车辆蓄电池执行其功能，其本身配有电池（应急电源报警器）。电池不可再次充电（使用寿命至少为10年左右或者30次触发声音报警）。报警器配有一个频率范围在1900～2800Hz的扬声器。

如果电池持续放电，并且在放电过程中车载网络电压以0.5V/h的速度下降到3V（例如长时间停放车辆时），报警器将无法发出警报。

图11-30 倾斜传感器（安装于报警器内）

1—带倾斜报警传感器的报警器；2—3芯插头连接

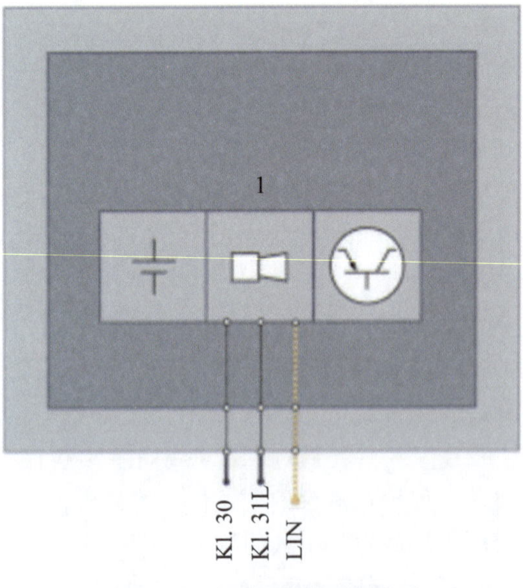

图11-31 倾斜报警传感器电路

1—带倾斜报警传感器的报警器；Kl.30—总线端Kl.30电源；Kl.31L—总线端Kl.31L负载接地；LIN—与超声波车内防盗监控传感器连接的LIN-Bus

如果报警器退出戒备状态并且没有外部供电，内部电池将设置为最低耗电水平。此时的耗电水平为最大25mA。如果车辆蓄电池被重新接上，报警器将恢复正常耗电水平。

外部启动时，报警器会识别出反极性并在信息存储器中存储这一信息。信息存储器和报警存储器一样可以通过诊断系统进行读取。

倾斜报警传感器监控车辆的水平位置（沿纵向和横向的车辆倾斜监控）。倾斜报警传感器的信号将由报警器中的微处理器进行分析。倾斜报警传感器识别到车辆倾斜度发生变化时，将向车顶功能中心（FZD）发送一个信号。车顶功能中心（FZD）据此触发一个DWA报警。这样就可以识别出为盗窃车轮而抬起车辆或者车辆被牵引。

车辆的停放位置将通过当前的纵向角度和横向角度加以存储。倾斜报警传感器定期测量新的纵向和横向角度。超过报警阈值时，将向FZD控制单元发送一条信息。在第一次报警后将降低报警阈值，从而导致更快触发第二次报警。

倾斜传感器的报警机制被设计为在车辆发生剧烈颠簸时避免触发报警。

图11-30所示为带有倾斜度传感器的报警器。

带有倾斜报警传感器的报警器通过一个3芯插头与车载网络相连，见图11-31。带有倾斜报警传感器的报警器通过总线端Kl.30供电，通过LIN-Bus与带集成超声波车内防盗监控传感器的车顶功能中心连接在一起。

第十二章　新能源系统传感器

12.1 电驱系统传感器

12.1.1 转子位置传感器

转子位置传感器探测转子的准确位置。此后必须根据转子位置依次为定子内的各线圈提供高电压，以便产生旋转磁场。这个模拟传感器信号由电机电子伺服控制系统（EME）进行分析。

转子位置传感器的工作原理以转子的磁特性变化为基础。转子外侧采用正弦结构。转子位置传感器以感应方式扫描该结构。电机电子伺服控制系统由此确定转子的准确位置。

转子位置传感器由两个通过交流电压驱动的线圈组成。转子转动时，线圈内感应电压和电流强度根据磁特性发生变化。转子位置传感器安装位置见图12-1。

电机电子伺服控制系统（EME）为转子位置传感器供电。传感器信号读入电机电子伺服控制系统内并在此进行分析。传感器电路连接如图12-2所示。

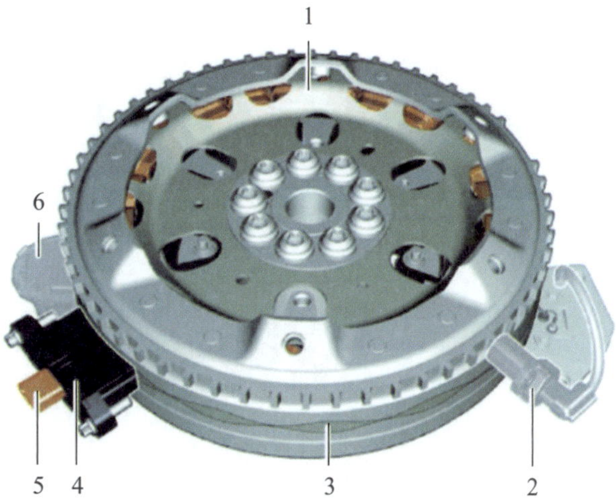

图12-1　转子位置传感器安装位置

1—电机；2—曲轴传感器；3—转子上的正弦结构；4—转子位置传感器；5—4芯插头连接；6—高压接头

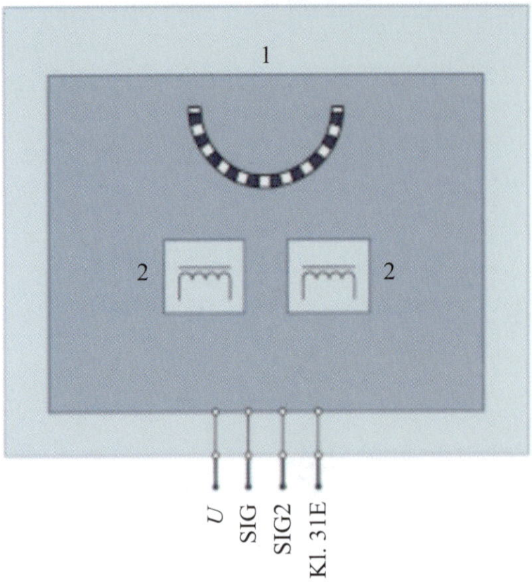

图12-2 转子位置传感器电路

1—转子位置传感器；2—线圈；Kl.31E—总线端Kl.31电子接地线；SIG—信号线；SIG2—信号线2；U—供电电压

12.1.2 电机位置传感器

电机连同分离离合器在内安装在发动机和自动变速箱之间。电机由定子（内置）和转子（外置）组成。转子代替发动机的飞轮。电机为永磁同步电机，最大功率设计为39kW。

根据磁场精确调节电机时必须要知道电机位置角度，这样定子线圈上才能产生与转子位置匹配的电压。

电机位置传感器探测电机转子的准确位置。电机位置传感器的结构类似同步电机。特殊成型的转子连接着电机转子，定子同电机的定子相连。通过定子线圈中的转子转动而产生的电压经过电机电子伺服控制系统（EME）分析后计算出电机位置角度。

工作时，电机线圈不允许超过规定的温度。因此，通常借助温度传感器测量某个线圈中的温度（负温度系数）。

电机电子伺服控制系统（EME）对温度传感器的信号进行分析。当线圈温度接近允许的最大值时，EME降低电机的功率。传感器安装位置见图12-3。

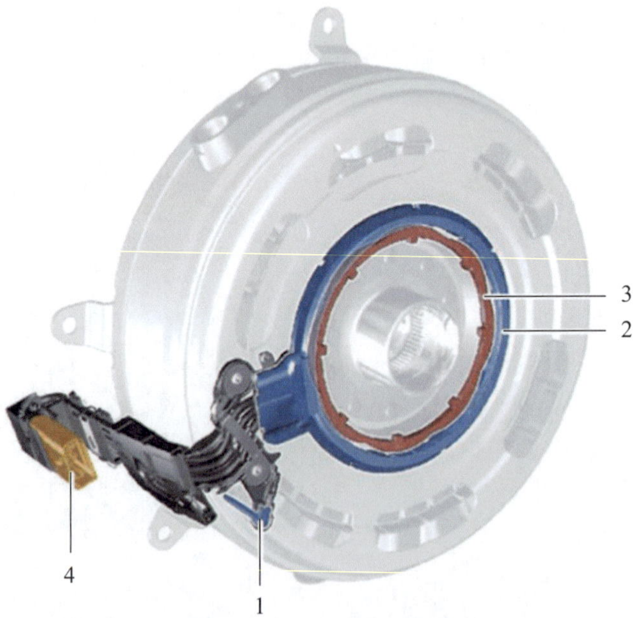

图12-3 传感器安装位置

1—温度传感器；2—电机位置传感器定子；3—电机位置传感器转子；4—12芯插头连接

电机位置传感器通过一个12芯插头连接进行连接，见图12-4，通过该12芯插头也连接温度传感器。电机位置传感器将其信号提供给电机电子伺服控制系统（EME）。

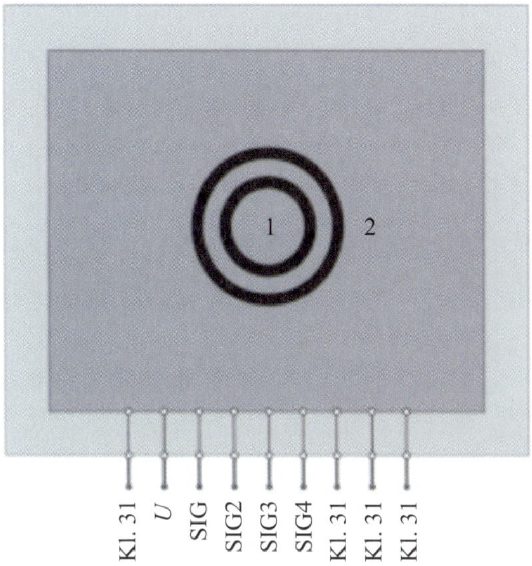

图12-4　传感器电路

1—电机位置传感器转子；2—电机位置传感器定子；Kl.31—电机位置传感器接地端；*U*—电机位置传感器电压；SIG—高余弦信号；SIG2—低余弦信号；SIG3—高正弦信号；SIG4—低正弦信号；Kl.31—连接总线端Kl.31

12.1.3　电机温度传感器

电机温度传感器是电机的组成部分。在运行时，电机线圈不允许超过某一温度值。温度传感器通过监控其中一个线圈内的温度代表所有线圈。如果温度升高且接近最大允许温度，电机电子伺服控制系统（EME）就会降低电机功率。这样可以避免电机热过载。从驾驶者可察觉到的功率降低程度起，系统输出一条相应的检查控制信息。

电机温度传感器安装位置见图12-5。

电机温度传感器由电机电子伺服控制系统（EME）提供5V电压。热敏电阻上的任何温度变化都会导致电压信号变化。分析在电机电子伺服控制系统（EME）内进行。电机温度传感器电路连接见图12-6。

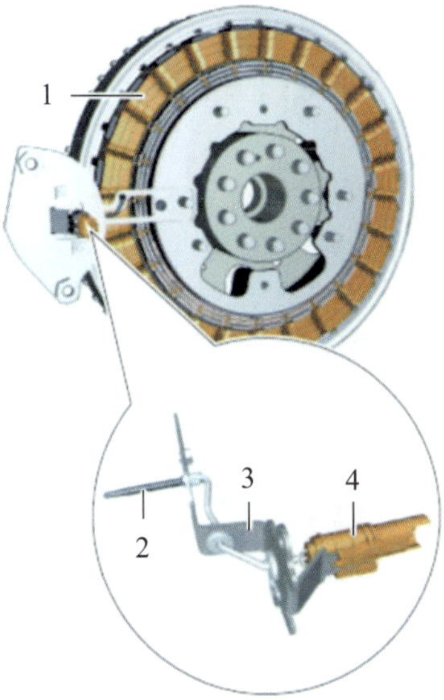

图12-5　电机温度传感器位置

1—电机内的线圈；2—温度传感器；3—温度传感器支架；4—3芯插头连接

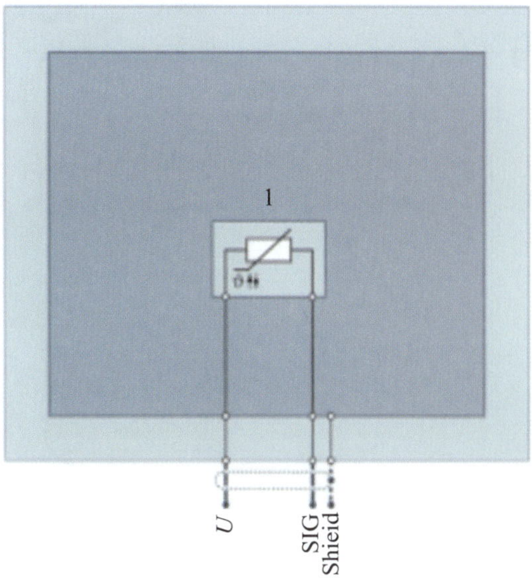

图12-6　电机温度传感器电路

1—热敏电阻；Shieid—屏蔽；SIG—信号线；*U*—供电电压

电机温度传感器失灵时，预计会出现以下情况：电机电子伺服控制系统（EME）内的故障记录；关闭或不打开电机。

12.2 冷却系统传感器

12.2.1 电控辅助加热器温度传感器

在电控辅助加热器中，以电动方式将加热循环回路内的冷却液加热到驾驶者希望的温度。冷却液温度传感器监控该温度。

电控辅助加热器是一个单独的部件，工作原理与电动直通式加热器一样。电控辅助加热器借助加热螺旋体按需加热位于加热循环回路中的冷却液。此时，以间歇方式控制加热螺旋体。

该冷却液温度传感器测量冷却液出口的温度。该温度将通过单独导线传送至电控辅助加热器。

通过局域互联网总线，电控辅助加热器将出口的冷却液温度以及电流消耗输出至冷暖空调的控制单元。

图12-7所示为电控辅助加热器，以宝马I01系列车型为例。

电控辅助加热器连接在高压车载网络上。加热螺旋体是并联的。冷暖空调的控制单元控制电控辅助加热器。传感器电路如图12-8所示。

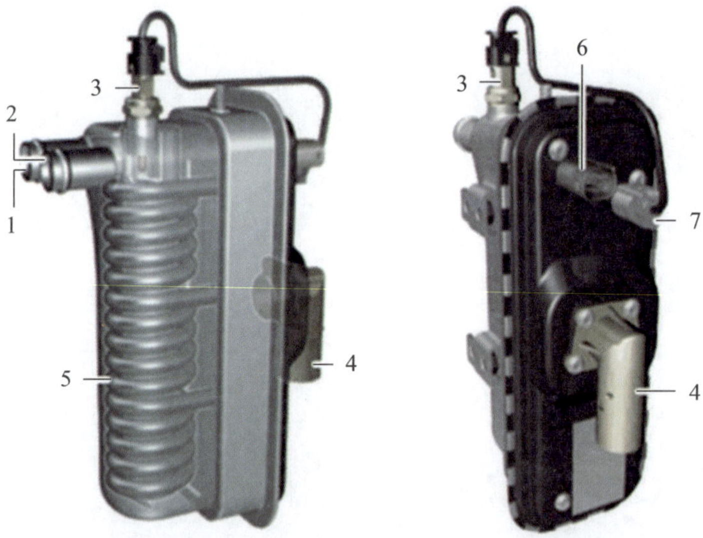

(a)加热螺旋体　　(b)电气接口

图12-7　加热器温度传感器安装位置

1—冷却液入口（来自附加冷却液泵）；2—冷却液出口（至车厢内部的暖风热交换器）；3—冷却液温度传感器（暖风热交换器的冷却液出口上）；4—高压车载网络上的接口；5—加热螺旋体（3个并联的加热螺旋体）；6—12V车载网络上的接口；7—电控辅助加热器温度传感器的连接

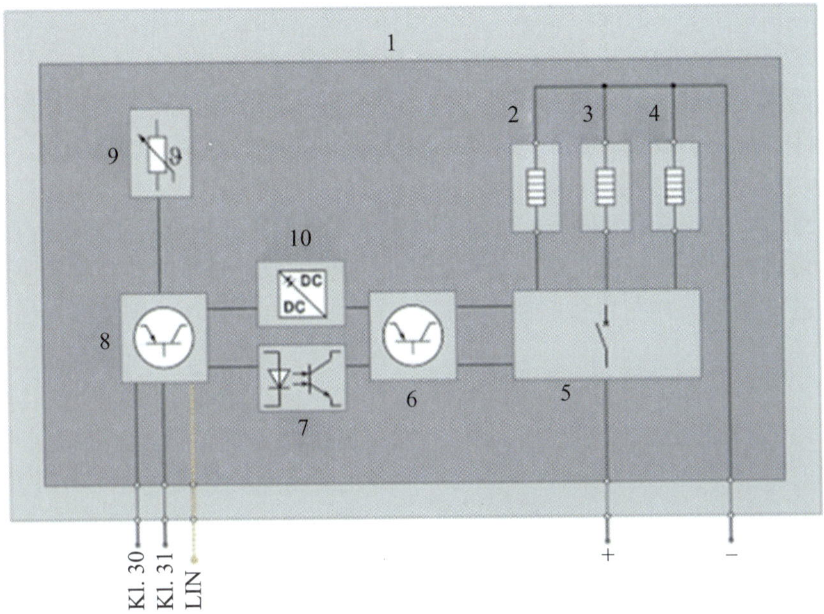

图12-8　加热器温度传感器电路

1—电控辅助加热器；2—加热螺旋体1；3—加热螺旋体2；4—加热螺旋体3；5—电源开关；6—电子控制装置；7—光耦合器；8—电子控制装置；9—电控辅助加热器温度传感器；10—DC/DC转换器；Kl.30—总线端Kl.30；Kl.31—总线端Kl.31，接地；LIN—LIN总线；+—高压接口（正极导线）；-—高压接口（接地线）

12.2.2　冷却液压力温度传感器

冷却液压力温度传感器是热泵的一个组成部分。热泵非单个部件，而是一个系统。传感器部件如图12-9所示。

借助热泵的系统组件可实现下列功能：加热车厢内部，冷却车厢内部，冷却高压蓄电池。

图12-9　冷却液压力温度传感器

1—冷却液压力温度传感器；2—4芯插头连接

制冷剂将根据所要求的操作模式（加热和/或冷却）相应地由热泵回路系统组件进行导流。在某些系统组件上制冷剂的流动方向也按照操作模式相应变化。

在热泵回路中安装了诸如下列部件中的多种部件，以便调节和控制制冷剂的流通量和流动方向：冷却液压力温度传感器，热泵回路温度传感器，电调节式膨胀阀，热泵回路单向阀。

热泵回路的冷却液压力温度传感器安装在高压蓄电池单元和冷凝器的低压管路中。

使用热泵进行冷却运行时，低压管路中的制冷剂压力和制冷剂温度将通过冷却液压力温度传感器进行感测，并在热泵控制器中进行分析。中央控制功能则由经局域互联网总线连接的冷暖空调控制单元来负责。

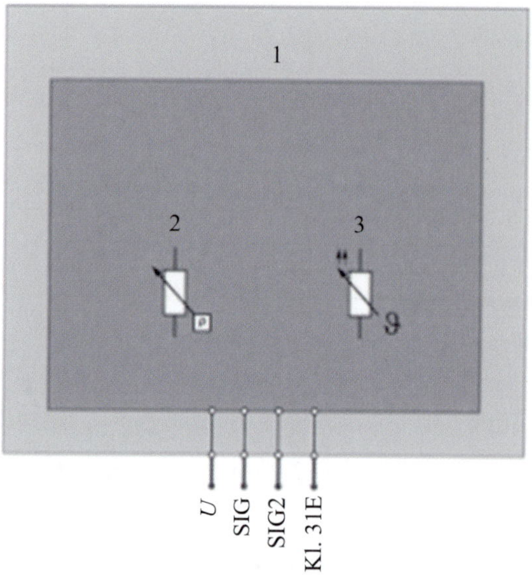

图12-10 冷却液压力温度传感器电路

1—冷却液压力温度传感器；2—温度传感器；3—压力传感器；Kl.31E—总线端Kl.31电子接地线；SIG—信号线，制冷剂压力；SIG2—信号线2，制冷剂温度；*U*—供电电压，5V

车身域控制器（BDC）将根据冷却液压力温度传感器的信号按照冷暖空调控制单元的要求关闭电动空调压缩机。

冷却液压力温度传感器将通过一个压力敏感的元件和一个温度敏感的元件针对使用热泵的制冷循环回路低压管路中所施加制冷剂压力和制冷剂温度进行分析。

冷却液压力温度传感器电源为5V恒定电压。其输出的原始测量信号电压，与制冷剂的压力及温度成线性关系。

冷却液压力温度传感器将测量信号以模拟信号方式输出。热泵控制器将此模拟信号转换为数字信号，并在总线上发送到冷暖空调的控制单元处。

冷却液压力温度传感器由热泵控制器供给5V的电压并负责接地，见图12-10。

12.2.3 热泵回路温度传感器

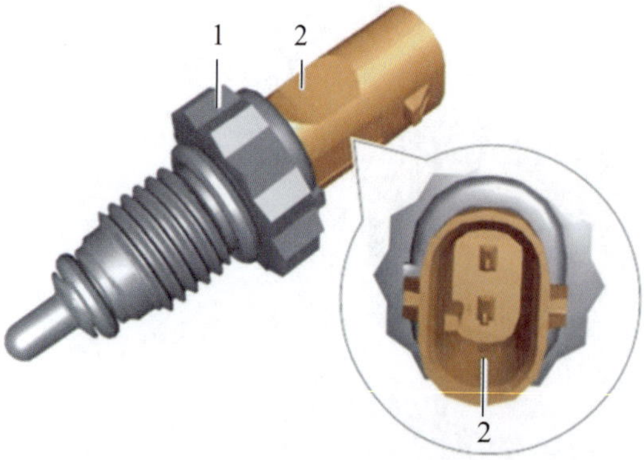

图12-11 热泵回路温度传感器

1—热泵回路温度传感器；2—2芯插头连接

热泵回路温度传感器是热泵的一个组成部分。系统共安装了3个热泵回路温度传感器。一个安装在热泵热交换器和电调节式膨胀阀之间。另一个安装在热泵回路的单向阀和高压蓄电池单元之间。还有一个安装在热泵回路中的蒸发器附近。传感器信号均在热泵控制器中进行分析。

进行温度记录时，使用的是与温度有关的电阻器。温度传感器中安装有一个热敏电阻（NTC），其电阻值随温度的上升而下降。图12-11所示为热泵回路温度传感器。

此电阻值根据温度在约75kΩ～206Ω的范围内变化，对应于-40～90℃的温度。

每个热泵回路温度传感器都是通过一根两芯插头与车载网络相连接，见图12-12。此电阻是一个由热泵控制器提供5V供电的分压器电路部件。

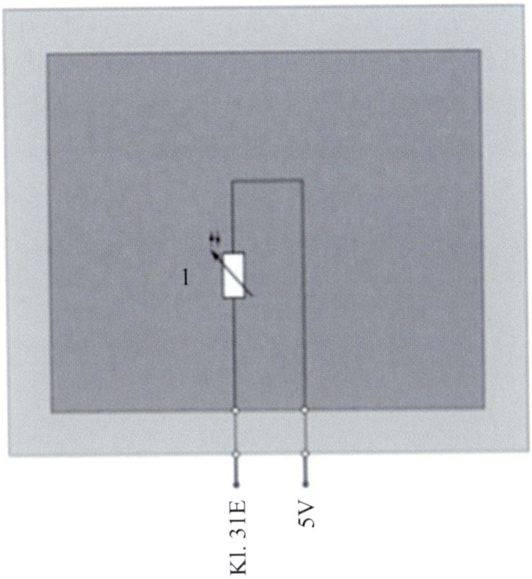

图12-12　热泵回路温度传感器电路

1—热敏电阻；Kl.31E—总线端Kl.31电子接地线；5V—供电电压

12.2.4　高压电池冷却液温度传感器

以宝马i3为例，在高电压蓄电池单元内部，制冷剂在管路和铝合金冷却通道内流动。通过入口管路流入的制冷剂直接在高电压蓄电池单元接口处分入两个供给管路，之后再次分别进入两个冷却通道并在冷却通道内吸收电池模块的热量。在冷却通道末端制冷剂被输送至相邻冷却通道内，由此回流并继续吸收电池模块的热量。最后带有蒸发制冷剂的四个管路段重新汇集到一起，一个共同的回流管路通到抽吸管路接口处。在其中一个供给管路上还有一个温度传感器，传感器信号用于控制和监控冷却功能。该信号直接由SME控制单元读取。高压电池冷却系统部件如图12-13所示。

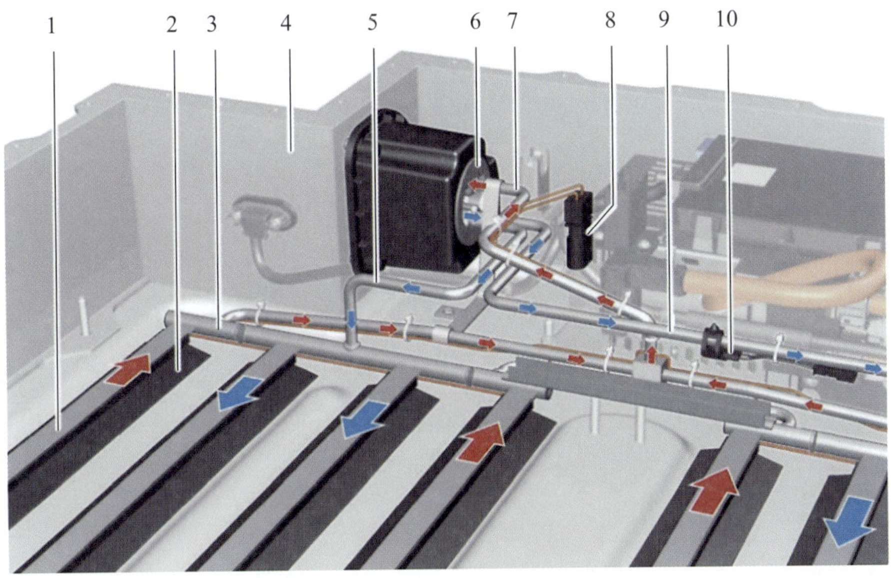

图12-13　高电压蓄电池单元内的冷却组件

1—热交换器；2—弹簧条；3—冷却通道连接装置；4—高电压蓄电池壳体；5—制冷剂供给管路；6—膨胀和截止阀连接法兰；7—制冷剂回流管路；8—电气加热装置插头；9—制冷剂供给管路；10—制冷剂温度传感器

制冷剂温度传感器不直接测量制冷剂温度，而是安装在高电压蓄电池单元内一段制冷剂管路上。根据制冷剂管路温度可确定流入的制冷剂温度以及可提供的冷却功率。制冷剂温度传感器以硬线方式与SME控制单元相连，在此进行信号分析。该传感器是一个NTC电阻，其电阻值随温度升高而减小。

第十三章　其他类型传感器

13.1　发动机爆震传感器

爆震传感器固定在曲轴箱左右两侧，见图13-1。

扫一扫
看视频

爆震传感器用于记录固体声振动（敲击）。敲击式燃烧可损坏发动机。爆震传感器的数据令发动机控制系统可以采取应对措施，在汽油发动机中，在特定条件下可能变成响铃式燃烧过程。该响铃式燃烧过程将降低最早可能出现的点火时刻，并由此限制发动机的功率和效率。

这一不希望见到的燃烧过程被称为爆震，是尚未被火焰前端接触到的混合气自燃所产生的结果。正常燃烧和由活塞所产生的压缩将产生压力和温度上升，它们可导致尚未点燃的混合气发生自燃。这时，所出现的火焰速度将超过2000m/s，而正常燃烧时，该速度仅为约30m/s。

爆震的原因可能是：燃油等级不良（ROZ/MOZ）；气缸进气高；进气温度和发动机温度过高；压缩比过高（例如沉积）。

在较长时间持续爆震时，压力波和热负荷可能在气缸盖密封件上、活塞上和气门区域内引起机械损坏。爆

图13-1　爆震传感器安装位置

1—曲轴箱；2—气缸1和2爆震传感器；3—气缸3和4爆震传感器；4—气缸5和6爆震传感器；5—气缸7和8爆震传感器；6—2芯插头连接

震燃烧的特征性振动可被爆震传感器接收，转换为电信号，并被输送到发动机控制系统。在发动机控制系统中，将对这些信号进行处理，以使它们与相应的气缸进行对应。

平面型爆震传感器通过安装在气缸体上的双头螺栓安装在发动机上，如图13-2所示。因此，在传感器中心有一个可使双头螺栓穿过的孔。

信号的转换通过一块压电陶瓷片进行。通过压力，在陶瓷内部产生电荷移动，从而产生电压。该电压通过接触片被获取。爆震传感器内部结构与外边电路如图13-3所示。

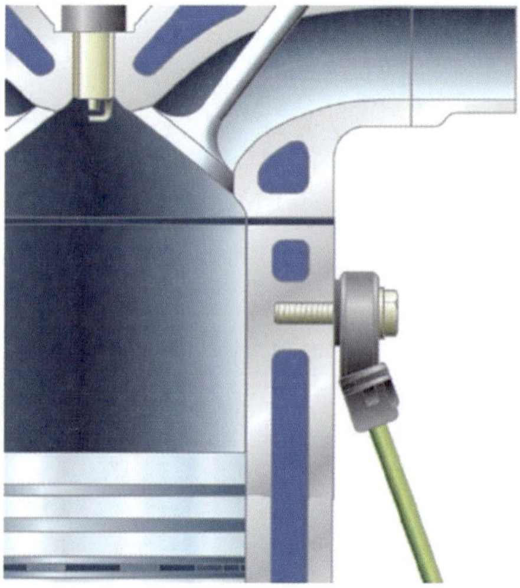

图13-2 爆震传感器安装位置

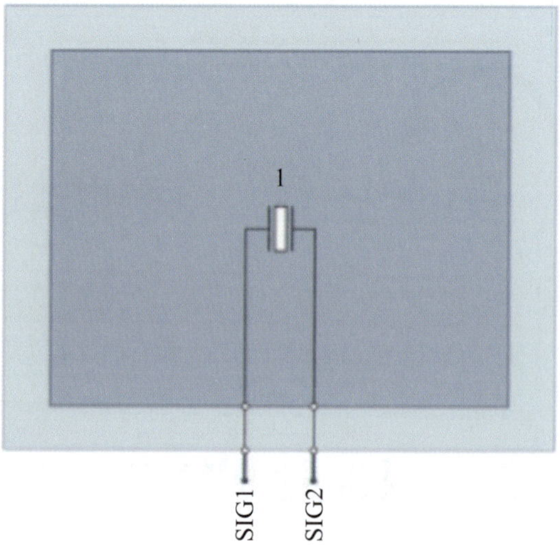

图13-3 爆震传感器电路

1—爆震传感器；SIG1—信号差1；SIG2—信号差2

13.2 智能型蓄电池传感器

智能型蓄电池传感器固定在蓄电池负极上。传感器外观如图13-4、图13-5所示。

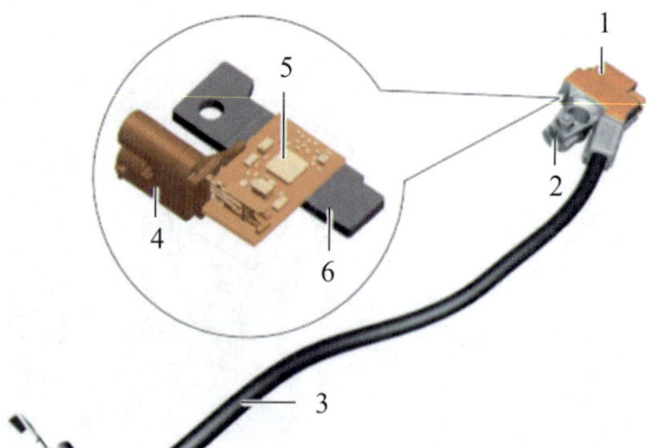

图13-4 智能型蓄电池传感器（宝马F0x、F1x）

1—智能型蓄电池传感器；2—蓄电池负极接线柱；3—接地导线；4—3芯插头连接；5—带微处理器和温度传感器的线路板；6—测量电阻

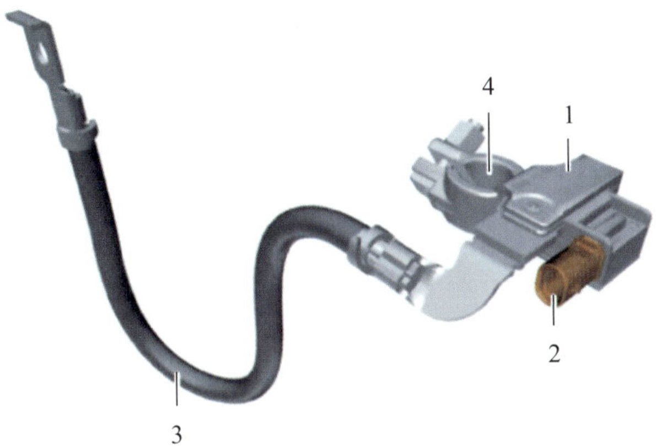

图13-5　智能型蓄电池传感器（宝马F2x、F3x）

1—智能型蓄电池传感器；2—2芯插头连接；3—接地导线；4—蓄电池负极接线柱

智能型蓄电池传感器现在通过一条LIN总线连接到发动机控制单元上。以前的蓄电池传感器是通过串行数据接口（BSD）与发动机控制单元连接的。

智能型蓄电池传感器是车辆通信系统中动力管理系统的一个特别重要的部件。

智能型蓄电池传感器（IBS）是一个用于监控蓄电池状态的机械电子部件。此外，它探测下列测量值：端电压，充电电流和放电电流，蓄电池接线柱的温度。

对于蓄电池传感器而言，名称“智能”表示一个集成式微处理器与一部分软件。通过此处理器可对时间要求特别严格的测量参数进行前期处理。处理结果（以较低数据传输率）传送到发动机控制单元。

智能型蓄电池传感器通过LIN总线向发动机控制单元发送数据。发动机控制单元中的软件控制与智能型蓄电池传感器的通信。蓄电池状态（SOH=健康状态）计算以及蓄电池充电状态（SOC=状态）计算在发动机控制单元中进行。

智能型蓄电池传感器的功能具体有：在车辆的各种运行状态下连续测量蓄电池数据；平衡蓄电池的充电电流以及放电电流；监控蓄电池充电状态以及激活动力管理系统和电源管理、临界蓄电池充电状态（蓄电池启动功能限制）的应对措施；确定用于校准蓄电池充电状态的初始数据；计算用于确定蓄电池状态的启动电流变化过程；休眠电流监控；向发动机控制单元（DME或DDE）传输数据；自诊断；通过发动机控制系统全自动升级运算法则参数和自诊断参数。

在睡眠模式期间，当蓄电池充电低和/或静态电流提高时，蓄电池传感器自行唤醒并向接线盒电子装置（JBE）输出一条相应的信息。JBE根据信息类型和车辆状态执行不同措施，例如断开总线端Kl.30F。

在发动机关闭和DME主继电器切断之间的时间内，智能型蓄电池传感器从发动机控制系统收到以下信息：一次可靠发动机起动可消耗的最大充气量。在DME主继电器断开后，智能型蓄电池传感器连续检查蓄电池充电状态和静态电流消耗。

智能型蓄电池传感器结构如下：带电子分析装置和温度传感器的线路板，微处理器与软件，用于电流测量的电阻器（测量电阻：低欧姆电阻器，用于测量电流）。传感器内部结构与连接电路如图13-6所示。

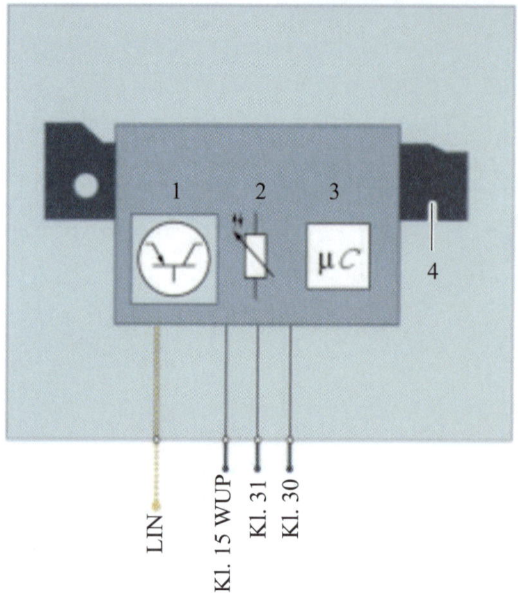

图13-6 智能型蓄电池传感器电路

1—线路板；2—温度传感器；3—微处理器与软件；4—测量电阻；LIN—LIN总线（局域互联网）；Kl.15 WUP—总线端Kl.15唤醒（仅F0x，F1x系列车型）；Kl.30—总线端供电线；K1.31—总线端接地线

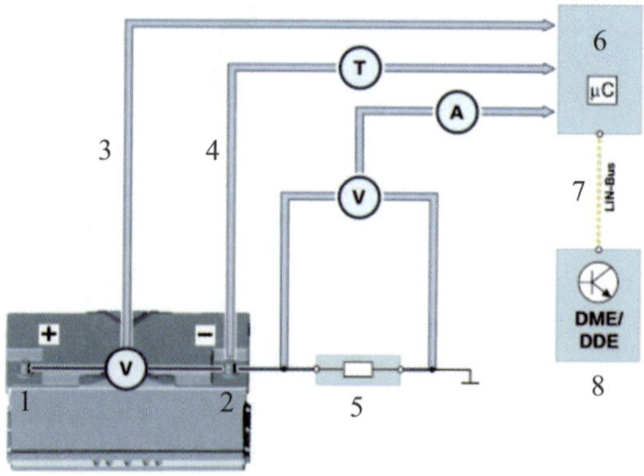

图13-7 智能型蓄电池传感器电路连接

1—蓄电池正极；2—蓄电池负极；3—测量蓄电池正负极之间的电压；4—测量蓄电池温度；5—电流测量，通过测量电阻上成正比的电压降间接测量；6—智能型蓄电池传感器中的微处理器；7—LIN总线；8—发动机控制单元（DME或DDE）

F2x、F3x系列车型：对于最新一代的智能型蓄电池传感器，取消唤醒导线。通过LIN总线进行唤醒。插头连接为2芯。

为了进行数据传输，智能型蓄电池传感器通过LIN总线与数字式发动机电子伺控系统（DME）或数字式柴油机电子装置（DDE）连接，见图13-7。

13.3 气候传感器

13.3.1 日照传感器

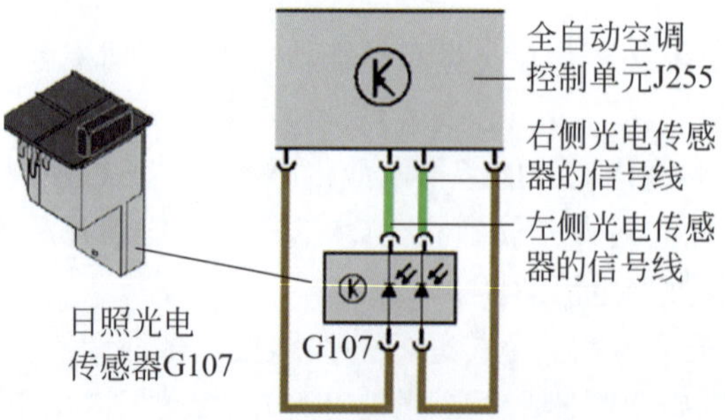

图13-8 日照传感器电路

日照光电传感器G107由两个光电传感器组成，如图13-8所示。该传感器探测车厢内的光照情况，向全自动空调控制单元J255发送电压值信号，以便对驾驶员区和副驾驶员区进行分区温度调节。

如果一个光电二极管失效，则使用另一个二极管的值。若两个光电二极管都失效，则使用固定的值替代。

日照传感器安装在仪表板除霜通风口之间的一个黑色塑料滤光器下面，阳光透过滤光器照射下来。该传感器检测日照的强度与方向，如图13-9所示。

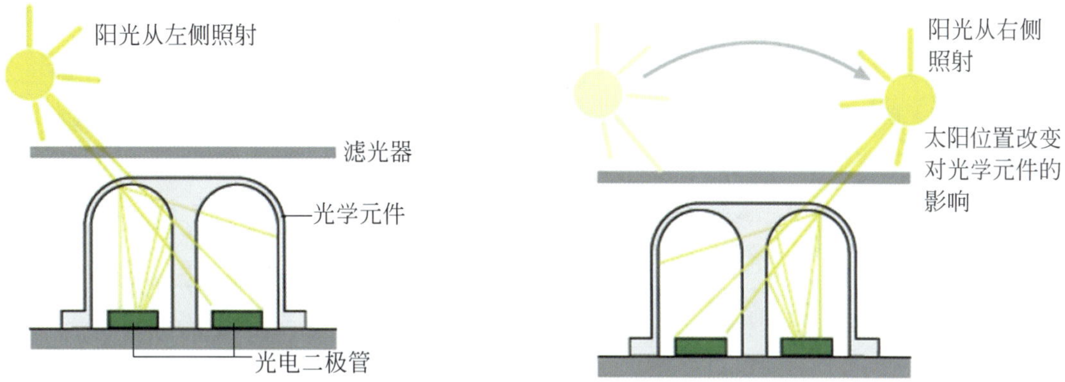

图13-9　日照传感器工作原理

13.3.2　湿度传感器

通过各种测试方法表明，尤其是在外界温度很低的情况下，挡风玻璃上部的三分之一会变得非常冷，因而容易起雾。为了能测量到该区域，空气湿度传感器G355安装在后视镜的根部，如图13-10所示。

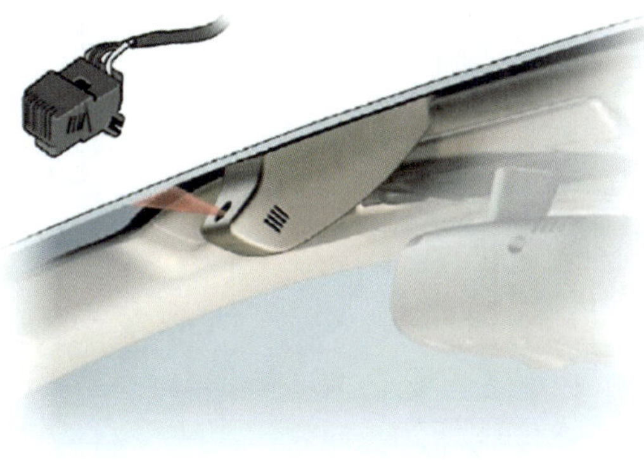

图13-10　湿度传感器安装位置

在车内空气中的水蒸气在挡风玻璃上结雾之前，空调压缩机功率和风扇转速会自动提高，除霜翻板会进一步打开。之后，干燥空气流经蒸发器和热交换器，从除霜出风口吹出，吹向挡风玻璃和侧窗玻璃，如图13-11所示。

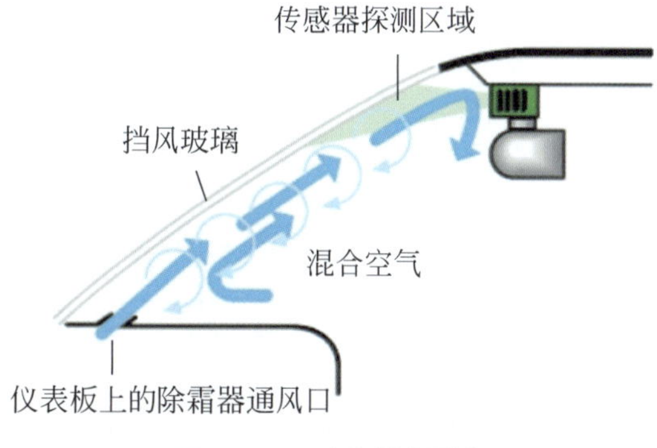

图13-11　空气流通路径

空气通过传感器壳体上的一个空气缝隙到达传感器表面。若空气缝隙中有脏物则会导致传感器故障。为了能够进行自动除霜功能的自适应控制，该传感器检测三个测量值：空气湿度（如图13-12）、传感器处的相关温度以及挡风玻璃温度（如图13-13所示）。所有功能都集中在传感器壳体中。若没有这些传感器的信号，控制单元则无法计算车窗上形成雾气的点，自动除霜功能失效。

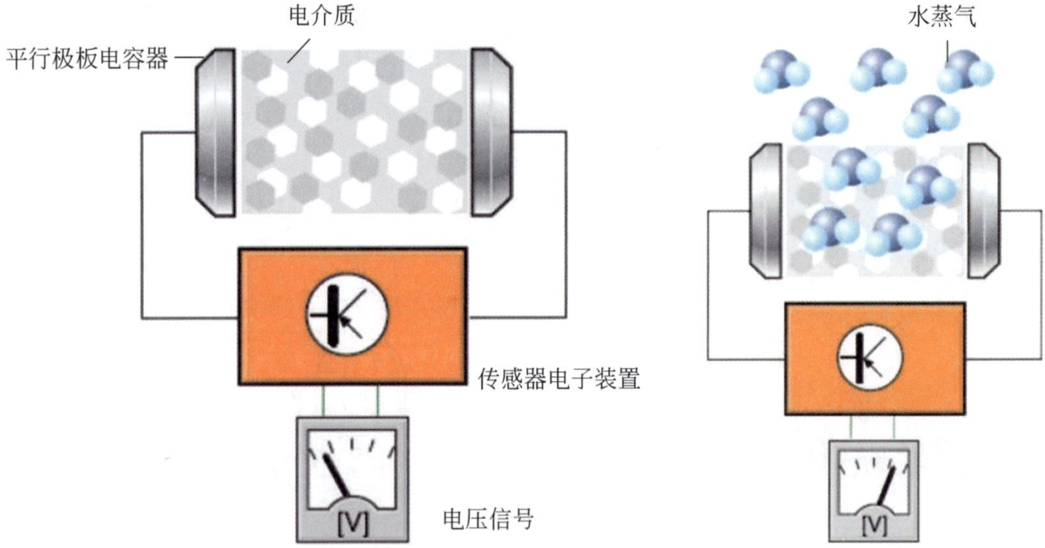

图13-12 测量空气湿度

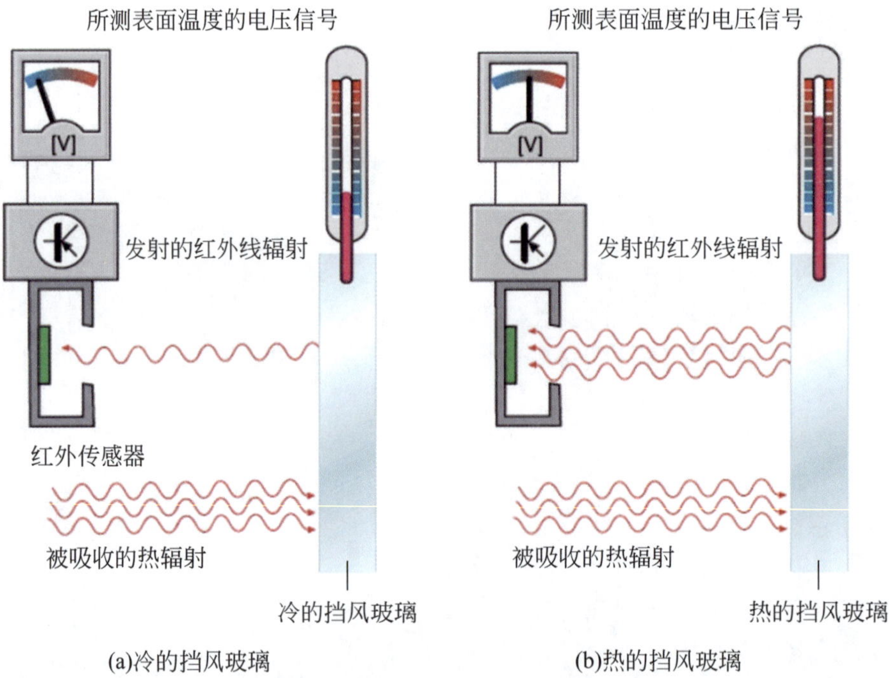

图13-13 测量挡风玻璃温度

13.3.3 雨天/行车灯/雾气/光照传感器

雨天传感器借助发射二极管和接收二极管（红外线）分析挡风玻璃的反射率。通过发送及接收二极管的匹配情况，得出测量距离。通过该测量距离可识别出降雨强度。

光照传感器探测环境亮度以及前部光线亮度。

如果车辆装备平视显示系统，则有一个独立的光电传感器调节平视显示系统亮度。

光照传感器负责自动恒温空调（IHKA）的功能范围。光照传感器测量车辆上的阳光照射强度。

雾气传感器使集成的自动恒温空调能够比驾驶员先识别到车窗水雾，由此可尽早采取应对措施，而不需要由驾驶员介入。雾气传感器只在自动恒温空调的自动程序中激活。

雨天/行车灯/雾气/光照传感器通过LIN总线与车身域控制器（BDC）相连。雨天/行车灯/雾气/光照传感器通过总线端Kl.30F获得供电。

雨天/行车灯/雾气/光照传感器安装在镜脚内。雨天/行车灯/雾气/光照传感器用止动弹簧嵌入固定板内。固定板牢固地粘贴在挡风玻璃内侧。雨天/行车灯/雾气/传感器通过光学元件上的一种由硅酮制成的凝胶与挡风玻璃实现光学连接。

该传感器具有下列传感器的功能：晴雨传感器、光线传感器、雾气传感器、光照传感器。

晴雨传感器：降雨识别是通过对挡风玻璃与空气间界面的红外光反射实现的。反射情况取决于挡风玻璃的污染程度和潮湿程度。如果挡风玻璃干净而干燥，红外线光便会完全被反射。如果挡风玻璃受到污染或由于降雨而变得潮湿，其反射量便会减少。

光照传感器：光线传感器由环境亮度传感器（区域）、前部光线传感器（前部区域）、平视显示系统的亮度控制传感器（传感器具有水平向下最大7°的视角）组成。

光照传感器通过以20ms为周期的信息以及LIN总线提供行车灯情况（即是否打开或关闭行车灯，打开的原因）。BDC控制单元将信号接收到相应的CAN信息中，并周期性地（信号值不改变）或受事件控制地（信号值改变）发送这些信息。

这些信号包括：光线传感器状态、行车灯状态、环境亮度级别、接通原因（例如白天、黎明、隧道、夜间）。

雾气传感器提供下列信息：挡风玻璃内侧温度、挡风玻璃内侧的空气湿度。这些信息帮助冷暖空调控制单元避免前窗玻璃上在自动程序中产生车窗水雾。

光照传感器有助于自动恒温空调参考阳光辐射。这时，将分开记录驾驶员侧和前乘客侧的阳光照射强度。

雨天/行车灯/雾气/光照传感器外观如图13-14所示。

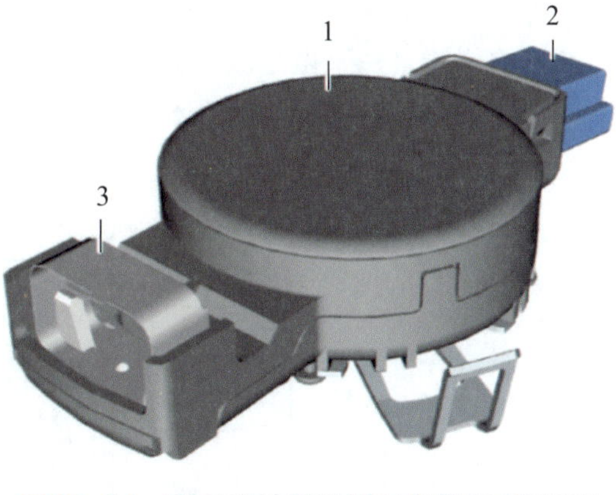

图13-14　雨天/行车灯/雾气/光照传感器外观

1—雨天/行车灯/雾气/光照传感器；2—3芯插头连接；3—雾气传感器

雨天/行车灯/雾气/光照传感器由以下各部分构成：发射二极管（红外线）、接收二极管（红外线）、光电传感器、光学元件、电子分析装置。传感器内部结构与电路连接如图13-15所示。

雨天/行车灯/雾气/光照传感器的额定值：电压范围9～14V；过压大于17.5；低电压小于9V；最大电流消耗小于0.05A；温度范围-40～85℃。

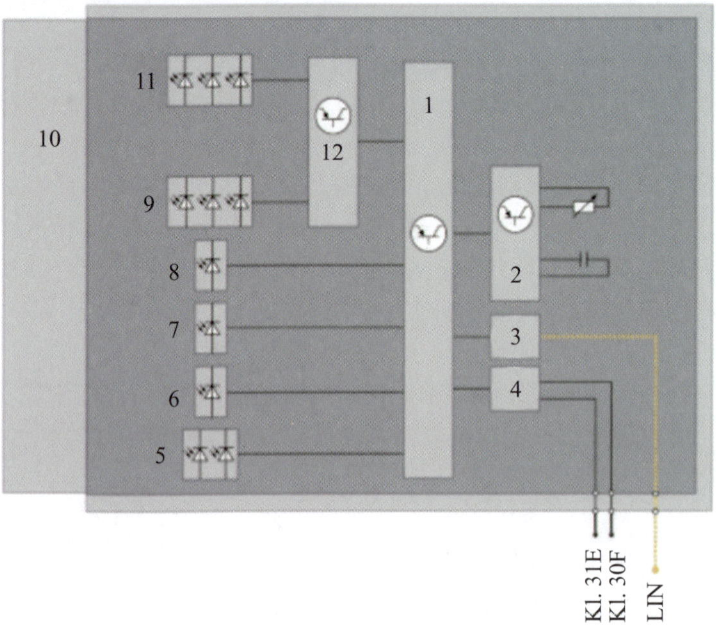

图13-15 雨天/行车灯/雾气/光照传感器电路连接

1—电子单元；2—潮湿及温度电子分析装置（用于雾气传感器功能）；3—数据接口（LIN总线）；4—供电部件；5—接收二极管（红外线，用于光照传感器功能）；6—前部光线的光电二极管（用于平视显示系统的亮度控制）；7—前部光线光电传感器（用于光线传感器功能）；8—环境亮度光电传感器（用于光线传感器功能）；9—接收二极管（红外线，用于晴雨传感器功能）；10—光学元件；11—发射二极管（红外线，用于晴雨传感器功能）；12—电子分析装置（用于晴雨传感器功能）；Kl.30F—总线端Kl.30F，供电电压9～14V；Kl.31E—总线端Kl.31电子接地线；LIN—LIN总线

13.3.4 空气质量传感器

空气质量传感器工作原理与空燃比传感器类似，如图13-16所示，可以通过操作元件或MMI来关闭此功能。对于不同的电气规格，应注意：PWM输出信号或CAN信号。对污染物浓度的检测是基于电阻测量原理。若所测的电阻偏离了默认值，空调控制单元断定外界空气污浊并启动自动空气再循环功能。若该传感器失效，自动空气再循环功能不可用。

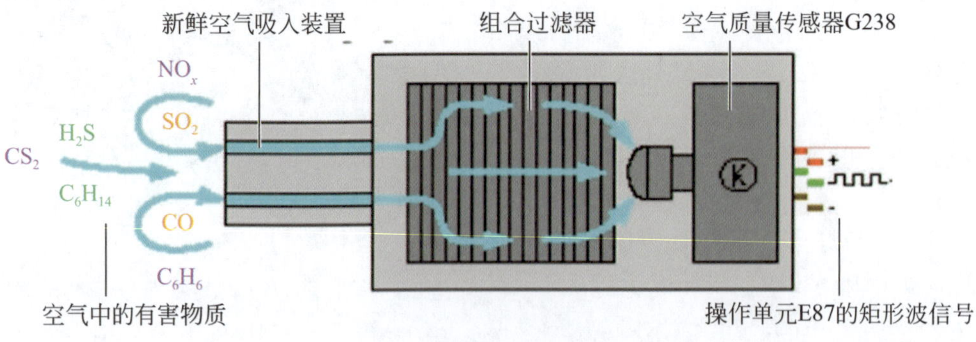

图13-16 空气质量传感器工作原理

13.4　雷达传感器

扫一扫
看视频

13.4.1　超声波雷达传感器

泊车辅助系统（连接有驻车距离报警系统PDC的特种装备SA 5DP）帮助驾驶员寻找泊车位以及在纵向的车位驻车。传感器外观如图13-17所示。

泊车辅助系统由PMA控制单元和2个测量车位的超声波传感器组成。由电动机械式助力转向系统（EPS）执行驻车控制单元计算出的转向运动。

宝马F0x，F1x系列车型：超声波传感器安装在左右辅助转向灯中。

宝马F2x、F3x系列车型：超声波传感器安装在左右两侧的保险杠中。

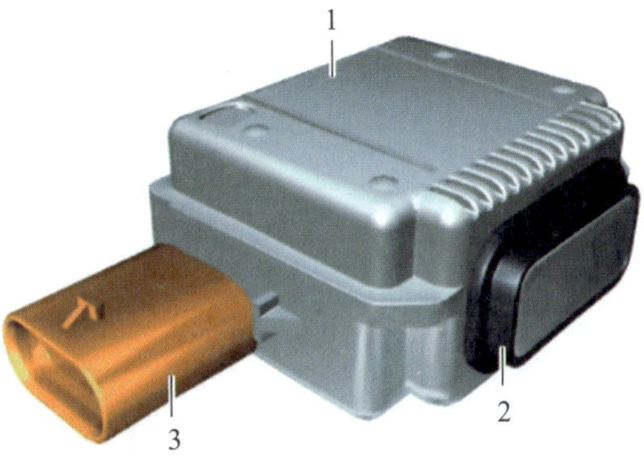

图13-17　超声波传感器

1—超声波传感器；2—去耦元件；3—3芯插头连接

两个超声波传感器的功能与驻车距离报警系统（PDC）的超声波传感器的功能类似。这些超声波传感器发射超声波脉冲。这些超声波脉冲被反射（回声脉冲）。超声波传感器接收并放大这些回声脉冲。接着这些被放大过的回声脉冲被转换成一种数字信号。然后由PMA控制单元分析信号。这样就可以在动态稳定控制系统（DSC）行程信息的帮助下计算得出泊车车位的长度和宽度。

每个超声波传感器都有一套自己的电子装置以及自己的一根连接PMA控制单元的数据导线。

PMA控制单元在打开点火开关时将当前的车辆数据提供给超声波传感器（工作存储器）。超声波传感器被PMA控制单元置于组合收发模式或纯接收模式。

两个超声波传感器的电气性能和几何尺寸是一致的。超声波传感器有下列开启角度：水平方向60°，垂直方向30°。超声波传感器的作用范围为4.5m。

两个超声波传感器共同拥有一个接地线和一根连接至PMA控制单元的LIN总线，见图13-18。

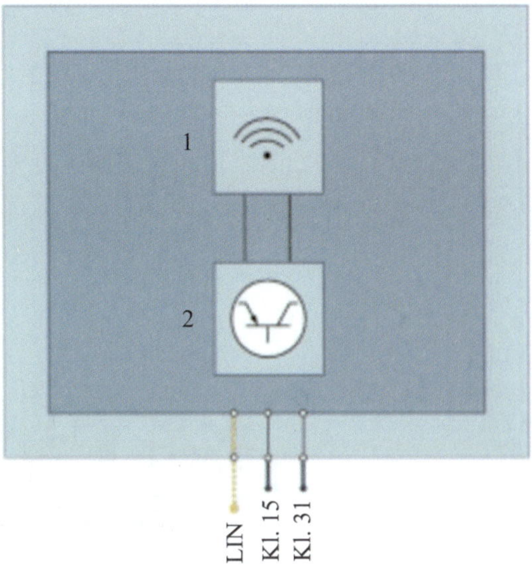

图13-18　超声波传感器电路

1—发送及接收装置（压电陶瓷）；2—带有电子分析系统的电子芯片；LIN—LIN总线，SIG信号；Kl.31—总线端Kl.31接地端；Kl.15—总线端Kl.15

超声波传感器由PMA控制单元供电。传感器信号形成原理见图13-19。

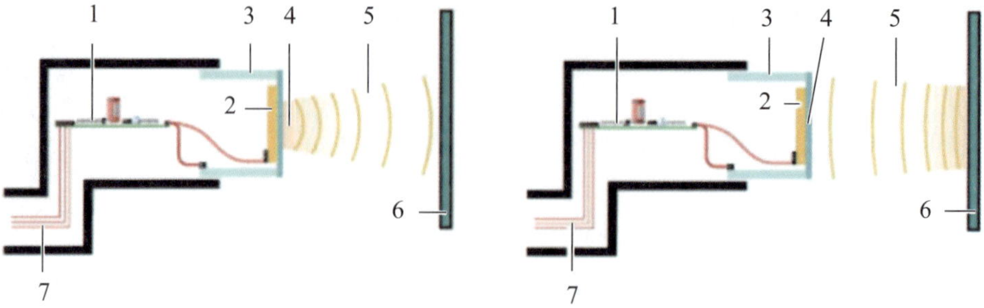

图13-19 超声波传感器内部结构

1—电子模块，包括内存；2—压电陶瓷；3—去耦元件；4—膜片；5—超声波；6—障碍物；7—插头连接

超声波传感器是小型的发射和接收单元。原理是基于超声波传感器向外发出一种不在听觉范围内的声音。此声音以声波的形式恒速通过周围的介质（比如空气）传播。超声波传感器测量原理如图13-20所示。

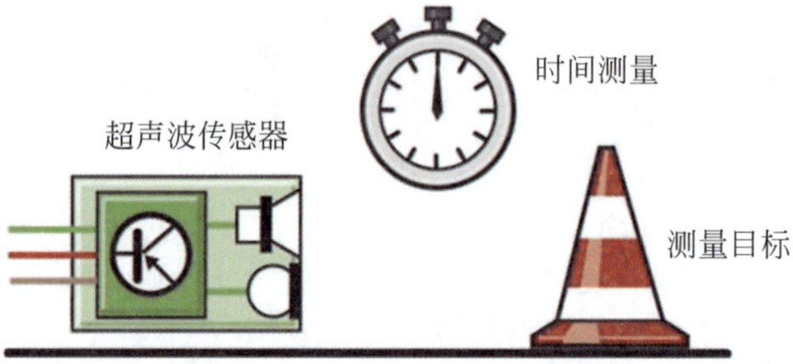

图13-20 测试测量距离的设置

声波是同心的，在声波发出点附近的空气密度和压力会改变波形。声波传播的速度受其穿过介质密度的影响。空气中，正常大气压（1bar）和温度20℃的情况下，声波传播速度为343m/s。在0℃的水里，声波的速度为1407m/s。温度和声波传播速度之间的关系即用环境温度传感器的信号作为系统控制校正系数的原因。声波的传播如图13-21所示。

图13-21 超声波信号的传播

如果声波碰到一个物体，例如一堵墙，它们就会根据墙壁的属性变换角度反射回来，这表示声波回到传感器并被传感器截获。传感器计算发射和接收反射回来的超声波之间的时间差，测量原理如图13-22所示。

图13-22　检测到反射波的时间

泊车辅助系统控制单元就会利用这个测出的时间差值确定与物体间的距离。时间测量的结果即为传感器和测量目标之间的直线距离，如图13-23所示。

图13-23　时间测量结果得出驻车空隙

13.4.2　毫米波雷达传感器

在APC系统中，是通过一个基于毫米波雷达技术的传感器进行距离测量的。系统同时测量与视野范围内几个物体的距离以及沿车辆纵向的相对车速。通过这些测量值，计算出每个物体与其视野范围中心线的角度偏差（方位角）。传感器结构如图13-24所示。

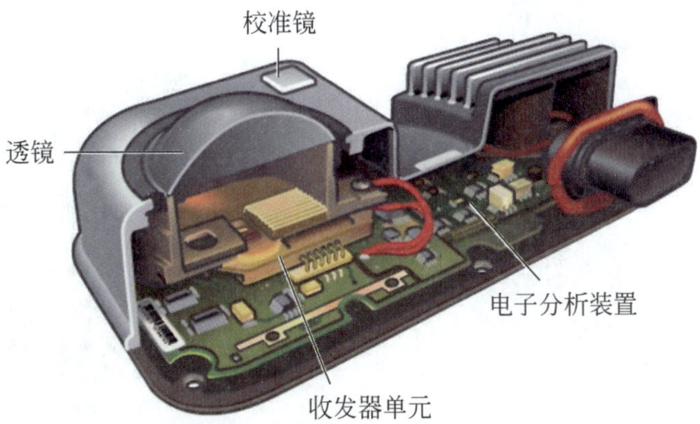

图13-24　雷达传感器内部结构

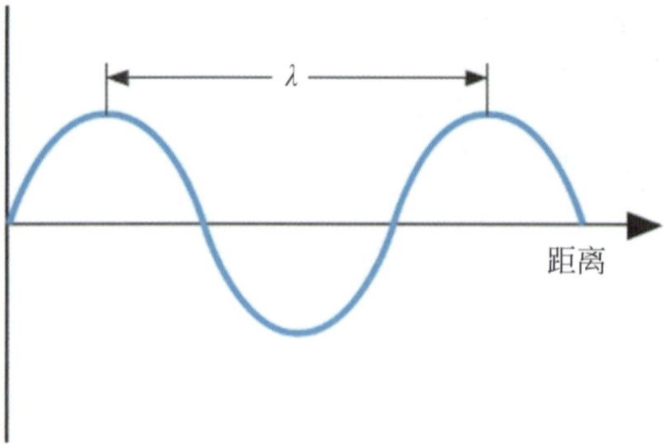

图13-25 频率与波长

该雷达技术依靠电磁波工作，该波以光速c进行传播。

频率为f的波运行一个周期需要一个波长λ，自动车距控制传感器的发射频率为f=76.5GHz，其波长λ=3.92mm，如图13-25所示。频率范围约为30～150GHz的波称为毫米波。

传感器安装在保险杠塑料盖板后面，如图13-26所示。发出光束的透镜很容易辨认出来。

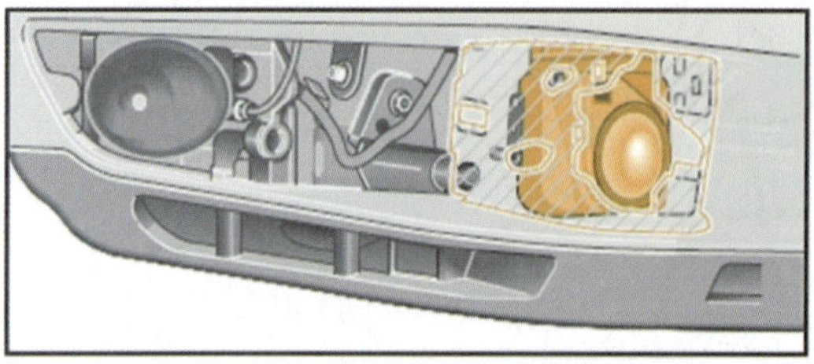

图13-26 毫米波雷达传感器安装位置

传感器的视野范围可以比作大灯聚光灯的照亮区域。对于大灯而言，传感器的视野区域中心线必须与行驶方向精确对准。

在传感器壳体内集成了计算效率非常高的处理器，外观如图13-27所示。它将进行以下附加计算：行车道预报；相关物体的选择；距离和定速巡航；发动机控制单元、制动助力器和组合仪表的启用；自诊断。

护罩只能漆成毫米波可以穿透的颜色，内外两侧既不许补漆，也不许贴胶纸。此外护罩必须保持清洁，不要被污物以及冰雪严重弄脏。

为了能实现自适应驾驶辅助系统的纵向控制功能，在奥迪A7（车型4K）上既装有一个远程雷达传感器，也装有一个激光扫描装置。这两种不同的传感器组合在一起的这个形式，首次是用在了奥迪A8（车型4N）。远程雷达传感器如图13-28所示。

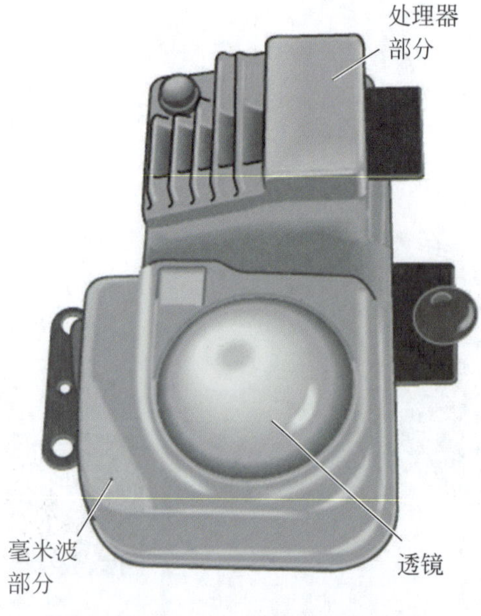

图13-27 毫米波雷达传感器外观

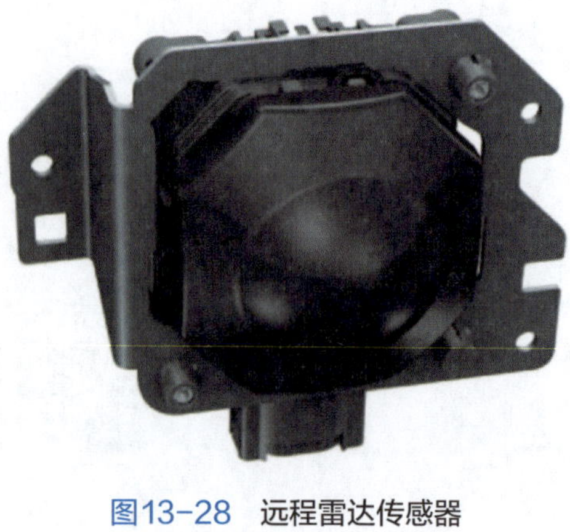

图13-28 远程雷达传感器

13.4.3 激光雷达传感器

在奥迪A7（车型4K）上，清洗喷嘴安装在激光扫描装置上方，而不是像奥迪A8上那样安装在左、右两边，如图13-29所示。

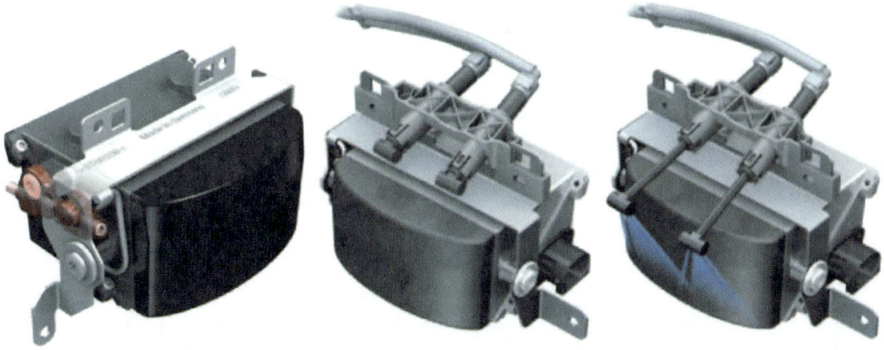

图13-29　激光扫描装置清洗喷嘴的新安装位置

该激光扫描装置在功能方面与远距离雷达传感器一样，都是用于探测车辆前方的物体的。

其基本工作原理与毫米波雷达传感器是类似的，但发出的不是电磁波而是激光束，光束照射到其他物体表面后会反射回来，如图13-30所示。通过测量激光射束从发射到接收所需要花费的时间长度，就可以确定出本车与相应物体之间的距离。其与毫米波雷达传感器的根本区别在于：辐射的传播特性。毫米波雷达传感器发射出的是锥形电磁波来覆盖较大的空间，而激光扫描装置是将单个激光束集中到一个点上。要想探测较大空间，那么就必须向多个水平面水平发射很多“单束激光”。所使用的激光脉冲（脉冲宽度约为4ns）的波长约为905nm。这种电磁辐射是人眼所不能看到的（红外线），且因强度很低，也就不会造成伤害（激光等级1）。

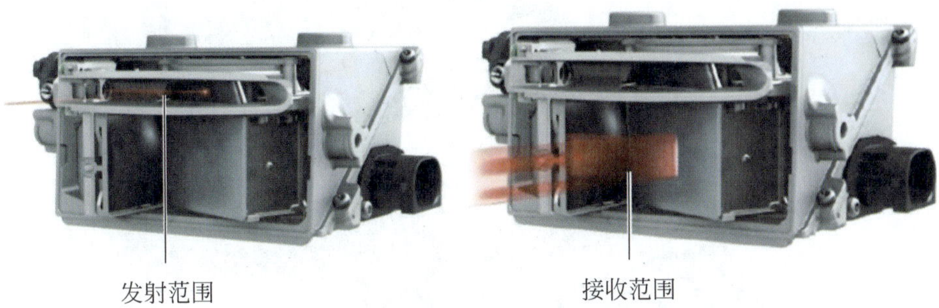

图13-30　激光扫描装置工作原理

奥迪A8（车型4N）上的激光扫描装置有一个可回转的反射镜（700r/min），该反射镜会把激光束以扇形散发出去。发射单元发出的激光碰到镜面上并被散发出去了。该反射镜是由一个电机来驱动着的。比如：100m远的物体反射回来的红外线激光脉冲，在发射后不到0.7μs就会到达激光扫描装置的接收二极管了。反射的激光脉冲碰到反光镜的下部并从这里到达光电二极管，光电二极管会把这个光学信息转换成电信号。

水平探测范围覆盖了约145°的角度，作用距离平均约为80m。车距为10cm时仍能对物体做出识别。扇形的激光束在垂直方向分布在四个平面内，每个平面的辐射角为0.8°，垂直方向总角约为3.2°。水平分辨率为0.25°，比雷达技术精准多了。

因此，这个激光扫描装置是远距离雷达的理想补充。雷达系统的作用距离长达250m，明显高于激光扫描装置，但是其探测角约为35°，这比激光扫描装置要小多了。

与雷达射束一样，激光技术也有不依靠周围环境照明情况的这个优点。激光技术还有个优点：测量精度与距离无关。接收到的反射信号由很多的点组成，也就是所谓的点云。因此物体的轮廓就比雷达技术的要清晰得多，也就能更好地分辨出物体的类型了，比如轿车、卡车、摩托车等。另外，激光技术还可以识别出人以及比如安全护栏和其他用于标记车道的物体。

接收到的被反射回来的激光束是这样来分析的：约145°这个总探测角度被细分成10个同等大小的扇形区。内部的软件运算规则可以识别出反射镜上的脏污或者损坏以及作用距离和调整不当这些情况。除了作用距离这个信息外，FlexRay总线信息中还包括识别出的物体信息、其坐标连同相应的标准差、物体的速度以及相应物体可被识别并分类的概率。

激光扫描装置还配备有清洗系统，如图13-31所示，以便清洁镜头。伸缩式清洗喷嘴安装在该装置的两侧，相应的电动泵直接安装在清洗液罐上了，该泵为激光扫描装置的清洗喷嘴和后部摄像头的清洗喷嘴供液，根据泵电机的转动方向来清洗激光扫描装置或者后部摄像头。如果激光扫描装置控制单元识别出镜头脏污了，那么一个信息就会被送至供电控制单元J519，J519随后给前风挡玻璃清洗泵控制单元J1100下命令去执行这个清洗工作。

图13-31 激光装置清洗系统

13.5 其他传感器

13.5.1 磁场传感器

以宝马车型为例，2006年9月之前磁场传感器安装在镜脚内。2006年9月之后磁场传感器安装在线路板上。

2006年9月之前生产车型磁场传感器的组成部分：两个电磁线圈、线路板、连接线路板的磁场传感器，见图13-32。

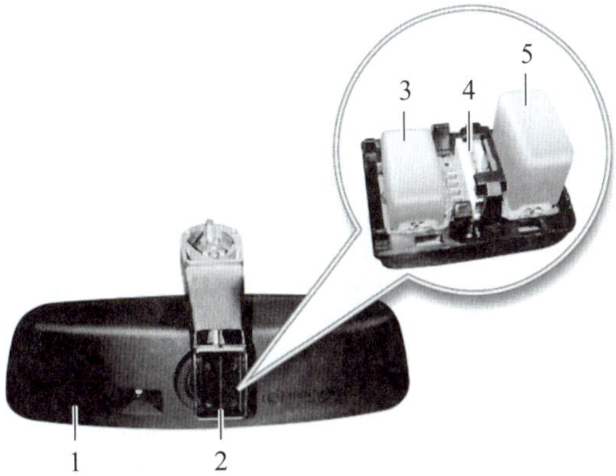

图13-32　磁场传感器结构

1—车内后视镜；2—磁场传感器；3—电磁线圈1；4—插头连接；5—电磁线圈2

2006年9月之后车型的磁场传感器由3个电磁线圈组成，传感器安装位置见图13-33。

电磁线圈拥有一个铁磁芯。电磁线圈检测二维的地磁场（2个方向：纵向轴线和横向轴线）。2006年9月之后通过3个电磁线圈以三维方式检测。

测量方法基于感应原理并如下操作：

每个电磁线圈都是振荡电路的一部分。振荡电路由一个线圈和一个冷凝器组成。振荡电路执行电气振荡。振荡电路根据电磁线圈的电感改变频率。铁磁芯慢慢饱和时，电感发生变化。地磁场不足以使铁磁芯达到饱和状态。因此，始终为电磁线圈供应保持不变的直流电，这样就能使变化后的振荡电路频率与变化后的外部磁场相一致。接着，从电磁线圈测得的磁场强度中计算出磁场方向。

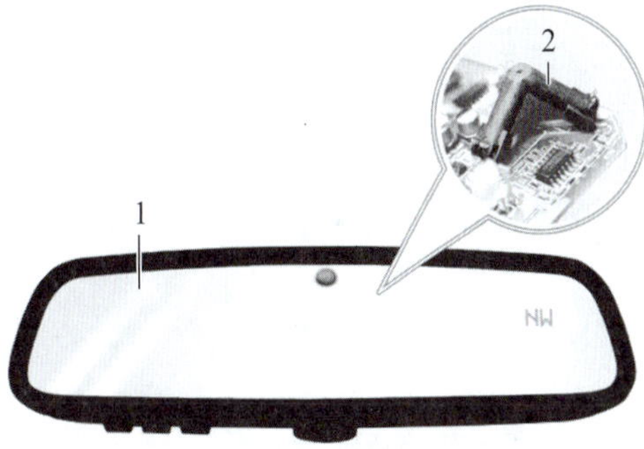

图13-33　传感器安装位置

1—车内后视镜；2—线路板上的磁场传感器

13.5.2 触摸识别传感器

触摸识别传感器是行车助手系统的组成部分。借助电容式传感器，系统感应驾驶员的手是否位于转向盘外圈上，见图13-34。只有手在转向盘外圈上才能识别。手在转向盘辐上或挡板上不予识别。

如果未识别到驾驶员的手位于转向盘外圈上，则作为光报警亮起相应的堵车助手指示灯。如果之后未在一定时间内识别到手重新位于转向盘外圈上，则除了光报警外，将激活声音报警。此外，堵车助手系统禁用。

触摸识别传感器由一个带电容式传感器的垫子组成。转向盘外圈中集成的电容式感应垫与触摸识别功能电子装置中的电子分析装置连接。通过电容变化，系统识别手是否位于

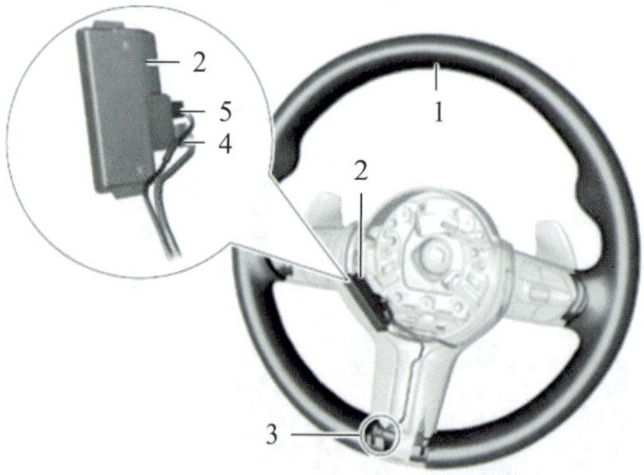

图13-34　触摸识别传感器安装位置

1—触摸识别功能传感器；2—接触识别系统电子装置；3—管接口（带电容式传感器的垫子和触摸识别功能电子装置）；4—3芯插头连接（连接电线束和局域互联网总线）；5—2芯插头连接（连接触摸识别功能传感器）

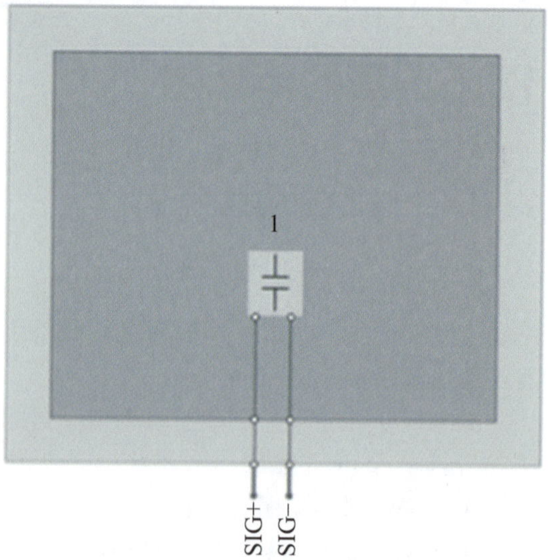

图13-35　触摸识别传感器电路

1—接触识别传感器；SIG+—信号线，正极；SIG−—信号线，负极

转向盘外圈上。电子分析装置探测电场的变化，并确定相应的状态。

触摸识别功能电子装置周期性通过LIN总线发送状态信息到相应的控制单元。

触摸识别传感器通过2芯插头连接与触摸识别电子装置连接，见图13-35。

13.5.3　微波传感器

防盗报警系统可识别和通报破门盗窃尝试或对车辆的人为改动。

除倾斜报警传感器之外，防盗报警系统的软件也已集成到应急电源报警器（SINE=带有倾斜度传感器的报警器）中。带有倾斜报警传感器的报警器因此是一个控制单元。

图13-36　微波传感器

1—微波传感器；2—4芯插头连接

车厢内部通过微波传感器监控。优点：微波传感器在布置时可以被遮住，即使侧窗玻璃打开也能运行车内监控。

两个微波传感器安装在驾驶员侧车门和前乘客侧车门的车门内板上。另外两个微波传感器分别从内部固定在侧围后部件上。

微波传感器监控车厢内部。当微波的反射（回声）变化时，确定一个运动。微波传感器灵敏度根据不同的条件调整（例如车型、微波传感器的安装位置）。传感器外观如图13-36所示。

微波传感器是一种移动探测器。微波传感器可识别在整个车厢内部的运动及其运动方向（距离减小或距离增大）。

关闭最后一个车门或后备厢盖3s后，启动微波传感器的基准运行，在基准运行期间“扫描”车厢内部。由此将识别到车厢内部（例如后部座椅上遗留的物品）的变化。通过自检，监控微波传感器的功能是否正常。在基准运行启动20s后，微波传感器工作装备就绪。

微波传感器的工作频率范围大约是2.5GHz。微波传感器使用多普勒效应产生报警触发信号。

每个微波传感器都通过LIN总线连接在应急电源报警器（SINE）上。报警触发信号将通过局域互联网总线发送至带有倾斜报警传感器的报警器（SINE）。传感器连接电路如图13-37所示。

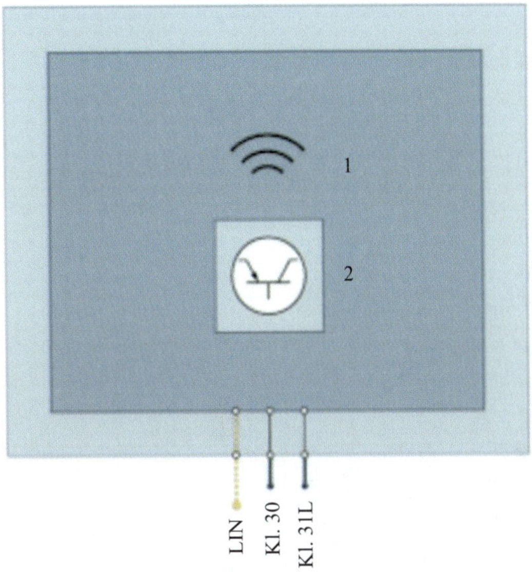

图13-37　微波传感器电路

1—微波传感器带有；2—电子分析装置

微波传感器的不同引脚布置用于通过车内监控识别各个微波传感器。

传感器	引脚1	引脚2	引脚3	引脚4
右前	接地	LIN总线	12V	12V
右后	接地	LIN总线	接地	12V
左后	接地	LIN总线	—	12V
左前	接地	LIN总线	12V	—

下篇
汽车执行器

Automobile controller sensor and actuator structure and principle

第十四章　电磁阀

14.1　发动机控制阀体

14.1.1　燃油压力调节阀

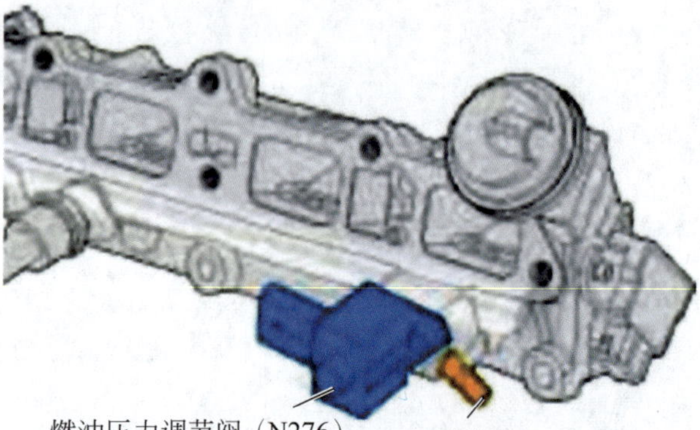

图14-1　调节阀安装位置

燃油压力调节阀位于进气歧管的下部并被拧紧在燃油分配器和通往燃油箱的回油管道之间，如图14-1所示。

燃油压力调节阀的任务是调节燃油分配器中的燃油压力，该调整与喷油量和泵的输油量无关。

如果检测到的实际燃油压力与设定压力之间存在差异，由发动机控制单元发出的脉冲宽度调制信号就会驱动燃油压力调节阀，从而在电磁线圈中感应出磁场并且调节阀中的阀球会向上运动并离开阀座。就这样，回油管道的横截面会根据信号大小发生相应的变化，从而改变燃油的输送量并调节燃油压力。阀体内部结构如图14-2所示。

调节阀无电压时处于闭合状态。这就确保了系统中始终有足够的燃油压力。为了保护部件不因过高压力而损坏，燃油压力调节阀中安装了一个用弹簧驱动的机械式限压装置。它在燃油压力为120bar时打开。

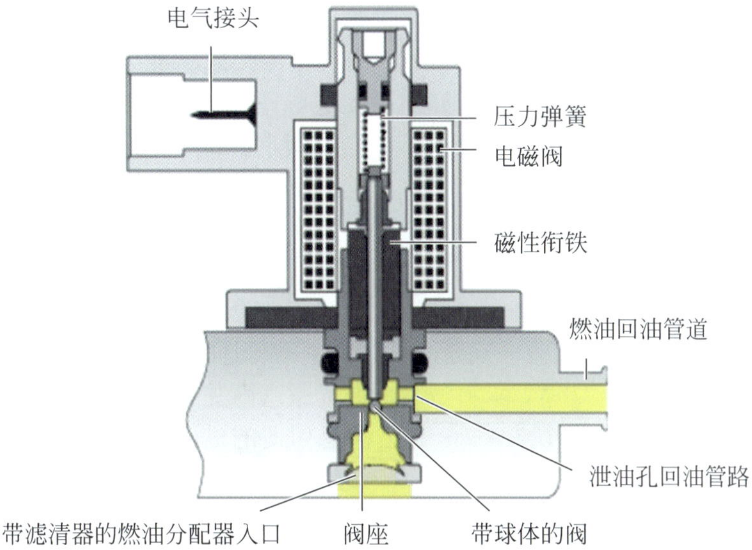

图14-2　调节阀内部结构

14.1.2　量控阀

燃油通过供油口在燃油泵所产生的预压力作用下输送到高压泵。然后燃油被通过量控阀导入泵部件（3个活塞）的燃油腔内。同时活塞使燃油处于压力下并将其输送到高压接口。

只要发动机运转，就会通过三段式凸轮使活塞持久往复运动。只要新燃油通过量控阀输送到高压泵内，就会始终处于压力下。量控阀由发动机控制系统控制，它决定输送的燃油量。压力调节通过量控阀进行，方法是泵部件沿燃油进油方向打开或关闭量控阀。燃油在吸气冲程时通过打开的量控阀吸入，在压缩冲程时重新输送回进油管路，直到量控阀关闭。关闭时刻首先开始真正的输送行程并确定燃油量，这些燃油通过止回阀抽送到高压管路中。量控阀安装位置如图14-3所示。

量控阀控制油轨中的燃油压力。此外通过限压阀还能够降低油轨中的压力。此时燃油被从高压系统输送回泵部件内。

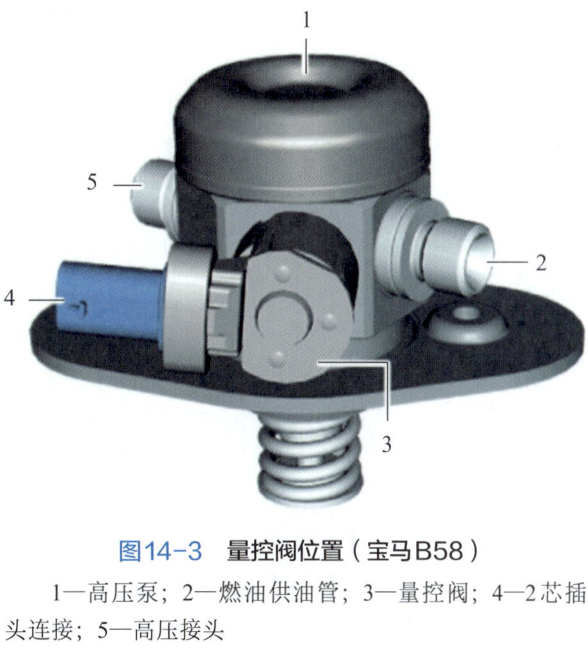

图14-3　量控阀位置（宝马B58）

1—高压泵；2—燃油供油管；3—量控阀；4—2芯插头连接；5—高压接头

量控阀是一个电磁阀。量控阀由发动机控制系统通过一个按脉冲宽度调制的信号（PWM）控制。输送回低压区域的油量与输送到高压区域的油量比例根据控制信号而变化。由此调节相应负荷点所需的燃油质量流。总线端Kl.15N

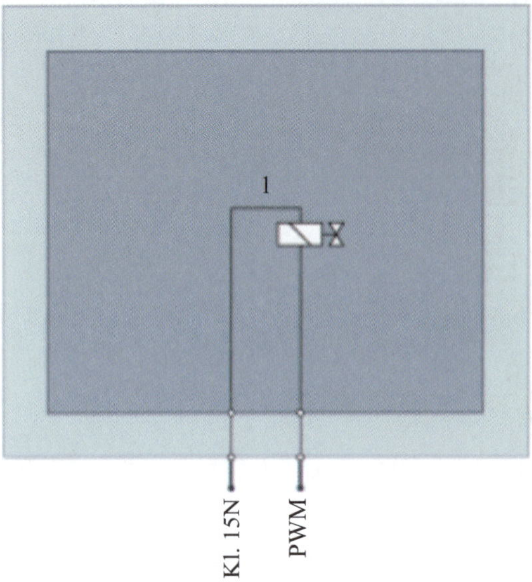

图14-4 量控阀连接电路

1—量控阀；Kl.15N—量控阀供电；PWM—脉冲宽度调制信号

给量控阀供电。阀体电路连接如图14-4所示。

量控阀的标准值：发动机启动时的最小供电电压6V；高压泵系统压力5～200bar；控制频率200Hz；脉冲负载参数80%；温度范围–30～140℃。

14.1.3 高压喷射阀

喷射阀插入气缸盖内。燃油预先存储在进气通道内并与新鲜空气一起吸入。此处指的是所谓的进气管喷射系统。喷射阀在燃油油轨上的安装位置如图14-5所示，喷射阀实体如图14-6所示。

DME为喷射阀提供12V供电。DME在接地侧控制喷射阀，控制时间由DME计算，主要取决于发动机转速、负荷和温度。喷射阀与高压喷射阀的工作原理相同。喷射阀上有两个开孔，用于向两个进气门均匀输送燃油。

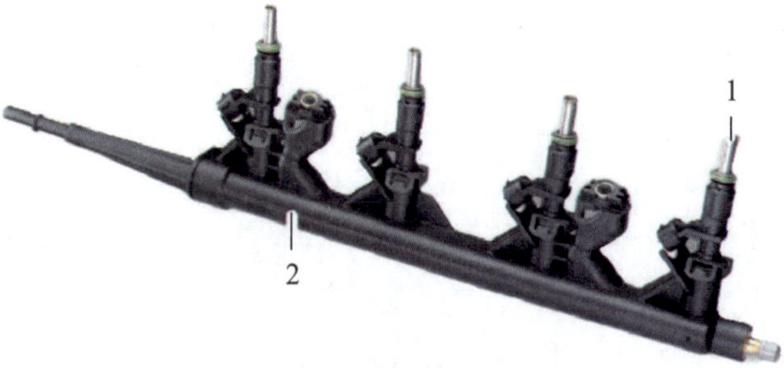

图14-5 带有喷射阀的燃油油轨

1—喷油阀；2—燃油油轨

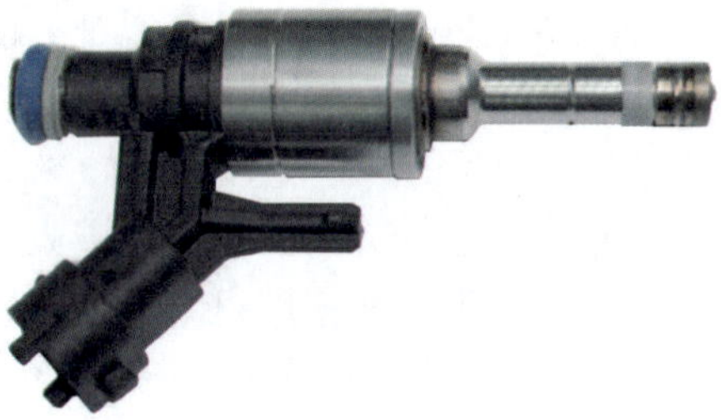

图14-6 高压喷射阀

高压喷射阀固定在气缸侧面并伸入燃烧室内。此处指的是所谓的直接喷射系统。采用全顺序式燃油喷射系统时，每个高压喷射阀都通过各自的输出级由DME进行控制，同时根据运行状况（发动机转速、负荷和温度）调节相应气缸的点火时刻。由于必须在极短时间内喷射燃烧所需的燃油量，因此需要达到较高压力。

图14-7为高压喷射阀剖面图。当电流经过线圈时，线圈产生磁场，因此带有衔铁的喷嘴针克服弹簧的弹簧力向阀座内升起，形成喷射阀喷油孔。由于共轨压力与燃烧室压力存在压力差，因此此时将燃油压入燃烧室内。切断电流时，喷嘴针在弹簧力的作用下压入阀座内，切断燃油。喷射阀迅速打开，确保在开启期间开启横截面保持不变并克服共轨压力关闭。喷射的燃油量取决于共轨压力、燃烧室内的背压以及喷射阀开启时间。

相对于进气管喷射系统来说，直接喷射系统可更迅速、更准确并以更佳燃油喷束喷射燃油。其特性曲线对比如图14-8所示。

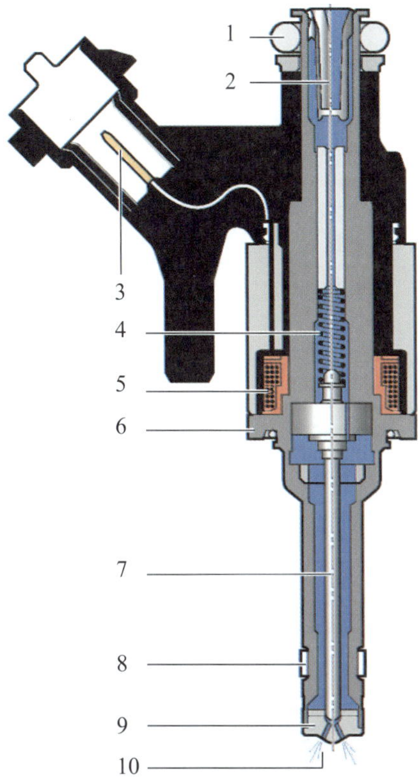

图14-7　高压喷射阀剖面图

1—密封环；2—细滤网；3—电气接口；4—弹簧；5—线圈；6—壳体；7—带有衔铁的喷嘴针；8—特氟龙环；9—阀座；10—喷射阀喷油孔

扫一扫
看视频

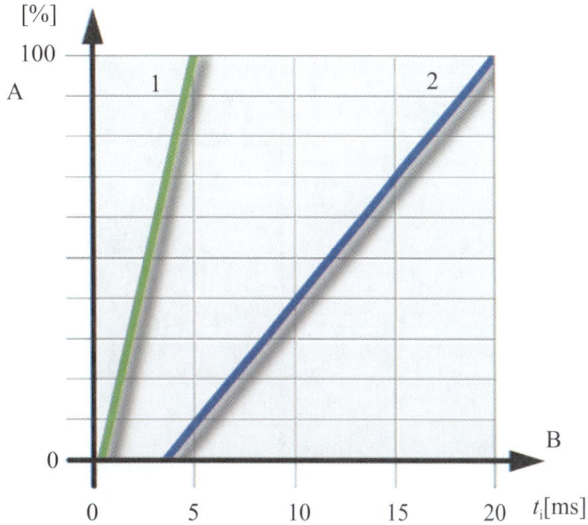

图14-8　比较汽油直接喷射系统和进气管喷射系统

A—喷射量；B—喷射持续时间；1—高压喷射阀；2—进气管喷射阀

控制高压喷射阀时需要大约100V电压。高压喷射阀打开时的恒定电压大约为80V。通过采用带有大功率电容器的节拍式输出级可使获得的车载网络电压达到85～100V。

在输出级内一直有电流通过，直至达到某一关闭值。关闭后会产生一个感应电压，例如85V，随后这个电压施加在大功率电容器（升压器）上。电容器为高压喷射阀提供2.8～16A的电流。

DME在接地侧控制高压喷射阀。喷射阀工作阶段电流特征如图14-9所示。

14.1.4　电子气门升程控制阀

在两个电执行器（气缸1～4的排气凸轮执行器A/B）的辅助下，每个凸轮件在排气凸轮轴上两个切换位置之间被来回推动。每个气缸的一个执行器切换到更大的气门升程，另一个执行器切换到更小的气门升程，如图14-10所示。

每个执行器由发动机控制单元J623的接地信号启动。通过主继电器J271提供电压。执行器的电流消耗约为3A。

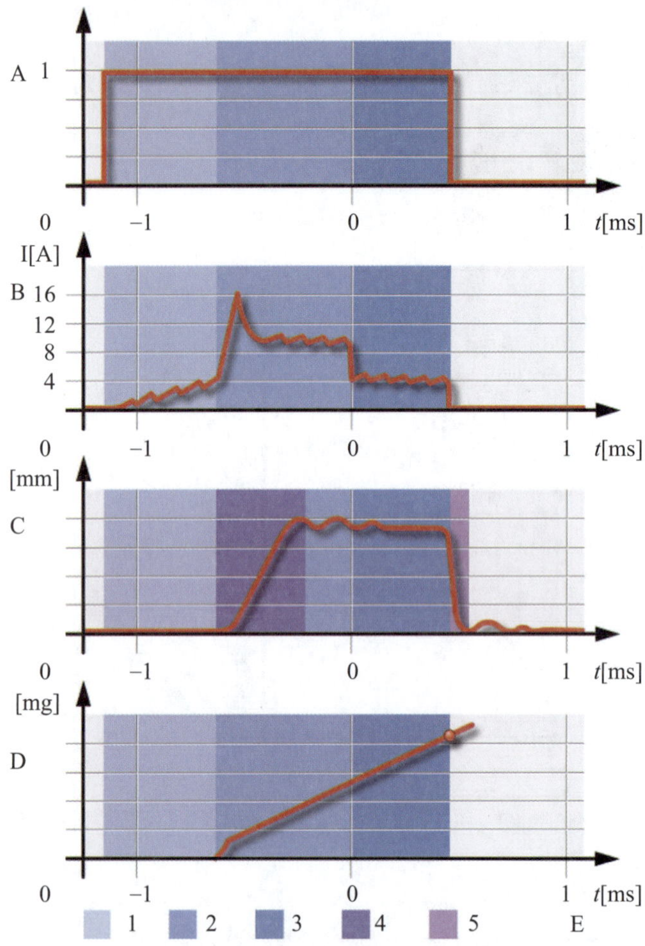

图14-9　**启用高压喷射阀期间的电流**

A—数字信号；B—电流；C—喷嘴针行程；D—喷射量；E—喷射持续时间；1—预磁化阶段；2—启动电流阶段；3—保持电流阶段；4—喷射阀打开阶段；5—喷射阀关闭阶段

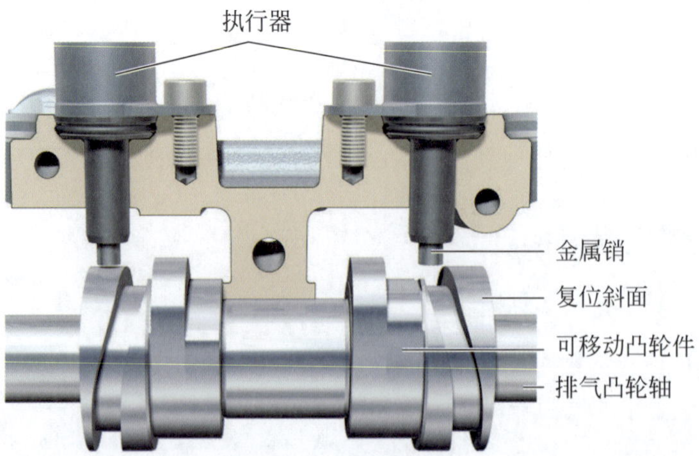

图14-10　**执行器位置**

每个执行器（气缸1～4的排气凸轮执行器A/B）都包含一个电磁线圈。金属销通过导管被向下移。在收缩位置和伸展位置，金属销通过一个永磁铁被固定在执行器壳体中的相应位置。结构如图14-11所示。

当电流通过执行器电磁线圈时，金属销在18～22ms中被移动。伸展的金属销接合到排气凸轮轴上凸轮件的相关滑动槽中，并通过凸轮轴旋转推动滑动槽到相应的切换位置。销通过机械方式在滑动槽（相当于一个复位斜面）的作用下缩进去。执行器工作状态如图14-12所示。

凸轮件的两个执行器被启动时，总是只有一个执行器上的金属销移动。

发动机控制单元根据重置信号得知金属销的当前位置。当复位斜面推动执行器的金属销回到元件的导管中时，生成一个重置信号，如图14-13所示。发动机管理系统可根据哪个执行器发出重置信号来确定相关滑动装置的当前位置。

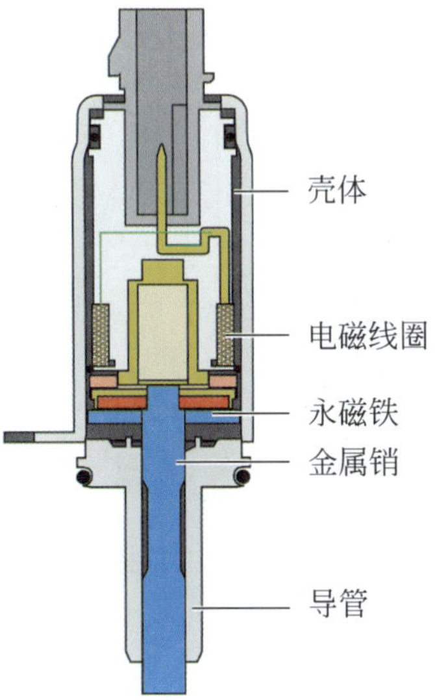

图14-11 执行器内部结构

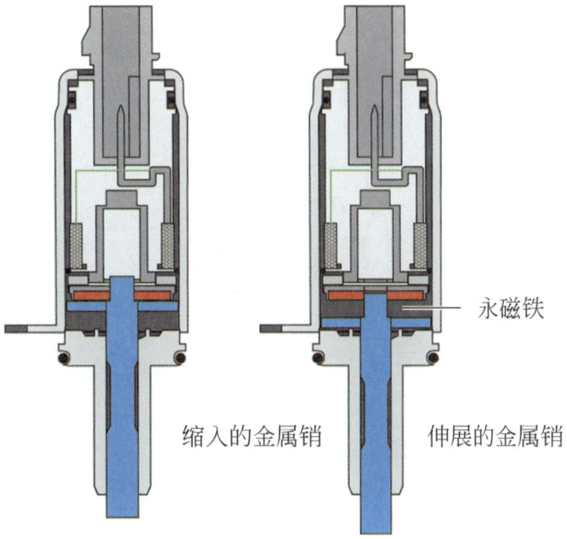

图14-12 执行器工作状态

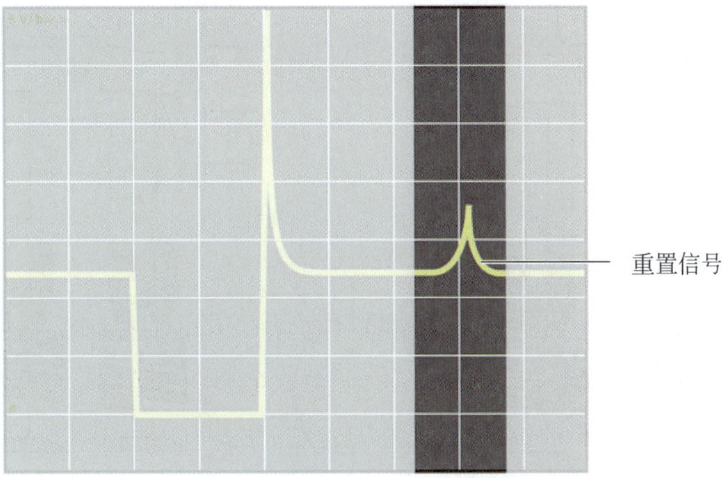

图14-13 执行器的重置信号

为了使这个负载范围内的气体交换性能更佳，发动机管理系统通过凸轮轴调节器将进气凸轮轴提前，将排气凸轮轴延迟。气门升程切换至更小的排气凸轮轮廓，而且右侧执行器移动金属销。它接合滑动槽，并将凸轮件移至小凸轮轮廓。

气门现在沿着较小的气门轮廓上下移动。两个小凸轮的位置在某种程度上是交错的，确保气缸两个排气门的开启时间是错开的。这两项措施会导致在废气被从活塞中排到涡轮增压器中时，废气气流的脉动减小，从而可在低转速范围达到较高的增压压力。工作位置如图14-14所示。

驾驶员加速，并从部分负载改变为全负载。此时气缸内的气体交换必须适应更高的性能需求。

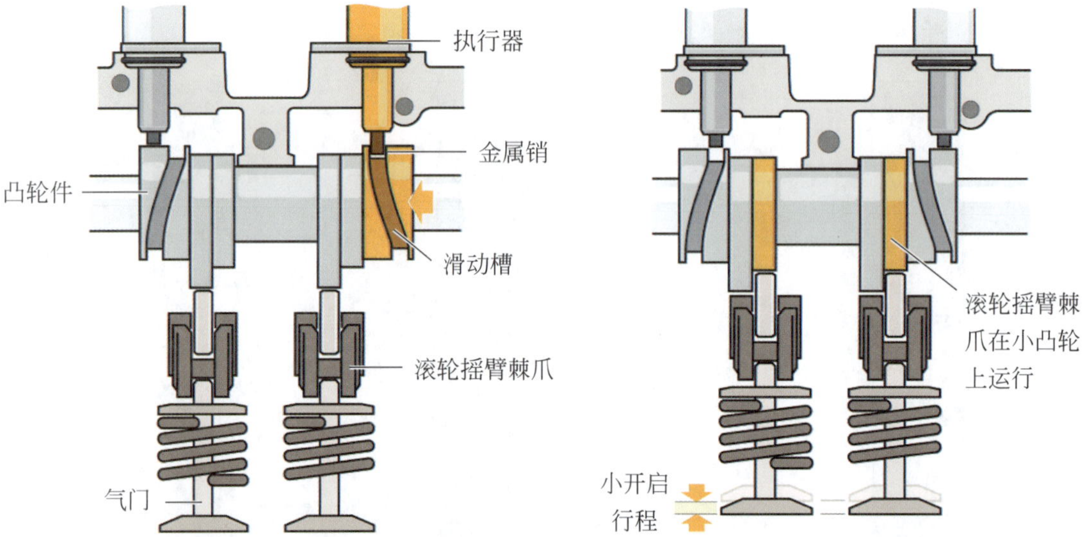

图14-14　在较低发动机转速范围下的凸轮轴位置

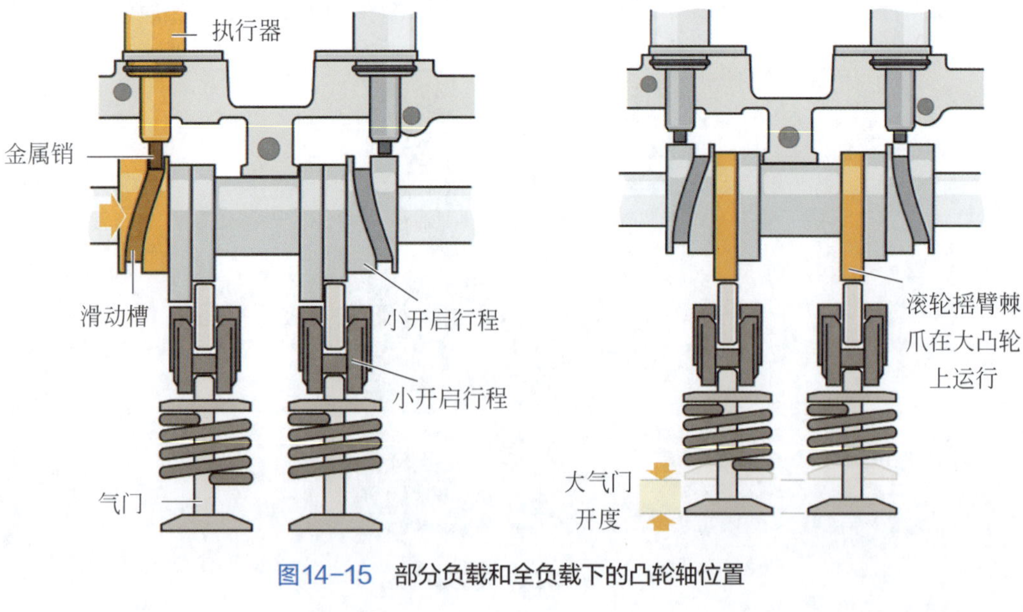

图14-15　部分负载和全负载下的凸轮轴位置

发动机管理系统通过凸轮轴调节器将进气凸轮轴提前，将排气凸轮轴延迟。为达到最佳的气缸填充性能，排气门需要最大的气门升程。为了实现此目的，左执行器被启动，由左执行器移动其金属销。

金属销通过滑动槽将凸轮件移向大凸轮。排气门现在以最大的升程打开和关闭。凸轮件也通过凸轮轴中的弹簧加载式球体被固定在此位置。工作位置如图14-15所示。

14.1.5　凸轮轴正时调节阀

进气凸轮轴正时调节阀和排气凸轮轴正时调节阀这两个调节阀都集成在凸轮轴调节控制外壳内，如图14-16所示。它们的任务是：根据来自控制单元的额定值将机油压力按照调节的方向和距离导向凸轮轴调节器。要调节凸轮轴，控制单元通过一个可变的占空比（接通－断开率）驱动气门。进气凸轮轴正时调节阀调节进气凸轮轴；排气凸轮轴正时调节阀调节排气凸轮轴。

以进气凸轮轴的调节为例，在整个发动机转速范围内，进气凸轮轴都由发动机控制单元调节。最大调节值为52°曲轴转角。调节方式取决于存储在发动机控制单元中的调节曲线图。

调节机械装置包含下列部件：带外转子的外壳（直接与正时链条连接）和内转子（直接与凸轮轴连接），如图14-17所示。

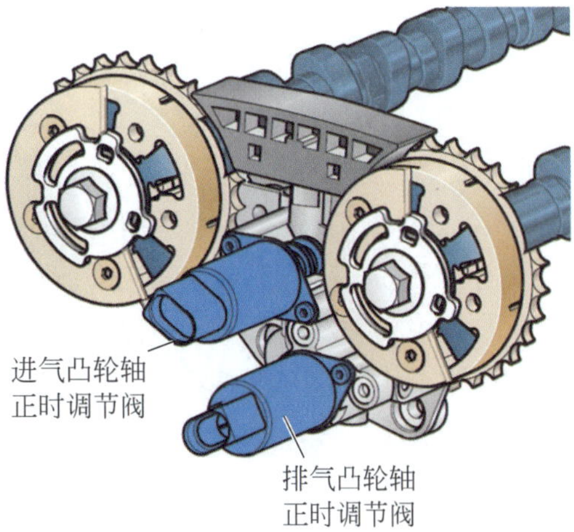

图14-16　凸轮轴正时调节阀安装位置

就废气再循环和增加扭矩而言，进气凸轮轴被设置成“进气门在上止点之前打开”的位置上。要改变位置，发动机控制单元驱动进气凸轮轴正时调节阀。当气门被驱动时，它就使得控制活塞运动。在控制外壳中，正时提前的机油通道根据调节的程度被打开。结果，处于压力状态下的发动机机油就流经控制外壳流入凸轮轴的环形通道中。调节原理示意图如图14-18所示。如果可变气门正时的功能发生故障，机油压力会将叶片调节器压至上止点之后的25°这一基本位置。

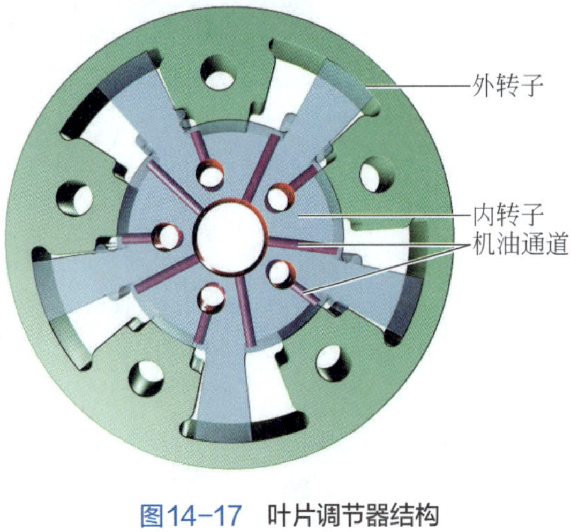

图14-17　叶片调节器结构

当发动机怠速时或需要发动机具有很大输出功率时，进气凸轮轴就滞后旋转从而使得进气门较迟地打开，即在上止点后打开。要使得进气凸轮轴滞后，发动机控制单元驱动进气凸轮轴正时调节阀。电磁阀通过运动控制活塞的方式打开正时滞后

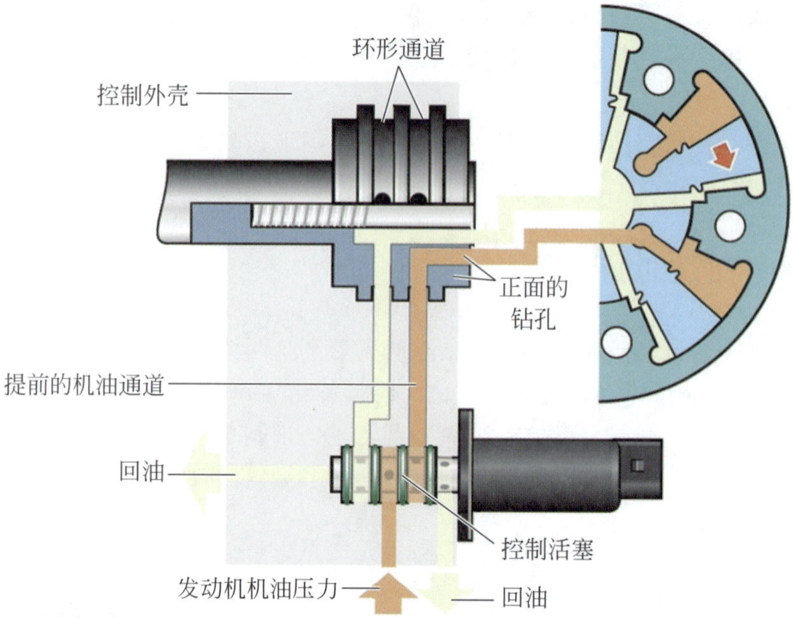

图14-18 调节凸轮轴提前的工作原理

的通道。机油流经控制外壳并流入凸轮轴的环形通道中。机油通过凸轮轴中的钻孔流入凸轮轴调节器固定螺栓的袋式钻孔中。从那儿，机油流经凸轮轴调节器的5个钻孔后流入内转子叶片背后的正时滞后储油室中。机油沿着凸轮轴旋转方向推动内转子和凸轮轴，从而使得气门较迟打开。同时，正时滞后的机油通道打开，控制活塞打开正时提前通道的回油通道并释放其中的压力。沿着滞后方向的旋转对正时提前储油室施加压力并将正时提前储油室中的机油压出去。调节原理示意图如图14-19所示。

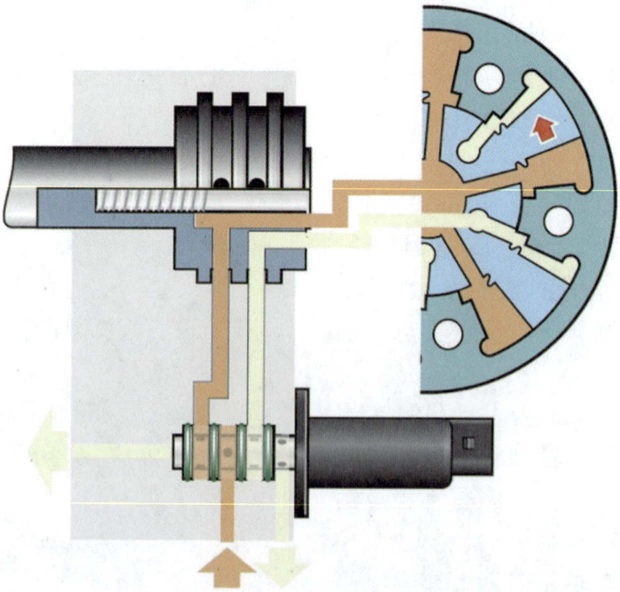

图14-19 调节凸轮轴滞后的工作原理

通过调节使得进气凸轮轴在提前和滞后之间连续不断地变化，其中调节的最大值为曲轴角度的52°。以霍尔传感器信号为基础，发动机控制单元检测进气凸轮轴的瞬时位置。之后，就能够根据存储在发动机控制单元中的曲线图来对凸轮轴进行调节。

当被发动机控制单元驱动时，例如需要正时提前时，进气凸轮轴正时调节阀就将控制活塞沿正时提前方向推。机油压力经控制外壳作用于凸轮轴调节器上，然后将凸轮轴压向"提前"位置。将控制活塞压向"提前"方向会自动打开正时滞后方向的机油回油通道。当调节至需要的角度时，进气凸轮轴正时调节阀就将控制活塞推至一个能使调节器的两个储油室压力保持恒定的位置。如果要将正时向滞后方向调节，则流程与之相反。调节阀工作原理如图14-20所示。

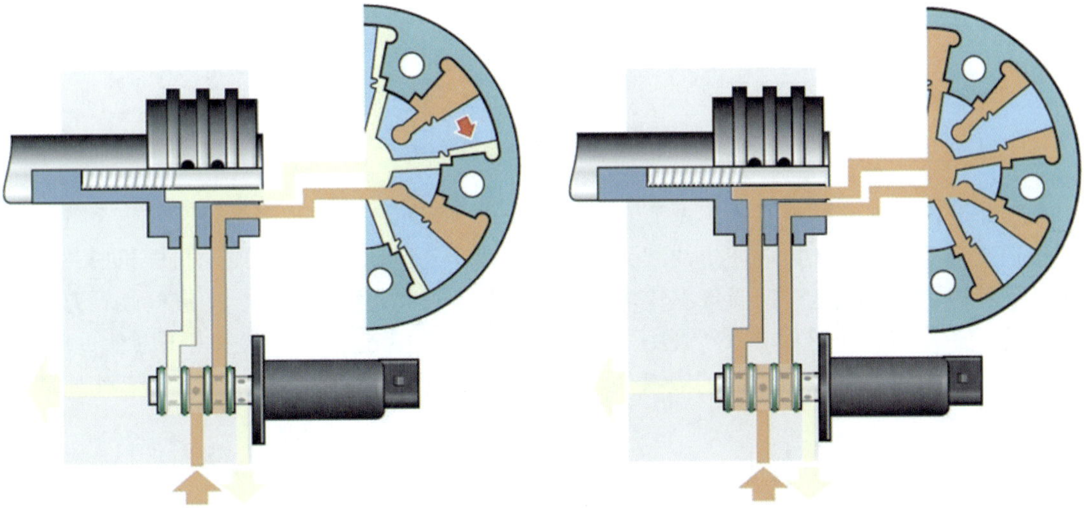

图14-20 进气凸轮轴正时调节阀工作原理

14.1.6 曲轴箱强制通风阀

机油粗分离器是缸体的组成部分，让窜气气流在一个迷宫式结构中改变方向，就可以分离出一部分机油。分离出的机油经缸体内的回流通道流回到油底壳中，该通道的末端在机油油面以下。

经过粗分离后的窜气从缸体内经缸盖内的一个通道被引入到机油细分离器模块。窜气先在旋流式分离器中进行净化。旋流式分离器所分离出的机油通过缸体内的一个独立通道流回油底壳，该通道的末端在机油油面以下。止回阀的作用是：在压力比不利的情况下，防止机油被从油底壳中抽出。在以运动模式来驾车行驶时（急加速），机油回流口可能会露出，因为油底壳内的机油被晃到一边去了。即使这样，止回阀也会封住机油回流通道，该阀是个惯性阀。

净化后的窜气流经单级燃烧压力调节阀，该阀与外界空气存在着–100mbar的压差。在何处引入窜气，是由空气供给系统的压力比决定的。油气分离机构内部构造如图14-21所示。

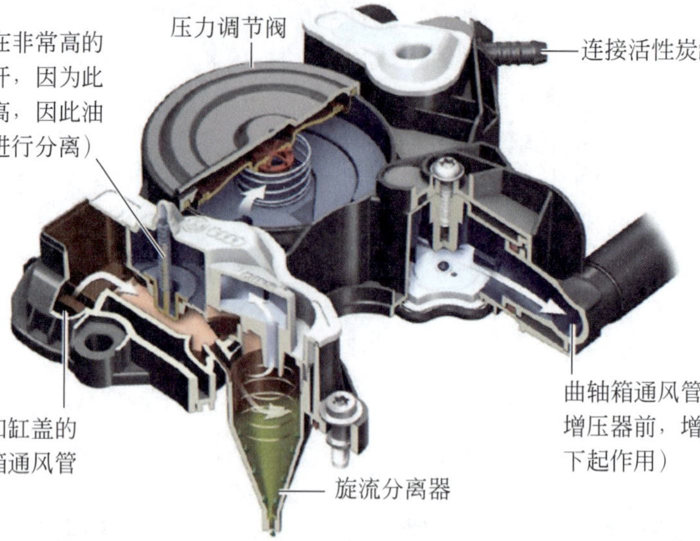

图14-21　油气分离机构

在经过机油细分离器和压力调节阀后，被净化了的窜气就被送去燃烧了。这个气体控制是通过自动止回阀（集成在机油细分离器模块内）来自动进行的。发动机停机时，止回阀回到其初始位置，这时朝废气涡轮增压器方向的止回阀是打开着的；朝进气歧管方向的止回阀是关闭着的。这时在整个增压空气路径上都产生了过压，于是止回阀1就关闭了。由于曲轴箱内压与涡轮增压器的吸气侧存在着压差，因此止回阀2就打开了。工作原理示意如图14-22所示。

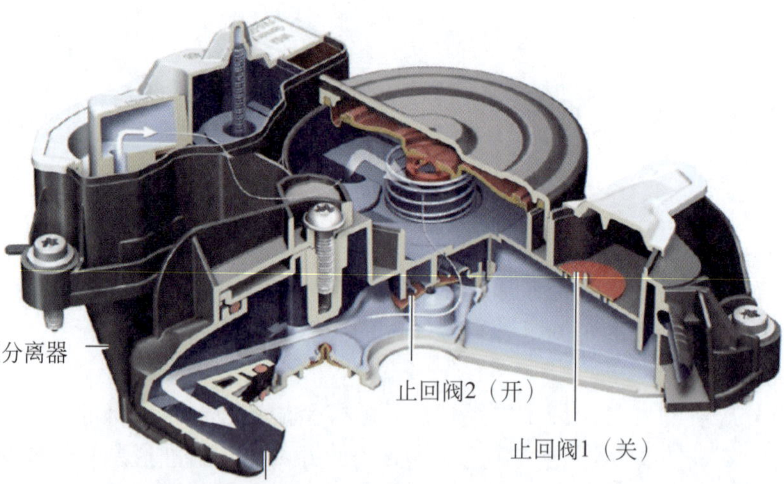

图14-22　全负荷工况（增压工况）

在自然吸气模式，由于进气歧管内有真空，所以止回阀1是打开着的，而止回阀2是关闭着的。被净化了的窜气直接经进气歧管被送去燃烧了。原理如图14-23所示。

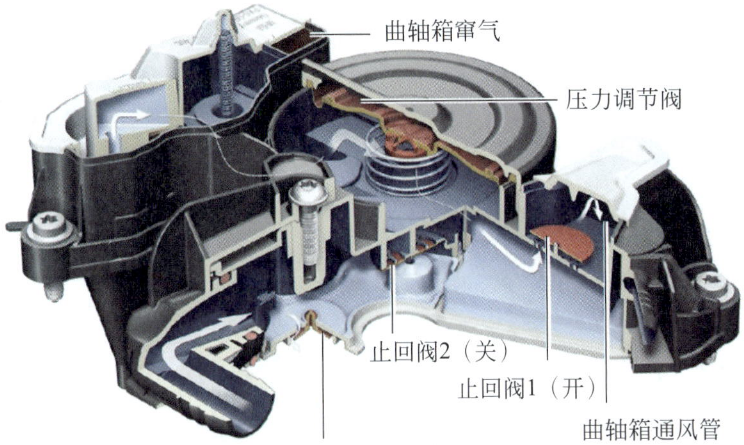

图14-23 怠速和较低的部分负荷工况（自然吸气模式）

14.1.7 机油滤清器旁通阀

为了确保在主流量机油滤清器受到污染的情况下仍可为润滑部位供油，在与滤清器平行的位置安装了一个滤清器旁通阀（短路阀）。如果因滤清器堵塞而使机油滤清器前后的机油压力差增大，滤清器旁通阀就会打开，从而确保润滑油（虽然未过滤）仍可到达润滑部位。

车外温度较低时，冷态机油可能会变得黏稠而导致机油滤清器堵塞。在这种情况下滤清器旁通阀也会打开。图14-24左图所示滤清器旁通阀为关闭状态，图14-24右图所示滤清器旁通阀为打开状态。

图14-24 滤清器旁通阀的工作状态

更换滤清器时，机油通过输出阀返回油底壳。机油滤清器容器关闭时通过滤清器滤芯操纵输出阀，从而阻止机油流入油底壳（图14-25左图）。

图14-25 带有滤清器旁通阀的机油滤清器壳体

1—机油滤清器端盖；2—机油滤清器壳体；3—滤芯；4—弹簧；5—支架；6—密封环；7—气门杆

如果为了更换机油打开机油滤清器端盖，则插在机油滤清器端盖上的滤清器滤芯也会向上移动。气门杆在弹簧（支撑在支架上）的作用下随之一起移动，因此在密封环处形成开口。

14.1.8 机油冷却器冷却液切断阀

发动机机油冷却器可以根据需要来让冷却液流过。流过机油冷却器的冷却液可以通过冷却液切断阀来控制，该阀的敞开和关闭是借助于弹簧力和真空来实现的。冷却液切断阀安装位置如图14-26所示。

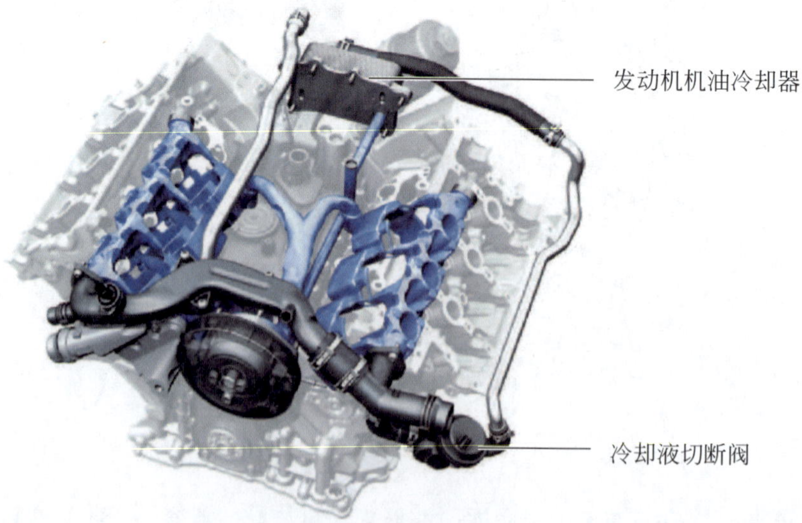

图14-26 切断阀安装位置

真空的控制是借助于发动机机油冷却器电磁阀N554来实现的。发动机控制单元要是给发动机机油冷却器电磁阀N554通上电，那么冷却液流动就停止了，这时真空就作用到冷却液切断阀的膜片上了。带有拉杆的膜片被向上拉（逆着弹簧力）。拉杆的机械运动就使得旋转滑阀关闭，于是去往发动机机油冷却器的液流就中断了，如图14-27所示。

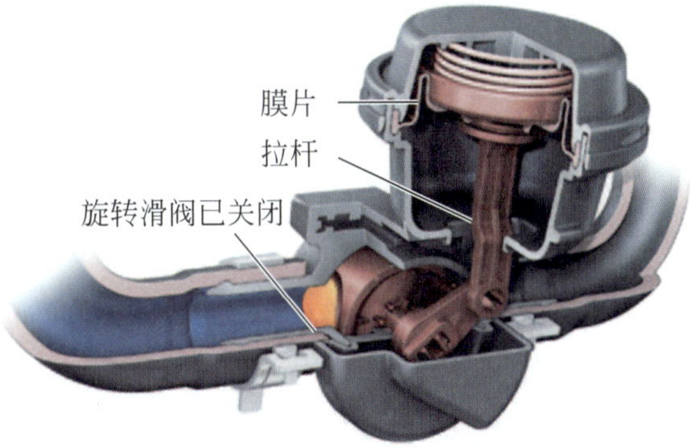

图14-27　切断阀内部结构（关闭状态）

要想让这个液流流动起来，必须切断真空供给。发动机机油冷却器电磁阀N554不再通电了，这时冷却液切断阀就敞开了，冷却液就能向发动机机油冷却器流动了，如图14-28所示。

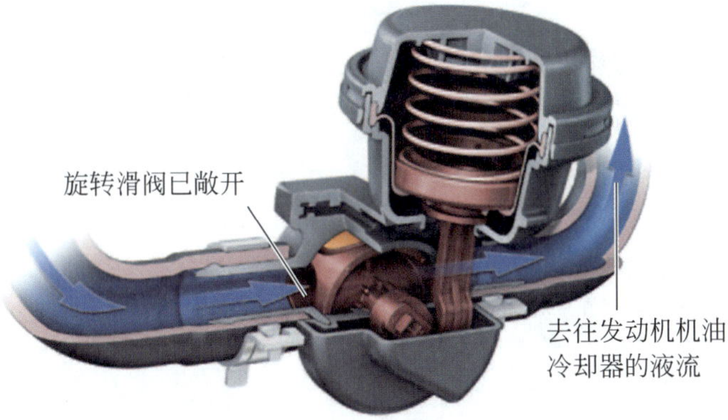

图14-28　切断阀内部结构（打开状态）

14.2　底盘控制阀体

14.2.1　自动变速器电磁阀

以奥迪Q7搭载的09D六速自动变速器为例。电磁阀有两种：一种是换挡电磁阀（有两个切换位置，开/关）；另一种是电控压力控制阀（称为EDS或者调制阀）。

电控压力控制阀（EDS）将电流按比例转换成液压控制压力。这个控制压力会操控液压换挡阀，液压换挡阀就会控制换挡元件、液力偶合器的“工作压力”和主压力。

换挡电磁阀（N88/N89）被称作3/2阀或者开关阀。3/2阀的意思是：该阀有三个开口和两个切换位置（就是打开了或者关闭了）。换挡电磁阀用于让液压换挡阀进行相应的切换。

所安装的电控压力控制阀有两种，如图14-29所示：上升特性曲线的电控压力控制阀，控制电流（*I*）增大的话，控制压力（*P*）也增大，不通电，无控制压力（0mA=0bar）；下降特性曲线的电控压力控制阀，控制电流（*I*）增大的话，控制压力（*P*）会减小，不通电，控制压力最大。

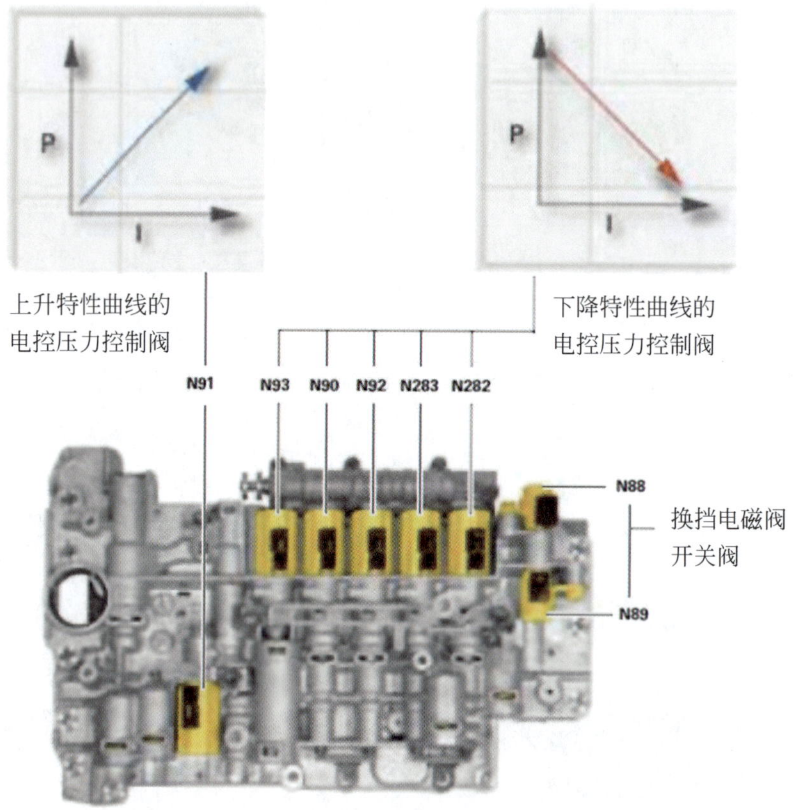

图14-29　两种不同特性的电磁阀

14.2.2　变速器离合器操纵阀

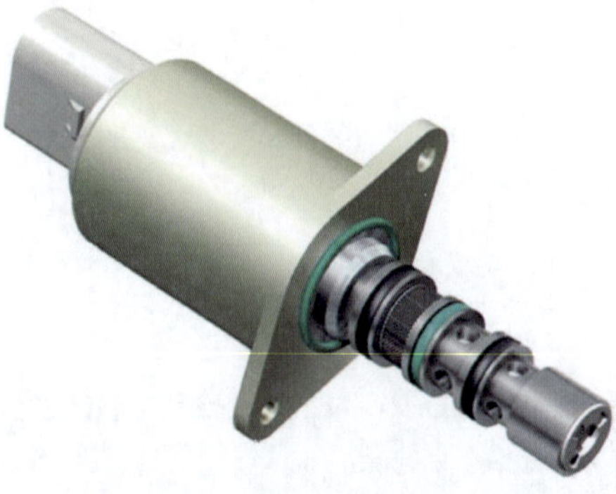

图14-30　N255电磁阀外观

电磁阀将控制电流转换成液压控制压力或者容积流量，然后去操控执行元件工作。N255是一个所谓的容积流量比例阀，它根据控制电流大小按比例来调节液体容积流量，外观如图14-30所示。N255通过离合器分泵来操纵离合器。

信号中断的影响：

- 变速器应急运行—警告级别2；
- 无法起步和行车中换挡。

车辆在停住时，变速器会换入空挡，可以启动发动机。

阀体控制电流大小与工作位置关系如表14-1所示，图14-31为阀体特性曲线A-T。

表14-1 阀体控制电流大小与工作位置关系

序号	控制电流大小	阀体工作示意图	说明
1	控制电流 约500mA	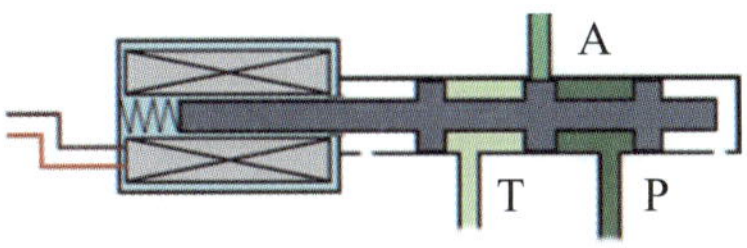	N255从中间位置开始工作。当控制电流为500mA时，该阀处于中间位置。于是接口A就关闭了，我们把这个位置称为零位输油
2	控制电流大于 500mA （比如600mA）	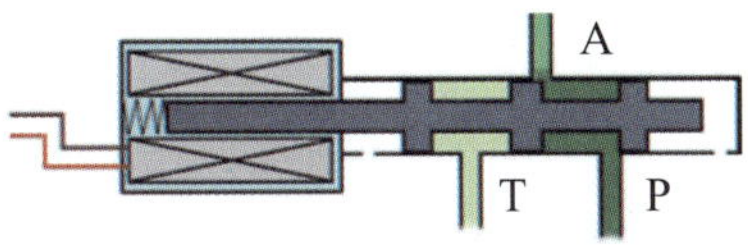	增大控制电流，接口A到接口P就打开了。离合器分泵内就会建立起压力
3	控制电流 小于500mA （比如400mA）	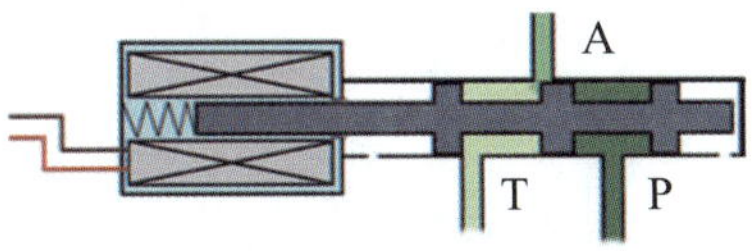	减小控制电流，接口A到接口T就打开了。离合器分泵内就会卸压
4	控制电流 0mA	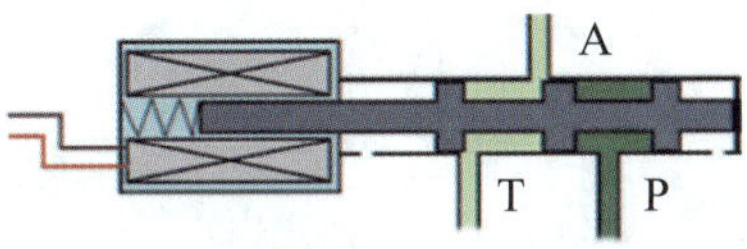	—
5	控制电流 大于1000mA	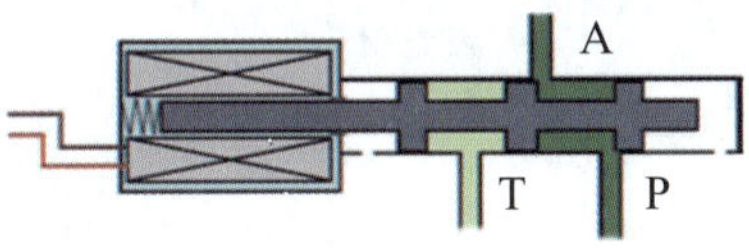	—

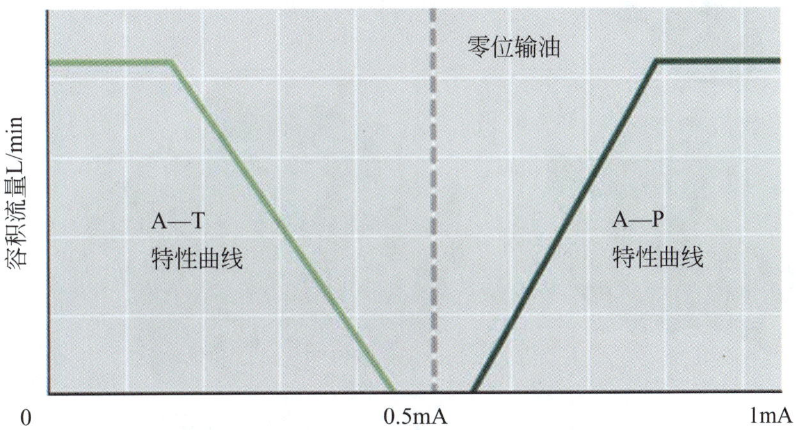

图例：

A 输出—控制管路或者接离合器分泵

T 油箱—去往机油罐（机油存储容器）的回流管

P 压力管接头—来自系统压力（蓄能器）

图14-31 阀体特性曲线

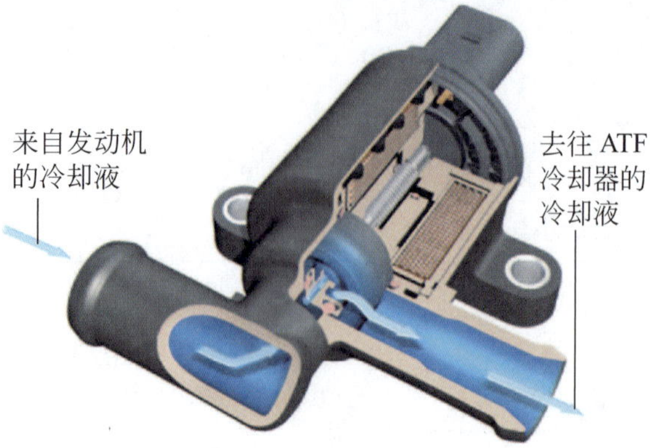

图14-32 冷却液阀内部结构

14.2.3 变速器冷却液阀

变速器冷却液阀N488用于控制发动机的热的冷却液流向变速器机油冷却器，该电磁阀在需要时由发动机控制单元来激活。没激活时，该阀被机械弹簧力保持在打开位置。在发动机启动时该阀是关闭着的，阀体结构如图14-32所示。

14.2.4 空气弹簧电磁阀体

空气弹簧电磁阀体由五个电磁阀构成，它们连接空气供给单元与空气弹簧和蓄能器，以及连接空气弹簧和蓄能器。空气弹簧电磁阀体内集成了一个压力传感器。空气弹簧电磁阀体安装位置如图14-33所示。

图14-33 空气弹簧电磁阀体总成安装位置

电磁阀体内的2/2通阀门（1～5）打开或锁止通向蓄能器和空气弹簧的通路。图14-34展示的阀门处于中间位置，即未受电子控制的状态。这些阀门在不通电的情况下处于关闭状态。当识别到调节需求时，会控制相应的电磁阀，以便给匹配的空气弹簧加注空气或排出空气。

在布置蓄能器时，它在接通相应电磁阀时测量蓄能器内的压力和空气弹簧内的压力。

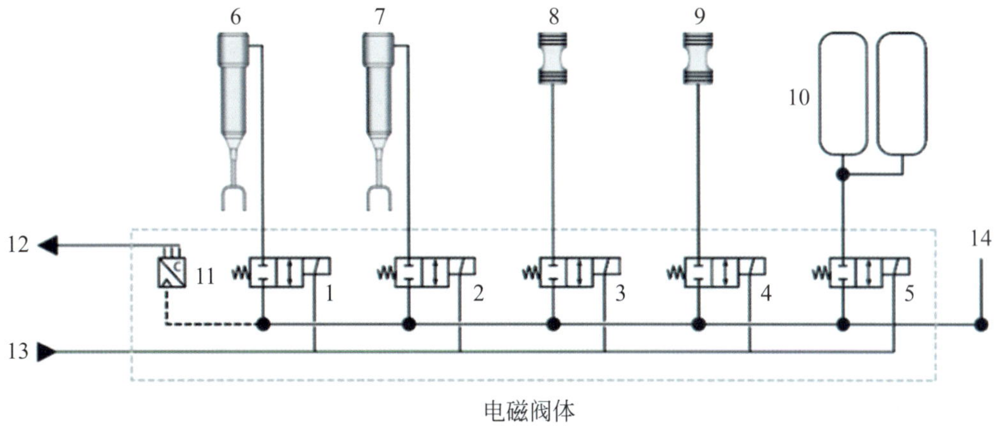

图14-34　电磁阀体连接通路

1～5—电磁阀；6，7—前桥空气弹簧；8，9—后桥空气弹簧；10—蓄能器；11—压力传感器；12—压力测量值；13—电磁阀的电子控制装置；14—压缩机接口

第十五章　电机

15.1　发动机控制系统电机

15.1.1　冷却液循环泵

该泵是暖风热交换器的循环泵，安装在变速器上，如图15-1所示，用于帮助发动机本身的水泵来保证有足够而均匀的冷却液流经空调器的暖风热交换器。操控（PWM）和诊断由自动空调控制单元J255来进行。借助于PWM控制，可以根据实际需要来匹配泵的功率（就是送液量）。该泵工作时，从气缸盖来的已经热了的冷却液经V50和机械式水泵流过暖风热交换器，再流回发动机，就不需要增大机械式水泵了。

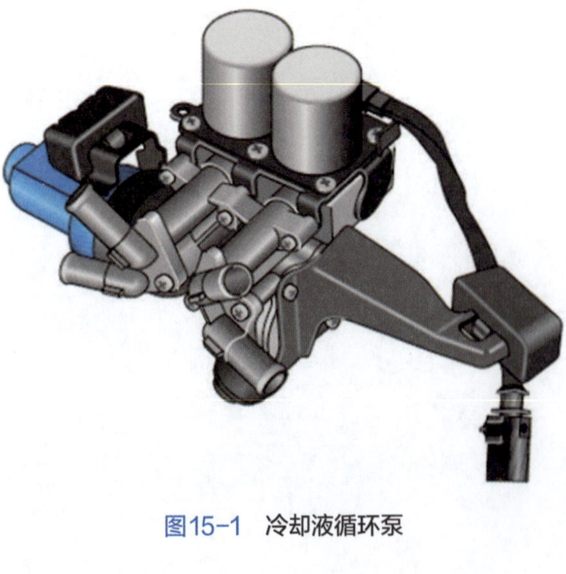

图15-1　冷却液循环泵

该泵是否接通以及接通后工作的时间长度，取决于先前的行驶状态和发动机热的程度。该泵工作时，使得冷却液的流动方向发生了逆转，因此主散热器内的液流方向也逆转了。有驻车加热的车上是不安装V50的，这时由循环泵V55来代行其功能。它也是泵阀单元的一部分，它的主要作用是阻止热交换器内的热量分层现象。为了防止此现象的发生，冷却液在热交换器内连续循环。此外，当启用余热功能时空调系统控制单元会打开此泵。在发动机关闭后车内需要加热时，就会启用余热功能。若此泵失效，热交换器就可能出现热量分层现象，这样加热控制系统就不能正确工作。

工作模式：两个泵轮由一个电机驱动，让冷却液在两个热交换器中循环。该泵安装在热交换器的回流管上。

15.1.2　可变气门调节电机

VALVETRONIC是第一个出现在市场上的全可变气门调节系统。

VALVETRONIC的作用与直接喷射汽油发动机节省燃油的效果相似。但不存在直接喷射汽油发动机需要进行废气再处理的缺点。

VALVETRONIC由全可变气门行程控制装置和可变凸轮轴控制装置（双VANOS）构成，因此可以任意选择进气门关闭时刻。

VALVETRONIC仅在进气侧控制气门行程，而凸轮轴控制则在进气和排气侧进行。只有满足以下条件时才能进行免节气负荷控制：进气门的气门行程以及进气和排气凸轮轴的凸轮轴控制能够进行可变控制。

结果：可自由选择进气门的持续开启时间。

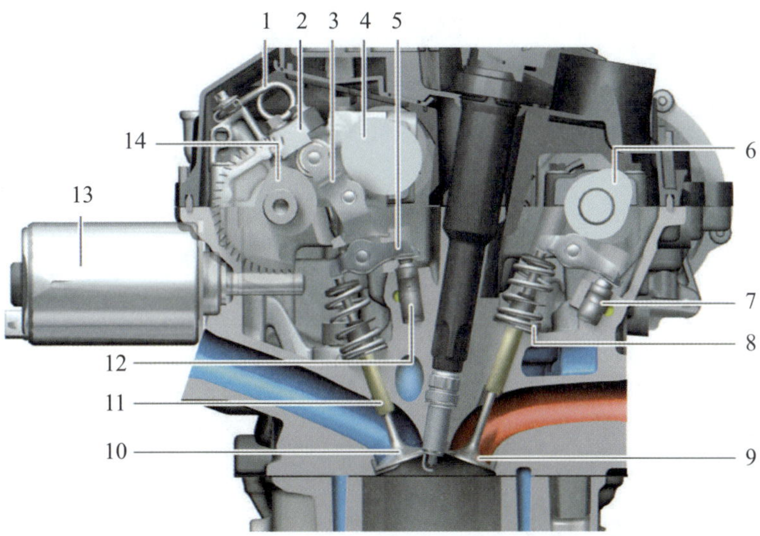

图15-2　N12发动机的气缸盖

1—扭转弹簧；2—固定架；3—中间推杆；4—进气凸轮轴；5—滚子式气门压杆；6—排气凸轮轴；7—液压气门间隙补偿器（HVA），排气；8—气门弹簧；9—排气门；10—进气门；11—气门导管；12—进气HVA；13—伺服电机；14—偏心轴

图15-2所示，伺服电机安装在气缸盖侧面。伺服电机用于调节偏心轴。伺服电机的蜗杆嵌入安装在偏心轴上的蜗轮内。

进行调节后无需特别锁止偏心轴，因为蜗杆传动机构具有足够的自锁能力。偏心轴扭转可使固定架上的中间推杆朝进气凸轮轴方向移动。但由于中间推杆也靠在进气凸轮轴上，因此滚子式气门压杆相对于中间推杆的位置会发生变化。中间推杆的斜台朝伺服电机方向移动。

凸轮轴旋转和凸轮向中间推杆移动使中间推杆上的斜台发挥作用。斜台推动滚子式气门压杆，从而使进气门继续向下运行。进气门因此继续开启。

中间推杆可改变进气凸轮轴与滚子式气门压杆之间的传动比。在满负荷位置时，气门行程和持续开启时间达到最大值；在怠速位置时，气门行程和持续开启时间达到最小值，如图15-3所示。

由于怠速时的最小气门行程非常小，因此必须确保气缸进气均匀分布，所有气门的开启程度必须相同。因此滚子式气门压杆和相关中间推杆分为不同等级。通过标记出的参数可区分不同等级的部件。在同一个气缸上始终安装相同等级的部件。通过在出厂前分配滚子式气门压杆和中间推杆可确保在最小气门行程时气缸也能均匀进气。为了对部件进行分

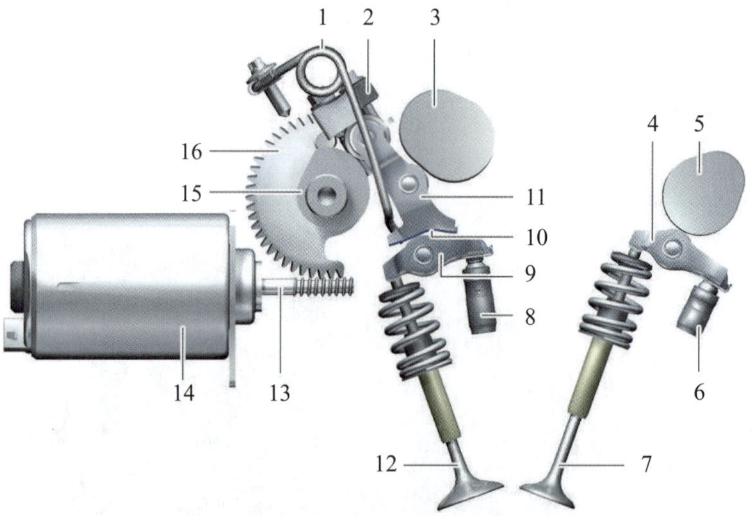

图15-3 N12发动机VALVETRONIC

1—扭转弹簧；2—固定架（滑块）；3—进气凸轮轴；4—滚子式气门压杆；5—排气凸轮轴；6—排气HVA；7—排气门；8—进气HVA；9—滚子式气门压杆；10—斜台；11—中间推杆；12—进气门；13—蜗杆；14—伺服电机；15—偏心轴；16—涡轮

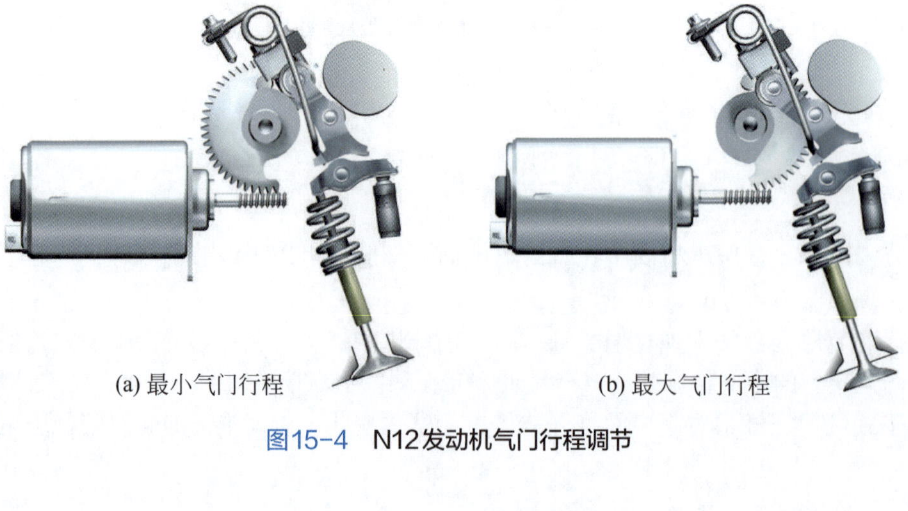

(a) 最小气门行程　　(b) 最大气门行程

图15-4 N12发动机气门行程调节

级，必须精确测量部件，根据测量结果为部件分级并将等级参数标记在部件上。

这样可使一个发动机所有中间推杆的运行曲线公差都保持在7μm以内。就是说，处于安装状态时气门机构部件的所有公差之和保持在0.02mm以内。

对于滚子式气门压杆来说，要测量HVA元件支点与滚子中心之间的距离。对于中间推杆来说要测量斜台。

VALVETRONIC I首次应用于BMW N42发动机，如图15-5所示。其中间推杆上还装有连接偏心轴的滑动轴承。气门行程为0.3～9.7mm。图15-6展示了VALVETRONIC的调节范围。可看到进气侧的全可变气门行程调节范围和VANOS调节范围，在300ms内由最小气门行程调节至最大气门行程。偏心轴在此过程中旋转170°。

图15-5　N42发动机的最小气门行程

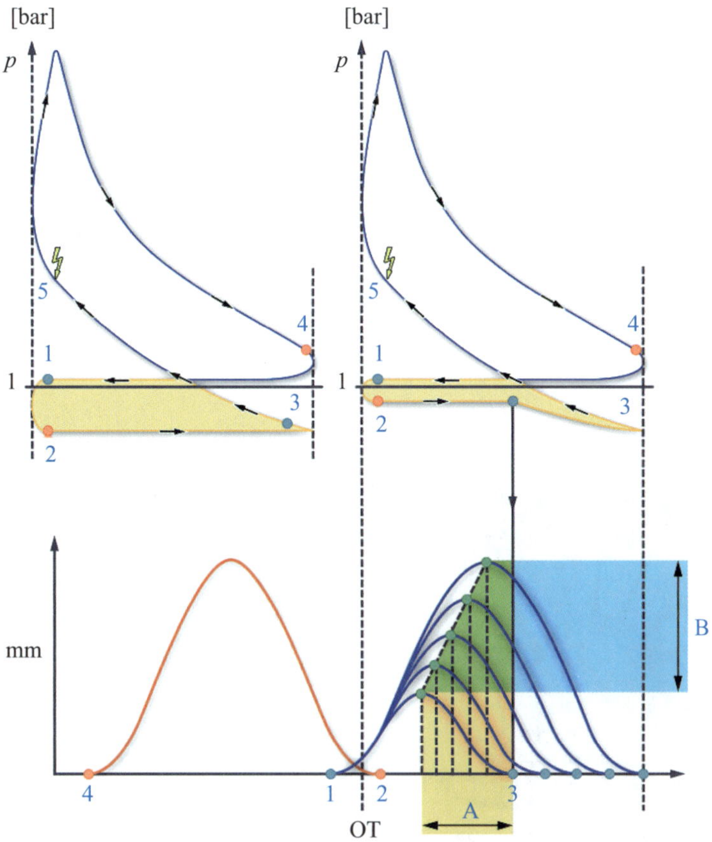

图15-6　VALVETRONIC是VANOS和全可变气门机构进行调节的共同作用

OT—上止点；UT—下止点；A—VANOS调节范围；B—气门行程调节范围；*P*—压力；1—进气门打开；2—排气门关闭；3—进气门关闭；4—排气门打开；5—点火时刻

气门行程本身无法进行免节气负荷控制。为此需要结合使用VANOS，该装置可调节气门关闭时刻。如所示为VANOS和全可变气门机构进行调节的共同作用图示。

15.1.3　可变气门伺服电机

VALVETRONIC伺服电机是一种无刷直流电机（BLDC电机），部件组成如图15-7所示。BLCD电机以非接触方式传递能量，免维护且功率较大。由于采用集成式电子模块，因此可以非常精确地进行控制。

VALVETRONIC伺服电机的最大控制电流为40A。时间超过200ms时最大电流为20A。系统以脉冲宽度调制方式控制VALVETRONIC伺服电机。占空因数在5%～98%。

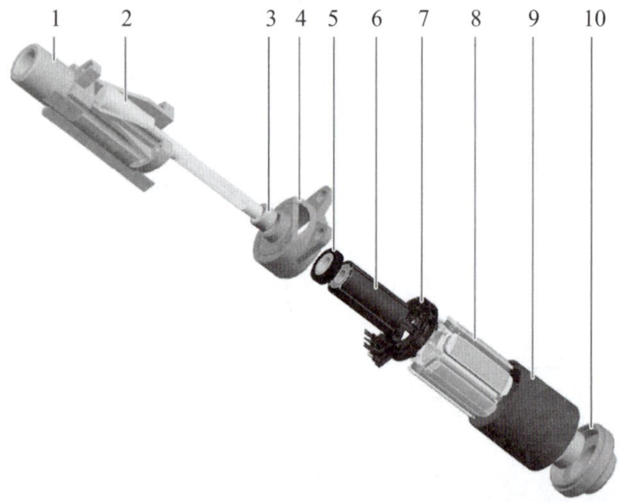

图15-7　VALVETRONIC伺服电机（N55发动机）

1—插孔；2—蜗杆轴；3—滚针轴承；4—轴承盖；5—传感器磁轮；6—带四个磁铁的转子；7—传感器；8—定子；9—壳体；10—轴承

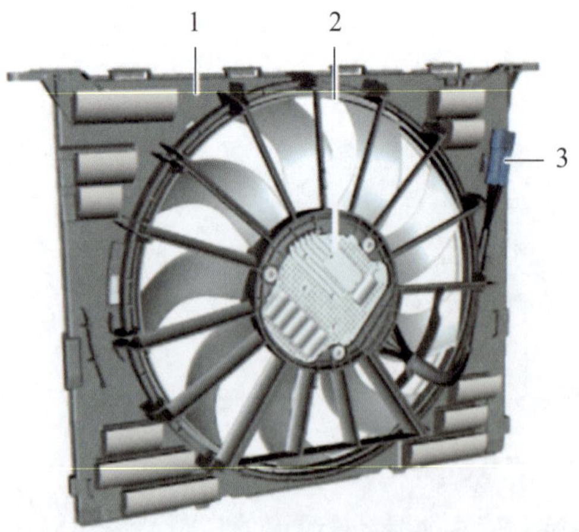

图15-8　电子风扇外观

1—集风罩；2—电动风扇驱动装置；3—4芯插头连接

DME为传感器供电（5V）。DME通过五个霍尔元件得到信号并进行分析。五个霍尔传感器中三个用于粗略划分，两个用于进一步细分。因此可测定的伺服电机转角小于7.5°，可以通过蜗杆传动机构的传动比非常精确且快速地调节气门行程。

15.1.4　电动风扇

电动风扇安装在冷却器后面，如图15-8所示。发动机控制系统控制电动风扇。发动机控制系统通过总线端Kl.30经一个继电器切换供电。

视机动化装置而定，电动风扇通过按脉冲宽度调制的信号或LIN总线由发动机控制系统进行控制。通过LIN总线进行控制时，将传输信息。

以下将描述通过按脉冲宽度调制的信号进行的控制。

电动风扇由发动机控制单元通过一个按脉冲宽度调制的信号控制（分析通过风扇电子装置进行）。发动机控制单元通过一个按脉冲宽度调制的信号（7% ~ 93%）控制水箱风扇的不同转速。小于7%和大于93%的脉冲负载参数都不会触发控制，而只被用于故障识别。水箱风扇转速受冷却液出口（水箱）处的冷却液温度和空调器中的压力影响。随着行驶速度的上升，水箱风扇转速被降低。

在电动风扇空转时，发动机控制系统将频率降到10Hz。通过脉冲负载参数可以选择时间（最长11min）和风扇转速。

电动风扇驱动装置是一个无刷电机。电动风扇有一个自己的分析电子装置，并通过一个按脉冲宽度调制的信号调节转速。正常运行时的脉冲负载参数（100Hz）被转换成转速信号。

7%脉冲负载参数：待机模式（分析电子装置保持清醒）；

11%脉冲负载参数：最小风扇转速（33%额定转速）；

93%脉冲负载参数：最大风扇转速；

97%脉冲负载参数：用于分析电子装置自诊断的命令。

电动风扇通过按脉冲宽度调制或LIN总线与发动机控制系统连接。通过LIN总线进行控制时，将传输信息。这可以实现对电动风扇的优化控制（调节转速或通过电功率调节）。电路连接如图15-9所示。

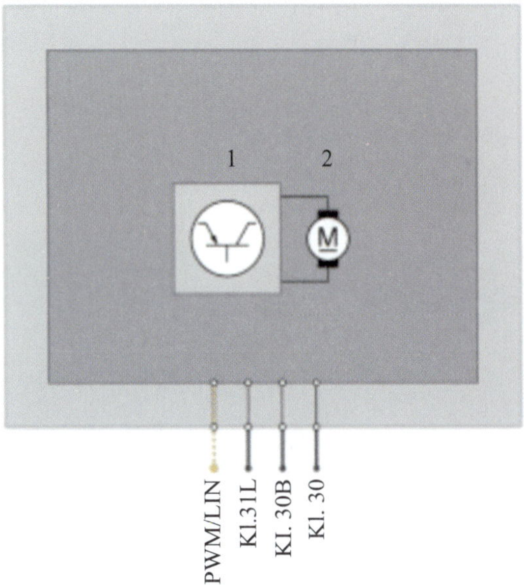

图15-9 电子风扇电路连接

1—电子分析装置；2—电动风扇驱动装置；LIN—发动机控制系统的按脉冲宽度调制或LIN总线；Kl.31L—负荷接地；Kl.30B—总线端Kl.30B基础运行；Kl.30—经过水箱风扇断路继电器的总线端Kl.30蓄电池电压

15.2 底盘控制系统电机

15.2.1 变速器液压泵电机

液压泵电机V387是一个无刷式直流电机，它由变速器控制单元通过一个继电器来接通，用来驱动一个小巧的高效齿轮泵工作。电机部件分解如图15-10所示。

V387和液压泵是分开着安装在同一个支架上的。电机轴和泵轴是通过一个连接件连在一起的。电机V387的下面有一个泡沫成型件（海绵），这个海绵是用于保护电机的（如果

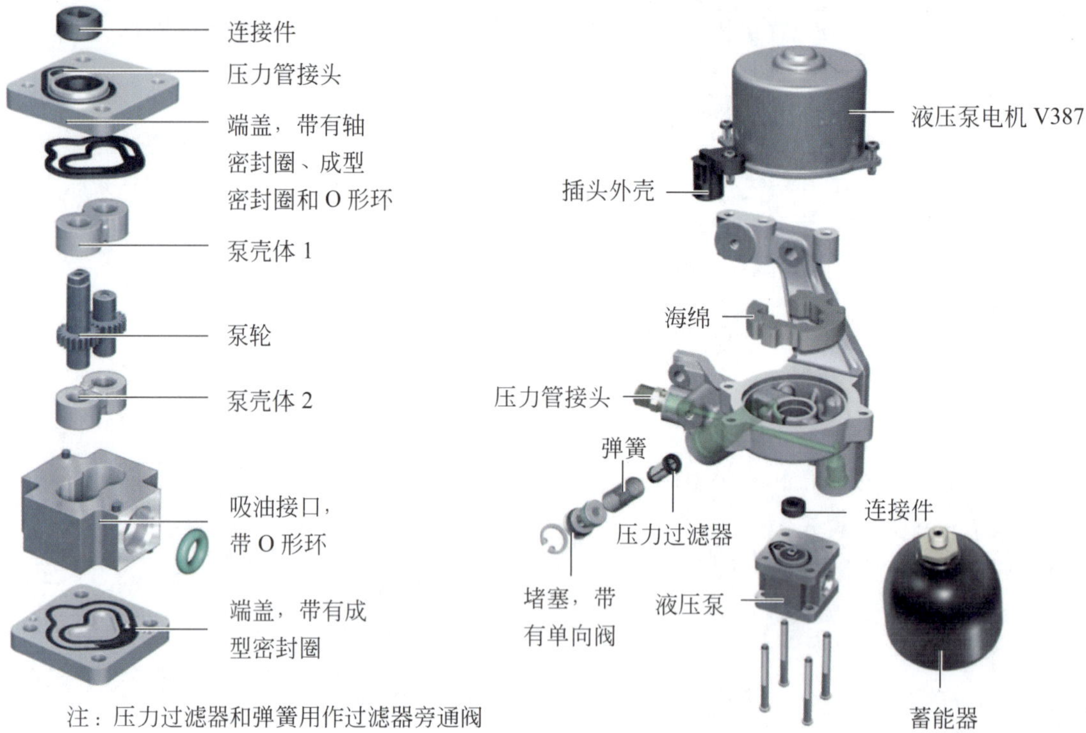

图15-10　液压泵电机总成部件分解

液压泵的轴密封圈漏油了的话）。电气插头上只有一个引脚是用于从继电器获得供电的。接地（31 号线）是通过插头外壳上的一个圈环和电机固定螺栓来实现的。

15.2.2　四轮转向后主轴电机

电机通过传动带驱动螺杆螺母。螺杆螺母的转动运动转换成螺杆的直线运动。相连的转向横拉杆将这种直线运动传递到车轮支架上，车轮一同向右或向左转动（取决于电机的转动方向），如图 15-11 所示。该系统通过螺杆和螺杆螺母的传动比和使用的梯形螺纹实现自锁。

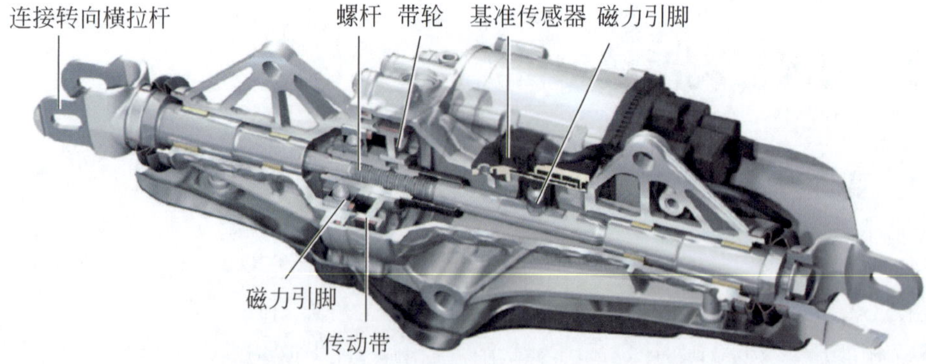

图15-11　四轮转向后主轴总成内部结构

只能在调节过程中激活该电机，其余时间保持关闭状态。只能通过螺纹驱动自锁力生成保持力。螺杆最大调节行程（从中间位置算起）约为9mm，它相当于约5°的最大车轮转角。

驱动装置使用的是一个三相交流无刷同步电机，如图15-12所示。通过AC/DC转换器在控制单元中生成三相电流。电机中内置一个转子位置传感器。这个传感器十分精确地记录转子的位置。

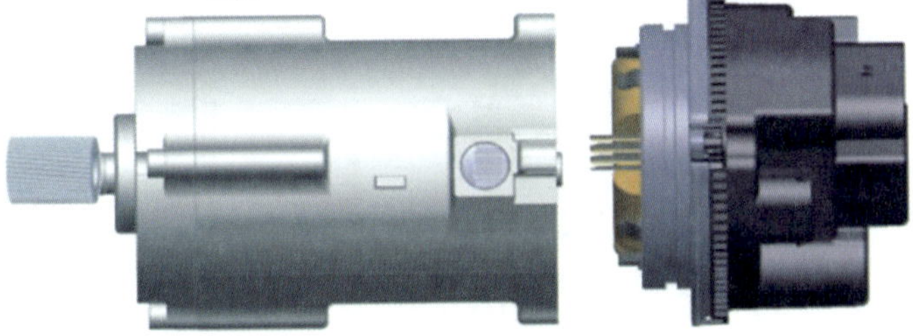

图15-12　驱动装置结构

15.2.3　四轮驱动器液压泵

轴向活塞泵内置有离心力调节器，由Haldex离合器泵V181的电机轴驱动，如图15-13所示。调节器离心力杆上的离心力随轴向活塞泵的转速升高而增大，从而将离心力调节阀的阀球更用力地压进阀座里。这样一来，阀门所保持的压力就会升高。系统在采用该技术后，就具有了压力生成和卸除时间短的特点。

通过改变Haldex离合器泵V181电机的转速，可以控制工作活塞的液压供给。如果电机转速升高，工作活塞的压力随之增大，工作活塞就会更用力地压到膜片组上，可传递的扭矩就会增加。如果电机转速下降，工作活塞的压力也随之降低，可传递的扭矩也会减小。

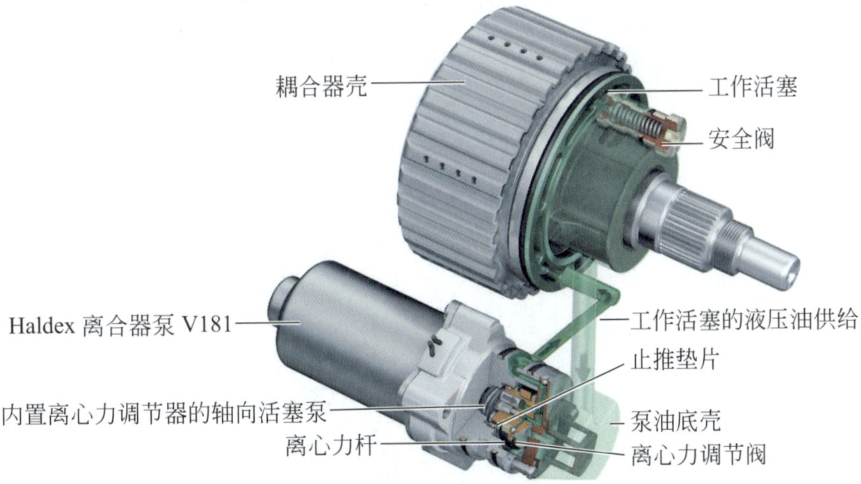

图15-13　离合器泵与耦合器

如图15-14所示，工作活塞的圆筒中尚未生成压力。由于电机转速低，离心力杆无法压到阀球上。泵送的液压油通过离心力调节器的离心力调节阀，流回泵油底壳。

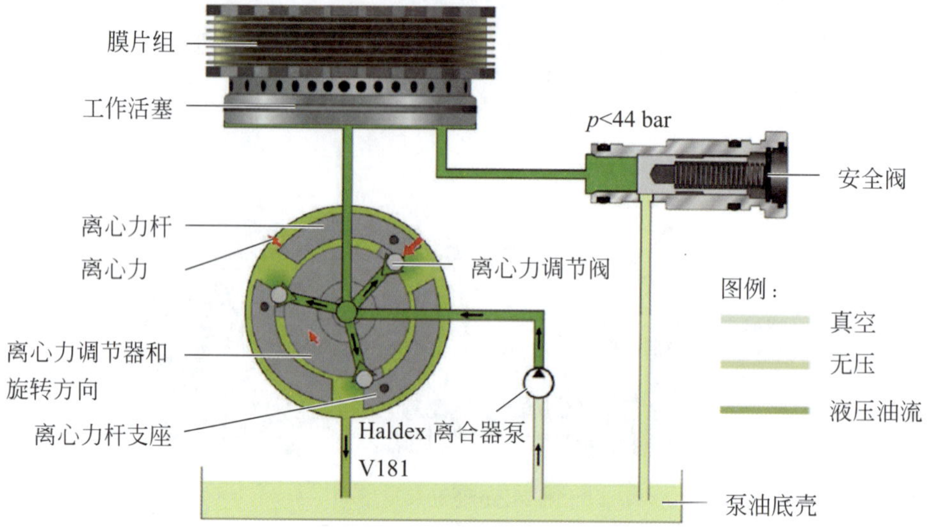

图15-14　泵电机转速较低

如图15-15所示，工作活塞的圆筒中生成压力。然后离心力杆压到阀球上，堵住间隙。压力在生成的过程中，又会将阀球稍稍往回压。这样就在离心力和液压力之间形成了一种平衡。如果转速继续升高，工作活塞内的压力就会上升，离合器可传递的扭矩也会随之增加。

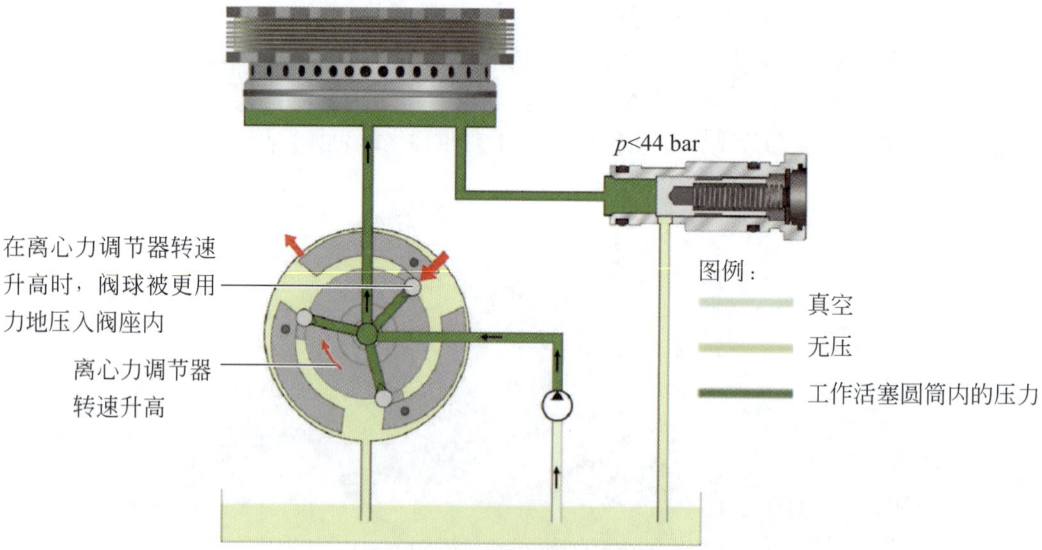

图15-15　通过提高泵电机的转速生成压力

如图15-16所示，这时离心力杆会重重地压在阀球上，使得工作活塞圆筒内的压力超过允许值。当压力大于44bar时，安全阀会打开，从而限制系统内部的压力。

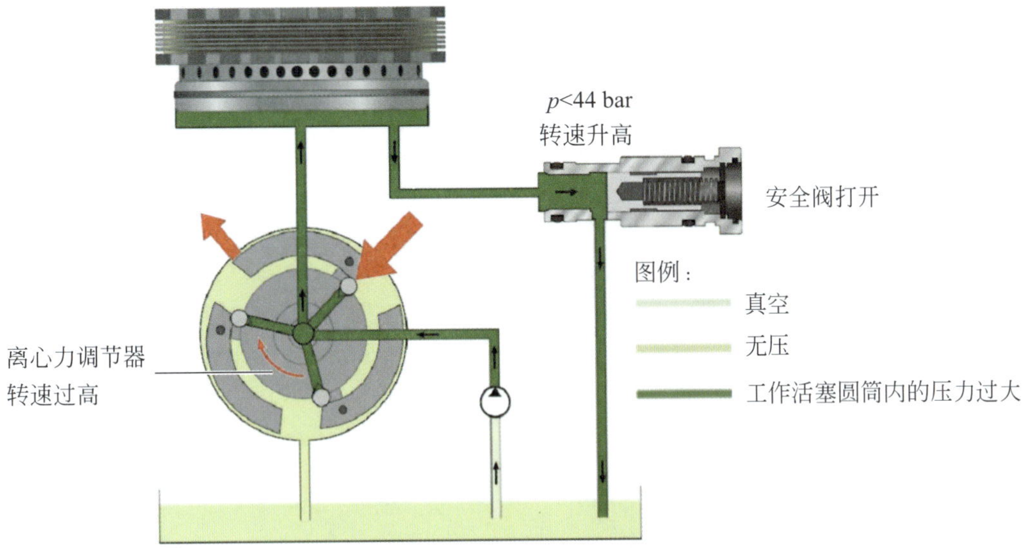

图15-16　泵电机的转速过高

如图15-17所示，这时离心力杆对阀球的压力减小。阀门间隙打开，释放一部分压力，直至离心力和液压力重新达到平衡状态。

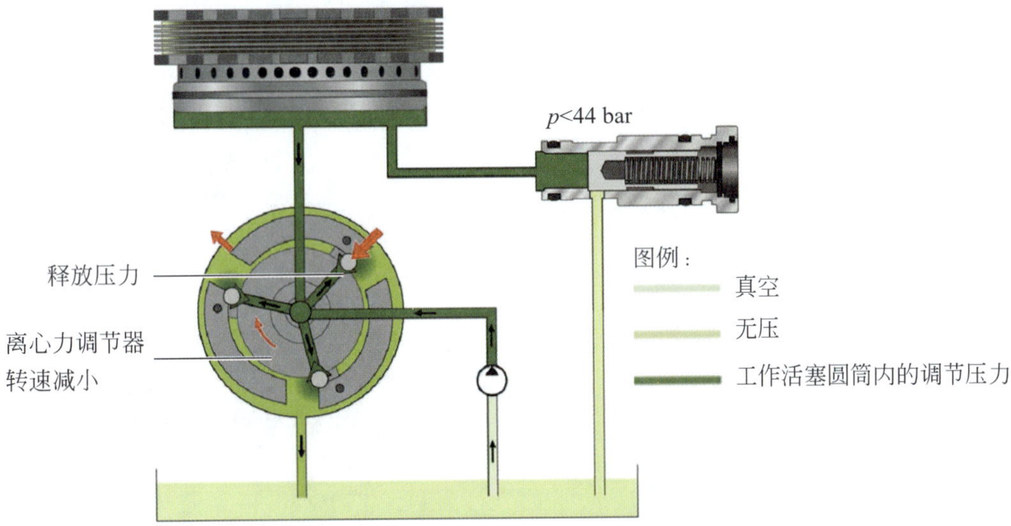

图15-17　通过减少泵电机的转速降低压力

15.2.4　驻车电机

驻车电机V282和V283经过了全新研发，与奥迪先前采用的TRW公司出品的组件相比，结构上发生了较大变化。它由一个两级蜗轮蜗杆传动装置产生减速比，在第二级能实现所需的自锁效应。在装配驻车电机时，制动钳的螺杆被插入第二级传动装置的正齿轮中。螺杆和正齿轮通过内、外星形螺栓连接。螺杆是滚珠螺杆传动装置的组成部分，并位于制动钳内。螺杆借助于螺杆螺母，压在制动活塞的内端面上。正齿轮由电机驱动，将旋转运动传递到螺杆上。螺杆在转动的同时，压块纵向运动。根据旋转方向的不同，压块会向制动活塞顶部或朝相反方向运动，从而将制动活塞压向制动摩擦片（制动位置）或将其推离制动摩擦片（制动松开位置）。齿轮传动关系如图15-18所示。

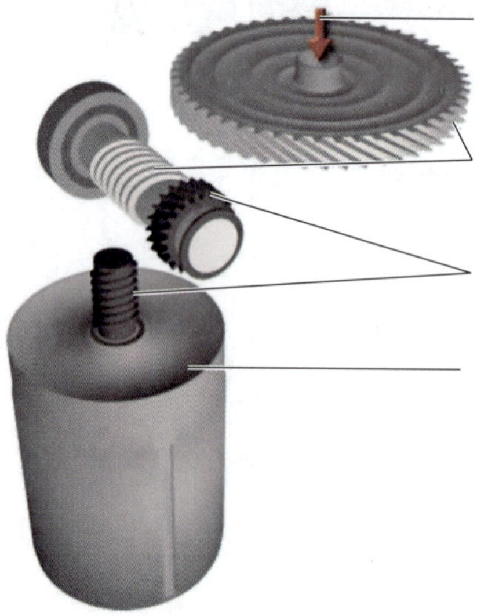

图15-18　齿轮传动关系

松开制动（图15-19）和制动（图15-20）的控制方式与其他奥迪车型上的EPB系统相似。在最大张紧力达到17.5kN的情况下，系统会通过电流控制（最大约12A）的形式切断系统。控制单元内部有一个温控模块，它会在车辆停止的状态下计算出制动盘和制动摩擦片的冷却情况，并在必要时暂时启动电机，继续将驻车制动器张紧最多三次。

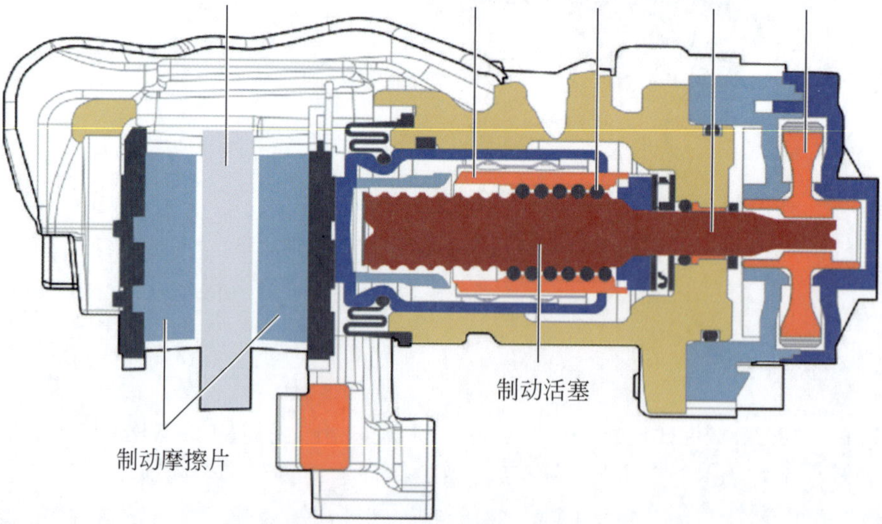

图15-19　位于制动松开位置的制动活塞

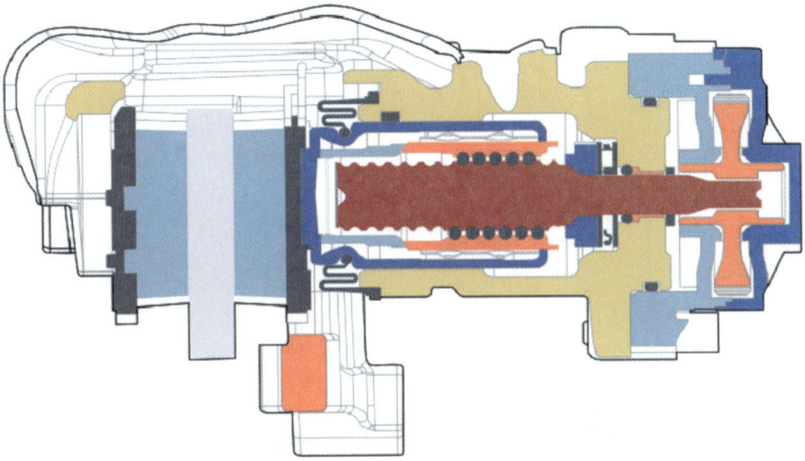

图15-20　位于制动位置的制动活塞

15.3　车身控制系统电机

15.3.1　顶篷锁电机

顶篷锁电机V223安装在顶篷的前部（从行驶方向上讲）。电机V223与拨板、顶篷锁已开开关F294、顶篷锁已锁开关F295、抓钩、永磁铁一起，安装在一个托架上。部件结构如图15-21所示。

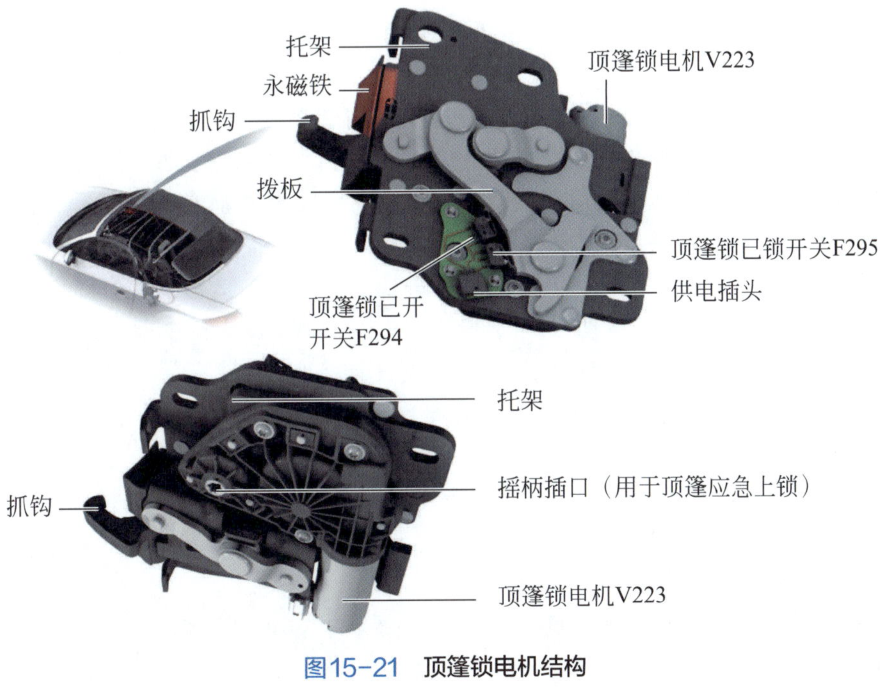

图15-21　顶篷锁电机结构

如果永磁铁处于顶篷锁状态开关F542的探测范围内的话，顶篷操纵控制单元J256就会让顶篷锁电机V223来张开或者合上抓钩（具体看操纵方向）。

15.3.2 顶篷操纵电机

顶篷操纵电机V82和顶篷操纵电机V576固定在顶篷左、右主支座上，如图15-22所示。在这两个电机上，各装有一个辅助变速机构。辅助变速机构让顶篷“运动”。每个电机有两个霍尔传感器，用于侦测电机的转速。

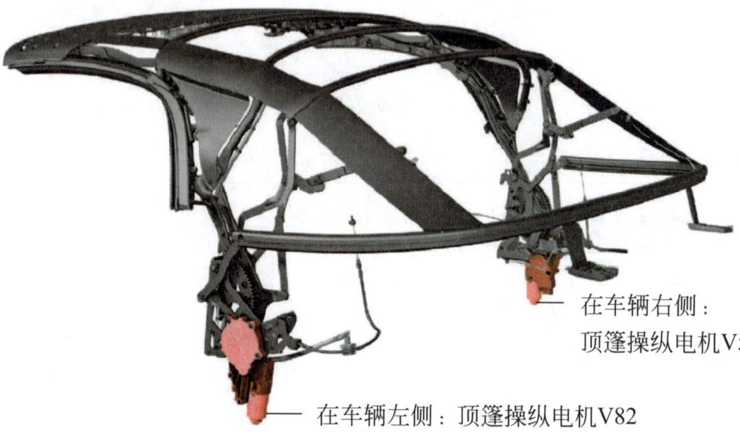

图15-22 顶篷操纵电机安装位置

由于电机V82和V576的两个霍尔传感器是错开90°布置的，因此也可以侦测电机V82和V576的旋转方向。

顶篷操纵电机V82和顶篷操纵电机V576上的霍尔传感器是无法单独更换的。顶篷操纵控制单元J256一直在监控霍尔传感器的值，并会比较这两个电机的值。

如果顶篷操纵控制单元J256识别出两个电机之间有约65个脉冲偏差，那么顶篷在这个运动方向的运动就被禁止了，同时会有图像和声响来提示司机。

但是顶篷朝另一个方向的运动仍然是可以进行的。如果在这个运动方向也识别出约65个脉冲偏差，那么顶篷就无法运动了，同时会有图像和声响来提示司机。

顶篷操纵电机V82和顶篷操纵电机V576固定在顶篷左、右，这两个电机是相同的。由于这两个电机在安装好的状态时是向不同方向转动的，因此在安装时必须“告知”电机，它们安装在哪一侧了，这需要通过插头的“引脚编排”来实现。

处于行驶方向左侧的电机（顶篷操纵电机V82）是引脚10与正极（+）相接；处于行驶方向右侧的电机（顶篷操纵电机V576）是引脚8与负极（–）相接。顶篷操纵电机连接电路如图15-23所示。

顶篷操纵电机V82和顶篷操纵电机V576有过载保护功能（热保护）。因此，顶篷操纵控制单元J256会监控电机的运行时间，必要时会关闭电机。

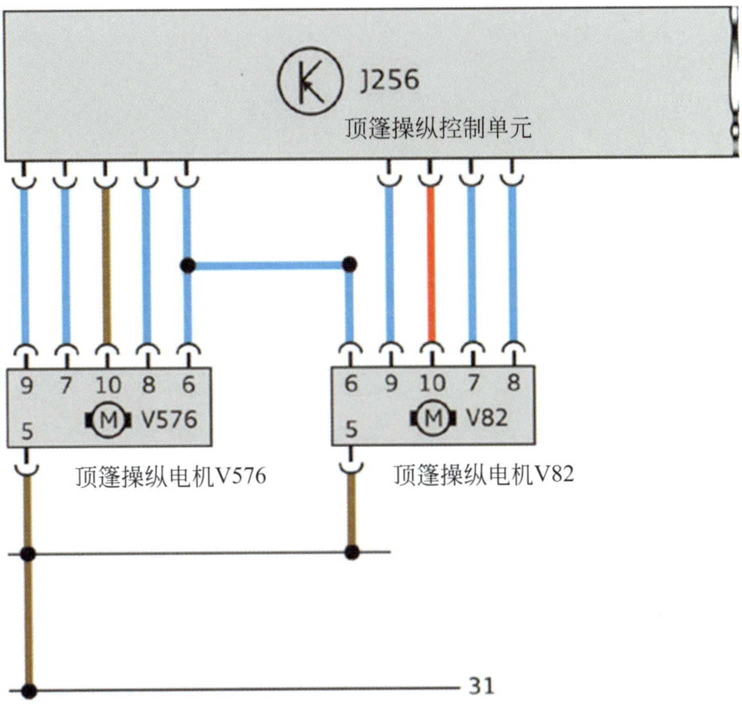

图15-23　顶篷操纵电机连接电路

第十六章　触发器及其他

16.1　行人保护系统触发器

行人保护装置触发器是个烟火式部件，它由点火器和带活塞的圆筒构成，如图16-1所示。

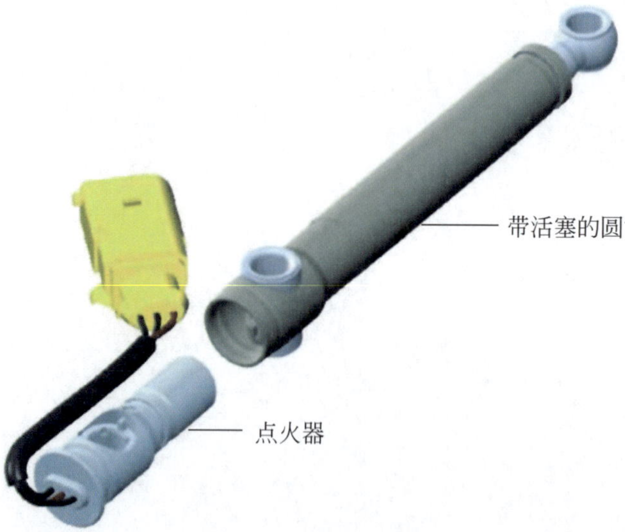

图16-1　触发器结构

当车速在25～55km/h时，如果车辆碰到行人，安全气囊控制单元J234会激活两个行人保护装置触发器G598和G599。于是就引燃了烟火式燃料，产生的气体压力就会将行人保护装置的活塞推入到圆筒内。

活塞是呈偏心状固定在钩子上的，因此活塞的纵向运动就会引起钩子的转动，如图16-2所示。这个转动使得钩子转向一边，活塞就滑出来了。

由于发动机舱盖铰链的特殊设计形式，发动机舱盖会后移约20mm，且其后部区会向上移约52mm。

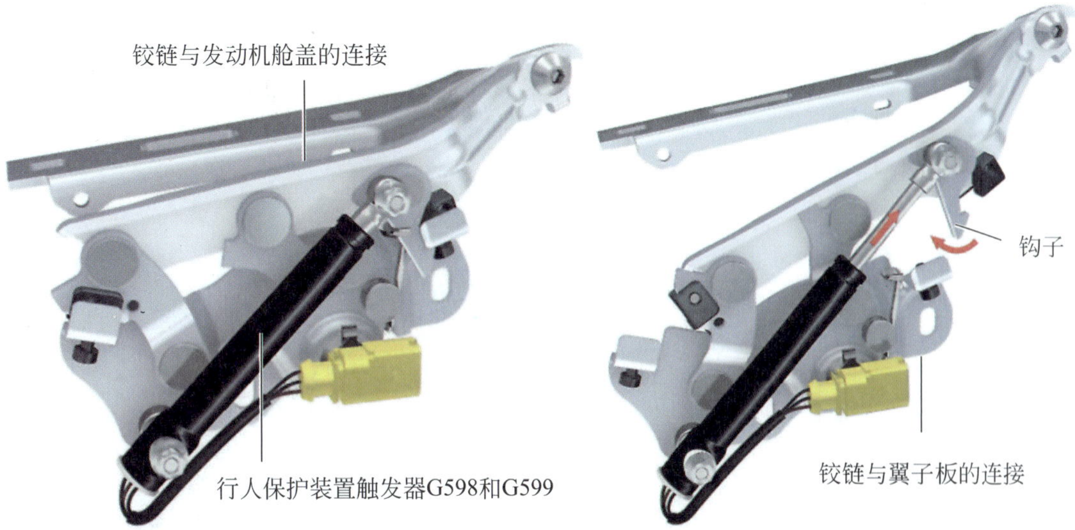

发动机舱盖铰链在原始位置　　　发动机舱盖铰链在触发后

图16-2　触发器工作原理

16.2　点火器与加热器

16.2.1　点火线圈与火花塞

发动机具有一个带静态点火分电系统的感应式点火装置。每个气缸都有一个单独的点火线圈，此点火线圈直接插在气缸盖罩中。

这个线圈点火系统的点火电路由下列部分组成：带初级和次级线圈的点火线圈；发动机控制单元中的点火终极；火花塞（与次极线圈相连）。

每个火花塞都由一个单独的点火线圈以及发动机控制单元中一个单独的点火终极用高压控制。

点火终极在希望的点火时刻前使车载网络中的一个电流流过初级线圈。初级电路闭合期间（关闭时间），在初级线圈中建立起一个磁场。在点火时刻，流过初级线圈的电流重新中断。磁场的能量通过磁耦合的次级线圈放电（感应）。这时在次级线圈中产生一个高压，此高压在火花塞上产生点火火花。

火花塞上必要的点火电压（点火电压需求）必须始终低于点火装置可能的最大点火电压（点火电压供应）。在点火火花击穿后，剩余的能量在火花持续时间内在火花塞上转换

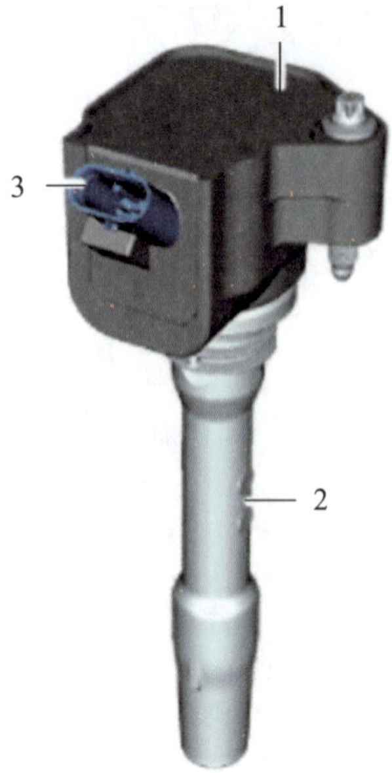

图16-3　点火线圈外观

1—点火线圈；2—杆；3—3芯插头连接

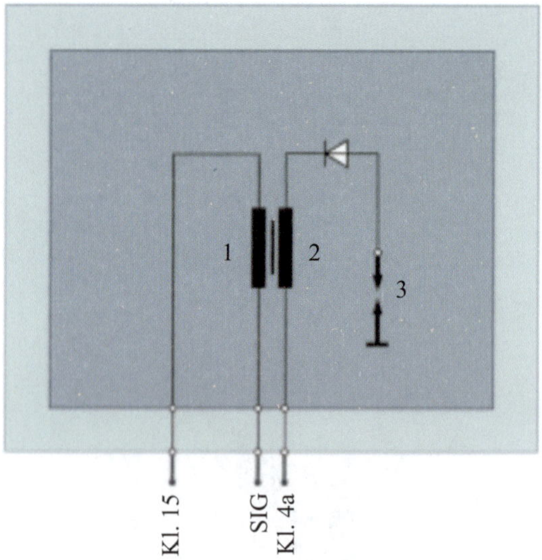

图16-4　点火线圈电路

1—初级线圈；2—次极线圈；3—火花塞；Kl.15—供电（通过总线端Kl.15过载保护继电器）；SIG—点火信号，Kl.4a—总线端Kl.4a接地端

掉。点火线圈外观如图16-3所示。

必须精确调整点火火花点燃燃烧室内的油气混合气的点火时刻。这样可以保证最佳扭矩以及低油耗，且同时有害物质的排放最小。

主要影响参数有：发动机转速，发动机扭矩，增压压力，当前过量空气系数，冷却液温度和进气温度，燃油等级（辛烷值），发动机运转（发动机启动、怠速、部分负荷、满负荷）。

点火线圈按照变压器原理工作。在一个共用铁芯上安放着2个线圈。初级线圈由一根粗金属丝组成，匝数少，线圈的一端通过总线端Kl.15过载保护继电器连接在车载网络电压正极（总线端Kl.15）上，另一端（总线端Kl.4a）连接在点火终极上，这样点火终极能够接通初级电流。次级线圈由一根匝数很多的细金属丝制成。点火线圈连接电路如图16-4所示。

点火信号的计算还确保在正确的气缸中以最佳点火提前角使用必要的能量进行火花的点火。为此探测曲轴的转速信号。发动机控制单元由此计算出的曲轴角度和当前发动机转速。

这样，在每个所需的曲轴角度上进行点火终极的接通和关闭（汽油发动机的有效范围：上止点前−70°曲轴转角至上止点后曲轴转角+30°）。对于四冲程发动机，由于必须在发动机每旋转两圈后点火一次，因此要求凸轮轴传感器与气缸对应一致。点火线圈特性曲线如图16-5所示。

连续火花点火的基础是重复接通和关闭点火线圈。于是实际的点火火花扩展成一个火花带。通过提前后续扫气将中断单个点火。于是火花塞上没有更多能量传递到油气混合气中。剩余能量保留在点火线圈中。这样能够将后续扫气时间缩到最短。只能在低转速范围中以及暖机阶段时采用连续火花点火（清洁火花塞）。

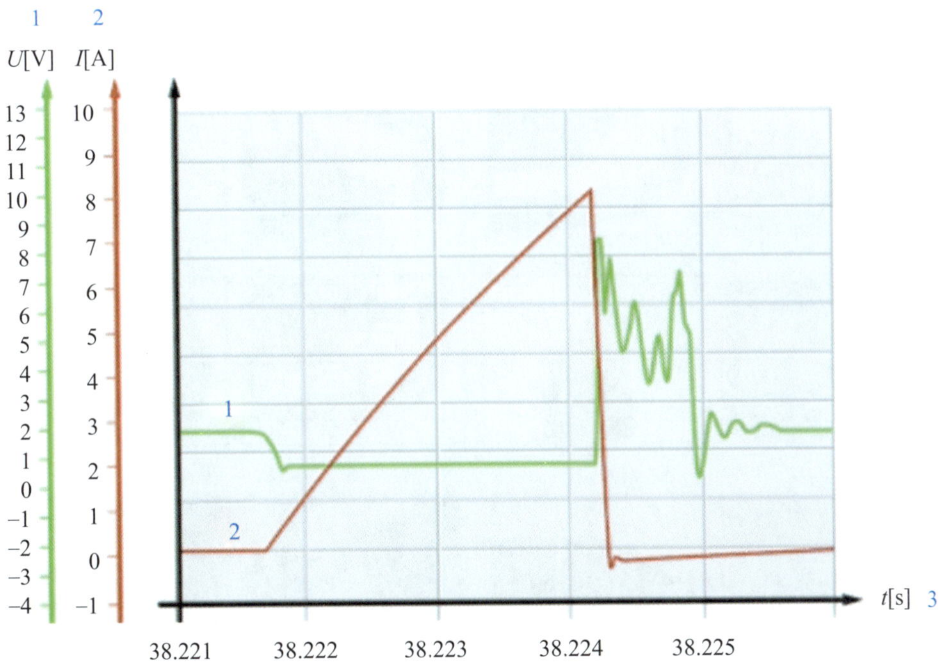

图16-5 点火线圈特性曲线

1—点火线圈总线端Kl.4a上的电压（来自点火终极）；2—初级线圈充电电流；3—时间

点火线圈的标准值：电压范围6～16V；正常运行中的次极线圈电压至29kV；正常运行时的最大耗电8～10.5A；初级线圈电阻小于600mΩ；初级线圈与次极线圈的电压比为1：80；温度范围–40～140℃。

火花塞的不同状况，如图16-6所示。

16.2.2 预热塞

预热系统由下列元件构成：数字式柴油机电子系统（DDE）控制单元，电子预热控制单元，金属预热塞，用作DDE控制单元和预热控制单元之间的接口的LIN总线。预热塞外观如图16-7所示。

DDE8以上版本不再带有预热控制单元。预热塞直接由数字式柴油机电子伺服控制系统（DDE）控制。

在预热控制单元第一次接通时，将分析预热塞在预热过程开始时的电阻。已经变热的预热塞具有比冷态时明显提高的电阻，预热塞外观如图16-7所示。如果根据电阻值识别到热的预热塞，则在开始预热时对预热塞施加较少能量。反之如果识别到冷的预热塞，则在开始预热时对预热塞施加最大能量。这项功能被称为动态重复预热。因此，可防止一个已经变热的预热塞被紧跟在第一个预热过程后的第二个预热过程施加过多能量，并从而导致过热。

在预热控制单元中有用于控制预热塞的功率输出级。预热控制单元没有自己的故障代码存储器。预热控制单元通过LIN总线向DDE报告由预热控制单元识别到的预热系统故障。然后故障被存储到DDE的故障代码存储器中。

图16-6　火花塞的不同状况

1—弯曲的接地电极；2—中间电极的铂片腐蚀或锈蚀；3—由点火火花产生的前束；4—接地电极热损坏；5—多沉积物引起的漏电痕迹；6—螺纹上的密封环被拉动；7—绝缘子横向断裂；8—滑动火花造成的被切割的绝缘子（铂火花塞）；9—在该位置上已断裂的绝缘子无法识别；10—通过摆动可识别已断裂的绝缘子；11—明显积炭的火花塞；12—正常燃油灰分的沉积；13—带洗净功能的燃油灰分沉积；14—容易增加的燃油灰分沉积；15—表面放电火花塞火花击穿；16—辉光放电引起的正常棕色色素沉淀；17—许可的中间电极腐蚀；18—辉光放电引起的容易增加的棕色色素沉淀；19—火花塞杆中有水

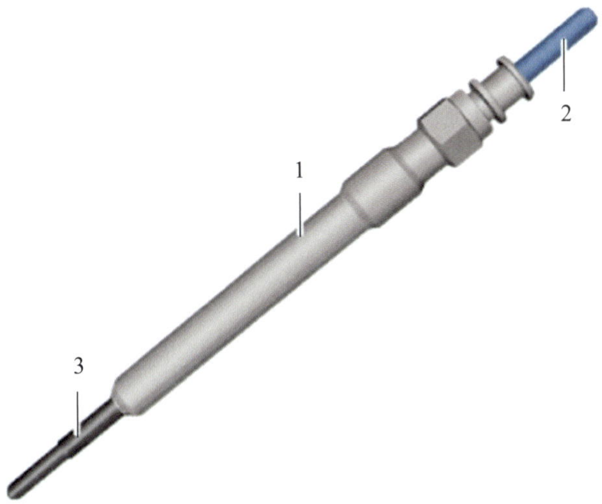

图16-7　预热塞外观

1—预热塞；2—1芯插头连接；3—加热元件

如果超过预热控制单元的允许工作温度，为了避免损坏，预热控制单元切断预热过程。

金属预热塞是为5.3～7.8V的电压设计的。预热期间，可短时间加上10V电压，以进行快速加热。为了保持预热塞温度，通过一个PWM信号给预热塞通电。因此在预热塞上出现一个低于车载网络电压的有效电压。

对于采取特殊措施处理CO_2的车辆，在气缸2的预热塞中集成有一个燃烧室压力传感器。预热塞上的电气连接有所区别。

DDE控制单元根据下列工作值确定必要的预热塞温度：冷却液温度、发动机转速、进气温度、喷油量、环境压力、车载网络电压、起动机许可状态信号。

为了激活预热，DDE向预热控制单元传送要求的预热塞温度值。

此外，DDE还通过LIN总线向预热控制单元传送下列工作值：冷却液温度、进气温度、环境压力、车载网络电压、喷油量、发动机转速、起动机许可状态信号。

预热控制单元通过这些运行值确定必要的预热塞电流，并给预热塞通电。

预热控制单元仅含有2个末级，用于控制3个预热塞。气缸1和2的预热塞将通过一个末级通电。气缸3的预热塞（示例B37）将通过第二个末级通电。在诊断时会形成这样的结果：一个预热塞的控制出现故障，就会保存一个末级的两个预热塞的故障。

可在不同的运行模式下激活预热：

① 预热：

在接通总线端Kl.15或PAD模式后，将激活预热。如下结束预热：

超过42r/min的转速临界值（操纵起动机），预热时间已结束。预热时间与冷却液温度有关，并根据一条特性线按表16-1方式确定：

表16-1　冷却液温度与预热时间关系

冷却液温度/℃	＜－35	－25	－20	－5	0	5	30	＞30
预热时间/s	3.5	2.8	2.8	2.1	1.6	1.1	1.1	0

② 启动准备预热：

当预热由于预热时间结束而结束时，启动准备预热激活。如下结束启动准备预热：10s的启动准备预热结束后；超过42r/min的转速临界值。

③ 启动预热：

当冷却液温度低于75℃时，启动预热在每次发动机启动时都会激活。启动预热在超过42r/min的转速临界值后开始。如下结束启动预热：60s的最大启动预热时间结束后；启动过程结束后；冷却液温度超过75℃。

④ 紧急加热：

当DDE和预热控制单元之间的通信失灵超过1s时，将触发3min的紧急加热。这时预热控制单元使用较安全的值，以免损坏预热系统。

⑤ 隐蔽预热：

在冷却液温度低于30℃时，预热和启动准备预热将作为所谓的隐蔽预热激活。隐蔽预热可通过下列信号触发：驾驶员座位占用、驾驶员安全带锁扣、有效的点火钥匙、总线端Kl.R或PWF状态停留、制动器已踩下、离合器踩下。

隐蔽预热最多可触发四次，然后才可重新许可发动机启动。

⑥ 部分负荷加热：

如果DDE识别出燃烧室由于低负荷运行而冷却过度强烈，便会激活部分负荷预热。

16.2.3 加热器

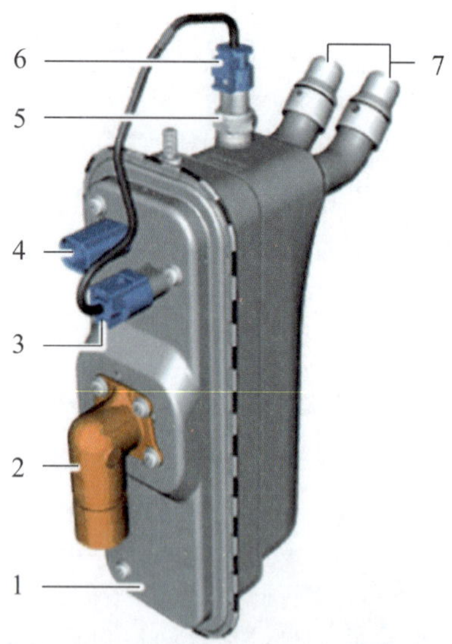

图16-8 加热器接口分布

1—电控辅助加热器；2—高压车载网络上的接口；3—冷却液温度传感器接口；4—12V车载网络上的接口；5—冷却液温度传感器（在暖风热交换器的冷却液出口上）；6—冷却液温度传感器接口；7—冷却液管接头

在电控辅助加热器中，以电动方式将加热循环回路内的冷却液加热到客户希望的温度。

电控辅助加热器是一个单独的部件，工作原理与电动直通式加热器一样。电控辅助加热器借助加热螺旋体按需加热加热循环回路中的冷却液。此时，以间歇方式控制加热螺旋体。通过局域互联网总线，电控辅助加热器将出口的冷却液温度以及电流消耗输出至冷暖空调的控制单元。

在冷暖空调控制单元中，根据不同的信号（例如脚部空间温度传感器的温度信号）生成一个针对电控辅助加热器的百分比功率请求，并将其传输到局域互联网总线。加热器接口分布如图16-8所示。

电控辅助加热器连接在高压车载网络上。加热螺旋体是并联的。冷暖空调的控制单元控制电控辅助加热器。电路连接如图16-9所示。

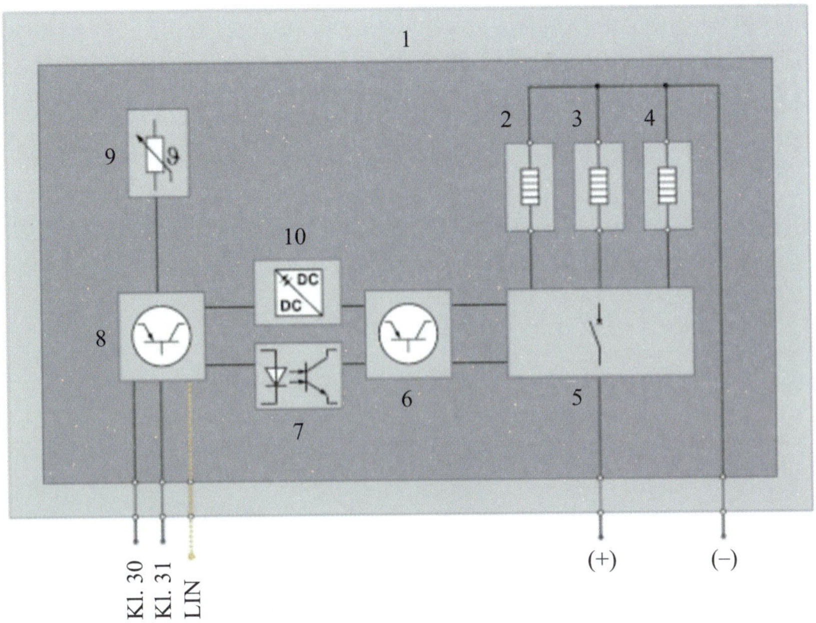

图16-9 加热器内部电路与外接电路

1—电控辅助加热器；2—加热螺旋体；3—加热螺旋体2；4—加热螺旋体3；5—电源开关；6—电子控制装置；7—光耦合器；8—电子控制装置；9—冷却液温度传感器；10—DC/DC转换器；Kl.30—总线端Kl.30；Kl.31—总线端Kl.31，接地；LIN—LIN总线；(+)—高压接口（正极导线）；(–)—高压接口（接地线）

电控辅助加热器的标准值：低压侧供电电压9～18V；高压接口供电电压180～430V；额定电压280V时的电功率不超过（5.5±10%）kW；主动式加热运行不超过105℃；温度范围–40～120℃；最大电流消耗21A。

16.2.4 曲线特性节温器

冷却液温度会影响耗油量、功率、混合气形成质量、污染物排放量以及部件的机械负荷。

优化这些参数时不允许在不同转速和负荷条件下温度值固定不变，而是要求针对不同运行情况达到相应的温度范围。采用特性曲线式节温器有助于达到最佳温度。节温器外观如图16-10所示。

图16-10 特性曲线式节温器

DME为特性曲线式节温器提供12V车载网络供电。DME在接地侧进行控制。用于计算的输入参数包括：发动机转速、负荷，车速，进气温度，冷却液温度。

DME根据这些输入参数计算出针对各种运行情况的最佳冷却液温度，并通过有针对性地为一个加热式节温器供电且根据需要控制电风扇来调节该冷却液温度。

满负荷时可通过降低冷却液温度改善气缸充气效果。此外还可通过降低发动机温度减少爆震危险。这样可以有效提高发动机功率和扭矩。

加热电阻安装在节温器的蜡制元件内。DME为加热电阻供电时，蜡制元件膨胀并克服弹簧的弹簧力封住气缸盖供给管路的入口。弹簧负责在蜡制元件冷却后使节温器返回静止位置。发动机处于冷态时，冷却循环回路由气缸盖供给管路经节温器连至冷却液泵。此时节温器工作状态如图16-11所示。

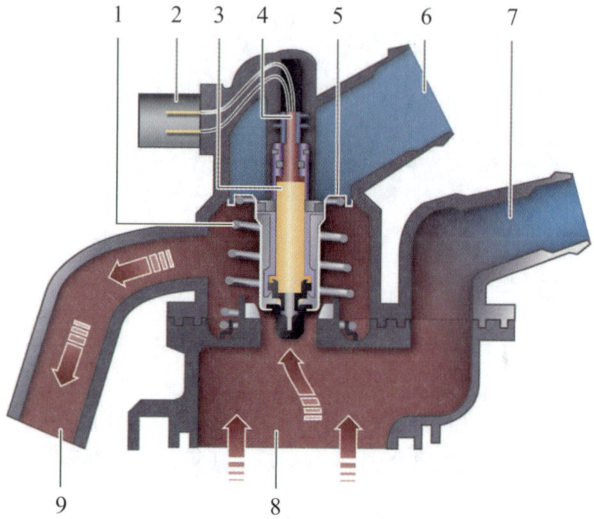

图16-11　特性曲线式节温器关闭

1—弹簧；2—插头；3—蜡制元件；4—加热电阻；5—节温器板；6—散热器回流管路；7—散热器供给管路；8—气缸盖供给管路；9—冷却液泵回流管路

发动机处于热态时，冷却循环回路由气缸盖供给管路经散热器供给管路通过散热器，再经散热器回流管路通过节温器板的开启横截面连接冷却液泵回流管路。此时节温器工作状态如图16-12所示。

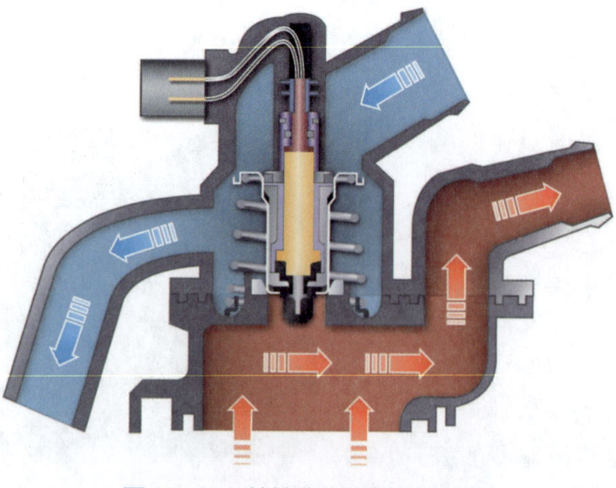

图16-12　特性曲线式节温器打开

此时蜡制元件不再仅仅通过流经的冷却液来加热，而是可以通过“人工方式”加热并在以前不会做出响应的温度下启用。发动机管理系统根据存储的特性曲线和实际行驶状况控制加热元件。节温器温度曲线如图16-13所示。

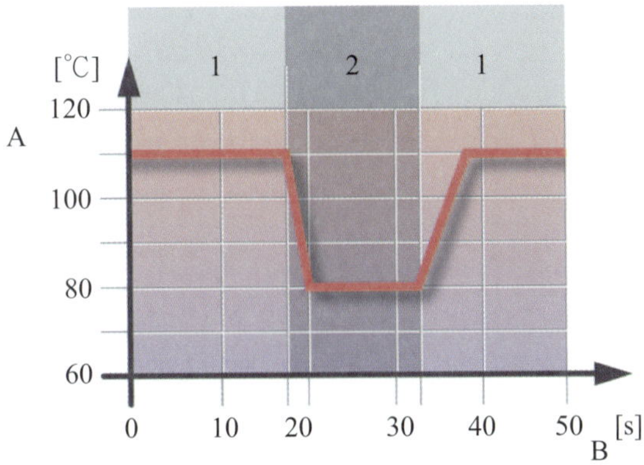

图16-13　特性曲线式节温器的温度曲线图

A—冷却液温度；B—时间；1—加热元件未通电；2—加热元件通电

16.3　燃油喷射装置

16.3.1　汽油喷射装置

喷射装置通过高压将燃油喷入燃烧室。喷射装置向内打开喷射针阀的顶尖。环状间隙决定直接喷射系统的射流形状，并保证其均匀地呈锥形扩散。喷射装置外观如图16-14所示。

喷射装置是一个向内部打开的多孔阀门，其喷射角度和喷射形式具有多样性。

向内部打开的喷射装置可以进行高压喷射。因为只有这样才能保证即使受燃烧室内压力和温度的影响，也可以保持喷射的燃油锥体稳定。在进气行程过程中通过高压（根据操作点的不同在50～150bar）将燃油喷射进燃烧室中。在暖机阶段还会继续喷入少量燃油，以便更快达到废气触媒转换器的工作温度（废气触媒转换器加热装置）。

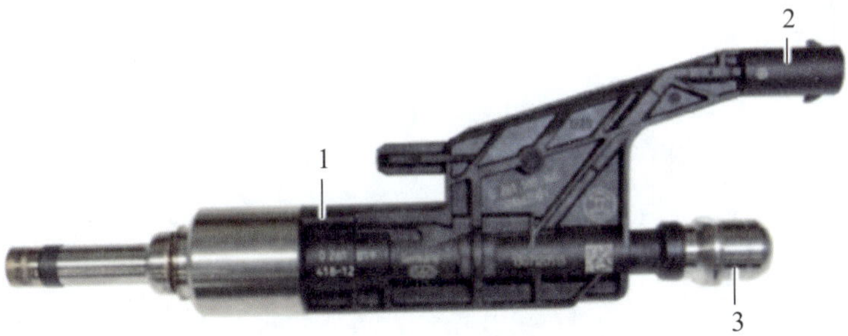

图16-14　喷射装置外部构造

1—喷射装置；2—2芯插头连接；3—直接连接油轨

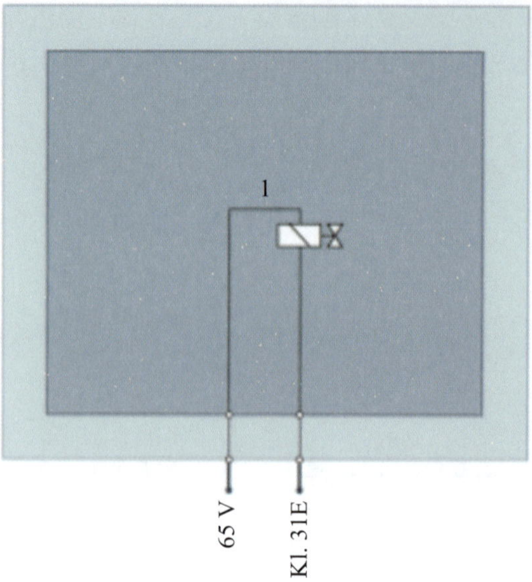

图16-15 喷射装置电路连接

1—喷射装置；65V—喷射装置供电；Kl.31E—电子接地线，喷油嘴控制装置

按照运行情况所必要的燃油量通过喷油嘴喷射到燃烧室中。这个量可以通过三个调节参数影响到：油轨压力、喷射装置打开时间、喷射装置开启行程。

打开时间和打开行程通过发动机控制规定。打开时间通过喷射信号（喷油时间信号）控制。开启行程通过喷射装置控制装置中的能量进行控制。

喷射装置的控制通过一个65V的末级进行。喷射装置通过一个2芯插头与发动机控制单元连接，如图16-15所示。

喷射装置由发动机控制单元进行控制。控制分为4个阶段：打开阶段、启动阶段、保持阶段、关闭阶段，如图16-16所示。

喷射装置的标准值：最大供电电压65V；最大系统压力200bar；100bar时的流速25cm/s；温度范围–30～140℃。

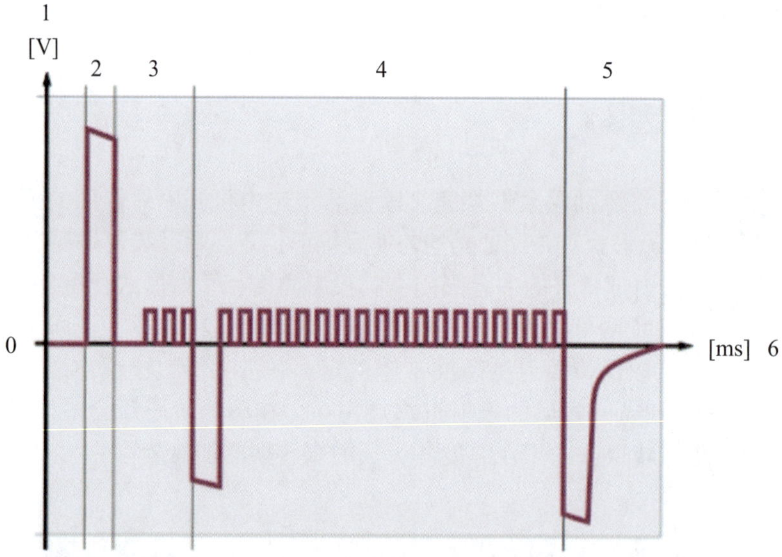

图16-16 喷射控制四个阶段

1—电压；2—打开阶段；3—启动阶段；4—保持阶段；5—关闭阶段；6—时间

16.3.2 柴油喷射装置

第3代共轨系统采用压电式喷油嘴。最大燃油压力为最高2700bar。一个压电元件移动压电式喷油嘴中的一个液压耦合器以及一个开关行程阀（没有电磁线圈）。

压电控制产生下列优点：首先通过减小约75%的质量从而快速移动喷嘴针阀；换挡时间快，停机时间非常短；多次喷射的微量调节更好；喷嘴针阀的冲程更精确；因为不需要保持电流，耗电量更低。因此在有害物质的排放、燃油消耗以及噪声方面明显改善。

压电式喷油嘴在关闭状态下没有任何泄漏（与电磁阀式喷油嘴相反）。由工作原理决定，其回流量与电磁阀式喷油嘴相比大大降低。回流管路已与预供油系统液压连接。因此，回流管路中存在预供油压力。

利用压电式喷油嘴能够实现最多具有四个喷射过程的多次喷射。此多次喷射由下列部分组成：提前喷射、主喷射、二次喷射。

提前喷射可通过较软的燃烧降低噪声。在怠速时和不超过约2000r/min时能够进行双联提前喷射。二次喷射在柴油微粒过滤器再生时使用。在较低负荷和转速时能够进行双联二次喷射。喷射装置外部构造如图16-17所示。

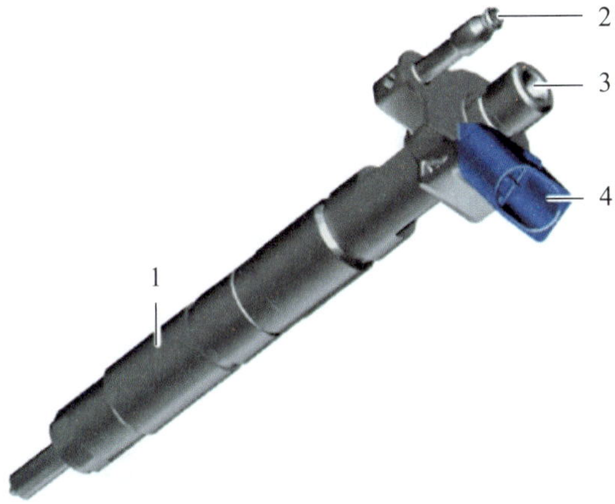

图16-17　柴油喷射装置外部构造

1—喷射装置；2—回流管路；3—高压管路；4—2芯插头连接

按照运行情况所必要的燃油量通过喷油嘴喷射到燃烧室中。这个量可以通过三个调节参数影响到：油轨压力、喷油嘴打开时间、喷油嘴打开行程。

打开时间和打开行程通过发动机控制规定。打开时间通过喷射信号（喷油时间信号）控制。打开行程通过喷油嘴控制中的能量控制。

一个压电元件就是一个电动机械式转换器。此压电元件是一个把电能直接转换成机械能（力/位移）的陶瓷元件。在上面施加电压时，压电元件膨胀，因此产生喷嘴针阀的行程。为了获得更大的行程，压电元件可以由多层构成。喷射器连接电路如图16-18所示。

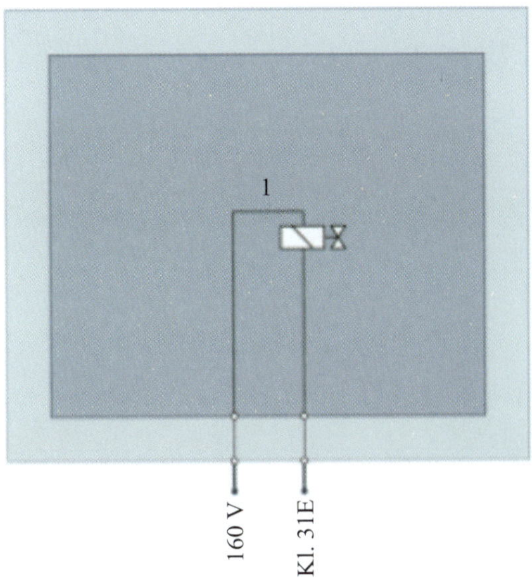

图16-18　柴油喷射装置电路连接

1—喷射装置；160V—喷油嘴供电（升压式）；Kl.31E—电子接地线，喷油嘴控制装置

通过车载网络电压为发动机控制系统供电。在发动机控制系统中有一个DC/DC转换器，通过此转换器对喷油嘴控制的电压进行升压。正极侧导线已在DDE控制单元跨接。但每个喷油嘴都通过一个专用引脚和一条导线与DDE控制单元连接。喷射装置特性曲线如图16-19所示。

如果在正极侧出现某个故障，则故障原因可能在相连导线的每条导线上。在这种情况下相关气缸列的所有喷油嘴都会失效。

扫一扫
看视频

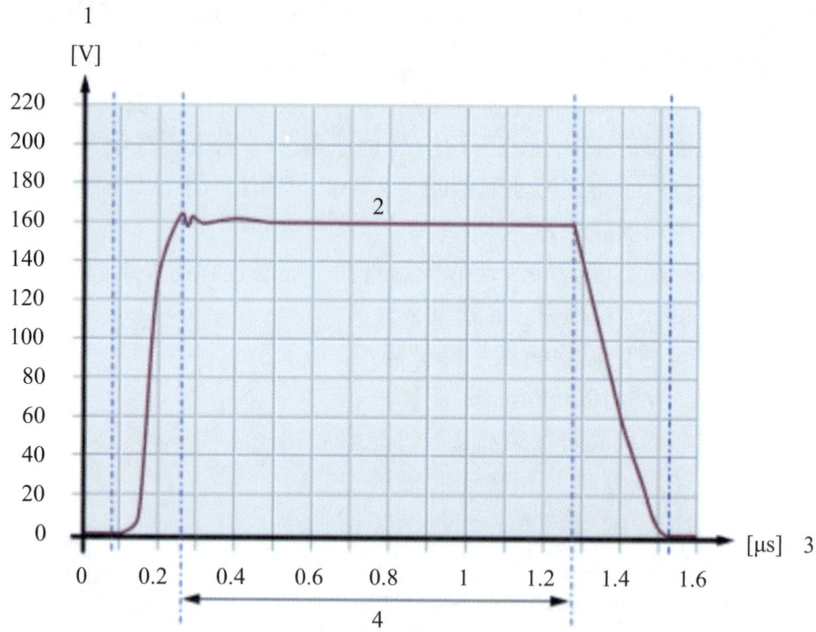

图16-19 喷射装置特性曲线

1—高压；2—喷射信号；3—时间；4—持续喷射时间

喷油嘴的标准值：最大供电电压约160V；系统压力200～2700bar；打开和关闭时间100～200μs；在0.4ms时的动态流量14.5mg/冲程；温度范围-30～140℃。

附录：专业英文及缩略语释义

A

AALA 奥迪主动车道保持辅助系统
ABS 防抱死制动系统
ACC 主动定速巡航控制系统
AC/DC 交流/直流转换
ActiveHybrid 高效混合动力技术（宝马）
ACSM 碰撞和安全模块
A/D 模拟/数字信号转换
ADV 高级的
AdBlue 柴油机尾气处理液/汽车尿素
AHM 挂车模块
AMPT 顶级高保真音响放大器
APC 自动车距控制（大众）
APIX 车载高速视频传输技术
AUC 自动空气循环
AUTO HOLD 自动驻车
Autolock 自动锁
ASD 仿真声效设计
ASR 驱动防滑调节装置

B

bar 巴（压力单位）
BDC 车身域控制器
BLDC 无刷直流电机
BM 蓄电池管理
BMW 宝马（德国汽车品牌）
BS 状态信号
BSD 串行数据接口

C

Cabriolet 敞篷车
CAN Controller Area Network 控制器局域网络
4CL 四角空气悬架
CBC 转向制动控制
CBS 保养周期显示
CDC 连续减振控制
CID 中央显示屏（宝马）
Climatronic 自动空调（大众-奥迪）
COMBI 组合仪表
COMBOX 通信盒
CON 控制器
CN 控制器
CPU 中央处理器
CVM 敞篷车软顶模块

D

DAB 数字信号广播
DC/DC 直流/直流（转换器）
DDE 数字式柴油机电子系统（宝马）
DME 数字式发动机电子系统（宝马）
DME2 数字式发动机电子系统 2（宝马）
DSC 动态稳定控制系统
DVD 高密度数字视频光盘
DWA 防盗报警系统

E

EARSH 后部电动主动式侧翻稳定装置

EARSV 前部电动主动式侧翻稳定装置
E-ABS 带发动机干预的制动防抱死系统
EBC 发动机制动效能控制
EBD 电子制动力分配
eCall 紧急呼叫功能
ECM 电子控制模块/发动机控制模块
ECU 电子控制单元/发动机控制单元
ECS Electronic Control Systems 电子控制系统
ED Electronic Devices 电子设备，(车载)电子装置
EDC 柴油机电控单元（博世）
EDL 电子差速锁
EDS 电控压力控制阀
EGS 变速箱电子控制系统（宝马）
EKP 电子燃油泵（宝马）
ELV 电动转向锁
EME 电机电子伺控系统
EPB 电子驻车
EPS 电子助力转向系统（电动机械式助力转向系统）
ESP 车身电子稳定系统

F

FBD 遥控信号接收器
FEM 前部车身电子模块
FLA 远光灯辅助系统
FLER 右侧前部车灯电子装置
FLEL 左侧前部车灯电子装置
FlexRay 新型总线技术标准
FM 调频（收音机）
FMVSS 联邦机动车辆安全标准
FT 水平高度调节
FZD 车顶功能中心

G

Gateway 网关
GB 吉字节，数据容量单位
GMA 横摆力矩消除
GPS 全球卫星定位系统
GWS 选挡开关

H

Haldex 瀚德（瑞典汽车部件商）
Harman Kardon 哈曼卡顿（美国音响制造商）
HEADUNIT 车载多媒体装置
HF 高频
HFM 空气流量计
HKFM 后备厢盖功能模块
HN 高悬架位置
HRC 大灯光程控制
HSPA 高速分组接入
HSR 后桥侧偏角控制系统
HVA 液压气门间隙补偿器

I

IBA 交互式用户手册
IBOC 带内同频
IBS 智能型蓄电池传感器
ID 身份标识号
IHKA 自动恒温空调

J

JBE 接线盒电子装置

K

KAFAS 基于摄像机的驾驶员辅助系统
kHz 千赫兹（频率单位）
km/h 公里/小时（速度单位）
KOMBI 组合仪表
kPa 千帕（压力单位）

L

LEM 灯光效果管理系统
LF 低频
LIN 局域互联网络
LSU 通用型氧传感器
LWR 大灯照明距离调节系统

M

mA 毫安（电流单位）
mV 毫伏（电压单位）
ms 毫秒（时间单位）
MMI 多媒体交互系统（奥迪）
MOST 汽车多媒体光纤传输
MPa 兆帕（压力单位）
MSA 发动机节能启停功能
MSG 发动机控制单元

N

NFC 近距离通信系统
NN 正常悬架位置
NO_x 氮氧化合物
NTC 负温度系数
NVE 夜视系统电子装置
NVLD 真空自然泄漏检测

O

OBD 车载诊断系统
OT 上止点

P

PAD 分析诊断模式（宝马）
PCU 电源控制单元
PLCD 永磁铁线性无接触位移测量
PMA 驻车操作辅助系统
PT-CAN 动力系统总线
PWM 脉冲宽度调制

Q

quattro 全轮驱动车型（奥迪）

R

RFK 倒车摄像机
ROZ 汽油研究法辛烷值
rpm 转/分（转速单位）
RSE 后座区娱乐系统
RSL 左侧雷达传感器（避让绕行辅助系统）
RSR 右侧雷达传感器（避让绕行辅助系统）

S

Safe 安全
SAS 选装配置系统
SCR 选择性催化剂还原
SDARS 卫星数字音频广播业务
Shieid 屏蔽
SIG 信号
SIM 用户身份识别模块
SMBF 前乘客座椅模块
SMFA 驾驶员座椅模块
SOC 蓄电池充电状态
Softtouch 触摸按钮
SOH 蓄电池健康状态
SPNMVL 左前座椅气动模块
SPNMVR 右前座椅气动模块
Start/Stop 启停（按键）
SWW 车道变更警告系统（主控单元）
SWW2 车道变更警告系统（副控单元）

T

TCB 远程通信系统盒
TCS 牵引力控制系统
TD 发动机转速
TDI 涡轮柴油直喷技术
TFT 薄膜晶体管（显示屏）
TN 低悬架位置
TRSVC 顶部后方侧视摄像机

U

UMTS 通用移动通信系统（3G技术标准）
USB 通用串行总线
UT 下止点

V

VALVETRONIC 可变气门调节系统（宝马）
VANOS 可调节变量凸轮轴（宝马）
VDP 垂直动态管理平台
VM 视频模块
VTG 分动器

W

WLAN 无线局域网
WCA 无线充电盒

X

xDrive 四轮驱动（宝马）

Y

YMC 横摆力矩控制

Z

ZAB 信息娱乐系统
ZGM 中央网关模块
ZV 车门/发动机罩/行李厢盖信号
ZGM 中央网关模块